Edition Suhrkamp Leipzig

Das Gedächtnis der Menschheit für erduldete Leiden ist erstaunlich kurz. Ihre Vorstellungsgabe für kommende Leiden ist fast noch geringer. Die Beschreibungen, die der New Yorker von den Greueln der Atombombe erhielt, schreckten ihn anscheinend nur wenig. Der Hamburger ist noch umringt von Ruinen, und doch zögert er, die Hand gegen einen neuen Krieg zu erheben. Die weltweiten Schrecken der vierziger Jahre scheinen vergessen. Der Regen von gestern macht uns nicht naß, sagen viele.

Diese Abgestumpftheit ist es, die wir zu bekämpfen haben, ihr äußerster Grad ist der Tod. Allzu viele kommen uns schon heute vor wie Tote, wie Leute, die schon hinter sich haben, was sie vor sich haben, so wenig tun sie dagegen.

Und doch wird nichts mich davon überzeugen, daß es aussichtslos ist, der Vernunft gegen ihre Feinde beizustehen. Laßt uns das tausendmal Gesagte immer wieder sagen, damit es nicht einmal zuwenig gesagt wurde! Laßt uns die Warnungen erneuern, und wenn sie schon wie Asche in unserem Mund sind! Denn der Menschheit drohen Kriege, gegen welche die vergangenen wie armselige Versuche sind, und sie werden kommen ohne jeden Zweifel, wenn denen, die sie in aller Öffentlichkeit vorbereiten, nicht die Hände zerschlagen werden.

Zum Kongreß der Völker für den Frieden, November 1952

Brecht für Anfänger und Fortgeschrittene

Ein Lesebuch
Ausgewählt von Siegfried Unseld

Mit einem Vorwort
von Hans Mayer

Suhrkamp

edition suhrkamp 1826
Neue Folge Band 826
Erste Auflage 1993

Erstausgabe

Satz: MZ-Verlagsdruckerei GmbH, Memmingen
Druck: Nomos Verlagsgesellschaft, Baden-Baden
Umschlagentwurf: Willy Fleckhaus
Printed in Germany

1 2 3 4 5 6 – 98 97 96 95 94 93

Inhalt

V. Aus Flüchtlingsgesprächen

VI. Dichter sollen die Wahrheit schreiben

VII. ». . . die ganze Existenz verfremdet.« – Der 17. Juni 1953

Hans Mayer
Bert Brecht für Anfänger und Fortgeschrittene

Vom armen B.B.

Als er vierundzwanzig war (im Jahre 1922), galt er als hochbegabter und bereits erfolgreicher Schriftsteller, an dem sich die Geister schieden. Als er mit achtundfünfzig Jahren starb, war er weltberühmt, galt allenthalben als einer der bedeutendsten Autoren des Jahrhunderts, allein bei Nennung des Namens Bert Brecht hatte man offenbar bloß die Wahl zwischen der Bewunderung und der schroffen Ablehnung. Zwischen diesen beiden Lebensdaten der Jahre 1922 und 1956 gab es im Leben von Brecht, zwischen 1933 und 1948, eine Spanne des Exils. Während dieser Zeit war der Schriftsteller Brecht für Leser im deutschen Sprachgebrauch bloß noch ein Gerücht: je nachdem heimlich verehrt oder öffentlich beschimpft.

Als Brecht, nach Deutschland zurückgekehrt, im Herbst 1948, und im Begriff, in Ostberlin ein eigenes Brecht-Theater zu organisieren, zu Beginn des Jahres 1949, von mir eingeladen, nach Leipzig kam, um vor Leipziger Studenten zu sprechen und Fragen zu beantworten, hätte kaum einer der jungen Leute im überfüllten Saal genauer sagen können, wer das sei und welche Bewandtnis es mit ihm habe. Publiziert war damals von Brecht ausschließlich die im Exil geschriebene Szenenreihe über *Furcht und Elend des III. Reiches.* Ein Student, ersichtlich politischer Dissident, fragte im Hörsaal sehr provokatorisch: »Warum müssen wir eigentlich heute solche Texte noch lesen?« Brecht dreht sich nach dem Frager um und antwortete mit einem einzigen Satz: »Damit man künftig solche Fragen nicht mehr stellt!« In Brechts Tagebüchern kann man heute nachlesen, daß er sich nachträglich, nach Berlin zurückgekehrt, Gedanken über das machte, was er außerdem noch hätte antworten sollen.

Es gab also am Anfang und Ende dieses Schriftstellerlebens die harte Polarisierung: Begeisterung oder Feindschaft. Dazu eine ziemlich lange Epoche des Vergessenseins: eines Auseinanderfallens zwischen Ächtung in der einstigen Heimat und wachsendem Weltruhm. Wer sich heute mit Brecht einlassen will, bereits mit einiger Kenntnis seiner Werke, oder auch als einer, der beim Namen Brecht zunächst einmal unwillig abwinkt, weil ein modischer Zeitgeist das nahezulegen scheint, wird mit diesen Widersprüchen zwischen Mitwelt und Mitwelt, Mitwelt und Nachwelt zu rechnen haben. Es sind Widersprüche nicht allein im Falle Brecht, sondern Widersprüche im Leben der Deutschen und in diesem zwanzigsten Jahrhundert.

*

Seinen Lesern bereitet der Schriftsteller Brecht, so den Anfängern wie den Fortgeschrittenen, noch zusätzlich dadurch einige Schwierigkeiten, daß er scheinbar in vielen seiner Texte – Gedichten, Erzählungen, Essays – von sich selbst zu sprechen scheint. Alles nimmt sich aus, obenhin betrachtet und mit Goethe zu sprechen, wie eine einzige »große Konfession«. Das hat der Schriftsteller Brecht planmäßig so angelegt, ohne daß man hierbei von einem Täuschungs- oder gar Verhüllungsmanöver sprechen dürfte. Vielmehr ging es ihm seit der frühen Augsburger Jugendzeit darum, *Abstand* von sich selbst zu finden. Bereits in den frühen Gedichten seiner grandiosen *Hauspostille* erscheint jenes Ich im lyrischen Gedicht jeweils gespiegelt in einem anderen Ich, das eher episch-reflektierend zu verstehen ist. Beide heißen Bert Brecht, haben freundlichen Umgang miteinander, sind aber in vielen Dingen, vor allem in Bereichen der Gefühle und Triebe, durchaus verschiedener Meinung.

Nun wäre es gleichfalls ein Fehlschluß, den der listige Brecht bewußt nahegelegt hat, beim Lesen dieser Spannungen zwischen Ich und Ich, einfach dem rationalen Skeptiker jeweils Recht zu geben. Genau das sollte man nicht tun.

Das Schlußkapitel in der *Hauspostille* trägt die Überschrift *Vom armen B. B.* In einer früheren Fassung dieser Gedichtsammlung, die noch den Titel *Taschenpostille* trug, lautet die Überschrift vertrauter und persönlicher: *Vom armen Bidi.* Bidi ist natürlich die vertrauliche Abkürzung des Vornamens Berthold. Der Familienname lautete Eugen Berthold Friedrich Brecht. Als Schriftsteller schrieb er sich Bertolt Brecht. Beim Vergleich von Texten der früheren *Taschenpostille* mit der späteren *Hauspostille* kann man kaum ergiebige Entdeckungen machen über schriftstellerische Wandlungen und Umarbeitungen. Bloß in den Gedichten des Schlußkapitels vom armen Bidi gibt es bezeichnende Veränderungen gegenüber den ursprünglichen Texten. Da hatte noch bei der ursprünglichen Niederschrift der arme Bidi plötzlich, neben dem Lamento über die schlechten Zähne, von einem früheren Nierenleiden gesprochen und dessen Folgen auf den Lebenslauf. Das alles mußte eliminiert werden, damit aus realen Nöten des jungen Menschen und Schriftstellers die Kunstfigur des armen Bidi oder des armen B.B. werden konnte: stilisiert, kühl, ersichtlich gefühllos. So wollte er gesehen werden, wie er sich in dem großen Gedicht *Vom armen B.B.* zu zeigen gedachte. Er wollte auch zeigen, wie diese Kunstfigur zustande kam. In dem Gedicht *Vom schlechten Gebiß* heißt es darüber:

> Verachtet und boshaft, wurde ich mit den Jahren kälter
> Und begab mich ganz auf die metaphysischen Felder.

Auf diese Kunstfigur des coolen und herzlosen Menschenverächters sind nicht nur viele Leser Bertolt Brechts hereingefallen, sondern auch viele Leute, die mit ihm Umgang hatten. So entstanden die erstaunlichsten Fehlurteile, wenn man die Möglichkeit hatte, die angeblichen Argumente der Brechtgegner mit eigenen Erfahrungen des »real existierenden« Bertolt Brecht zu vergleichen. Es wurde immer wieder behauptet, Brecht sei unzuverlässig gewesen, habe Freundschaften verraten, Frauen an sich gezogen und wieder von sich gewiesen, er sei, um mit der Polly aus der *Dreigroschenoper* zu sprechen, »kalt und herzlos« gewesen. Wer näheren und längeren Umgang mit Brecht hatte, wird dies alles bestreiten. Brecht war sehr empfindsam, leicht verletzbar. Das nervöse Augenzucken machte es ahnen. Die Kunstfigur des armen B.B. sollte diese Verletzbarkeit verdecken. Auch später hat Brecht, auf seine Schriften angesprochen, immer wieder zweideutig geantwortet: Wen immer Ihr suchet, ich bin es nicht!

Es gibt zahlreiche Beweise für Freundestreue und Hilfsbereitschaft. Der Jugendfreund Arnolt Bronnen nahm, wie bekannt, eine sehr zweifelhafte politische Entwicklung zwischen 1927 und den ersten Jahren eines Zweiten Weltkrieges. Brecht hielt ihm dennoch die Treue, war bis zuletzt von Bronnens schriftstellerischer Bedeutung überzeugt. Der Theaterkritiker Herbert Jhering hatte dem jungen Brecht die wichtige Auszeichnung mit dem Kleist-Preis verliehen. Während des Dritten Reiches blieb Jhering in Deutschland, arbeitete nach der Besetzung Österreichs am Wiener Burgtheater. In Klaus Manns Roman *Mephisto* wird Jhering, zusammen mit Benn und natürlich Gründgens, als Opportunist karikiert. Zu Unrecht, wie man heute weiß. Brecht hat auch seinem Jhering die Treue gehalten. In dem von Peter Huchel im Frühjahr 1949 herausgegebenen Sonderheft Bertolt Brecht der Zeitschrift *Sinn und Form* sind neben den Brecht-Texten nur drei Beiträge von anderen Mitarbeitern zu finden: von Ernst Niekisch, den die Nazis gefoltert hatten; von Herbert Jhering und von Hans Mayer. Auch meine erste wirkliche Begegnung mit Brecht, in Berlin und im November 1948, der so viele andere folgen sollten, wurde durch Herbert Jhering vermittelt.

Augsburg und München

Hat Brecht seine Vaterstadt Augsburg geliebt oder gehaßt? Auch dies kann nicht eindeutig entschieden werden. Abermals wird man zwischen dem beständigen Rollenspiel Brechts auch im Gespräch und im Alltag und seinen wirklichen Empfindungen zu unterscheiden haben. In den späten Berliner Jahren und in Abwehr des bekannten dortigen Weltstadtgetues pflegte sich Brecht gern als Provinzler aus Augsburg zu stilisieren. Bei einem Interview mit einem eifrigen neudeutschen Germanisten, dem ich zuhören konnte, kam auf Fragen nach dem Expressionismus, der Psychoanalyse, der Relativitätstheorie stets die kühle Antwort Brechts: »Gab's damals in Augsburg nicht.« Der Befrager gab sich kopfschüttelnd damit zufrieden. Auch er war in die Falle gegangen.

Brecht hatte immer alles gelesen, war unersättlich auch hier, weil es für ihn galt, die stets bedrohliche Langeweile zu bekämpfen. Um aber nicht ganz und gar auf die Augsburger Provinz festgelegt zu werden, räumte er ein, in seiner Jugend viel im nahen München gelebt und gelernt zu haben. Wenn man ihn danach fragte, so wurden stets zwei Namen genannt, und hier war die Antwort ehrlich gemeint: Frank Wedekind und Karl Valentin. Man kennt die berühmte Photographie von der musizierenden Valentin-Truppe aus dem Jahre 1920. Dirigent ist, als Mann gekleidet, Lisl Karlstadt. Zu den Musikanten gehören Valentin und der junge Brecht. Andererseits ist die Welt des frühen Stückes vom Parasiten *Baal* und vieler Balladen aus der *Hauspostille* undenkbar ohne Augsburg mit dem Plärrer und den streunenden jungen Leuten am Ufer des Lech.

Es muß eine trübe Kindheit gewesen sein, trotz allem. Brecht begnügte sich mit Andeutungen, wenn darauf die Rede kam. Die Mutter war früh gestorben. Sie kam, wie es im Gedicht heißt, »aus den schwarzen Wäldern«. Man konnte Brecht, der gern den Bayern herauskehrte, dadurch ärgern, daß man berichtigte: er sei doch eigentlich ein Schwabe. Der Vater Brechts muß einen traurigen Haushalt geführt haben. Die Haushälterin, der Vater und die beiden Jungen Eugen Berthold und Walter. Der Vater, leitender Angestellter einer großen Papierfabrik und wohlhabend. Der jüngere Bruder Walter blieb der Papierindustrie insofern treu, als er seine wissenschaftliche Laufbahn als Fachspezialist und Professor an der Technischen Hochschule Darmstadt mit seinen Jugenderfahrungen im Unternehmen, das der Vater leitete, verband. Es gab Freundschaft zwischen den Brüdern, das spürt man auch in Walters späten Erinnerungen aus der Augsburger Jugendzeit. Dennoch blieb Walter Brecht in Deutschland.

Brechts rastloses Suchen nach immer neuem weiblichen Umgang ist als ein ständiges Suchen nach der Mutter zu verstehen. Über die eigenen Triebe hat sich Brecht in der berühmten *Ballade von der sexuellen Hörigkeit* lustig gemacht. In Aufführungen der *Dreigroschenoper* wird dieser Song, den Kurt Weill vertont hat, zumeist gestrichen. Wenn neuerdings aber ein amerikanischer Germanist mit europäischer Abkunft, um ein bißchen Aufsehen zu erregen, über Brechts Frauengeschichten zu moralisieren versucht, so mag geantwortet werden, daß es im Leben des scheinbar so kalten und herzlosen Brecht wirkliche Liebespassionen gegeben hat, glückliche wie unglückliche; daß aber bis zum Lebensende des armen B. B. seine überlebenden Frauen eng mit ihm, seinem Leben und seiner Arbeit, verbunden blieben. Es hat ihm keine »verlassene Geliebte« ein Enthüllungsbuch nachgeworfen.

Brecht ist, auch hierin treu, seinen Augsburger frühen Erfahrungen stets nahe geblieben. Als er im Herbst 1948 von Zurüch aus nach der Uraufführung des Volksstückes vom *Herrn Puntila und seinem Knecht Matti*, der Einladung Johannes R. Bechers zu einem Kulturkongreß in Ostberlin zu folgen gedachte, wollte er unbedingt von Zürich aus über das zerstörte Augsburg reisen. Die amerikanische Militärregierung verweigerte die Ein- und Durchreise. Für sie war Brecht ein Mann der »Unamerican Activities«. So mußte Brecht den anstrengenden Umweg über Prag wählen. Das Gedicht, in dem Brecht seine Angst vor dem Wiedersehen mit der zerstörten Vaterstadt fixierte, läßt trotz allem vermuten, daß er auch hier, diesmal mit Schillers Marquis Posa zu sprechen, den Träumen seiner Jugend treu geblieben war.

Der Bürger und der Plebejer

In seinem Gedicht über die inneren Ursachen seines Exils hat Brecht die Erklärung abgegeben: *Verjagt mit gutem Grund.* Was heißen sollte, daß hier die bourgeoise und kapitalistische Gemeinschaft von sich her, aus bürgerlichem Klassenbewußtsein, die Aussetzung des bürgerlichen Nichtbürgers betrieben habe. Es gab Zeiten in diesem Leben, vor allem in der zweiten Hälfte der zwanziger Jahre, also in der moribunden Weimarer Republik, wo Brecht in seinem Auftreten alle bürgerlich wohlanständigen Verhaltensweisen zu verletzen suchte, scheinbar schmierig und schlecht angezogen. Freilich waren die zarten Hände dieses Künstlers nicht als schwielige Fäuste zu präsentieren. Brecht hatte ein ganzes Rollensystem entwickelt, sich in Ausdrucksweise und Auftreten als unbürgerlich, als Verächter der verhaßten Herkunft zu präsentieren. Ernst Bloch, der seinen Brecht genau kannte und gern mochte, entwickelte damals ein Zerrbild dieses Verhaltens: Brecht habe sich nach eigenem Entwurf ein kompliziertes schwersilbernes Gerät entworfen, mit welchem er sich, vor einem Auftritt in Arbeiterkreisen, etwas Schmutz unter die Fingernägel praktizieren könne.

Die Suche nach der Mutter war ebenso real wie die Ablehnung der Augsburger Bürger und ihrer Stammtische. In München hat Brecht im wesentlichen nur in Künstlerkreisen verkehrt: mit den Leuten von den Münchener Kammerspielen und deren Dramaturgen, dem Brecht seine ersten Stücke brachte und der sie sogleich verstand und annahm: Lion Feuchtwanger.

Auch in Augsburg hielt sich Brecht an seine jungen Leute, die früh schon Anhänger wurden. Ein genialer Künstler war dabei, der Brechts Leben und Arbeiten bis zum Schluß begleitet hat: Caspar Neher. Im übrigen aber gab es zwar Theaterkritiken für ein Augsburger Arbeiterblatt, herrliche Verrisse zum Beispiel des damals vielgeliebten Rührstücks *Alt-Heidelberg*, doch eine wirkliche Verbindung mit der Arbeiterbewegung fand nicht statt. Brecht behielt damals, um abermals die Polly zu zitieren, »den Kopf oben, und er blieb ganz allgemein«. Es ist schwer, von heute aus gesehen, die totale Negativität der frühen Stücke und Gedichte genauer politisch oder gar soziologisch zu deuten. Es sind anarchistische Aufwallungen, Brecht hatte Freude an der Verletzung herkömmlicher Formen des menschlichen Umgangs. Daß er mit dem damals modischen Expressionismus nichts zu tun haben wollte, ist unverkennbar. Nicht etwa, weil es den in Augsburg nicht gab, sondern weil der junge Brecht diese Art der Literatur für sich tief verachtete. In der ersten Fassung der Eingangsszene aus dem *Baal* erregt der nicht sehr nüchterne Dichter Baal als Ehrengast im expressionistischen Künstlerkreis peinliches Aufsehen, als er gegen die andachtsvolle Zitierung von Gedichten August Stramms laut rüpelt.

Seinen *Baal* hat Brecht auch später noch geliebt. Seinem zweiten Stück, *Trommeln in der Nacht*, das ursprünglich *Spartakus* heißen sollte, mißtraute er hingegen mit gutem Grund. Im späten und in Berlin geschriebenen Aufsatz *Bei Durchsicht meiner ersten Stücke* hat Brecht darüber berichtet. Der junge Brecht hatte während des Krieges in den Lazaretten seine aufsässigen Gedichte zur Klampfe vorgetragen, darunter die bis heute brisant gebliebene *Legende vom toten Soldaten*. Während der Räterepublik aber hat er sich offenbar so verhalten wie sein Heimkehrer Andreas Kragler aus *Trommeln in der Nacht*, der schließlich, nachdem er die Braut wiedergefunden hat, aus der Straßenschlacht desertiert, um das große weiße Bett aufzusuchen.

Der bürgerliche Dissident Brecht ist wohl bis in die Mitte der zwanziger Jahre in einem unklaren Sinne ein Plebejer, doch kein Proletarier, erst recht kein klassenbewußter Sozialist. Den Kampf einzelner Männer, wohl auch der sozialen Klassen, nimmt er für sich vor allem wahr als ein ästhetisches Phänomen. Das ist eine sehr kühne Form der geistigen und gesellschaftlichen Auseinandersetzung. Ein Stück wie *Im Dickicht der Städte*, das in jenen Anfängen entstand, gehört zu Brechts besten Arbeiten.

Bertolt Brecht und Theodor W. Adorno, die häufig während des kalifornischen Exils zusammentrafen, haben einander nicht sehr gemocht. Allein Adornos Konzept einer Negativen Dialektik erlaubt es durchaus, eine Eigenart der genialischen frühen Stücke und Gedichte Brechts zu verstehen. Ein Dissident des bürgerlichen Herkommens und gleichzeitig ein Dissident der gesellschaftlichen Gegenspieler jener Bourgeoisie, die später ihren abtrünnigen Sohn mit gutem Grund verstieß.

Der marxistische Dissident

Es war kein Zufall, daß der junge Brecht damals, mit einundzwanzig Jahren, nicht während der Räterepublik zu München an der Seite eines Ernst Toller stand, sondern sich, wie jener Andreas Kragler, jeglicher Bindung an die Arbeiterbewegung auf lange Zeit hin versagte. Schaut man zurück, so fällt heute auf, daß die Volksmassen auf dem Theater von Brecht eine eher schäbige Rolle spielen. In der Oper von der Netzestadt *Mahagonny* ist das »Volk« nach alter und neuer Opernweise als Chor zu verstehen, der am Schluß mit Transparenten wild über die Bühne eilt. In einem seiner wichtigen marxistischen Bekenntniswerke wie der *Heiligen Johanna der Schlachthöfe* sind die armen und armseligen Proletarier nahezu verächtlich gezeichnet. Der Großkapitalist Mauler weist Johanna auf diese Gesinnungslosigkeit hin. Brecht läßt die Heilige Johanna der Schlachthöfe antworten: Mauler habe ihr nicht der Armen Schlechtigkeit gezeigt, sondern der Armen Armut. Allein das ist ein Gespräch zwischen individuellen Gegenspielern, und Johanna selbst ist weder proletarisch noch plebejisch.

Weshalb Brecht auch später immer wieder, nicht ohne Nachdruck, erklären sollte, sein Weg zum Marxismus habe nicht über die Arbeiterbewegung geführt, sondern über die Lektüre der Bücher von Karl Marx. Auch im Umgang des marxistischen Stückeschreibers mit der Arbeiterschaft, sowohl in Berlin vor 1933, wie in Dänemark während des Exils, oder nach der Rückkehr in Ostberlin, war stets eine innere Distanz spürbar. Theoretisch waren diese Arbeiter für Brecht das gesellschaftliche Instrument einer Gesellschaftsveränderung. Praktisch traute er den deutschen Arbeitern nach allen Erfahrungen eben dies nicht recht zu.

Brecht war schließlich ein ausgezeichneter Kenner der marxistischen Theorie und der wirtschaftlichen Beziehungen zwischen kapitalistischer und sozialistischer Wirtschaftsweise geworden. Seiner eigenen Behauptung nach hat nicht die Not deutscher Proletarier dazu geführt, daß er das *Kapital* von Karl Marx las mitsamt den »Theorien über den Mehrwert«. Vielmehr sei es der Beginn jener großen kapitalistischen Strukturkrise gewesen, die seit 1926 erkennbar wurde. Da habe er – Brecht – Antworten der Ökonomen lesen wollen über die Ursachen dieser Krise. Der großbürgerliche Wirtschaftsteil gab nichts her als Sprachregelungen, Beschwichtigungen und vielleicht manipulierte Zahlen. Die Gewerkschaftstheoretiker wußten es nicht besser. Der Sozialdemokrat Fritz Tarnow erklärte in einem Buch, die Gewerkschaften seien dazu berufen, als »Arzt am Krankenlager des Kapitalismus« zu fungieren.

Das war Brechts Sache nicht. Er hatte sehr kluge marxistische Freunde kennengelernt, die sich weit weniger dem sogenannten Marxismus-Leninismus verbunden fühlten, als der Nachfolge des marxistischen Denkens von Rosa Luxemburg. Einfluß auf Brechts marxistische Geistesentwicklung hat der später als Dissident von der KPD ausgestoßene Dr. Karl Korsch ebenso ausgeübt, wie der Dr. Fritz Sternberg, der in der Nachfolge Rosa Luxemburgs ein wichtiges Buch mit dem Titel *Der Imperialismus* geschrieben hatte. Fritz Sternberg hat niemals den Weg zu den Kommunisten genommen. Er verband sich mit der kurzlebigen Sozialistischen Arbeiterpartei (SAP), der übrigens auch in seiner Jugend der spätere Willy Brandt angehören sollte. Während der Kriegszeit und nachher wirkte Sternberg, von allen Seiten mit Mißtrauen betrachtet, innerhalb der Sozialistischen Internationale.

Um das Jahr 1928 veranstaltete der Intendant des Westdeutschen Rundfunks in Köln, der bekannte Schriftsteller Ernst Hardt, ungewöhnliche Rundfunkdiskussionen zu Problemen der bürgerlichen und sozialistischen Gesellschaft. Er lud auch Brecht ein, sich über die Beziehungen zwischen Literatur und Gesellschaftsveränderung zu äußern. Brecht erschien im Januar 1929 in Köln und hatte zwei Geisteshelfer mitgebracht: seinen getreuen Herbert Jhering und eben jenen Dr. Fritz Sternberg, einen seiner marxistischen Lehrmeister. Die Niederschrift über das Gespräch dieser Viererrunde blieb erhalten.

*

Er ist stets ein marxistischer Dissident geblieben: von Moskau her betrachtet. Die Russen haben es genau gewußt. Sie freuten sich über den nützlichen Sympathisanten, doch von seinen ästhetischen Theorien, erst recht seiner Theaterarbeit, hielten sie wenig. Seit Stalin im Jahr 1934 jegliche Weiterführung der revolutionären Experimente in Kunst und Literatur verbot und strengen Klassizismus anordnete, mußte Brecht gleichzeitig als sektiererischer Ultralinker *und* als westlicher Dekadent eingestuft werden. Er hat es gewußt und mit viel bitterer Ironie im vertrauten Kreis glossiert. Ein erstes russisches Buch über Brecht erschien spät, nach dem

Zweiten Weltkrieg, es wurde auch kein Erfolg, weil man an oberer Stelle das nicht wünschte. Zudem war der Verfasser dieses Buches, der Brecht-Freund Ilja M. Fradkin, der viel bewirkt hat bei der Gründung des Berliner Ensembles, sowohl ein Jude wie ein marxistischer Dissident.

Politisch gesehen wirkte sich Brechts marxistisches Dissidententum in seinem Werk vor allem dadurch aus, daß dieser von seinem neuen Wissen begeisterte Marx-Kenner eine gleichsam Reine Lehre auch in der Arbeiterpolitik verwirklichen sollte. Da er die reale Arbeiterschaft zu wenig kannte, schlug bei ihm der marxistische Purismus unwillkürlich ins Unmenschliche und Sektiererische um. Daran ist eines der bedeutendsten Lehrstücke von Brecht künstlerisch gescheitert, nämlich *Die Maßnahme*. In diesem dramatischen Parabelstück, dem Hanns Eisler eine überaus bedeutende Musik beisteuerte, wird gezeigt, daß Schwäche und menschliches Versagen eines Genossen vor allem als politische Schande betrachtet werden müßten, so daß der Opfertod des Schwächlings eine nützliche Sache sein könnte für die »Allgemeine Sache«. Verhältnismäßig spät hat sich Brecht zu der Erkenntnis bereitgefunden, daß er hier, als Anwalt der Menschlichkeit, in dialektischer Verzerrung in den Bereich der Unmenschlichkeit gelangt war. Seitdem gilt Brechts Verbot, die *Maßnahme* öffentlich aufzuführen.

Eine andere Eigentümlichkeit des »Ultralinken Purismus« in Brechts marxistischem Denken erregte dann im Jahr 1935 viel Verärgerung bei den internationalen Kommunisten. Stalin hatte bekanntlich in einer leichtfertigen und wirklichkeitsfremden Beurteilung der Gesellschaftskrise von Ende der zwanziger Jahre behauptet, es gebe zwei Arten des Faschismus, nämlich die Bewegung nach italienischem Muster und den sogenannten Sozialfaschismus, womit die internationale Sozialdemokratie gemeint war. Mehr noch: der große Mann im Kreml erläuterte ausdrücklich: in der damaligen Gesellschaftskrise habe sich die Sozialdemokratie zur »sozialen Hauptstütze« der Bourgeoisie entwickelt. Genau dies hatte auch jener Sozialdemokrat Fritz Tarnow behauptet. Beides war Unsinn. Nicht nur die deutsche Arbeiterschaft, sondern die Welt hat Stalins »Sozialfaschismus« mit viel Leid bezahlen müssen.

Nachdem im Jahr 1933 die Stalinisten ihre Quittung erhielten, mußte notgedrungen umgedacht werden. Stalin war zuerst nicht dazu bereit. Als der zum Volkshelden gewordene Georgi Dimitrow in Moskau eintraf, beschloß man, es sei die neue Aufgabe, mit den einstmals als Sozialfaschisten bezeichneten internationalen Sozialisten eine Einheitsfront oder Volksfront zu bilden gegen den nunmehr real existierenden Faschismus. Im Jahr 1935 nahm die illegale Kommunistische Partei Deutschlands in Brüssel nach einem Referat von Wilhelm Pieck diese neue Losung an. Kurz darauf organisierte man in Paris einen großen Kongreß der Intellektuellen gegen den Faschismus. Die Liste der Teilnehmer war glanzvoll. Zu den Hauptrednern gehörten Henri Barbusse, André Malraux, André Gide, Heinrich Mann, H.G. Wells, aber auch Ernst Bloch, auch Robert Musil, auch Bertolt Brecht, der aus dem dänischen Exil nach Paris gekommen war.

Die Losung war ausgegeben: Zusammenstehen gegen den gemeinsamen Feind, Zurückstellung aller trennenden Ideologien zwischen liberalen Kapitalisten, bürgerlichen Christen, Sozialdemokraten und Kommunisten. Die marxistische Praxis schien mit Verzicht auf alle marxistische Strenggläubigkeit zu operieren.

Der marxistische Dissident Bert Brecht schien das anders zu sehen. In seiner Rede betonte er das Trennende. Er sprach von der Notwendigkeit, die kapitalistischen Eigentumsverhältnisse von Grund auf zu verändern. Brecht wußte genau, daß er damit gegen die eigentliche Aufgabe des Kongresses verstieß. Der Zorn nach seiner Rede war allgemein. Noch Jahrzehnte später hat sich Johannes R. Becher ärgerlich lachend daran erinnert. Brecht schloß seine Rede mit den Worten: »Kameraden, sprechen wir von den Eigentumsverhältnissen!«

Modelle des Kapitalismus: Mahagonny, Chikago, Sezuan

Auch in seiner wichtigsten dramatischen Schöpfung aus den letzten Jahren der Weimarer Republik, nämlich der *Heiligen Johanna der Schlachthöfe*, ist die Anfälligkeit Brechts für ein puristisches Denken des reinen Marxismus zu spüren. Es war sowohl die Wirklichkeitserfahrung nicht allein Brechts, sondern vieler deutscher Zeitgenossen mit der ängstlich schwankenden zaghaften Politik der deutschen Sozialdemokratie, was in der Tat dazu führen konnte, daß man die Sozialdemokraten nicht mehr als eine Partei der Arbeiterschaft empfand, sondern als Bollwerk der bürgerlichen Gesellschaft. Man hatte bei Kriegsausbruch 1914 die Kredite bewilligt für das Militär, in der Weimarer Republik dem Bau von Panzerkreuzern zugestimmt, schließlich die Parteiparole ausgegeben, für eine Wiederwahl des Generalfeldmarschalls Paul von Hindenburg zum Reichspräsidenten zu stimmen.

Nur obenhin betrachtet ist daher die *Heilige Johanna der Schlachthöfe* als ein Theaterstück zu interpretieren, welches die Hilflosigkeit und schädliche Naivität der Schwarzen Strohhüte demonstrieren soll, also der Heilsarmee. Brechts Parabelstück war aber nicht gegen die Heilsarmee gerichtet, die nur die Staffage abgab, sondern gegen die deutsche Sozialdemokratie. Johanna ist bei Brecht eine Sozialistin, die erkennen muß, daß ihr Tun das Gegenteil von dem bewirkt, was sie anstrebt. Sterbend formuliert sie diese Erkenntnis mit den Worten: »Wie gerufen kam ich den Ausbeutern.« Diesmal arbeitet Brecht, in seiner Parodierung der Schillerschen Dramatik, ausdrücklich mit einer idealistischen »Wandlung« der Heldin. Sterbend wandelt sich Johanna von einer Sozialdemokratin zur Sozialistin, zu einer Marxistin im Sinne von Brecht. Nicht das Bewußtsein ist entscheidend, sondern das gesellschaftliche Sein. Hier bereits verbindet Brecht seine Vorstellung von einem »guten Menschen« mit der Forderung nach Schaffung gesellschaftlicher Verhältnisse, die das individuelle Gutsein erst möglich machen. Es genügt nicht, gut zu handeln, wenn dadurch keine gute Welt entstehen kann. Das wird später die neue Heilige Johanna der Schlachthöfe, nämlich die chinesische Dirne Shen Te in Sezuan von neuem demonstrieren.

Stets handelt es sich um Modelle der kapitalistischen Gesellschaft in der Lebenszeit von Brecht. Der Stückeschreiber bevorzugt Parabelstücke, die ohne Naturalismus und Psychologie arbeiten. Die Hauptgestalten sind zwar durchaus individuell gehalten, sind sogar dadurch kennzeichnend geworden, daß sie sich individuelle Glücksmöglichkeiten und Gefühle leisten möchten, die sie sich materiell nicht leisten können.

In der Oper *Aufstieg und Fall der Stadt Mahagonny* von Brecht und Kurt Weill ist Mahagonny ein riesiger Supermarkt, wo man alles kaufen kann, wenn man Geld hat. Unerlaubt ist lediglich die Armut. Sie wird mit dem Tode bestraft. Ernst Bloch hat später immer wieder, als Indiz für das »Prinzip Hoffnung«, den Satz der Hauptgestalt dieser Oper zitiert. Ackermann (oder später Mahoney) empfindet im Supermarkt, ohne es genau bezeichnen zu können, eine entscheidende Leere: »Aber etwas fehlt.«

In dem Parabelspiel *Der aufhaltsame Aufstieg des Arturo Ui*, das Brecht im dänischen Exil entwarf nach den Erfahrungen mit Hindenburg in Deutschland und dem Nazi-Putsch in Österreich im Jahr 1934, wird alle Interpretation der politischen Geschichte zurückverwiesen auf schwindelhafte wirtschaftliche und finanzielle Transaktionen. Reichspräsident und Führer sind Popanze im mafiosen Geschäftskonflikt. Das Kapitalismusmodell heißt wieder *Chikago*. Es geht um Leben und Tod, vor allem aber um Marktbeherrschung bei der Gemüseanlieferung. Der Blumenkohl, in Österreich meist als Karfiol bezeichnet, wird zum Menschenschicksal.

Das vierte Modell des modernen Kapitalismus trägt den chinesischen Provinznamen *Sezuan*. Wenn man menschenfreundlich sein will wie jenes Mädchen Shen Te, geht man vor die Hunde. Die Lösung findet sich, in unguter Welt, in der Form des Doppellebens. Man muß die Spielregeln der bösen Gesellschaft benutzen, also bisweilen böse handeln, um dann, gleichfalls bisweilen, Gutes bewirken zu können. Nur dann vermag man sich auch eigenes Glück zu leisten, nämlich Liebe.

Verjagt mit gutem Grund

Gegen Ende der Weimarer Republik hatte Brecht gerade in der radikalisierten deutschen Arbeiterschaft viel Sympathie erworben. Zusammen mit Hanns Eisler und dem aus Bulgarien stammenden Filmemacher Slatan Dudow hatte er den Film *Kuhle Wampe* produzieren können. Das *Solidaritätslied* aus diesem Film wurde tausendfach gelernt und gesungen. Gleichzeitig war er auch der Autor eines weltweiten Theatererfolgs geworden durch die Zusammenarbeit mit dem Komponisten Kurt Weill und ihrem Gemeinschaftswerk der *Dreigroschenoper*. Die jungen Leute in den zwanziger Jahren konnten sie alle auswendig, die Songs, worin verkündet wird, man könne angenehm nur im Wohlstand leben. Gutseinwollen sei ein gefährlicher Luxus. Erst kommt das Fressen, dann die Moral.

Wer in dieser gleichzeitigen Doppelfunktion des Brecht-Erfolgs jenseits aller Klassenschranken eine Literatur des Opportunismus entdecken möchte, hat die Grundimpulse aller Schaffensformen von Brecht mißverstanden. Ab hier nämlich gilt der Grundsatz: Wen immer Ihr suchet, ich bin es nicht. Brecht entwirft stets Modelle. Er führt Handlungsformen und Abläufe vor. Die Figuren sind im Spiel. Er selbst will die Dialektik menschlichen Verhaltens überall sichtbar machen. Was nicht heißen soll, daß er selbst indifferent in eigener Person auf die Lehren des Peachum in der *Dreigroschenoper* wie auf die Parolen des *Solidaritätsliedes* reagiert hätte. Sein lebenslang größter Theatererfolg mit der *Dreigroschenoper* hat ihn innerlich wohl eher geärgert. Bezeichnend ist, daß er nach 1945 keine Erlaubnis zur Aufführung eines seiner Stücke gab, wenn er nicht einverstanden sein konnte mit den angebotenen Theatermachern. Bei der *Dreigroschenoper* machte er eine Ausnahme: da störte es ihn nicht, wenn Hans Albers als Mackie Messer aufzutreten gedachte.

Erste heute wird man genau verstehen können, was der so empfindliche und nachdenkliche Brecht vielleicht im Augenblick des Handelns auch selbst nicht genau ermessen konnte. Bei der Rückschau wird deutlich, daß Brecht, der sich aus dem konkreten Lenin eine Art Parabelfigur gemacht hatte, vor allem als Abgrenzung zu Stalin und den anderen sogenannten Leninisten, kein wirkliches Vertrauen gehabt hat zur Sowjetunion als einer Verkörperung oder gar Verwirklichung der marxistischen Lehre.

Brecht scheint zu Beginn des Jahres 1933 nach der Brandstiftung im Deutschen Reichstag, terroristischen Wahlen, Judenpogromen seit dem ersten April, seit dem Spektakel der Bücherverbrennung am zehnten Mai, keinen Augenblick gezögert zu haben, dieses Land zu verlassen. Er scheint aber auch mitsamt seiner Familie und den engen Freunden ebenso wenig daran gedacht zu haben, in die Sowjetunion zu emigrieren. Diese skeptische Entscheidung hat wahrscheinlich sein Leben gerettet. Seine Mitarbeiterin und Freundin, die bedeutende Schauspielerin Carola Neher, entschied sich anders. Sie ist dann jämmerlich umgekommen in Stalins Arbeitslagern. Bis in die letzte Lebenszeit hat Brecht versucht, sich Klarheit zu verschaffen über das Schicksal dieser Frau. In den Amtsstellen pflegte man jedoch nichts zu wissen. Heute weiß man.

Keine Rede auch davon, die damals üblichen Exilzentren der politischen Emigranten anzustreben: Prag oder Paris. Was in Österreich bevorstehen würde, war dem nüchtern lernenden Brecht ohnehin klar. So konnte er die gute Verbindung zu der dänischen Schriftstellerin Karin Michaelis nutzen, einer weltbekannten Autorin, einer tapferen Frau. Dadurch gelangte Brecht nach Dänemark. Sorglich vermied er auch hier die zu nahe Berührung mit der Hauptstadt Kopenhagen. Die Verbindung blieb rege zu den dänischen Sozialisten, ihren Theatergruppen, ihren kulturellen Möglichkeiten.

Im Svendborger Exil entstand das chronikhafte Spiel von *Mutter Courage und ihren Kindern*. Wenn eines der drei Kinder der Courage dort eine stumme Rolle bekommen hat, was einen großen Theatereinfall bedeutet, so war die Ursache für diese Dramaturgie sehr einfach. Brecht durfte mit einer Aufführung in dänischer Sprache mit dänischen Schauspielern rechnen. Helene Weigel konnte dort in der Rolle der Stummen dabei sein.

Hatte er Recht, wenn er sich im Gedicht *Verjagt mit gutem Grund* verstehen wollte? Insofern nicht, als sich in diesem Urteil abermals ein schematisches Verstehen der Wechselbeziehungen zwischen Bürgertum und gegenbürgerlicher Weltanschauung äußerte. So einfach und undialektisch pflegte es dabei nicht zuzugehen, was gerade durch Brecht selbst bewiesen wird. Richtig war auch nicht allein, daß es ausschließlich die Interessen des Großbürgertums und seines Finanzkapitals gewesen seien, die der Welt zur Katastrophe jenes Dritten Reichs verholfen haben. Viele Elemente des deutschen Kleinbürgertums, unglücklicher Bewußtseinsformen der deutschen Vergangenheit haben mitgewirkt.

Es waren auch nicht allein die überzeugten Kommunisten oder marxistischen Sympathisanten, die neben den geächteten Juden ins Exil gehen mußten. Heinrich und Thomas Mann, Hans Henny Jahnn und Robert Musil, Oskar Maria Graf, Ödön von Horváth gehörten weder der einen noch der anderen Exilgruppe an. Trotzdem empfanden sie sich, nicht wegen ihrer Klassenzugehörigkeit oder ihrer Ideologie, als verjagt mit gutem Grund. Es war wohl eher so, wie es der Österreicher Karl Kraus im Jahr 1933 bereits gedeutet hatte. Das Wort entschlief, als jene Welt erwachte.

Das Glück im Svendborger Exil

Später glänzten seine Augen immer noch, wenn er auf die Zeit in Svendborg zu sprechen kam. Als er sich entschlossen hatte, im östlichen Berlin zu bleiben, weil er dort eine Theaterarbeit leisten durfte, die anderswo undenkbar gewesen wäre, suchte er am See des märkischen Buckow gleichsam eine kleine Wiederholung. Dort entstanden dann auch die späten *Buckower Elegien*. Der Titel war als freches Grinsen hinüber zu Rilke und seinen *Duineser Elegien* gemeint. Allein Buckow brachte doch nicht mehr ein neues Glück, dem vergleichbar, was Brecht auf der dänischen Insel hatte erfahren dürfen. Er war bereits krank und traurig, und die Verhältnisse, die waren nicht so.

Das Exil als ein Glücksfall: so ist es in vielen Fällen gewesen. Erst die Flucht aus Deutschland zwang einige der Emigranten, neue Möglichkeiten in sich und in ihrer fremden Welt zu entdekken. Er habe sich als Emigrant »unter das dänische Strohdach« geflüchtet, erzählt Brecht in einem Gedicht. Das klingt nach Notdürftigkeit. Wer sein Svendborger Strohdach, das es in der Tat gab, später noch besichtigen konnte, sah es anders. Ein schönes Haus, in klarem Stil gebaut, ein weiter Garten, worin man immer noch kleine Statuen fand. Hier hatten sie also gesessen, die Mitglieder der großen Familie, bedeutende Menschen: die damals schon schwerkranke Margarete Steffin, die umfassend gebildete Elisabeth Hauptmann, der Brecht als Stückeschreiber viele thematische Anregungen verdankt hat. Die dänische Schauspielerin und Photographin Ruth Berlau, die Brecht besonders nahegestanden hat. Wer zusammen mit Brecht später in Berlin bei Ruth Berlau zu Gast war, erlebte einen Menschen, den er nicht vermutet hätte. Die große Prinzipalin Helene Weigel hatte alles organisiert, hielt die sonst auseinanderstrebende Lebens- und Arbeitsgemeinschaft zusammen. Dazu die beiden Kinder Stefan und Barbara. Später mußten sie alle zusammen nach Schweden flüchten, dann nach Finnland, weiter durch die Sowjetunion, die noch nicht überfallen worden war, vorläufige Endstation Kalifornien. Margarete Steffin war gestorben. Alle anderen aber bedeuteten damals bereits ein künftiges Berliner Ensemble.

Die Photographien zeigen Gäste, die sich Brecht nach Svendborg geholt hatte. Für jeden einzelnen dieser deutschen Emigranten ohne wirklich gültige Papiere war das jeweils ein Abenteuer. Sie nahmen es auf sich. Brecht brauchte das Gespräch mit ihnen und die Zusammenarbeit. Vor allem mit Hanns Eisler und Walter Benjamin. Von hier kamen wohl die Reflexionen über den Schachspieler Benjamin, die Brecht in seinen poetischen Nachruf aufnahm.

*

Neben den eruptiven und ganz unerwarteten Stücken und Gedichten des jungen Brecht in Augsburg und München stellen die Schöpfungen aus der Svendborger Zeit, die bis zur Flucht vor den deutschen Kriegern im Jahr 1940 dauern sollte, einen Höhepunkt im Schaffen dieses Schriftstellers dar. Brecht konnte in Ruhe arbeiten, er mußte sich nicht durch kleine Provokationen die lästigen Anbeter oder Verächter vom Leibe halten. Er konnte alle Ereignisse vermittelt erleben: durch jene Zeitungen, die bereits in der frühen Ballade *Vom armen B. B.* als unerläßlich betrachtet worden waren. Dabei machte sich der Zeitungsleser Brecht später immer wieder lustig über seinen verehrten Wiener Gönner und Nörgler: über den Zeitungsleser Karl Kraus.

Die *Svendborger Gedichte* suchen nicht mehr Anregung, wie damals bei der *Hauspostille*, in der plebejischen Ausdrucksweise, im biblischen Tonfall oder in einer ausgeklügelten Rohheit. Die Sprache ist ruhig. Der Dichter bedient sich häufig der epischen Form. Er verbindet, wie in der *Legende über die Entstehung des Buches Taoteking*, gleichzeitig den epischen Bericht und eine raffinierte lyrische Reimtechnik der Fünfzeiler. Damals entstand, während des spanischen Bürgerkriegs und im Kampf gegen Franco, der Einakter *Die Gewehre der Frau Carrar*. Diesmal mußte sich Brecht, wie er sich ärgerlich eingestand, der idealistischen Dramaturgie eines Friedrich Schiller bedienen. Frau Carrar hatte sich von einer Indifferenten zur Kämpferin zu wandeln. Damit verstieß Brecht gegen Brechts Theorie. Er bestrafte sich auch. Seine Gedichtzyklen, Essays oder Stücke bezeichnete er als Studien, denen er eine Werkzahl mitgab. Den *Gewehren der Frau Carrar* jedoch wurde die Opuszahl verweigert. Die Spannweite des Dramatikers wird spürbar, wenn man die drei wichtigsten Stücke der Svendborger Zeit nebeneinander aufzählt: *Mutter Courage und ihre Kinder, Der gute Mensch von Sezuan, Leben des Galilei.*

Er nahm sie mit ins kalifornische Exil. Die Chronik von der *Mutter Courage* und ihren Kindern, basierend auf einen epischen Entwurf von Grimmelshausen, muß noch von Svendborg aus zu Kurt Hirschfeld im Zürcher Schauspielhaus gelangt sein. Die Uraufführung der *Mutter Courage* erfolgte bereits 1940 am Heimplatz von Zürich. Therese Giehse in der Titelrolle, Wolfgang Langhoff und Karl Paryla als Söhne dieser Mutter. Kurt Horwitz (ein Freund Brechts seit den Jugendtagen zu München) als Feldprediger und Ernst Ginsberg als Koch. Eines der großen Theaterstücke deutscher Sprache im zwanzigsten Jahrhundert war nun in der Welt.

Mutter Courage und Galilei

Zwei seiner wichtigsten Arbeiten für das Theater wurden, wie Brecht immer wieder und ärgerlich betont hat, durchaus mißverstanden. Nämlich die *Courage* und der *Galilei*. Bei der Uraufführung der *Mutter Courage* mit einer sehr einfallsreichen Musik des Zürcher Hauskomponisten Paul Burkhard – Therese Giehse gab, wie sie mir später in kleinem Kreis zuflüsterte, der späteren, offiziellen Bühnenmusik von Paul Dessau den Vorzug – waren Publikum und Kritik sehr ergriffen vom Schicksal dieser schwergeprüften Frau, die am Schluß, allein geblieben, ihren Planwagen weiter durch die Kriegslandschaft ziehen muß. Ein Kritiker sprach bewegt vom Schicksal einer Niobe. Brecht muß wütend geworden sein, als er das erfuhr. Welch ein Mißverständnis. Die Courage war für ihn keine tragische Figur, und er hatte ihr auch jegliche Wandlung zur besseren Einsicht verwehrt. Sie hatte aus all ihrem Unglück nichts gelernt.

Es gibt aus der späteren Berliner Zeit die Aufzeichnung eines Gesprächs über *Mutter Courage* zwischen Brecht und seinem Dramatikerkollegen Friedrich Wolf. Der einstige Expressionist Wolf, Verfasser von Stücken wie *Zyankali* und *Professor Mamlock*, bemängelte jene fehlende ideologische Wandlung der armen Marketenderin Courage. Brecht erwiderte kühl, es interessiere ihn nicht, daß und ob die Courage »sehend« wird. Ihm sei wichtig, daß der Zuschauer sieht, wie und warum die Courage nichts begreift.

Kann aber die Bühne eben dies dem Zuschauer vermitteln? Jede Aufführung von *Mutter Courage* beweist das Gegenteil. Es gelingt auch trotz aller dramaturgischen Sorgfalt des Stückeschreibers vermutlich nicht, dem Zuschauer an einem solchen Theaterabend klarzumachen, daß alle drei Kinder der Courage an ihren *guten* Eigenschaften zugrunde gehen. Der kühne Eilif an eben dieser Kühnheit. Der brave Schweizerkas an seiner Redlichkeit. Die stumme Kattrin an ihren mütterlichen Empfindungen.

*

Auch das Schauspiel über den Widerruf des Physikers und Astronomen Galileo Galilei wurde ein Welterfolg. Bei der Uraufführung, die gleichfalls im Zürcher Schauspielhaus stattfand, in der Regie von Leonard Steckel, der auch die Titelrolle spielte, herrschte Einigkeit im Publikum darüber, auch bei all unseren Emigranten im Theatersaal, daß Galilei mit gutem Recht den lästigen und albernen Widerruf aussprach und unterschrieb, um mit einiger Ruhe und ohne Furcht vor der Folter an seinen kirchlich widerlegten Ketzereien weiterarbeiten zu können. Der Schlüsselsatz für uns, da ich auch diese Uraufführung erleben durfte, fiel im letzten Bild. Sein ursprünglich zorniger Schüler, der die Feigheit des Meisters verachtet hatte, beginnt zu begreifen. Galilei vertraut ihm das versteckte Manuskript der neuen *Discorsi* an mit dem Hinzufügen: er solle vorsichtig sein, wenn er durch Deutschland reise und die Wahrheit unter dem Mantel trage. Das war auch unsere Meinung. Der illegale Kampf gegen die Barbarei darf sich aller Mittel bedienen.

So hat es Brecht bei der Arbeit in Svendborg vermutlich auch gesehen und gewollt. Beim späteren Arbeiten in Hollywood und mit dem amerikanischen Schauspieler Charles Laughton in der Rolle des Galilei muß Brecht eine neue Distanz zu seinem Galilei gesucht haben. Der Krieg war zu Ende, es gab das Phänomen der Atombomben auf Hiroshima und Nagasaki. Physiker gleich dem Galilei hatten die Bombe erdacht und bauen lassen. War damit ein anderes Urteil über den Widerruf nötig geworden?

Brecht hat das so gesehen. Er schrieb eine neue Fassung vor allem des Schlusses. Keine Rede mehr von Billigung des Widerrufs. Er hätte nicht widerrufen müssen, war einfach feige und uninformiert gewesen. Auch ohne Widerruf wäre es nicht zur Folter gekommen. Die Folgerung: ein großer Physiker und ein sehr schlechter Soziologe. Er hatte die gesellschaftlichen Kräfte falsch eingeschätzt. Darum mußten in der Dramaturgie des Stückes die Volksszenen stärker herausgearbeitet werden. Galilei hatte, nach eigenem Eingeständnis, diese »Kraft der Schwachen« unterschätzt. Verurteilung des Galilei durch Galilei. Widerruf des Widerrufs.

Allein diese Fassung ist nicht zu spielen. Das hat jeder ernsthafte Darsteller dieser Rolle bestätigt. Die dramatische Gestaltungskraft des Stückeschreibers Brecht war so groß, daß sich die Figuren, nicht allein die Courage oder der Galilei, den Änderungsplänen ihres Autors widersetzten. – In einem Gespräch mit Robert Musil in Genf im Jahr 1940 fragte ich den Erzähler des *Mann ohne Eigenschaften*, ob die beiden eng miteinander verbundenen Geschwister Ulrich und Agathe eines Inzests fähig gewesen wären. Musil antwortete ernsthaft, er habe daran gedacht.

Aber die Gestalten wollen es nicht.

Brecht in Hollywood

Nach der Flucht aus Svendborg vor den Soldaten mit dem Hakenkreuz nahm Brecht nur kurz Aufenthalt in Schweden. Dann ging es weiter nach Finnland. Hier lernte er eine finnische Erzählung über den Herrn Puntila kennen, den reichen Grundbesitzer, der so menschlich ist in der Besoffenheit, so hart und geizig in seltenen Augenblicken des Nüchternseins. Zwei große literarisch-philosophische Erfahrungen sind in dies Volksstück vom Herrn und Knecht eingegangen. Es sind abermals die Gedanken von Diderot über den Diener Jacques, den Fatalisten, und seinen aristokratischen Herrn. Hegel hat den Roman sehr genau gekannt, er zitiert ihn in dem Kapitel über Herrschaft und Knechtschaft der *Phänomenologie des Geistes*. Dort befindet sich bereits die Formel: »Der Knecht ist die Wahrheit des Herrn.« Es war auch die Formel für Brecht, den marxistischen Dissidenten. Merkwürdigerweise aber gibt es im *Puntila* auch noch einen leninistischen Grundsatz, den Lenin in die bloße Antithese »Wer – Wen?« gefaßt hatte. Wer unterdrückt wen, wer besiegt wen? Das war stets eine Grundfrage für Brecht: besonders in den Arbeiten aus der Svendborger Zeit. In seinem *Moldaulied* hat Brecht diese Erkenntnisse aus Hegel und Lenin noch einmal poetisch verdichtet.

*

So kam er unter die Amerikaner. Ins kalifornische Los Angeles. Also auch nach Hollywood. Hier entstanden Brechts *Hollywoodelegien*. Der Markt, wo Lügen gekauft werden, und wo man sich in die Schlange derer stellen muß, die Lügen anzubieten haben. Hier entsteht auch der Plan, ein böses Lustspiel zu schreiben über einen Kongreß amtlicher und angesehener Lügner: einen Kongreß der Weißwäscher. Noch einen anderen Gedanken griff Brecht in Hollywood auf. Es gab ihn bereits als Leitmotiv in der *Hauspostille*. Als Ballade *Von den Sündern in der Hölle*, die noch auf Erden leben, aber keine Angst vor kirchlichen Höllendrohungen haben, weil sie ja immer schon und hier auf Erden in der Hölle gewesen seien. Auch in der *Mahagonny*-Oper wird Mahagonny als säkularisierte Hölle gedeutet. In den *Hollywoodelegien* entwirft Brecht sogar eine literarische Genealogie dieses Höllenthemas und meint, bereits der große englische Kollege Shelley aus dem frühen neunzehnten Jahrhundert habe behauptet, die Hölle sei nicht nur irdisch, sondern sie heiße auch London. Hier möchte Brecht in aller Bescheidenheit eine kleine Korrektur vorschlagen. Die Hölle befinde sich doch wohl eher in Hollywood als in London.

In dem Vorort Santa Monica war er nun abermals zurückversetzt in das Berlin der zwanziger Jahre. Alle einstigen Brecht-Freunde waren zur Stelle: Alfred Döblin, Heinrich Mann, Hanns Eisler, Berthold Viertel, dazu der alte Freund Lion Feuchtwanger. Durch Eisler wurde die Verbindung hergestellt zu Arnold Schönberg. Allein hier war auch der alte Gegner und Gegenspieler Thomas Mann. Hier fand sich auch die überlebende und weiterwirkende Mannschaft des emigrierten Frankfurter »Instituts für Sozialforschung« mit Horkheimer und Pollock als wichtigsten Exponenten. Brecht hatte sie nie gemocht, diese Marxisten ohne Proletariat und ohne Praxis. Er hielt sie, ungerechterweise übrigens, für ideologische Weißwäscher. Darin irrte er ebenso wie damals in Berlin, um 1928, als er Walter Benjamin veranlaßt hatte, einen Aufsatz zu schreiben, worin Autoren wie Erich Kästner als literarische Lieferanten für »Großverdiener« denunziert wurden. Damals in Berlin hatte Brecht auch allen Ernstes geglaubt, der *Zauberberg* von Thomas Mann sei eine Apologie des Kapitalismus.

In Hollywood war es kaum zu vermeiden, daß man bei Einladungen zusammentraf und leidlich höflich miteinander umging. Daß Brecht bei einer solchen Gelegenheit, wie einstmals in Berlin, öffentlich Krach geschlagen hätte, ist nicht bekannt geworden. Er hatte genug zu tun in Hollywood, wo Lügen gekauft werden. Nicht so erfolgreich freilich wie Hanns Eisler, der vielbegehrte Komponist von Filmmusiken. Brecht lieferte Szenarien und Dialoge. Ein erfolgreicher Film von Fritz Lang wurde nach seinen Plänen mit seinen Dialogen gedreht: *Hangmen also die* ist ein Film über die Ermordung des Nazihenkers Heydrich in Prag. Viele emigrierte deutsche Schauspieler konnten hier mitwirken, wie damals übrigens auch in dem glanzvollen Film *Casablanca*.

*

Franklin D. Roosevelt war noch vor Kriegsende seiner schweren Krankheit erlegen. Der Vizepräsident Harry S. Truman durfte siegreich den Krieg beenden. Nur kurze Zeit jedoch hielt die Allianz der Vereinigten Staaten mit der Sowjetunion. Die aggressiven Weltmachtpläne des siegreichen Stalin führten in Amerika bereits im Jahr 1947 zu einer schroffen Ablehnung alles dessen, was man unterschiedslos als »Rote« bezeichnete. Das Wort wurde Gegenwart. Lion Feuchtwanger und Arthur Miller, beide Opfer einer solchen Kommunistenhetze, haben darüber Stücke geschrieben, die sehr bekannt wurden (*Wahn oder der Teufel in Boston* und *Hexenjagd*). Chaplin wird verdächtigt und Joseph Losey, Arthur Miller und Lilian Hellman. Hanns Eisler natürlich und auch Brecht. Die Aussagen Brechts vor dem Untersuchungsausschuß gegen »unamerikanische Umtriebe« sind allgemein bekannt geworden. Man kann das nachlesen. Beide konnten sie, Brecht wie Hanns Eisler, nachweisen, daß sie nicht Mitglieder einer kommunistischen Partei gewesen waren. Brecht hatte alles zur raschen Flucht vorbereitet. Als man ihn nach seiner Vernehmung vor dem Ausschuß wieder nach Hause gehen ließ, konnte der Abflug nach Europa erfolgreich organisiert werden. Hanns Eisler blieb zurück in den USA. Bald darauf wurde er ausgewiesen aus den Vereinigten Staaten.

Die Brecht-Familie reiste nach Zürich. Dort wartete Kurt Hirschfeld, der Freund und Theaterdirektor, auf eine vierte Uraufführung eines neuen Stückes von Brecht: nach der *Courage*, dem *Guten Menschen*, dem *Galilei* und nun die Uraufführung des *Puntila*. Bert Brecht hat sie in Wirklichkeit selbst inszeniert. Auf dem Theaterzettel durfte er nur als Autor genannt werden. Für die Regie zeichnete Kurt Hirschfeld, weil Brecht keine Arbeitserlaubnis besaß.

Das real existierende deutsche Kleinbürgertum

Warum ist Brecht, der im November zunächst nur zu einem kurzen Besuch aus Anlaß eines Kulturkongresses nach Berlin gekommen war, endgültig dort geblieben? Darüber ist inzwischen viel geschrieben und spekuliert worden. Vieles kann rational erklärt werden, anderes gehört zu den »Geheimnissen eines jeden Mannes«, von denen bereits der junge Brecht gesprochen hatte. Für die Anfänge der Brecht-Zeit in Ostberlin, also damals noch in der sowjetischen Besatzungszone, gibt es sehr triftige Argumente. Brecht hatte fluchtartig die Vereinigten Staaten mit ihren Untersuchungskommissionen verlassen. Die amerikanische Militärregierung hat ihn entsprechend behandelt und die Durchreise über Augsburg und München abgelehnt. In Ostberlin fand Brecht viele seiner einstigen Freunde, auch viele Partner aus der Exilzeit. Dennoch war er vorsichtig. An zwei Tagen hintereinander wurde die Ankunft von Arnold Zweig und von Brecht im Haus des Kulturbundes zur demokratischen Erneuerung Deutschlands in der Berliner Jägerstraße gefeiert. Becher präsidierte. Auch die sowjetischen Kontrolloffiziere waren zugegen. Ich habe beide Veranstaltungen miterlebt. Arnold Zweig hatte ein paar freundliche Worte gesprochen. Brecht haßte die öffentliche Rede. Er schwieg auch diesmal. In seinen Tagebüchern kann man heute nachlesen, warum er sich selbst den Mund verboten hatte.

Dann aber kamen die Angebote an ihn, die unvergleichbar waren. An ein Gegenangebot in einer der Westzonen oder auch in Österreich war nicht zu denken. Peter Huchel bereitete seine Zeitschrift *Sinn und Form* vor. Er gedachte zu Beginn des Jahres 1949 mit einem großen Sonderheft Bertolt Brecht zu starten. Einverständnis herrschte auch damals bereits darüber, daß Brecht ein eigenes Theater in Ostberlin erhalten sollte, wo die Brechtsche Theatertheorie nun vielleicht zur Praxis werden könnte. Es gab Schwierigkeiten mit den vorhandenen Bühnen. Im Theater am Schiffbauerdamm, das Brecht unbedingt haben wollte und überhaupt kein anderes, saß noch der Hausherr Fritz Wisten. Er sollte dann umziehen in die einstige Volksbühne. Die aber mußte erst wiederhergestellt werden. Also mußte man die Gastfreundschaft Wolfgang Langhoffs erhalten für das Deutsche Theater und die Kammerspiele in der Schumannstraße. Blieb also vorher das Deutsche Theater selbst. Dort begannen die Proben für die *Mutter*

Courage. Brecht hatte in Berlin seinen alten Freund und Mitarbeiter Erich Engel wiedergefunden. Auch Paul Dessau war eingetroffen und konnte nunmehr seine eigene Musik vorbereiten lassen. Endlich kam Helene Weigel zu ihrer Schicksalsrolle.

Da Brecht bereits bei ersten Besprechungen im kleinen Kreis, an welchen ich teilnehmen durfte, entschieden erklärt hatte, man müsse ganz neu beginnen mit ganz neuen Schauspielern, ging er daran, ein junges Ensemble zu erproben. Bei seinem Aufenthalt in Zürich glaubte er festgestellt zu haben, daß beides nicht fortsetzbar sei: weder das angeblich so glanzvolle Theater von Gründgens noch das Emigranten-Theater aus der Zürcher Kriegszeit.

Berlin war damals ungeteilt. Brecht fuhr regelmäßig nach Westberlin, hatte zwar Kontrollen zu passieren, spielte dabei aber bewußt herrisch die Rolle des Privilegierten und Prominenten. Darüber hat er später oft gespottet. Als er Nationalpreisträger erster Klasse geworden war im Jahre 1951, wußte er sich des roten Ausweises, der Bevorzugung bei allen Amtsstellen bedeuten sollte, mit Nachdruck zu bedienen. Er mußte es auch, denn seine Beziehungen zu Österreich erwiesen sich als fragwürdig. Der Regisseur Berthold Viertel, ausgezeichneter Spielleiter und Freund von Karl Kraus wie von Brecht, erlebte als Burgtheater-Direktor nur Schwierigkeiten und Verhinderungen. Die Hoffnung auf eine ständige Zusammenarbeit bei den Salzburger Festspielen wurde bald hinfällig. Die Amerikaner hatten ihren Flüchtling nicht vergessen. In Berlin und Leipzig gab es damals jene erstaunliche Konstellation, die später legendär werden sollte, und die bewirkt hat, daß die in jenen Anfangsjahren unternommenen großen künstlerischen und literarischen Projekte inzwischen berühmt werden konnten. Veränderungen haben sie ganz gewiß bewirkt: das Musiktheater Walter Felsensteins in der Komischen Oper; das Brecht-Ensemble; Peter Huchels Zeitschrift *Sinn und Form*. An irgendein Gegenstück in den Westzonen, dann der Bundesrepublik Deutschland, war damals nicht zu denken. Dort hatten die Saubermänner das Wort und die Gehaltsempfänger des amerikanischen »Kongresses für kulturelle Freiheit«.

In Ostberlin befand sich Brecht unter alten Freunden. Wieland Herzfelde bekam den Auftrag, für den neugegründeten Aufbau-Verlag zum erstenmal eine Auswahl aus Brechts lyrischem Werk zu treffen. *Hundert Gedichte*. Dieser Band wurde dann für lange Zeit eine Hauspostille der alten und neuen Brechtianer. Brecht konnte nun mit den Bühnenbildnern Caspar Neher und Teo Otto arbeiten, mit Paul Dessau und Hanns Eisler. Er konnte sich mit Ernst Bloch, dem Romanisten Werner Krauss beraten, mit dem Literaturkritiker Paul Rilla und auch mit dem jungen Wolfgang Harich. Er war befreundet mit den Bildhauern Gustav Seitz und Fritz Cremer, dem wir die erschütternde Totenmaske verdanken.

Andererseits gab es von Anfang an die Gegenkräfte der stalinistischen Kader. Ulbricht und Brecht haben einander niemals ausstehen können. Da gab es eine lange Geschichte gegenseitiger Abneigungen. Beide wußten warum. Johannes R. Becher hat immer wieder ausgleichen müssen. Er bewunderte Brecht, den Künstler und Theatermann. Über den Lyriker schwieg er sich aus. Brecht selbst hat die Zusammenarbeit mit Becher als erfreulich und hilfreich empfunden. Alles spätere Gerede von irgendeiner Rivalität oder Verlogenheit ist einfach unwahr. Es war auch keine Rede davon, daß Brecht aus purem Opportunismus das Stück *Winterschlacht* von Becher am Schiffbauerdamm aufführen ließ und selbst inszenierte. Unter seiner Spielleitung wurde das ein bemerkenswerter Theaterabend. Brechts Feinde saßen anderswo, wurden von Moskau her angestachelt in Stalins bösen letzten Jahren. Da war der aus Moskau zurückgekehrte Theaterkritiker Fritz Erpenbeck, der nun im *Neuen Deutschland* zu verkünden hatte, welche Art von Theater in Moskau erwünscht sei. Das Brecht-Theater war es nicht. Das erste Moskauer Gastspiel des Ensembles nach dem Tode von Brecht war ein arger Mißerfolg. Helene Weigel hat später darüber berichtet. Frau Erpenbeck, die Schauspielerin und Schriftstellerin Hedda Zinner, war auch nicht glücklich über die Leute vom Schiffbauerdamm. Im ersten ihm gewidmeten Sonderheft von *Sinn und Form* hatte Brecht das zweite Kapitel seines großartigen Romanfragments *Die Geschäfte des Herrn Julius Caesar* veröffentlicht. Als ich ihn einmal fragte, wann er den Roman zu Ende schreiben wolle, kam die Antwort: »Wenn mir Erpenbeck und Zinner endgültig das Theater verleidet haben werden.« Das weitere ist allgemein bekannt. Paul Dessaus Oper *Das Verhör des Lukullus*, nach einem Hörspiel von Brecht, sollte auf Geheiß der Parteibürokraten verhindert werden. Unter Leitung des Dirigenten Hermann Scherchen wurde die Premiere vorbereitet. Um ein Verbot erwirken zu können, brauchte man den Skandal in der Generalprobe, den man wohl auch vorbereitet hatte. Er blieb aus, es wurde ein gewaltiger Erfolg. Brecht änderte ein paar Zeilen seines Textes, und nun war die Oper gerettet.

Im Kampf gegen Hanns Eisler und seine geplante Oper über den intellektuellen Renegaten *Dr. Faustus* im deutschen Bauernkrieg 1525 hatte man mehr Erfolg. Eisler hatte sein Libretto, das er zusammen mit Brecht verfaßt hatte, im Aufbau-Verlag erscheinen lassen, worauf die Verlagsleitung scharf gerügt wurde. Dann kamen die Besserwisser wie Girnus und jene Johanna Rudolph zu Wort. Eisler war entmutigt und hat keine Note der Partitur mehr schreiben können.

Nach dem 17. Juni gab es wirklich so etwas wie ein ephemeres Tauwetter. Stalin war tot, der nunmehr in Moskau regierende N.S. Chruschtschow machte sich daran, den Stalinismus langsam abzubauen. Man war hoffnungsvoll in der Deutschen Demokratischen Republik. Der Sturz Ulbrichts wurde von vielen Seiten her planmäßig vorbereitet. Dann kam es zum ungarischen Aufstand im Herbst 1956. Chruschtschows Panzer mußten einen Volksaufstand gewaltsam beenden.

Damals war Brecht bereits tot. Er starb am 14. August 1956. Er war sehr zur Unzeit gestorben. Natürlich hätte er gegen den Kreml nichts ausrichten können, auch nicht gegen den abermaligen Sieger Walter Ulbricht. Doch jene schändlichen Prozesse des Generalstaatsanwalts Melsheimer gegen Walter Janka und Wolfgang Harich mit allen späteren Folgen, beispielsweise der Zwangsemeritierung (nebst Hausverbot) von Ernst Bloch, das hätte Brecht möglicherweise und als einziger verhindern können, so meine ich wenigstens.

Theaterarbeit

Wie groß die Ausstrahlung der Theaterarbeit am Schiffbauerdamm gewesen ist, kann man erst heute richtig ermessen. Im Grunde hat die schöpferische Phase des Berliner Ensembles nur etwa ein Jahrzehnt gedauert: bis zum Ende der fünfziger Jahre. Mit der Errichtung der Berliner Mauer war ohnehin alles vorbei. Allein in jenen ersten Jahren hatte Brecht eine junge Mannschaft um sich scharen können, ohne deren spätere eigene Theaterarbeit eine heutige Schaubühne gar nicht denkbar war. Egon Monk, Benno Besson, Giorgio Strehler, Patrice Chéreau, Verbindung zu Peter Brook, die Aufzählung ließe sich ziemlich lange fortsetzen. Auch Hans-Jürgen Syberberg war Assistent bei Brecht am Schiffbauerdamm.

Seine Theaterarbeit hatte Brecht, um es so knapp wie möglich anzudeuten, an drei Voraussetzungen geknüpft: eine neue Dramaturgie, eine neue Schauspielkunst, eine neue Zuschaukunst. Die neue Dramaturgie hatte, wie man weiß, auf Verfremdung hin zu arbeiten. Dem Zuschauer sollte kein Illusionstheater vorgespielt werden, es sollte nicht emotional einbezogen werden in die Geschehnisse auf der Bühne, sondern zuschauen, um sich Gedanken zu machen. Vielleicht erst auf dem Heimweg. So hatte es Brecht in seinem Epilog zum *Guten Menschen von Sezuan* gefordert. Dies alles war eine Gegenthese zum psychologischen Naturalismus des Moskauer Theaters von Konstantin Stanislawski. Stalin hatte befohlen, daß nur so auf der Bühne zu spielen sei. Die Erpenbecks hörten es gern. Das Berliner Ensemble ließ zwar bisweilen erklären, man werde sich auch theoretisch mit Stanislawski beschäftigen, allein auf der Bühne sah man das Gegenteil.

Ist das Brecht-Theater damaliger Jahre auch heute noch durchsetzbar? In der ursprünglichen Form wohl kaum. Hätte Brecht länger gelebt, so wären schöpferische Ergänzungen zu erwarten gewesen. Eines ist sicher. Auch wenn Brechts Vorzeigetheater der damaligen Art modifiziert werden müßte, was Strehler in Mailand und Besson in Paris und Genf erfolgreich demonstriert haben, so steht doch wohl fest, daß die Abkehr von dieser dialektischen Gesellschaftskritik und der Etablierung eines Theaters der emotional sich austobenden Theatermacher ein ärgerliches Mißverständnis bedeutet. Der Schauspieler soll »sich selbst einbringen«? Aber er will doch genau das Gegenteil: die Verwandlung in einen anderen. Folglich bringen sie sich alle miteinander nunmehr ein. Die Spielleiter, Choreographen, nicht zuletzt die Dramaturgen. Und haben immer noch nicht gemerkt, daß Brecht vermutlich heute äußerst skeptisch die Möglichkeiten reflektieren würde, ein Theater der Schaubühne weiterzuführen mit den alten Gattungen der Tragödie und Komödie.

Nicht zuletzt ist Brecht mit seinem Postulat einer neuen Zuschaukunst gescheitert. Der von Ulbricht (und von Moskau) dekretierte real existierende Sozialismus hatte in der DDR bloß bewiesen, daß es, kaum verändert, ein deutsches Kleinbürgertum gab, welches wenig gelernt und kaum etwas vergessen hatte. Wie sollte da eine neue Zuschaukunst entstehen. Sie besaß weder eine Basis noch einen Überbau.

Der Dorotheenstädtische Friedhof

Zuletzt hatte Brecht in der Chausseestraße gewohnt in Ostberlin, unweit seiner Ärzte von der Charité, auch vom Berliner Ensemble am Schiffbauerdamm. Von seinem Fenster schaute er hinab auf den Dorotheenstädtischen Friedhof, eine historische Grabstätte. Dort wollte er begraben werden, das hat er immer wieder erklärt. Er zeigte auch die Stelle an der Mauer, wo er in der Tat dann beigesetzt wurde. Nur wenige Schritte trennen dieses Brecht-Grab von den Grabstätten der Philosophen Fichte und Hegel. Hier wollte auch der Dialektiker Brecht seine Ruhe finden. Er hatte alles sorgfältig vorbereitet, denn er war sehr krank, anfällig für kleine Infektionen in den letzten Lebenstagen. Sein Tod war dennoch unerwartet. Ein Herzinfarkt, den man, wie es scheint, zu spät erkannte. Es war Ferienzeit. Da waren die Chefärzte im Urlaub. Brecht spürte, wie er schwächer wurde, forderte dringend, man solle ihn zu seinem Arzt nach München bringen. Es war zu spät.

I.

Vorschläge

Ich benötige keinen Grabstein, aber
Wenn ihr einen für mich benötigt
Wünschte ich, es stünde darauf:
Er hat Vorschläge gemacht. Wir
Haben sie angenommen.
Durch eine solche Inschrift wären
Wir alle geehrt.

An die Nachgeborenen

1

Wirklich, ich lebe in finsteren Zeiten!

Das arglose Wort ist töricht. Eine glatte Stirn
Deutet auf Unempfindlichkeit hin. Der Lachende
Hat die furchtbare Nachricht
Nur noch nicht empfangen.

Was sind das für Zeiten, wo
Ein Gespräch über Bäume fast ein Verbrechen ist
Weil es ein Schweigen über so viele Untaten einschließt!
Der dort ruhig über die Straße geht
Ist wohl nicht mehr erreichbar für seine Freunde
Die in Not sind?

Es ist wahr: ich verdiene noch meinen Unterhalt
Aber glaubt mir: das ist nur ein Zufall. Nichts
Von dem, was ich tue, berechtigt mich dazu, mich satt zu essen.
Zufällig bin ich verschont. (Wenn mein Glück aussetzt
Bin ich verloren.)

Man sagt mir: iß und trink du! Sei froh, daß du hast!
Aber wie kann ich essen und trinken, wenn
Ich es dem Hungernden entreiße, was ich esse, und
Mein Glas Wasser einem Verdurstenden fehlt?
Und doch esse und trinke ich.

Ich wäre gerne auch weise
In den alten Büchern steht, was weise ist:
Sich aus dem Streit der Welt halten und die kurze Zeit
Ohne Furcht verbringen
Auch ohne Gewalt auskommen
Böses mit Gutem vergelten
Seine Wünsche nicht erfüllen, sondern vergessen
Gilt für weise.
Alles das kann ich nicht:
Wirklich, ich lebe in finsteren Zeiten!

2

In die Städte kam ich zu der Zeit der Unordnung
Als da Hunger herrschte.
Unter die Menschen kam ich zu der Zeit des Aufruhrs
Und ich empörte mich mit ihnen.
So verging meine Zeit
Die auf Erden mir gegeben war.

Mein Essen aß ich zwischen den Schlachten
Schlafen legte ich mich unter die Mörder
Der Liebe pflegte ich achtlos
Und die Natur sah ich ohne Geduld.
So verging meine Zeit
Die auf Erden mir gegeben war.

Die Straßen führten in den Sumpf zu meiner Zeit
Die Sprache verriet mich dem Schlächter
Ich vermochte nur wenig. Aber die Herrschenden
Saßen ohne mich sicherer, das hoffte ich.
So verging meine Zeit
Die auf Erden mir gegeben war.

Die Kräfte waren gering. Das Ziel
Lag in großer Ferne
Es war deutlich sichtbar, wenn auch für mich
Kaum zu erreichen.
So verging meine Zeit
Die auf Erden mir gegeben war.

3

Ihr, die ihr auftauchen werdet aus der Flut
In der wir untergegangen sind
Gedenkt
Wenn ihr von unsern Schwächen sprecht
Auch der finsteren Zeit
Der ihr entronnen seid.

Gingen wir doch, öfter als die Schuhe die Länder wechselnd
Durch die Kriege der Klassen, verzweifelt
Wenn da nur Unrecht war und keine Empörung.

Dabei wissen wir ja:
Auch der Haß gegen die Niedrigkeit
Verzerrt die Züge.
Auch der Zorn über das Unrecht
Macht die Stimme heiser. Ach, wir
Die wir den Boden bereiten wollten für Freundlichkeit
Konnten selber nicht freundlich sein.

Ihr aber, wenn es soweit sein wird
Daß der Mensch dem Menschen ein Helfer ist
Gedenkt unsrer
Mit Nachsicht.

Der Zweifler

Immer wenn uns
Die Antwort auf eine Frage gefunden schien
Löste einer von uns an der Wand die Schnur der alten
Aufgerollten chinesischen Leinwand, so daß sie herabfiel und
Sichtbar wurde der Mann auf der Bank, der
So sehr zweifelte.

Ich, sagte er uns
Bin der Zweifler, ich zweifle, ob
Die Arbeit gelungen ist, die eure Tage verschlungen hat.
Ob was ihr gesagt, auch schlechter gesagt, noch für einige Wert hätte.

Ob ihr es aber gut gesagt und euch nicht etwa
Auf die Wahrheit verlassen habt dessen, was ihr gesagt habt.
Ob es nicht vieldeutig ist, für jeden möglichen Irrtum
Tragt ihr die Schuld. Es kann auch eindeutig sein
Und den Widerspruch aus den Dingen entfernen; ist es zu eindeutig?
Dann ist es unbrauchbar, was ihr sagt. Euer Ding ist dann leblos.
Seid ihr wirklich im Fluß des Geschehens? Einverstanden mit
Allem, was wird? Werdet ihr noch? Wer seid ihr? Zu wem
Sprecht ihr? Wem nützt es, was ihr da sagt? Und nebenbei:
Läßt es auch nüchtern? Ist es am Morgen zu lesen?
Ist es auch angeknüpft an Vorhandenes? Sind die Sätze, die
Vor euch gesagt sind, benutzt, wenigstens widerlegt? Ist alles belegbar?
Durch Erfahrung? Durch welche? Aber vor allem
Immer wieder vor allem andern: Wie handelt man
Wenn man euch glaubt, was ihr sagt? Vor allem: Wie handelt man?

Nachdenklich betrachteten wir mit Neugier den zweifelnden
Blauen Mann auf der Leinwand, sahen uns an und
Begannen von vorne.

Auf einen chinesischen Teewurzellöwen

Die Schlechten fürchten deine Klaue.
Die Guten freuen sich deiner Grazie.
Derlei
Hörte ich gern
Von meinem Vers.

II.
Die Wunde Deutschland

Hans Lody

Du starbst verlassen
An einem grauen Tag den einsamen Tod.
Die dich hassen
Gaben dir letztes Geleite und letztes Brot.
Liedlos, ehrlos war deine Not.
Aber du hast dein Leben *dafür* gelassen
Daß eines Tages in hellem Sonnenschein
Deutsche Lieder brausend über dein Grab hinziehen
Deutsche Fahnen darüber im Sonnengold wehen
Und deutsche Hände darüber Blumen ausstreun.

Deutsches Frühlingsgebet

Wenn diesen Frühling der Bauer früh über die Äcker geht
Ernster wohl noch, als in früheren, helleren Lenzen
Hört er die Lerche nicht, die im Himmel erklingt
Jauchzend vom Frühling singt –
Sieht er die Bäume nicht, die fröhlich und unnütz die Felder bekränzen.
Nein – er sieht nur das junge Korn, das schimmernd in seidenen Matten steht.
Und er faltet die Hände still und spricht das Gebet:

Herr, schütte dein Licht
Aus goldenem Sonnenbecher auf die grünende Erde
Daß sie gesegnet werde
Und segnend aufbricht.

Herr!
Horch, wie die Mütter schreien im dämmernden Land voll Not:
Herr, sie schreien immer für ihre hungernden Kinder um *Brot*!
Sieh, Herr, wir bangen nicht in dieser feurigen Nacht
Wir fürchten nicht Haß, Lüge und Übermacht.
Kämpfen und Hinterhalt fürchten wir nicht.
Beben kaum für Hof, Haus, Land:
Unsre Söhne bluten an fern dunklem Strand.
Ein Schatten fiel über uns und ein drohend Gesicht

Riesenhaft, grauenhaft groß.
Und wir bangten nicht, sorgten nicht
Als er vorbeischritt, dein düsterer Tod...
Aber, Herr, eins, für eins zittern wir bloß:

In dieser grünenden Äcker Schoß
Reift unser Schicksal und unser Los...
Ständig und dunkel dem Tage entgegen
Dem Fluch oder Segen:
Reift für unsre Kinder das bißchen *Brot.*

Herr, wir wissen, was wir dir danken.
Mach uns unsern Glauben nicht wanken.

Herr, schütte dein Licht
Aus goldenem Sonnenbecher auf die grünende Erde
Daß sie gesegnet werde
Und segnend aufbricht.

Wenn der Bauer, endend, schwer atmend steht
Atmet er plötzlich der würzigen Saaten Duft
Merkt er das mähliche Reifen von reicheren Lenzen
Hört er die klingenden Lerchen aufjauchzen in sonniger Luft
Sieht er die jungen Felder opalgleich grünend erglänzen.
Und er fühlt das Blühen der Frucht, die im Frühwind weht.
Fühlt die segnende Kraft der Erfüllung in seinem Gebet.

Das Lied vom Geierbaum

Vom Hahnenschrei bis zur Mitternacht
Raufen die Geier wie irr mit dem einsamen Baum.
So viel Flügel verdunkeln den Himmel, daß er durch Stunden die
Sonne nicht sieht.
Aufsingt um ihn vom ehernen Flügelrauschen der Raum.
Und die peitschenden Flügel, die auf ihn gezückt
Zerhauen im Sturz ihm den zitternden Leib und zerstücken ihm
Knospe und Glied.
Wenn ihr Flügelschlag in sein Astwerk kracht
Seine Rinde zerreißt, seine Krone zerpflückt

Steht er zusammengekauert gebückt
Verwahrlost und blutend, zerhackt und zerzaust
Von stählernen Schwingen wie Schwertern durchbraust
Schwankend und düster im dämmernden Ackerbeet.
Wohl ist das Würgen der Flügel so stark in seiner Zweige zerfetztem Gezwirne
Daß er zitternd im Grunde die Wurzel schon prüfte, ob sie ihn halten werde:
Da bebte die Wurzel unten, ganz unten, tief unter der Erde
Aber er stemmte sich doch in die Erde, er, der sich gegen den Himmel nicht wehrte
Aber er stemmt sich und steht.
Wohl träumt er Mittag und Abend und Mitternacht wie einen dunkelen Traum.
Aber er steht, mühsam wohl unter dem ungeheuren Pralle
Hebt schwer und schwankend hoch in die Luft zerfetzt seine Stirne:
Laut höhnte er nachts die sich mühenden Geier und verlachte sie alle.
Aber die Geier wiegten sich müde im Mondglanz und füllten mit ehernem Kreischen den Raum.
Und schon rauschten die Fittiche zitternder und der Baum gibt wohl acht
Wie es den Geiern vor seiner Unsterblichkeit graust.
Oh, seine Zweige spannte er jubelnd weit, weit, denn es war eine Frühlingsnacht.
Ja, jetzt ist es müde, dies sterbliche Volk und der Baum wird blühen zerhackt und zerzaust
Heute wollte er blühen beginnen – da lachte der Baum.
Aber die Geier wiegten sich müder im Mondglanz und füllten mit ehernem Kreischen den Raum.
Sie hörten ihn leise lachen, statt stöhnen – in seinem Traum.
Morgen würden sie staunen, wenn sie sahen, wie er herrlich frei blühte...
Schwerer ward ihr Gefieder und sie wurden traurig und müde
Hoben sich schwer in die Lüfte und fielen in bleischwerem Falle
Auf den wunden Baum, da ward er zum eisernen Hügel.

Denn sie hockten im Schlafe gedrängt auf jedem einzelnen Ast
Hielten im Schlaf mit der todmüden Kralle

Zweige und Triebe und Knospen umfaßt.
Bogen die Schwingen wie eherne Schilde krumm
Und deckten den staunenden Baum von oben bis unten mit ehernem Flügel.
Zitternd unter der müden Last:
Der Baum ward stumm.

Von der Mitternacht nur bis zum Hahnenschrei
Hocken die schlummernden Geier mit schauernden Flügeln und manchmal mit heiserem Schrei
Kummervoll auf dem stöhnenden Baum.
Verstumpft sind die Krallen; die Schwingen verdorben
Und sie träumen vom Baum, daß der unsterblich sei. –
Wenn sie im Frührot mit schmerzendem Schweben
Schläfrig in den dämmernden Frühlingsmorgen sich heben
Füllen mit ehernem Klingen die müden Flügel den Raum
Und sie schauen von oben wie Spuk und gespenstigen Traum:
Unten den Baum
Und der Baum ist gestorben.

Der Himmel der Enttäuschten

1
Halben Weges zwischen Nacht und Morgen
Nackt und frierend zwischen dem Gestein
Unter kaltem Himmel wie verborgen
Wird der Himmel der Enttäuschten sein.

2
Alle tausend Jahre weiße Wolken
Hoch am Himmel. Tausend Jahre nie.
Aber alle tausend Jahre immer
Hoch am Himmel. Weiß und lachend. Sie.

3
Aber aus den untern Himmeln singen
Manchmal Stimmen feierlich und rein:
Aus dem Himmel der Bewundrer dringen
Zarte Hymnen manchmal oben ein.

4
Immer Stille über großen Steinen
Wenig Helle, aber immer Schein
Trübe Seelen, satt sogar vom Greinen
Sitzen tränenlos, stumm und sehr allein.

Deutschland, du Blondes, Bleiches

Wildwolkiges mit sanfter Stirn!
Was ging vor in deinen lautlosen Himmeln?
Nun bist du das Aasloch Europas.

Geier über dir!
Tiere zerfleischen deinen guten Leib
Dich beschmutzen die Sterbenden mit ihrem Kot
Und ihr Wasser
Näßt deine Felder. Felder!

Wie sanft deine Flüsse einst!
Jetzt vergiftet von lila Anilin!
Mit nackten Zähnen raufen
Die Kinder das Getreide aus vor
Hunger
Aber die Ernte schwimmt in das
Stinkende Wasser!

Deutschland, du Blondes, Bleiches
Nimmerleinsland! Voll von
Seligen! Voll von Gestorbenen!
Nimmermehr, nimmermehr
Schlägt dein Herz, das vermodert
Ist, das du verkauft hast
Eingepökelt in Salz von Chile
Und hast dafür
Fahnen erhandelt!

O Aasland, Kümmernisloch!
Scham würgt die Erinnerung
Und in den Jungen, die du

Nicht verdorben hast
Erwacht Amerika!

18. Juni 1920
Wie mich dieses Deutschland langweilt! Es ist ein gutes, mittleres Land, schön darin die blassen Farben und die Flächen, aber welche Einwohner! Ein verkommener Bauernstand, dessen Roheit aber keine fabelhaften Unwesen gebiert, sondern eine stille Vertierung, ein verfetteter Mittelstand und eine matte Intellektuelle! Bleibt: Amerika!

29. August 1920
In Deutschland hat nicht etwa der Krieg, sondern der ungünstige Ausgang des Krieges einigen Leuten gezeigt, was von den Pflichten gegen den Staat zu halten sei. Sie verlangen jetzt mehr als vorhin für den Staat. Dabei ertragen die Menschen doch keine Herrschaft schwerer als die des Verstandes. Sie sind bereit, für schwindelhafte Phrasen großen Klangs alles zu opfern, sie sterben wonnevoll in Schweineverschlägen, wenn sie nur in großer Oper »mitwirken« dürfen. Aber für vernünftige Zwecke will niemand sterben, und auch das Fechten dafür wird durch die Möglichkeit des Todes verhindert, denn das Vernünftigste dünkt ihnen: zu leben, und man kann für »nichts« sterben, nicht aber für etwas; denn es wäre nichts, wenn man gestorben ist, und man käme um die große Wollust des Verzichts. In Triumphzeiten des Rationalismus schämten sich die Nationen nicht, ihren Mitgliedern das Leben abzuverlangen.

Den Nachgeborenen

Ich gestehe es: ich
Habe keine Hoffnung.
Die Blinden reden von einem Ausweg. Ich
Sehe.

Wenn die Irrtümer verbraucht sind
Sitzt als letzter Gesellschafter
Uns das Nichts gegenüber.

Deutscher Ausverkauf

O liebliches finsteres Land, du
Bist arm geworden
Knorrig tragische Eiche, was kriegst du
Von der Knechtung des Mannes, der dich zersägt?
Tiefgehende wilde Flüsse, was
Verdient ihr? Wem gehört ihr? Wessen
Betrieb treibt ihr?
Helle Buche, wieviele
Schweißige Hände wirst du wechseln, bis
Du zur Wärme geworden, die teuer bezahlt?

1
Der Führer hat gesagt: man muß marschieren
Und möglichst rasch und viel, sonst geht es nie.
Man darf die Hoffnung nämlich nicht verlieren
Die Trommel dazu kauft die Industrie.
Es ist ein langer Weg zum dritten Reiche
Man soll's nicht glauben, wie sich das zieht.
Es ist ein hoher Baum, die deutsche Eiche
Von der aus man den Silberstreif erst sieht.

2
Der Führer sagt: man könne auf Ihn bauen.
Zuerst baut Er sich – ein braunes Haus.
Und auf die Rechnung darf man da nicht schauen
Er stattet es mit Gold und Marmor aus.
Dann ist's ein schönrer Weg zum dritten Reiche
Man merkt es nicht mehr so, wie er sich zieht.
Es ist ein hoher Baum, die deutsche Eiche
Von der aus man den Silberstreif erst sieht.

3
Der Führer hat gesagt: Er sorgt für Essen
's ist besser, wenn man was im Magen hat!
Darum ist Er im Kaiserhof gesessen
Da gibt's vier Gänge, da wird Er satt.

Es ist ein langer Weg zum dritten Reiche
Und man wird hungrig, weil er sich so zieht.
Es ist ein hoher Baum, die deutsche Eiche
Von der aus man den Silberstreif erst sieht.

4
Der Führer sagt: nur nicht in Lumpen laufen!
Er hat ihr's schon gesagt, der Industrie
Wir wollen neue Uniformen kaufen
Der Hauptmann Röhm liebt uns nicht ohne die.
Es ist ein langer Weg zum dritten Reiche
Ein bißchen Liebe macht ihn halb so schwer.
Es ist ein hoher Baum, die deutsche Eiche
Und kameradschaftlich ist der Verkehr.

5
Der Führer sagt: jetzt kommt der elfte Winter.
Nur jetzt nicht schlapp gemacht! Ihr müßt marschiern!
Der Führer fährt voran im Acht-Zylinder.
Marsch, Marsch! Ihr dürft die Fühlung nicht verliern!
's ist noch ein langer Weg zum dritten Reiche
Man soll's nicht glauben, wie sich das zieht.
Es ist ein hoher Baum, die deutsche Eiche
Von der aus man den Silberstreif erst sieht.

6
Der Führer hat gesagt: Er lebt noch lange
Und Er wird älter als der Hindenburch.
Er kommt noch dran, da ist Ihm gar nicht bange
Und drum pressiert's Ihm gar nicht und dadurch
Ist es ein langer Weg zum dritten Reiche
Es ist unglaublich, wie sich das zieht!
Es ist ein hoher Baum, die deutsche Eiche
Von der aus man den Silberstreif erst sieht.
Hitler verrecke!
Rassereines Vieh
Sag: zu welchem Zwecke
Zahlt dich die Industrie?

Deutschland

Mögen andere von ihrer Schande
sprechen, ich spreche von der meinen

O Deutschland, bleiche Mutter!
Wie sitzest du besudelt
Unter den Völkern.
Unter den Befleckten
Fällst du auf.

Von deinen Söhnen der ärmste
Liegt erschlagen.
Als sein Hunger groß war
Haben deine anderen Söhne
Die Hand gegen ihn erhoben.
Das ist ruchbar geworden.

Mit ihren so erhobenen Händen
Erhoben gegen ihren Bruder
Gehen sie jetzt frech vor dir herum
Und lachen in dein Gesicht
Das weiß man.

In deinem Hause
Wird laut gebrüllt was Lüge ist
Aber die Wahrheit
Muß schweigen.
Ist es so?

Warum preisen dich ringsum die Unterdrücker, aber
Die Unterdrückten beschuldigen dich?
Die Ausgebeuteten
Zeigen mit Fingern auf dich, aber
Die Ausbeuter loben das System
Das in deinem Hause ersonnen wurde!

Und dabei sehen dich alle
Den Zipfel deines Rockes verbergen, der blutig ist
Vom Blut deines
Besten Sohnes.

Hörend die Reden, die aus deinem Hause dringen, lacht man.
Aber wer dich sieht, der greift nach dem Messer
Wie beim Anblick einer Räuberin.

O Deutschland, bleiche Mutter!
Wie haben deine Söhne dich zugerichtet
Daß du unter den Völkern sitzest
Ein Gespött oder eine Furcht!

1933 [aus einem fingierten Interview]

»Die Dreigroschenoper« darf wohl jetzt in Deutschland kaum mehr aufgeführt werden?

Ich kann es mir nicht denken.

Was halten Sie eigentlich von der Zukunft Deutschlands?

Ich glaube, daß Hitler mit seinem Versuch keinen Erfolg hat. Er wird mit dem riesigen Elend in Deutschland nicht fertig werden, da er nicht an seine wirklichen Ursachen herangeht. Aber die Zukunft Deutschlands hängt nicht nur von ihm und seiner Bewegung ab. Er ist nicht Deutschland. Es ist von großer Wichtigkeit, daß kein Deutscher, wer und wo immer er sei, glaubt, die Zukunft Deutschlands hänge von ihm nicht ab. Ich meine: was ich tun kann, werde ich tun, daß die Zukunft Deutschlands nicht finster ist.

Rapport von Deutschland

Wir erfahren, daß in Deutschland
In den Tagen der braunen Pest
Auf dem Dach einer Maschinenfabrik plötzlich
Im Wind des Novembers eine rote Fahne flatterte
Die verfemte Fahne der Freiheit!
Mitten im grauen November, vom Himmel
Kam ein Gemisch Regen und Schnee
Aber das war der Siebente Tag der Revolution!
Und sieh, die rote Fahne!
Auf den Höfen stehen die Arbeiter
Halten die Hand über die Augen und sehen

Gegen das Eisregengestöber zum Dach hin.
Da rollen die Lastwagen an mit den Sturmtruppen
Und treiben an die Mauern, was da ein Arbeitskleid trägt
Und binden mit Stricken die Fäuste, die da schwielig sind
Und aus den Baracken vom Verhör
Stolpern die Blutiggeprügelten
Von denen keiner den Mann genannt hat
Der auf dem Dach war.
So treiben sie weg alle, die da schweigen
Und die andern haben schon genug.
Aber am nächsten Tag weht wieder
Die rote Fahne des Proletariats
Auf dem Dach der Maschinenfabrik. Wieder
Dröhnt durch die todstille Stadt
Der Tritt der Sturmtruppen. Auf den Höfen
Sind keine Männer mehr zu sehen. Nur Frauen
Stehen mit steinernen Gesichtern, die Hand über den Augen
Schauen sie gegen das Eisregengestöber zum Dach hin.
Und das Prügeln beginnt wieder. Im Verhör
Sagen die Frauen aus: diese Fahne
Ist ein Bettlaken, auf dem
Trugen wir einen weg, der gestern gestorben ist.
Wir sind nicht schuld an dieser Farbe, die es hat.
Die ist rot von dem Blut des Ermordeten, wißt Ihr.

Der deutsche Tiger sagte zum deutschen Kalb
Ich will von jetzt ab Gras fressen
Und dir hole ich eine Flasche Milch
Denn wir sind beide Deutsche

Der deutsche Zapfenstreich

Alle diese vergilbten Musterknaben
Jeder ein Plattkopf und ein Genie
Biersäufer, die das Offiziersreglement erfunden haben
Und die Quantentheorie.

Mit den hohen Stimmen der noch nicht Mutierten
Schreien sie die Zeiger der Weltuhr an: stillgestanden!

Der Krieg, der kommen wird

Ist nicht der erste. Vor ihm
Waren andere Kriege.
Als der letzte vorüber war
Gab es Sieger und Besiegte.
Bei den Besiegten das niedere Volk
Hungerte. Bei den Siegern
Hungerte das niedere Volk auch.

Deutsches Lied

Sie sprechen wieder von großen Zeiten
(Anna, weine nicht)
Der Krämer wird uns ankreiden.

Sie sprechen wieder von Ehre
(Anna, weine nicht)
Da ist nichts im Schrank, was zu holen wäre.

Sie sprechen wieder von Siegen
(Anna, weine nicht)
Sie werden mich schon nicht kriegen.

Es ziehen die Heere
(Anna, weine nicht)
Wenn ich wiederkehre
Kehr ich unter andern Fahnen wieder.

Die deutsche Heerschau

Als wir im fünften Jahre hörten, jener
Der von sich sagt, Gott habe ihn gesandt
Sei jetzt fertig zu seinem Krieg, geschmiedet
Sei Tank, Geschütz und Schlachtschiff und es stünden
In seinen Hangars Flugzeuge in solcher Anzahl
Daß sie, erhebend sich auf seinen Wink
Den Himmel verdunkeln würden, da beschlossen wir
Uns umzusehn, was für ein Volk, bestehend aus was für Menschen

In welchem Zustand, mit was für Gedanken
Er unter seine Fahne rufen wird. Wir hielten Heerschau.

Dort kommen sie herunter
Ein bleicher, kunterbunter
Haufe, und hoch voran
Ein Kreuz auf blutroten Flaggen
Das hat einen großen Haken
Für den armen Mann.

Und die, die nicht marschieren
Kriechen auf allen vieren
In seinen großen Krieg.
Man hört nicht Stöhnen noch Klagen
Man hört nicht Murren noch Fragen
Vor lauter Militärmusik

Sie kommen mit Weibern und Kindern
Entronnen aus fünf Wintern
Sie sehen keinen mehr.
Sie schleppen die Kranken und Alten
Und lassen uns Heerschau halten
Über sein ganzes Heer.

Dort kommen SS-Offiziere
Von Seiner Rede und Seinem Biere
Sind sie müd und voll.
Sie wünschen, daß das Volk ein mächtiges
Gefürchtetes, andächtiges
Und folgsames Volk sein soll.

Dort kommen Verräter. Sie haben
Dem Nachbarn die Grube gegraben.
Sie wissen, daß man sie kennt.
Vielleicht: die Straße vergißt nicht?
Sie schlafen schlecht: noch ist nicht
Aller Tage End.

Es kommen die SA-Leute
Sie spüren wie eine Meute
Hinter ihren Brüdern her.
Sie legen sie den fetten Bonzen zu Füßen
Und heben die Hände und grüßen.
Die Hände sind blutig und leer.

Es kommen die Lagerwächter
Die Spitzel und die Schlächter
Und dienen dem Volk mit Fleiß.
Sie pressen und sie quälen
Sie peitschen und sie pfählen
Zu einem niedern Preis.

Es kommen die Herren Richter
Denen sagte das Gelichter:
RECHT IST, WAS DEM DEUTSCHEN VOLKE NÜTZT.
Sie sagten: wie sollen wir das wissen?
So werden sie wohl Recht sprechen müssen
Bis das ganze deutsche Volk sitzt.

Es kommen die Herrn Mediziner
Des Staates willfährige Diener
Sie werden bezahlt per Stück.
Was die Schinder ihnen schicken
Sollen sie zusammenflicken
Und schicken es wieder zurück.

Es kommen die Herren Gelehrten
Mit falschen Teutonenbärten
Und furchterfülltem Blick.
Sie lehren nicht eine richtige
Sondern eine arisch gesichtige
Genehmigte deutsche Physik.

Und dort sehn wir jene kommen
Denen er ihre Weiber genommen
Jetzt werden sie arisch gepaart.

Da hilft kein Fluchen und Klagen
Sie sind aus der Art geschlagen
Er schlägt sie zurück in die Art.

Es kommen die Herrn Professoren
Der Pimpf nimmt sie bei den Ohren
Und lehrt sie Brust heraus stehn.
Jeder Schüler ein Spitzel. Sie müssen
Von Himmel und Erde nichts wissen.
Aber wer weiß was auf wen?

Dann kommen die lieben Kinder
Sie holen die Henker und Schinder
Und führen sie nach Haus.
Sie zeigen auf ihre Väter
Und nennen sie Verräter.
Man führt sie gefesselt hinaus.

Es kommen die Witwen und Waisen
Auch ihnen ist verheißen
Eine gute Zeit.
Doch erst heißt es opfern und steuern
Dieweil sie das Fleisch verteuern.
Die gute Zeit ist weit.

Die Klassenversöhner pressen
Für Stiefel und schlechtes Fressen
Die Armen zum Arbeitsdienst.
Sie sehen ein Jahr in der gleichen
Montur die Söhne der Reichen.
Hätten lieber einen Gewinst.

Es kommen die Goebbelsorgane
Und drücken die Membrane
Dem Volk in die schwielige Hand.
Doch weil sie dem Volk nicht trauen
Halten sie ihre Klauen
Zwischen Lipp und Kelchesrand.

Sie kommen mit zinnernen Särgen
Worinnen sie verbergen
Was sie aus einem Menschen gemacht.
Er hat sich nicht ergeben
Er kämpfte für ein besseres Leben
In der großen Klassenschlacht.

Es kommen die Henker und Schinder
Die Schläger und Folternerfinder
Vom »inneren Kriegsschauplatz«.
Ihre Arme schmerzen vom Schlagen
Und einen hören wir sagen
»'s ist alles für die Katz«.

Es kommen die Geplagten
Mit Peitschen Ausgefragten
Sie schwiegen die ganze Nacht.
Es müssen ihre Freunde und Frauen
Mit Argwohn auf sie schauen:
Was haben sie gen Morgen gemacht?

Man trieb sie mit Kolbenschlägen.
Sie hielten sich die leeren Mägen.
Ein Stöhnen zum Himmel stieg.
Und fragten wir mit Erbarmen
»Wo zieht ihr hin, ihr Armen?«
Dann riefen sie »In den Sieg!«

Es kommen die Händler mit neuen
Schönnamigen Kleidern, die scheuen
Jeden Tropfen Regen sehr.
Sie sind aus Holz und Papieren.
Die Wolle reservieren
Sie für das Militär.

Die Winterhelfer treten
Mit Fahnen und Trompeten
Auch in das ärmste Haus.
Sie schleppen stolz erpreßte
Lumpen und Speisereste
Für die armen Nachbarn heraus.

Die Hand, die ihren Bruder erschlagen
Reicht, daß sie sich nicht beklagen
Eine milde Gabe in Eil.
Es bleiben die Almosenwecken
Ihnen im Halse stecken
Und auch das Hitlerheil.

Dann kommen die Bäckermeister
Sie tragen einen Sack mit Kleister
Und sollen daraus backen Brot.
So backen sie denn Brot, die Braven
Aus Kleie, Mehl und Paragraphen
Und haben damit ihre Not.

Im Zug marschiert der Bauer
Und sein Gesicht ist sauer
Sie zahlen ihm nichts für's Korn.
Und will seine Sau dann saufen
Dann muß er die Milch teuer kaufen.
Der Bauer hat einen Zorn.

Es kommen die Wähler gelaufen
In hundertprozentigen Haufen
Sie wählen den, der sie quält.
Sie haben nicht Brot und nicht Butter
Sie haben nicht Mantel noch Futter
Sie haben Hitler gewählt.

Es müssen die Christen mit Schrecken
Ihre zehn Gebote verstecken
Sonst hagelt es Prügel und Spott.
Sie können nicht Christen bleiben
Neue Götter vertreiben
Ihren jüdischen Friedensgott.

Sie holen die Jungen und gerben
Das Für-die-Reichen-sterben
Wie das Einmaleins ihnen ein.

Das Sterben ist wohl schwerer
Doch sie sehen die Fäuste der Lehrer
Und fürchten sich, furchtsam zu sein.

Es kommen die Soldaten.
Mit Suppen und mit Braten
Werden sie traktiert
Daß sie sich für ihn schlagen
Und ihn nicht lange fragen
Für wen er seinen Krieg führt.

Es kommen die Arbeitsbeschaffer
Der arme Mann ist ihr Kaffer
Sie stecken ihn hin, wo sie wolln.
Er darf ihnen wieder dienen
Er darf ihren Kriegsmaschinen
Blut und Arbeitsschweiß zolln.

Sie kommen mit Gutapercha-Rüsseln
Und tragen in keimfreien Schüsseln
Chirurgensang und Charpie.
Sie wissen, das Gas wird siegen
Und mit Raubzügen und mit Kriegen
Kommt das Gas über sie.

Und als wir sie sahen ziehen
Da haben wir laut geschrien:
Sagt keiner von euch nein?
Ihr dürft nicht stille bleiben!
Der Krieg, in den sie euch treiben
Kann nicht der eure sein!

Wir haben sein Heer gesehen
Es wird ihm bleiben stehen
In Sumpf und Niederlag.
Wir würden lachend drauf zeigen
Wär's nicht unser Bruder und Eigen
Was da verkommen mag.

An einen befreundeten Dichter, seiner Deutschlandgedichte wegen

Von jenem Lande, dessen Boden zu betreten
Man uns verwehrt (man kann uns nicht verwehren
In seiner Sprache heute noch zu reden)
Sprichst du wie der, den Lieb und Haß verzehren
Weil beir Geliebten ihn durch abgefeimte Künste
Ein Nebenbuhler listig ausgestochen.
Der Lippen Fülle denkt er und der Achselhöhlen Dünste
Vergißt er nicht, die er vor Jahr und Tag gerochen.

Seh ich dich so in vielerlei Gedichten
Zu längst zerstörten Häusern Steine schichten
Und mühsam neu baun abgetragene Örter
Dann fürcht ich, du vergißt, daß deine Hand
Nach einem Bild greift, nicht nach einem Land
Dein Fuß nicht Boden da betritt, nur Wörter.

Über Deutschland

Ihr freundlichen bayrischen Wälder, ihr Mainstädte
Fichtenbestandene Rhön, du, schattiger Schwarzwald
Ihr sollt bleiben.
Thüringens rötliche Halde, sparsamer Strauch der Mark und
Ihr schwarzen Städte der Ruhr, von Eisenkähnen durchzogen, warum
Sollt ihr nicht bleiben?
Auch du, vielstädtiges Berlin
Unter und über dem Asphalt geschäftig, kannst bleiben und ihr
Hanseatische Häfen bleibt und Sachsens
Wimmelnde Städte, ihr bleibt und ihr schlesischen Städte
Rauchüberzogene, nach Osten blickende, bleibt auch.
Nur der Abschaum der Generäle und Gauleiter
Nur die Fabrikherren und Börsenmakler
Nur die Junker und Statthalter sollen verschwinden.
Himmel und Erde und Wind und das von den Menschen Geschaffene
Kann bleiben, aber

Das Geschmeiß der Ausbeuter, das
Kann nicht bleiben.

Wir sind jetzt Flüchtlinge in
Finnland.

Meine kleine Tochter
Kommt abends schimpfend nach Hause, mit ihr
Will kein Kind spielen. Sie ist Deutsche und entstammt
Einem Räubervolk!

Wenn ich ein lautes Wort wechsle in der Elektrischen
Werde ich zur Ruhe verwiesen. Man liebt hier nicht
Laute Worte von einem
Der aus einem Räubervolk stammt.

Wenn ich meine kleine Tochter erinnere
Daß die Deutschen ein Räubervolk sind
Freut sie sich mit mir, daß sie nicht geliebt werden
Und wir lachen zusammen.

21. August 1940
Boswells Buch läßt mich an Deutschland denken. Merkwürdig, wie formlos dort die Typen sind, außer wo sie, in der Provinz, roh und unzivilisiert sind. Und Deutschland hat Provinz, aber keine Hauptstadt! Der schnelle nationale Einband, in den sie gesteckt wurden, hat sie vollends außer Rand und Band gebracht. Tatsächlich gibt es, sucht man etwa für ein Drama ein Milieu, kaum irgendein berühmtes oder besonders geprägtes, kaum eine Stadt, die groß klingt oder auch nur poetisch. Erst das jetzige Regime hat Hintergründe geschaffen, grausige. Eine düstere Poesie beginnt um die Moore mit ihren Lagern zu wehen, und die Statthalter geben den Rheinstädten einen shakespearischen Beiklang. Selbst München hat Bedeutung bekommen durch die Bräuhäuser, in denen der erste blutige Putsch startete, die Feldherrnhalle, das Braune Haus und den Kuhhandel um Böhmen. Spät tritt Deutschland als Nation auf, und als was für eine!

8. März 1941
Anläßlich *Diderots* »Jacques le fataliste«: Auffällig, daß wir in Deutschland keinerlei Anzeichen einer verfeinerten Sinnlichkeit haben! Die Liebe ist dort (siehe Faust!) etwas Himmlisches oder etwas Teuflisches, aus welchem Dilemma man sich zog, indem man eine Gewohnheit daraus machte! Nur Goethe und Mozart wären zu nennen, und der letztere verlegte seine Liebesdramen weislich auf ausländische Schauplätze. Die Lyrik hat nichts zwischen dem Ätherischen, Überspannten, Immateriellen und der Zote der Wirtinnenverse. Keller hat einige Meriten, Heinrich Mann schildert nur Ausschweifungen. Im Mittelalter scheint der einzige Kulturträger auch auf diesem Gebiet der Klerus gewesen zu sein. Der deutsche Adel war genußunfähig, das Bürgertum dann idealiter puritanisch, d.h. realiter schweinisch. Der deutsche Student »tat es« nach solchem Bierkonsum, daß andere gekotzt hätten, wo er koitierte. – Es wäre für die Deutschen gesund, ihr erstes Liebeslustspiel (ihr Mandragola) etwa in einem *Luther-und-Kätter*-Drama zu bekommen!

Deutschland

In Sturmesnacht, in dunkler Nacht
Ist ein Reis erblühet
In Ängsten bin ich aufgewacht
Und fand das Reis erblühet.

Der Hitlerspuk, der blutige Spuk
Wird auch einst sein verwehet:
Die Hitlers kommen und gehen
Das deutsche Volk bestehet.

Der Hitler wird verjaget sein
Wenn wir uns nur bemühen.
Und unser liebes Deutschland
Wird wieder blühen.

Lied einer Deutschen Mutter

Mein Sohn, ich hab dir die Stiefel
Und dies braune Hemd geschenkt
Doch hätt ich gewußt, was ich heut weiß
Hätt ich lieber mich aufgehängt.

Mein Sohn, als ich deine Hand sah
Erhoben zum Hitlergruß
Wußte ich nicht, daß dem, der ihn grüßt
Die Hand verdorren muß.

Mein Sohn, und ich sah dich marschieren
Hinter dem Hitler her
Und wußte nicht, daß, wer mit ihm auszieht
Zurück kommt er nimmermehr.

Sah ein braunes Hemd dich tragen
Und hab mich nicht dagegen gestemmt
Denn ich wußte nicht, was ich heut weiß
Es war dein Totenhemd.

15. Mai 1942

Die Unterscheidung zwischen Hitlerdeutschland und Deutschland (»Hitler ist nicht Deutschland!«) ist naturgemäß, je länger der totale Krieg tobt, desto schwerer einleuchtend vorzutragen. Die Lesebuchfabel, daß das deutsche Volk oder zumindest die deutsche Arbeiterschaft gegen diesen Krieg ist, kann immer weniger den ungeheuren Furor der deutschen Riesenarmeen, die gewaltigen Leistungen der Industrie und die Stabilität der inneren Ordnung in Deutschland erklären. Der Widerstand der Hitlerarmee gegen die Sowjetoffensive in diesem Winter deutet nicht gerade auf brüchige »Moral« hin. Es ist für unsere kleinen Coriolane verhältnismäßig leicht, mit der Lesebuchfabel fertig zu werden und die Polizierung, Isolierung, Auflösung und dauernde Diskriminierung der deutschen Nation zu fordern. Wenige Beispiele in der Geschichte beweisen so schlagend die Wahrheit des Satzes, daß das gesellschaftliche Sein das Bewußtsein bestimmt, wie der Einfall des deutschen Volksheeres in die Sowjetunion. Durch bestimmte gesellschaftliche Maßnahmen vermochte die deutsche Bourgeoisie unter Ausnützung einer bestimmten politischen Situation das Klassenbewußtsein der Arbeiterschaft zu betäuben, wie man sieht. Die Arbeiterschaft war daran gewöhnt worden, ihre Interessen durch die demokratischen Institutionen der Parlamente und Parteien der Parlamente sowie durch die Gewerkschaften wahrzunehmen. Die Auflösung dieser Institutionen usw. machte die Arbeiterschaft organisations- und hilflos. Die Arbeiterschaft, die sich zu schwach sah, ihre internationale Politik zu führen, fügte sich der nationalen Politik ihrer Bourgeoisie. Die Beseitigung der Arbeitslosigkeit, gewisse pseudosozialistische Institutionen, vielleicht auch die Erfassung der Jugend in »volksgemeinschaftlichen« Verbänden, dazu der politische und ökonomische Terror ergaben ein Feld des sozialen Seins, das erst durch einen zerstörenden Krieg erschüttert werden muß, damit es die klassischen Formationen zurückbekommt. Immerhin zeigt ein Vergleich zwischen dem Verhalten der Arbeiterschaft 1914 und dem 1939, daß das Tiefenfeld des sozialen Seins sogar verstärkte Wirkungen ausstrahlt. Die Schließung des freien Arbeitsmarktes hat mit ihrer Verlegung des Schwergewichts der Klassenkämpfe vom ökonomistischen zum politischen Bezirk die Arbeiterschaft in Verwirrung gestürzt, da ihre Organisationsformen damit überholt und veraltet waren; zugleich aber hat sie die Arbeiterschaft endgültig auf den politischen Bezirk getrieben, was sich zunächst freilich nur negativ auswirkt. Die Klage unserer kleinbürgerlichen Coriolane, dieses Volk werde wohl immer wieder in imperialistische Abenteuer »zurück«fallen, also eine dauernde Bedrohung der Welt, wie sie ist, bilden, ist natürlich begründet, wenn der Plan besteht, die ökonomisch-politische Basis des Imperialismus zu erhalten. Sie sind keineswegs gegen diesen Plan und hegen eigentlich nur die Befürchtung, die deutschen Massen könnten auch von »neuen« Bewußtseinsstufen aus (Pazifismus, Demokratismus) die unvermeidlichen Tendenzen einer ökonomisch-politischen Basis, ähnlich der von 1918-1933, nicht überwinden. Allerdings würde, was sie nicht wissen und nicht wissen wollen, auch eine solche Basis, poliziert und regional zerstückelt, die vermuteten Tendenzen wieder produzieren.

1. Juni 1942
Die Stadt Köln ist von der RAF dem Erdboden gleichgemacht worden. 1000 Bomber sind einundeinhalb Stunden über ihr erschienen. Jemand sagte: Wenn es die Einleitung einer zweiten Front ist, ist es gut, denn die könnte Hitler vernichten. Freilich, wenn es keine zweite Front danach gäbe, wäre es nicht so gut, dann vernichtet es Deutschland.

Deutsches Miserere

Eines schönen Tages befahlen uns unsere Obern
Die kleine Stadt Danzig für sie zu erobern.
Wir sind mit Tanks und Bombern in Polen eingebrochen
Wir eroberten es in drei Wochen.
Gott bewahr uns.

Eines schönen Tages befahlen uns unsere Obern
Norwegen und Frankreich für sie zu erobern.
Wir sind in Norwegen und Frankreich eingebrochen
Und haben alles erobert im zweiten Jahr in fünf Wochen.
Gott bewahr uns.

Eines schönen Tages befahlen uns unsere Obern
Serbien, Griechenland und Rußland für sie zu erobern.
Wir sind in Serbien, Griechenland, Rußland eingefahren
Und kämpfen jetzt um unser nacktes Leben seit zwei langen Jahren.
Gott bewahr uns.

Eines schönen Tages befehlen uns noch unsere Obern
Den Boden der Tiefsee und die Gebirge des Mondes zu erobern.
Und es ist schwer schon mit diesem Russenland
Und der Feind stark und der Winter kalt und der Heimweg unbekannt.
Gott bewahr uns und führ uns wieder nach Haus.

29. August 1943
Das Herz bleibt einem stehen, wenn man von den Luftbombardements Berlins liest. Da sie nicht mit militärischen Operationen verknüpft sind, sieht man kein Ende des Kriegs, nur ein Ende Deutschlands.

11. November 1943
In »19. Century and After« ein Bericht über die Ausrottung der Juden in Polen. Ich wünschte wirklich, daß nie mehr gesprochen oder geschrieben werde vom »deutschen Menschen« (lies: »doidschen«), daß wir nicht diese Eigenschaften jedem von uns zuzuschreiben haben! Alle diese Redensarten einer pfiffigen salesmanship von »deutscher Wissenschaft«, »deutschem Gemüt«, »deutscher Kultur« führen unhinderbar dann zu diesen »deutschen Schandtaten«. Gerade wir sind die Rasse, die den Anfang damit machen sollten, unser Land das Land Nummer 11 zu nennen und basta. Deutschland muß sich nicht als Nation emanzipieren, sondern als Volk, genauer als Arbeiterschaft. Es war nicht »nie eine Nation«, sondern es war eine Nation, d.h., es spielte das Spiel der Nationen um Weltmachtstellung und entwickelte einen stinkenden Nationalismus.

Deutschland

Im Haus ist der Pesttod
Im Frein ist der Kältetod.
Wohin gehen wir dann?
Die Sau macht ins Futter
Die Sau ist meine Mutter
O Mutter mein, o Mutter mein
Was tuest du mir an?

20. Februar 1947
In einer Berliner Wochenzeitung *Sonntag*, vom 5.1.47, schreibt *Becher* einen Leitartikel »Tod und Auferstehung«. Beginnend mit: »Als Luther am 31. Oktober 1517.« Dann: »Es wäre unausdenkbar, wenn diejenigen, die berufen sind, Träger dieser neuen

Deutschlandwerdung, dieses Auferstehungswillens zu sein – es wäre unausdenkbar, wenn wir und unseresgleichen versagen würden.« Und: »Der Abschluß der ersten Hälfte des zwanzigsten Jahrhunderts muß Deutschlands Tragödie für immer beschließen.« Und: »Gedenken wir der kommenden Geschlechter, die beim Ausbruch des Jahres zweitausend, im Zeichen der Jahrhundertwende, unser Tun und Trachten messen ... werden.« Und: »Eine 30jährige Leidens- und Sterbenszeit, das Sterben deutscher Jugend im ersten Weltkrieg, das Millionenopfer im zweiten Weltkrieg werden nur dann einen Sinn erhalten, wenn wir diesem unsagbaren Leid, diesem namenlosen Sterben einen Sinn geben: in der Herausgestaltung dessen, was Volk und Reich nottut, in der Schöpfung eines neuen freiheitlichen Deutschlands. Dann mögen die Glocken Auferstehung läuten. Dann mögen wir singen: Nun danket alle Gott ...«

Der Rattenfänger von Hameln muß aber zumindest pfeifen gekonnt haben.

Freiheit und Democracy

Frühling wurd's in deutschem Land.
Über Asch und Trümmerwand
Flog ein erstes Birkengrün
Probweis, delikat und kühn

Als von Süden, aus den Tälern
Herbewegte sich von Wählern
Pomphaft ein zerlumpter Zug
Der zwei alte Tafeln trug.

Mürbe war das Holz von Stichen
Und die Inschrift sehr verblichen
Und es war so etwas wie
Freiheit und Democracy.

Von den Kirchen kam Geläute.
Kriegerwitwen, Fliegerbräute
Waise, Zittrer, Hinkebein –
Offnen Maules stand's am Rain.

Und der Blinde frug den Tauben
Was vorbeizog in den Stauben
Hinter einem Aufruf wie
Freiheit und Democracy.

Vornweg schritt ein Sattelkopf
Und er sang aus vollem Kropf:
»Allons, enfants, god save the king
Und den Dollar, kling, kling, kling.«

Dann in Kutten schritten zwei
Trugen 'ne Monstranz vorbei.
Wurd die Kutte hochgerafft
Sah hervor ein Stiefelschaft.

Doch dem Kreuz dort auf dem Laken
Fehlten heute ein paar Haken
Da man mit den Zeiten lebt
Sind die Haken überklebt.

Drunter schritt dafür ein Pater
Abgesandt vom Heiligen Vater
Welcher tief beunruhigt
Wie man weiß, nach Osten blickt.

Dicht darauf die Nichtvergesser
Die für ihre langen Messer
Stampfend in geschloßnen Reihn
Laut nach einer Freinacht schrein.

Ihre Gönner dann, die schnellen
Grauen Herrn von den Kartellen:
Für die Rüstungsindustrie
Freiheit und Democracy.

Einem impotenten Hahne
Gleichend stolzt ein Pangermane
Pochend auf das freie Wort.
Es heißt Mord.

Gleichen Tritts marschiern die Lehrer
Machtverehrer, Hirnverheerer
Für das Recht, die deutsche Jugend
Zu erziehn zur Schlächtertugend.

Folgen die Herrn Mediziner
Menschverächter, Nazidiener
Fordernd, daß man ihnen buche
Kommunisten für Versuche.

Drei Gelehrte, ernst und hager
Planer der Vergasungslager
Fordern auch für die Chemie
Freiheit und Democracy.

Dort die Stürmerredakteure
Sind besorgt, daß man sie höre
Und nicht etwa jetzt vergesse
Auf die *Freiheit unsrer Presse*.

Einige unsrer besten Bürger
Einst geschätzt als Judenwürger
Jetzt verschrien, seht ihr hier schreiten
Für das Recht der Minderheiten.

Früherer Parlamentarier
In den Hitlerzeiten Arier
Bietet sich als Anwalt an:
Schafft dem Tüchtigen Freie Bahn!

Und der schwarze Marketier
Sagt, befraget: Ich marschier
Auf Gedeih (und auf Verderb)
Für den Freien Wettbewerb.

Und der Richter dort: zur Hetz
Schwenkt er frech ein alt Gesetz
Lachend von der Hitlerei
Spricht er sich und alle frei.

Künstler, Musiker, Dichterfürsten.
Schreind nach Lorbeer und nach Würsten
All die Guten, die geschwind
Nun es nicht gewesen sind.

Peitschen klatschen auf das Pflaster:
Die SS macht es für Zaster
Aber Freiheit braucht auch sie
Freiheit und Democracy.

Und die Hitlerfrauenschaft
Kommt, die Röcke hochgerafft
Fischend mit gebräunter Wade
Nach des Erbfeinds Schokolade.

Spitzel, Kraft-durch-Freude-Weiber
Winterhelfer, Zeitungsschreiber
Steuer-Spenden-Zins-Eintreiber
Deutsches-Erbland-Einverleiber

Blut und Dreck in Wahlverwandtschaft
Zog das durch die deutsche Landschaft
Rülpste, kotzte, stank und schrie:
Freiheit und Democracy.

Und kam, berstend vor Gestank
Endlich an die Isarbank
Zu der Hauptstadt der Bewegung
Stadt der deutschen Grabsteinlegung.

Informiert von den Gazetten
Hungernd zwischen den Skeletten
Ihrer Häuser stand herum
Das verstörte Bürgertum.

Und als der mephistische Zug
Durch den Schutt die Tafeln trug
Traten aus dem Braunen Haus
Schweigend sechs Gestalten aus.

Und es kam der Zug zum Halten.
Neigten sich die sechs Gestalten
Und gesellten sich dem Zug
Der die alten Tafeln trug.

Und sie fuhrn in sechs Karossen
Alle sechs Parteigenossen
Durch den Schutt, und alles schrie:
Freiheit und Democracy.

Knochenhand am Peitschenknauf
Fuhr die *Unterdrückung* auf.
In 'nem Panzerkarrn fuhr sie
Dem Geschenk der Industrie.

Groß begrüßt, in rostigem Tank
Fuhr der *Aussatz*. Er schien krank.
Schämig zupfte er im Winde
Hoch zum Kinn die braune Binde.

Hinter ihm fuhr der *Betrug*
Schwenkend einen großen Krug
Freibier. Müßt nur, draus zu saufen
Eure Kinder ihm verkaufen.

Alt wie das Gebirge, doch
Unternehmend immer noch
Fuhr die *Dummheit* mit im Zug
Ließ kein Auge vom *Betrug*.

Hängend überm Wagenbord
Mit dem Arm, fuhr vor der *Mord*.
Wohlig streckte sich das Vieh
Sang: sweet dream of liberty.

Und im letzten Wagen fuhr
Auf der *Raub* in der Montur
Eines Junkers Feldmarschall
Auf dem Schoß einen Erdball.

Aber alle die sechs Großen
Eingeseßnen, Gnadenlosen
Alle nun verlangten sie
Freiheit und Democracy.

Holpernd hinter den sechs Plagen
Fuhr ein Riesentotenwagen
Drinnen lag, man sah's nicht recht:
's war ein unbekannt Geschlecht.

Und ein Wind aus den Ruinen
Sang die Totenmesse ihnen
Die dereinst gesessen hatten
Hier in Häusern. Große Ratten

Schlüpften aus gestürzten Gassen
Folgend diesem Zug in Massen.
Hoch die Freiheit: piepsten sie
Freiheit der Democracy.

24. Dezember 1947

Nach allem was man aus *Deutschland* hört, läßt man es an einer wirklichen Kritik des *Nationalsozialismus* fehlen, indem man ihn als »unter der Kritik stehend« behandelt. Man verläßt sich auf die vernichtende Wirkung des Mißerfolgs; je länger aber dieser Mißerfolg zurückliegt, desto mehr verselbständigt sich natürlich die mißliche Gegenwartslage, welche mehr und mehr neue Maßnahmen, Versuche, Erklärungen hervorbringt, die am Ende schon durch ihre Menge als für hinreichend angesehen werden können, die mißliche Lage zu verursachen. Die Mauernanschläge, die ein Jahr nach Mussolinis Hinrichtung in Italien erschienen »Gebt uns den Stinker zurück!« waren für solche Stimmungen charakteristisch. Der Nationalsozialismus muß betrachtet werden als der Sozialismus der Kleinbürger, eine verkrüppelte, neurasthenische, pervertierte Volksbewegung, die für das von tiefer unten geforderte einen der herrschenden Klasse nicht unliebsamen Ersatz lieferte oder zu liefern versprach. Die scheinsozialistischen Ansätze müssen also mit dem echten Artikel verglichen werden, nicht mit der »Demokratie«. Die Kritik gegen die Nationalisierung für den

Krieg etwa muß sich nicht gegen Nationalisierung richten, sondern gegen ihren Zweck, den Krieg, der sie pervertierte. Die Jugend war bis ins Proletariat hinein, wie es scheint, gefangen durch jene sozialistischen Züge, welche bei Unternehmungen wie dem Krieg allein durch das allgemeine Ziel, den Wegfall der ökonomischen »Freiheit« usw., mächtig in die Phantasie eingehen.

Deutsches Lied

Als in Schutt die Städte lagen nach dem großen Bombenschauer
Sagt uns: was kam da für eine Zeit?
Da kam eine Zeit der Traurigkeit
Und dann kam die Zeit der Städtebauer.

Als die Fluren euch verwüstet von den Panzerungeheuern
Sagt uns: was kam da für eine Zeit?
Da kam eine Zeit der Traurigkeit
Und dann bauten wir uns größre Scheuern.

Nun ihr elend und besiegt seid und kaputt vom Welterobern
Sagt uns: warum solche Fröhlichkeit?
Jetzt kommt unsre große Friedenszeit
Wir vertrieben endlich unsre Obern.

An meine Landsleute

Ihr, die ihr überlebtet in gestorbenen Städten
Habt doch nun endlich mit euch selbst Erbarmen!
Zieht nun in neue Kriege nicht, ihr Armen
Als ob die alten nicht gelanget hätten:
Ich bitt euch, habet mit euch selbst Erbarmen!

Ihr Männer, greift zur Kelle, nicht zum Messer!
Ihr säßet unter Dächern schließlich jetzt
Hättet ihr auf das Messer nicht gesetzt
Und unter Dächern sitzt es sich doch besser.
Ich bitt euch, greift zur Kelle, nicht zum Messer!

Ihr Kinder, daß sie euch mit Krieg verschonen
Müßt ihr um Einsicht eure Eltern bitten.
Sagt laut, ihr wollt nicht in Ruinen wohnen
Und nicht das leiden, was sie selber litten:
Ihr Kinder, daß sie euch mit Krieg verschonen!

Ihr Mütter, da es euch anheimgegeben
Den Krieg zu dulden oder nicht zu dulden
Ich bitt euch, lasset eure Kinder leben!
Daß sie euch die Geburt und nicht den Tod dann schulden:
Ihr Mütter, lasset eure Kinder leben!

Bonner Bundeshymne

Deutschland, Deutschland, über alles
Nur nicht über unser Geld!
Wenn es auch gegebenen Falles
Dadurch auseinanderfällt.

Ja, vom Rhein bis an die Elbe
Sind wir westlich eingestellt
Ist das Ziel doch ganz dasselbe:
Für den reichen Mann mehr Geld!

Deutsche Kohlen, deutsches Eisen
Deutsches Holz und deutschen Stahl
Liefern wir zu Schleuderpreisen
An das Wallstreetkapital.

Wahlen gibt es allgemeine
Nur in dem gibt's keine Wahl:
U.S.A. hält Wacht am Rheine
Daß der deutsche Michel zahl.

Kinderhymne

Anmut sparet nicht noch Mühe
Leidenschaft nicht noch Verstand.

Daß ein gutes Deutschland blühe
Wie ein andres gutes Land.

Daß die Völker nicht erbleichen
Wie vor einer Räuberin
Sondern ihre Hände reichen
Uns wie anderen Völkern hin.

Und nicht über und nicht unter
Andern Völkern wolln wir sein
Von der See bis zu den Alpen
Von der Oder bis zum Rhein.

Und weil wir dies Land verbessern
Lieben und beschirmen wir's
Und das liebste mag's uns scheinen
So wie andern Völkern ihrs.

Herrnburger Bericht

DEUTSCHE
WURDEN VON DEUTSCHEN
GEFANGEN
WEIL SIE VON DEUTSCHLAND
NACH DEUTSCHLAND
GEGANGEN

Im Mai 1950 wurden 10000 junge Deutsche, zurückkehrend vom Berliner Pfingsttreffen, von der Bonner Polizei angehalten. Zwei Tage lang wurde ihnen die Heimkehr verwehrt.

Das Treffen bei Herrnburg

Der Mai, er war am Ende
Und hatte seine letzte Nacht
Da hat die deutsche Jugend
Vor Herrnburg haltgemacht.

Sie kamen vom Friedenstreffen
In ihrer Hauptstadt Berlin
Zehntausend, und sie wollten
Wieder nach Hause ziehn.

Zu Herrnburg hinterm Schlagbaum
Beginnt der Bonner Staat
Bluthunde streichen schnuppernd
Um Fallgrub und Stacheldraht.

Die Bonner Polizisten
Sie halten Kind um Kind
Sie wollen kontrollieren
Ob sie nicht verpestet sind.

Auf daß sie nicht anstecken
Das ganze deutsche Land
Mit einer großen Seuche
Friede genannt.

Die Bonner Polizisten
Da stehn sie, Mann um Mann.
Da fingen die deutschen Kinder
Plötzlich zu lachen an.

Da lachten plötzlich im Umkreis
Die Bäume und Hunde mit
Und Kinder und Bäume und Hunde
Lachten laut zu dritt.

Der Mond, er trat aus den Wolken
Und sah ein lachendes Heer
Und wie er die Polizisten sah
Da lachte auch er.

Der Mond, er hielt über Hamburg
Und auch über Leipzig Wacht
Und die Fahnen waren so blau wie
Die deutsche Maiennacht.

Die Bonner Polizei verlangte die Namen aller Heimkehrenden. Die Jugend weigerte sich standhaft, sich registrieren zu lassen.

Die Jugend weigert sich, der Bonner Polizei ihre Namen zu nennen

Uns kennen die Äcker, uns kennen die Straßen.
Bitte, uns freundlichst nach Haus gehn zu lassen.
Ich weiß, wer der ist.
Schreib das auf, Polizist.

Und Vater und Mutter, die kennen unsre Namen
Und auch die Stadt und das Land, draus wir kamen.
Ich weiß, wo es ist.
Schreib das auf, Polizist.

Wir sind nicht gern auf des Herrn Kanzlers neu'n Listen.
Schreibt da hinein nur Generäl und Faschisten.
Ich weiß, wo einer ist.
Schreib ihn auf, Polizist.

Die jungen Leute kampierten zwei Tage lang auf offenem Feld, von Dienstag früh bis Donnerstag früh. Es kam zu regelrechten Gefechten, in denen die Polizisten mit Gummiknüppeln vorgingen und die Jugend sich mit Fahnenstangen verteidigte. Aber es kam auch zu Gesprächen.

Der Polizist fragt die Jugend nach ihren Erlebnissen in der Deutschen Demokratischen Republik

Was gab es denn zu schauen
Was ihr daheim nicht seht?

Junge Männer und junge Frauen
Von der Arbeiter- und-Bauern-Fakultät.

Was hatten sie denn zu zeigen
Was ihr daheim vermißt?

Neue Werke, die volkseigen
Und darinnen Werkstudent und Aktivist.

Das kann nicht lange dauern.
Was saht ihr auf dem Land?

Neue Höfe und neue Bauern
Wo der Knecht einst stand, die Mütze in der Hand.

Was mach ich in dem Streite
Da es mein Brot doch ist?

Laß deinen Knüppel an deiner Seite.
Tu nicht zu viel für dein Brot, Polizist!

Die Zehntausend im Kessel organisierten sich sogleich nach Ländern, wählten Leitungen und bildeten Kulturgruppen. Sie begannen mit der Belehrung der Polizisten, führten ihre Tänze vor ihnen auf und riefen ihnen zu: »Wir grüßen unsere Freunde von der westdeutschen Polizei!«

Tanzlied

Es läuft irgendwo eine Grenze.
Und sie läuft durch Flur und durch Wald
Und sie muß ja wohl mitten in Deutschland sein.
Denn da steht das deutsche Wort »Halt«.
Schlagbaum und Schanzen.
Hat das denn Zweck?
Seht doch, wir tanzen
Drüber hinweg.

Kühn gingen wir über die Grenze
In der Nacht, durch Sumpf und Watt
Und wohin wir auch kamen des Morgens früh
Wurde blau das Dorf und die Stadt.
Schlagbaum und Schanzen.
Hat das denn Zweck?
Seht doch, wir tanzen
Drüber hinweg.

Und was ihr auch anstellt, der Himmel
Ist blau über Schanz und Verhau
Und die Fahne, die hüben und drüben weht
Die Fahne der Jugend ist blau.
Schlagbaum und Schanzen.
Hat das denn Zweck?
Seht doch, wir tanzen
Drüber hinweg.

Zwischen dem Hin und Her mit der Polizei sprachen sie von dem großen Friedenstreffen in Berlin und davon, was sie für den Frieden tun wollten.

Bitten der Kinder

Die Häuser sollen nicht brennen.
Bomber sollt man nicht kennen.
Die Nacht soll für den Schlaf sein
Leben soll keine Straf sein.
Die Mütter sollen nicht weinen.
Keiner sollt töten einen.
Alle sollen was bauen.
Da kann man allen trauen.
Die Jungen sollen's erreichen.
Die Alten desgleichen.

Lagernd im Herrnburger Kessel, betreut von dem Land hinter ihnen, beschimpft von den Kriegstreibern in dem Land vor ihnen, zwischen Neuem und Altem, wurden einige von ihnen auch kleinlaut. Da richteten die Festeren die Unsicheren auf, die Wissenden die Unwissenden. Aus dem Kessel von Herrnburg gingen alle anders weg, als sie gekommen waren.

Lied zur Erfrischung

Erzählt den Brüdern und Schwestern
Daß wir aufgebrochen sind.
Was soll uns die Wurst von gestern
Und vom vorigen Jahr der Wind?
Schneid dir dein Haar

Wie schön's auch war.
Jetzt kommt ein neues Jahr.

Die Herren Unterdrücker
Sind tot wie der alte Mond.
Und die Kriecher und die Bücker
Sind auch schon abgelohnt.
Schneid dir dein Haar
Wie schön's auch war.
Jetzt kommt ein neues Jahr.

Und all ihr blutiges Schlachten
Und die alte Schacherei
Das können wir nur verachten
Da sind wir nicht mehr dabei.
Schneid dir dein Haar
Wie schön's auch war.
Jetzt kommt ein neues Jahr.

Zu uns die neuen Gedanken!
Alles zu uns, was jung!
Und ein Gruß von Josef Stalin
Und ein Gruß von Mao-Tse-tung!
Schneid dir dein Haar
Wie schön's auch war.
Jetzt kommt ein neues Jahr.

Die Standhaftigkeit der Zehntausend brach den Widerstand der Bonner Polizei. Bevor sie in geordneten Formationen die Grenze überschritten, erhielten sie den Besuch von Pionieren, die sie baten, der Jugend Westdeutschlands eine Einladung in die Deutsche Demokratische Republik zu überbringen.

Einladung

Rose und Lattich
Und hinter den Apfelzweigen
Die neue Siedlung.
Wenn ihr nur kämt
Könnten wir's euch zeigen.

Die Öfen von Siemens-Plania
Und die neuen Dynamohallen
Würden euch auch gefallen.

Und das Walter-Ulbricht-Stadion
Und der erste Mai
Wärt ihr nur dabei.

Vor dem Abmarsch ermahnte die Polizei die Jugend, beim Durchzug durch Lübeck keine Fahnen zu zeigen und keine Lieder zu singen.

Die Polizisten ermahnen die FDJ, beim Durchzug durch Lübeck nicht zu singen

Wenn ihr euch der Stadt Lübeck naht
Weg die blauen Fahnen
Weg die Fahnen, daß die Lübecker nicht grad
Von der neuen Zeit was ahnen.

Wenn ihr durch die Stadt Lübeck zieht
Sollt ihr auch nicht singen
Denn es könnt den Lübeckern ja euer Lied
In die Ohren klingen.

Wenn ihr in der Stadt Lübeck seid
Sollt ihr auch nicht lachen
Daß die guten Lübecker nicht vor der Zeit
Könnten erwachen.

Wenn ihr aus der Stadt Lübeck geht
Sollt ihr auch nicht sprechen
Sonst könnt bei den Lübeckern, um die sich's dreht
Ein Schrecken ausbrechen.

Während die Zehntausend für den Frieden demonstrierten, sollte auf dem Petersberg und zu Bonn am Rhein Deutschland an den Krieg verschachert werden.

Spottlied

Hoch zu Bonn am Rheine sitzen zwei kleine
Böse alte Männer, die die Welt nicht mehr verstehn.
Zwei böse Greise, listig und leise
Möchten gern das Rad der Zeit nochmals nach rückwärts drehn.
Schumacher, Schumacher, dein Schuh ist zu klein
In den kommt ja Deutschland gar nicht hinein.
Adenauer, Adenauer, zeig deine Hand
Um dreißig Silberlinge verkaufst du unser Land.

Hoch zu Bonn am Rheine träumen zwei kleine
Böse alte Männer einen Traum von Blut und Stahl.
Zwei böse Greise, listig und leise
Kochten gern ihr Süpplein am Weltbrand noch einmal.
Schumacher, Schumacher, dein Schuh ist zu klein
In den kommt ja Deutschland gar nicht hinein.
Adenauer, Adenauer, zeig deine Hand
Um dreißig Silberlinge verkaufst du unser Land.

Donnerstag früh um sechs Uhr zogen die Zehntausend durch Lübeck. Sie sangen laut ihre Lieder und pflanzten ihre FDJ-Fahne auf das Dach des Bahnhofsgebäudes. Sie hatten gesiegt.

Die FDJ antwortet den Bonner Polizisten

Aber das Neue muß Altes bezwingen
Anders sind immer die Wellen im Rhein.
Und wir werden ein Deutschland erringen
Und es wird neu und ein anderes sein.

Deutschland 1952

O Deutschland, wie bist du zerrissen...
Und nicht mit dir allein.
In Kält und Finsternissen
Schlägt eins aufs andre ein.
Und hättst so schöne Auen
Und stolzer Städte viel:

Tätst du dir selbst vertrauen
Wär alles Kinderspiel.

Schwierige Zeiten

Stehend an meinem Schreibpult
Sehe ich durchs Fenster im Garten den Holderstrauch
Und erkenne darin etwas Rotes und etwas Schwarzes
Und erinnere mich plötzlich des Holders
Meiner Kindheit in Augsburg.
Mehrere Minuten erwäge ich
Ganz ernsthaft, ob ich zum Tisch gehn soll
Meine Brille holen, um wieder
Die schwarzen Beeren an den roten Zweiglein zu sehen.

III.
Leben des Galilei

Leben des Galilei

Schauspiel

[Fassung 1938/39]

Personen

Galileo Galilei · Virginia, seine Tochter · Frau Sarti, seine Haushälterin · Andrea, ihr Sohn · Kurator der Universität Padua · Doppone · Sagredo, Freund Galileis · Doge · Ratsherren · Cosmo de Medici, Großherzog von Florenz · Hofmarschall · Ein Theologe · Ein Philosoph · Ein Mathematiker · Höfling · Lakai · Zwei Nonnen · Bäkker · Frau · Zwei Soldaten · Alte Frau · Mann · Zwei vermummte Männer · Dicker Prälat · Zwei Gelehrte · Zwei Mönche · Drei weitere Mönche · Zwei Astronomen · Zwei Philosophen · Sehr dünner Mönch · Sehr alter Kardinal · Clavius · Kleiner Mönch · Türhüter · Inquisitor · Ludovico, Verlobter Virginias · Zwei Schreiber · Bellarmin · Barberini, später Papst Urban VIII. · Zwei Damen · Älterer Gelehrter · Mucius · Rektor Gaffone · Diener · Straßensänger · Frau des Straßensängers · Jesuit · Individuum · Mann · Junger Mann · Alter · Beamter · Florentinischer Inquisitor · Hoher Beamter · Zwei Beamte der Inquisition · Weiterer hoher Beamter · Alter Diener · Stimme des Ansagers · Weiterer Beamter · Hafner · Arzt Busciate · Bauer · Drei Jungen · Grenzwächter · Schreiber · Kutscher · Professoren · Kinder · Hohe Geistliche · Mönche · Gelehrte · Astronomen · Leute in einer italienischen Stadt

1

Galileo Galilei, Lehrer der Mathematik in Padua, will das neue kopernikanische Weltsystem beweisen

Das ärmliche Studierzimmer des Galilei in Padua. Es ist morgens. Ein Knabe, Andrea, der Sohn der Haushälterin, bringt ein Glas Milch und einen Wecken.

GALILEI *sich den Oberkörper waschend, prustend und fröhlich:* Stell die Milch auf den Tisch, aber klapp kein Buch zu.

ANDREA Mutter sagt, wir müssen den Milchmann bezahlen. Sonst macht er bald einen Kreis um unser Haus, Herr Galilei.

GALILEI *lachend:* Es heißt: er beschreibt einen Kreis, Andrea.

ANDREA Wie Sie wollen. Wenn wir nicht bezahlen, dann beschreibt er einen Kreis um uns, Herr Galilei.

GALILEI Während der Gerichtsvollzieher, Herr Cambione, gerade auf uns zukommt, indem er was für eine Strecke zwischen zwei Punkten wählt?

ANDREA *grinsend:* Die kürzeste.

GALILEI Gut. Ich habe was für dich. Sieh hinter den Sterntafeln nach!

Andrea fischt hinter den Sterntafeln ein großes hölzernes Modell des ptolemäischen Systems hervor.

ANDREA Ist das wie alle meinen, daß die Welt ist?

GALILEI Ja. Beschreib es!

ANDREA In der Mitte ist ein kleiner Stein.

GALILEI Das ist die Erde.

ANDREA Darum herum sind, immer übereinander, Schalen. Acht.

GALILEI Das sind die kristallenen Sphären.

ANDREA Auf den Schalen sind Kugeln angemacht ...

GALILEI Die Gestirne.

ANDREA Die unterste Kugel ist der Mond, das steht drauf. Und darüber ist die Sonne.

GALILEI Und jetzt laß die Sonne laufen.

ANDREA *bewegt die Schalen:* Das ist schön. Aber wir sind so eingekapselt.

GALILEI *sich abtrocknend:* Ja, das fühlte ich auch, als ich das Ding zum ersten Mal sah. Einige fühlen das. Mauern und Schalen und Unbeweglichkeit! Durch zweitausend Jahre glaubte die Menschheit, daß die Sonne und alle Gestirne des Himmels sich um sie drehten. Der Papst, die Kardinäle, die Fürsten, Gelehrten, Kapitäne, Kaufleute, Fischweiber und Schulkinder glaubten, unbeweglich in dieser kristallenen Kugel zu sitzen. Aber jetzt fahren wir heraus, Andrea.

Denn die alte Zeit ist herum und es ist eine neue Zeit. Seit hundert Jahren ist es, als erwartete die Menschheit etwas.

Die Städte sind eng und so sind es die Köpfe. Aberglauben und Pest. Aber jetzt heißt es: da es so ist, bleibt es nicht so. Denn alles bewegt sich, mein Freund.

Auf unserm alten Kontinent ist ein Gerücht entstanden: es gibt neue Kontinente. Und seit unsere Schiffe zu ihnen fahren, spricht es sich auf den lachenden Kontinenten herum: das große gefürchtete Meer ist ein kleines Wasser.

Und es ist eine große Lust aufgekommen, die Ursachen aller Dinge zu erforschen: warum der Stein fällt, den man losläßt, und wie er steigt, wenn man ihn hochwirft.

Jeden Tag wird etwas gefunden. Selbst die Hundertjährigen lassen sich noch von den Jungen ins Ohr schreien, was Neues entdeckt wurde.

Da ist schon viel gefunden, aber da ist mehr, was noch gefunden werden kann. Und so gibt es wieder zu tun für neue Geschlechter. Die alten Lehren, die tausend Jahre geglaubt wurden, sind ganz baufällig. An diesen Gebäuden ist weniger Holz als an den Stützen, die halten sollen. Das neue Wissen aber ist ein Neubau, von dem nur das Gerüst steht. Selbst die Lehre des großen Kopernikus ist noch nicht bewiesen. Aber die Menschheit wird bald Bescheid wissen über ihre Wohnstätte, den Himmelskörper, auf dem sie haust. Was in den alten Büchern steht, das genügt ihr nicht mehr.

Denn wo der Glaube tausend Jahre gesessen hat, ebenda sitzt jetzt der Zweifel. Alle Welt sagt: ja, das steht in den Büchern, aber laßt uns jetzt selbst sehn.

Den gefeiertsten Wahrheiten wird auf die Schulter geklopft, was nie bezweifelt wurde, das wird jetzt bezweifelt.

Dadurch ist eine Zugluft entstanden, welche sogar den Fürsten und Prälaten die goldgestickten Röcke lüftet, so daß fette und dürre Beine darunter sichtbar werden, Beine wie unsere Beine.

Die Himmel, hat es sich herausgestellt, sind leer. Darüber ist ein fröhliches Gelächter entstanden.
Aber das Wasser der Erde treibt die neuen Spinnrocken, und auf den Schiffswerften, in den Seil- und Segelhäusern regen sich fünfhundert Hände in einer neuen Ordnung.
Selbst die Söhne der Fischweiber laufen in die Schulen. Auf den Märkten wird von den Gestirnen gesprochen.
Es hat immer geheißen, die Gestirne sind an einem kristallenen Gewölbe angeheftet, daß sie nicht herunterfallen können. Jetzt haben wir Mut gefaßt und lassen sie im Freien schweben, ohne Halt, und sie sind in großer Fahrt, gleich uns, ohne Halt und in großer Fahrt.
Das Weltall aber hat über Nacht seinen Mittelpunkt verloren und am Morgen hatte es deren unzählige. So daß jetzt jeder als Mittelpunkt angesehen wird und keiner. Denn da ist viel Platz plötzlich.
Unsere Schiffe fahren weit hinaus, unsere Gestirne bewegen sich weit im Raum herum, selbst im Schachspiel die Türme gehen neuerdings weit über alle Felder.
So daß der Dichter sagt: O früher Morgen des Beginnens! O Hauch des Windes, der von neuen Küsten kommt!

ANDREA Sie müssen Ihre Milch trinken, denn dann kommen sofort wieder Leute.

GALILEI Hast du, was ich dir gestern sagte, inzwischen begriffen?

ANDREA Was? Das mit dem Drehen?

GALILEI Ja?

ANDREA Nein. Warum wollen Sie denn, daß ich es begreife? Es ist so schwer und ich bin im Oktober erst dreizehn.

GALILEI Ich will gerade, daß auch du es begreifst. Dazu arbeite ich und kaufe die Bücher, statt den Milchmann zu bezahlen.

ANDREA Aber ich sehe doch, daß die Sonne abends woanders hält als morgens. Da kann sie doch nicht stillstehn! Nie und nimmer.

GALILEI Du siehst! Was siehst du? Du siehst gar nichts. Du glotzt nur. Glotzen ist nicht sehen. *Er stellt den eisernen Waschschüsselständer in die Mitte des Zimmers.* Also das ist die Sonne. Setz dich. *Andrea setzt sich auf einen Stuhl. Galilei steht hinter ihm.* Wo ist die Sonne, rechts oder links?

ANDREA Links.

GALILEI Und wie kommt sie nach rechts?

ANDREA Wenn Sie sie nach rechts tragen natürlich.

GALILEI Nur so? *Er nimmt ihn mitsamt dem Stuhl auf und trägt ihn in die andere Zimmerecke.* Wo ist jetzt die Sonne?

ANDREA Rechts.

GALILEI Und hat sie sich bewegt?

ANDREA Das nicht.

GALILEI Was hat sich bewegt?

ANDREA Ich.

GALILEI Falsch! Dummkopf! Der Stuhl!

ANDREA Aber ich mit ihm!

GALILEI Natürlich. Der Stuhl ist die Erde. Du sitzt drauf.

FRAU SARTI *ist eingetreten, das Bett zu machen. Sie hat zugeschaut:* Was machen Sie eigentlich mit meinem Jungen, Herr Galilei?

GALILEI Ich lehre ihn sehen, Frau Sarti.

FRAU SARTI Indem Sie ihn im Zimmer herumschleppen?

ANDREA Laß doch, Mutter. Das verstehst du nicht.

FRAU SARTI So? Aber du verstehst es, wie? Sie bringen ihn noch so weit, daß er behauptet, zwei mal zwei ist fünf. Er verwechselt schon alles, was Sie ihm sagen. Gestern abend bewies er mir schon, daß die Erde sich um die Sonne dreht. Er ist fest überzeugt, daß ein Herr namens Kippernikus das ausgerechnet hat.

ANDREA Hat es der Kippernikus nicht ausgerechnet, Herr Galilei? Sagen Sie es ihr selber!

FRAU SARTI Was, Sie sagen ihm wirklich einen solchen Unsinn? Daß er es in der Schule herumplappert und die geistlichen Herren zu mir kommen, weil er lauter unheiliges Zeug vorbringt. Sie sollten sich schämen, Herr Galilei.

GALILEI *frühstückend:* Auf Grund unserer Forschungen, Frau Sarti, haben, nach heftigem Disput, Andrea und ich Entdeckungen gemacht, die wir nicht länger der Welt gegenüber geheimhalten können. Eine neue Zeit ist angebrochen, Frau Sarti, ein großes Zeitalter, in dem zu leben eine Lust ist.

FRAU SARTI So. Hoffentlich können wir auch den Milchmann bezahlen in dieser neuen Zeit, Herr Galilei. *Ab.*

GALILEI *lacht. Dann beiläufig zu Andrea:* Einiges haben wir gestern also doch verstanden?

ANDREA Ich habe es ihr nur gesagt, damit sie sich wundert. Aber es stimmt nicht. Sie haben gesagt, daß die Erde sich auch um sich selber dreht, nicht nur um die Sonne. Aber den Stuhl mit mir haben Sie nur um den Waschständer gedreht und nicht um sich selber. Sonst wäre ich nämlich heruntergefallen und das ist ein Fakt. Warum haben Sie den Stuhl nicht umgedreht? Weil dann bewiesen ist, daß ich von der Erde ebenfalls herabfallen würde, wenn sie sich drehen würde. Da haben Sie's.

GALILEI Ich habe dir doch bewiesen ...

ANDREA Aber heute nacht habe ich gefunden, daß ich da ja, wenn die Erde sich wirklich drehen würde, mit dem Kopf die ganze Nacht nach unten hängen würde. Und das ist ein Fakt.

GALILEI *nimmt einen Apfel vom Ofenrand:* Also das ist die Erde.

ANDREA Nehmen Sie nicht lauter solche Beispiele, Herr Galilei. Damit schaffen Sie's immer.

GALILEI *den Apfel zurücklegend:* Schön.

ANDREA Mit Beispielen kann man es immer schaffen, wenn man schlau ist. Nur, ich kann meine Mutter nicht in einem Stuhl herumschleppen, wie Sie mich. Da sehen Sie, was das für ein schlechtes Beispiel ist. Und was ist, wenn der Apfel also die Erde ist? Dann ist gar nichts.

GALILEI *lacht:* Du willst es ja nicht wissen.

ANDREA Nehmen Sie ihn wieder. Wieso hänge ich nicht mit dem Kopf nach unten nachts?

GALILEI Also hier ist die Erde und hier stehst du. *Er steckt einen Holzsplitter von einem Ofenscheit in den Apfel.* Und jetzt dreht sich die Erde.

ANDREA Und jetzt hänge ich mit dem Kopf nach unten.

GALILEI Wieso? Schau genau hin! Wo ist der Kopf?

ANDREA *zeigt am Apfel:* Da. Unten.

GALILEI Was? *Er dreht zurück.* Ist er etwa nicht an der gleichen Stelle? Sind die Füße nicht mehr unten? Stehst du etwa, wenn ich drehe, so? *Er nimmt den Splitter heraus und dreht ihn um.*

ANDREA Nein. Und warum merke ich nichts von der Bewegung?

GALILEI Weil du sie mitmachst! Du und die Luft über dir und alles, was auf der Kugel ist.

ANDREA Und warum sieht es so aus, als ob die Sonne läuft?

GALILEI *dreht wieder den Apfel mit dem Splitter:* Also unter dir siehst du die Erde, die bleibt gleich, sie ist immer unten und bewegt sich für dich nicht. Aber jetzt schau über dich. Nun ist die Lampe über deinem Kopf, aber jetzt, was ist jetzt, wenn ich gedreht habe, über deinem Kopf, also oben?

ANDREA *macht die Drehung mit:* Der Ofen.

GALILEI Und wo ist die Lampe?

ANDREA Unten.

GALILEI Also!

ANDREA Das ist fein. Das wird sie wundern! *Pause.* Aber da ist noch was: woher weiß der Kippernikus, daß wir uns drehen und nicht der Himmel sich dreht, wenn man es nicht direkt bemerkt?

GALILEI Ich muß dir ein Geständnis machen, Andrea: er weiß es nicht. Es ist nur eine Hypothese.

ANDREA Was ist das, eine Hypothese?

GALILEI Das ist, wenn man etwas als wahrscheinlich annimmt, aber keine Fakten hat. Daß die Felizia dort unten, vor dem Korbmacherladen, die ihr Kind an der Brust hat, dem Kind Milch gibt und nicht etwa Milch von ihm empfängt, das ist so lange eine Hypothese, als man nicht hin und es sehen und beweisen kann. Und den Gestirnen gegenüber sind wir wie Würmer mit trüben Augen, die nur ganz wenig sehen. Die Hypothese des Kopernikus ist die größte Hypothese, die es je gegeben hat, aber nicht mehr.

ANDREA Und das, was die Kirche sagt, was ist das?

GALILEI Oh, das ist auch eine Hypothese. Sie ist aber schlechter. Es sind viele Gesetze, die weniges erklären, aber die neue Hypothese hat wenige Gesetze, die viel erklären. Aber es ist der riesige Fehler des neuen Systems, daß nur die Mathematiker verstehen können, warum es wahrscheinlich so ist. Was ich dir zeigen konnte, ist nur: daß es so sein kann. Du verstehst: es spricht nichts dagegen.

ANDREA Kann ich nicht Mathematiker werden? Damit ich sehe, was dafür spricht?

GALILEI Wie soll ich den Milchmann und den Fleischer und den Buchhändler bezahlen, wenn ich auch noch dir Stunden gebe, für die ich nichts bekomme? Verschwind, ich muß an die Arbeit!

FRAU SARTI *herein:* Der Kurator der Universität ist draußen!

GALILEI Halt, der ist wichtig. Das sind vielleicht 500 Skudi.

Frau Sarti ab.

ANDREA Kann ich den Apfel mithaben?

Galilei nickt. Andrea ab.

DER KURATOR DER UNIVERSITÄT *tritt ein:* Ich komme, um Ihnen Ihr Ansuchen um Erhöhung des Gehalts auf 1000 Goldskudi zurückzubringen. Ich kann es bei der Universität leider nicht befürworten. Sie wissen, mathematische Kollegien bringen der

Universität nun einmal keinen Zustrom. Mathematik ist eine brotlose Kunst, sozusagen. Nicht als ob die Republik sie nicht über alles schätzte. Sie ist nicht so nötig wie die Philosophie und vor allem die Theologie, aber sie verschafft den Kennern doch so unendliche Genüsse!

GALILEI *über seinen Papieren:* Ich kann nicht auskommen mit 500 Skudi, Herr. Meine Tochter ist jetzt fünfzehn Jahre alt und braucht eine Aussteuer.

DER KURATOR Aber, Herr Galilei, Sie lesen zwei mal zwei Stunden in der Woche. Ihr außerordentlicher Ruf verschafft Ihnen sicher Schüler in beliebiger Menge, die zahlen können für Privatstunden. Haben Sie keine Privatschüler?

GALILEI Herr, ich habe zu viele! Ich lehre und lehre, und wann soll ich lernen? Mann Gottes, ich bin nicht so siebengescheit wie die Herren von der philosophischen Fakultät. Ich bin dumm. Ich verstehe rein gar nichts. Ich bin also gezwungen, die Löcher in meinem Wissen auszustopfen. Und wann soll ich das tun? Wann soll ich forschen? Herr, meine Wissenschaft ist noch wißbegierig! Über die größten Probleme haben wir heute noch nichts als Hypothesen. Aber wir verlangen Beweise von uns. Und wie soll ich da weiterkommen, wenn ich, um meinen Haushalt in Gang zu halten, gezwungen bin, jedem Wasserkopf, der es bezahlen kann, einzutrichtern, daß die Parallelen sich im Unendlichen schneiden.

DER KURATOR Vergessen Sie nicht ganz, daß die Republik vielleicht nicht so viel bezahlt als gewisse Fürsten bezahlen, daß sie aber die Freiheit der Forschung garantiert. Wir in Padua lassen sogar Protestanten als Hörer zu! Und wir verleihen ihnen den Doktorgrad! Herrn Cremonini haben wir nicht nur nicht an die Inquisition ausgeliefert, als man uns bewies, bewies, Herr Galilei, daß er irreligiöse Äußerungen tut, sondern wir haben ihm sogar eine Gehaltserhöhung bewilligt. Bis nach Holland weiß man, daß Venedig die Republik ist, in der die Inquisition nichts zu sagen hat. Und das ist einiges wert für Sie, der Sie Astronom sind, also in einem Fach tätig, wo seit geraumer Zeit die Lehre der Kirche nicht mehr mit dem schuldigen Respekt geachtet wird!

GALILEI Herrn Giordano Bruno haben Sie von hier nach Rom ausgeliefert. Weil er die Lehre des Kopernikus verbreitete.

DER KURATOR Nicht, weil er die Lehre des Herrn Kopernikus verbreitete, die übrigens falsch ist, sondern weil er kein Venezianer war und auch keine Anstellung hier hatte. Sie können den Verbrannten also aus dem Spiel lassen. Nebenbei, bei aller Freiheit ist es doch rätlich, einen solchen Namen, auf dem der ausdrückliche Fluch der Kirche ruht, nicht so sehr laut in alle Winde zu rufen, auch hier nicht, ja, nicht einmal hier.

GALILEI Euer Schutz der Gedankenfreiheit ist ein ganz gutes Geschäft, wie? Indem ihr darauf verweist, daß woanders die Inquisition herrscht und brennt, kriegt ihr hier billig gute Lehrkräfte. Den Schutz vor der Inquisition laßt ihr euch damit vergüten, daß ihr die schlechtesten Gehälter zahlt.

DER KURATOR Ungerecht! Ungerecht! Was würde es Ihnen schon nützen, beliebig viel freie Zeit zur Forschung zu haben, wenn jeder beliebige, womöglich ganz ungebildete Mönch der Inquisition Ihre Gedanken einfach verbieten könnte? Keine Rose ohne Dornen, keine Fürsten ohne Mönche, Herr Galilei!

GALILEI Und was nützt freie Forschung ohne freie Zeit, zu forschen?

DER KURATOR Sie sind ein unzufriedener Mensch, Herr Galilei. Ein großer, aber unzufriedener Mann.

GALILEI Ja, ich bin unzufrieden, und das ist es, was ihr mir hoch bezahlen würdet, wenn ihr Verstand hättet! Denn ich bin mit mir unzufrieden. Aber statt dessen sorgt ihr, daß ich es mit euch sein muß. Ich gebe es zu, es macht mir Spaß, ihr meine Herren Venezianer, in eurem berühmten Arsenal, den Werften und Artilleriezeughäusern meinen Mann zu stellen. Aber ihr laßt mir keine Zeit, den weiterführenden Spekulationen nachzugehen, welche sich mir dort für mein Wissensgebiet aufdrängen. Ihr verbindet dem Ochsen, der da drischet, das Maul! Ich bin 46 Jahre alt und habe nichts geleistet, was mich befriedigt.

DER KURATOR Wollen Sie sich etwa auch in diesen gefährlichen Streit mischen, der um diese modernen Hypothesen des Herrn Kopernikus tobt?

GALILEI *zornig:* Nein. Aber nicht euch zu Gefallen, sondern weil euer Gerichtsvollzieher mich an einem Strick davon zurückhält, endlich der Welt die paar Fakten auf den Tisch zu legen, die sie braucht. Und ich wäre daran, Herr! Ich wäre daran! Vielleicht zeigen Sie den Herren Stadträten einmal diese Untersuchungen über die Fallgesetze *er weist auf ein Bündel Manuskripte* und fragen sie, ob das nicht ein paar Skudi mehr wert ist!

DER KURATOR Es ist unendlich viel mehr wert, Herr Galilei.

GALILEI Nicht unendlich viel mehr wert, sondern 500 Skudi mehr wert, Herr!

DER KURATOR Skudi wert ist nur, was Skudi bringt. Wenn Sie Geld haben wollen, müssen Sie etwas anderes vorzeigen. Sie können für das Wissen, das Sie verkaufen, nur so viel verlangen, als es dem, der es Ihnen abkauft, einbringt. Die Philosophie zum Beispiel, die Herr Colombe in Florenz verkauft, bringt dem Fürsten mindestens 10000 Skudi im Jahr ein. Ihre Fallgesetze haben Staub aufgewirbelt, gewiß. Man klatscht Ihnen Beifall in Paris und Prag. Aber die Herren, die da klatschen, bezahlen der Universität Padua nicht, was Sie sie kosten. Ihr Unglück ist Ihr Fach, Herr Galilei.

GALILEI Ich verstehe: freier Handel, freie Forschung. Freier Handel mit der Forschung, wie?

DER KURATOR Aber Herr Galilei! Welch eine Auffassung! Erlauben Sie mir zu sagen, daß ich Ihre spaßhaften Bemerkungen nicht ganz verstehe. Ich sage nichts davon, daß der blühende Handel der Republik mir kaum als etwas Verächtliches erscheint. Noch viel weniger aber vermöchte ich als langjähriger Kurator der Universität in diesem, darf ich es sagen, frivolen Ton von der Forschung zu sprechen. *Während Galilei sehnsüchtige Blicke nach seinem Arbeitstisch schickt.* Bedenken Sie die Zustände ringsum! Die Sklaverei, unter deren Peitsche die Wissenschaften an gewissen Orten seufzen! Aus alten Lederfolianten hat man dort Peitschen geschnitten. Man muß dort nicht wissen, wie der Stein fällt, sondern was der Aristoteles darüber schreibt. Die Augen hat man nur zum Lesen. Wozu neue Fallgesetze, wenn nur die Gesetze des Fußfalls wichtig sind? Und dagegen die unendliche Freude, mit der unsere Republik Ihre Gedanken, sie mögen so kühn sein wie sie wollen, aufnimmt! Hier können Sie forschen! Hier können Sie arbeiten! Niemand überwacht Sie, niemand unterdrückt Sie! Unsere Kaufleute, die wissen, was besseres Leinen im Kampf mit der venezianischen Konkurrenz bedeutet, hören mit Interesse Ihren Ruf »Bessere Physik«, und wieviel verdankt die Physik dem Schrei nach besseren Webstühlen! Unsere hervorragendsten Bürger interessieren sich für Ihre Forschungen, besuchen Sie, lassen sich Ihre Entdeckungen vorführen, Leute, deren Zeit kostbar ist, verachten Sie nicht den Handel, Herr Galilei! Niemand würde hier dulden, daß Ihre Arbeit auch nur im geringsten gestört wird, daß Unberufene Ihnen Schwierigkeiten bereiten. Geben Sie zu, Herr Galilei, daß Sie hier arbeiten können!

GALILEI *verzweifelt:* Ja.

DER KURATOR Und was das Materielle angeht: machen Sie doch mal wieder was so Hübsches wie Ihren famosen Militärzirkel, mit dem man *er zählt es an den Fingern ab* ohne alle mathematischen Kenntnisse Linien in beliebiger Weise teilen, Quadrat- und Kubikwurzeln ausziehen, die Zinseszinsen eines Kapitals berechnen, Grundrisse von Liegenschaften in verkleinertem oder vergrößertem Maßstab reproduzieren und die Schwere von Kanonenkugeln bestimmen kann.

GALILEI Leider brauche ich zu der Bestimmung der Zinsen und Zinseszinsen des Gewinns aus dem Militärzirkel keinen Militärzirkel, so klein sind sie. Außerdem ist das Schnickschnack.

DER KURATOR Etwas, was die höchsten Herren entzückt und in Erstaunen gesetzt hat und was Bargeld getragen hat, nennen Sie Schnickschnack. Ich höre, daß sogar der General Stefano Gritti mit diesem Instrument Wurzeln ausziehen kann!

GALILEI Wahrhaftig ein Wunderwerk!

DER KURATOR Wie ich sagte: ein großer, aber unzufriedener Mensch!

FRAU SARTI *herein:* Herr Galilei! Ein junger Herr, der Unterricht wünscht. Sehr gut angezogen und bringt einen Empfehlungsbrief. *Übergibt diesen.* Tun Sie mir den einzigen Gefallen und schicken Sie den nicht auch wieder weg. Ich denke an die Milchrechnung. *Ab.*

DER KURATOR Ich eile, ich verabschiede mich. Ich bin der letzte, der Sie von einem Verdienst abhalten möchte.

GALILEI Vielen Dank.

Der Kurator geht. Galilei klappt verzweifelt seine Bücher zu.

DOPPONE *tritt ein, ein reicher junger Mensch:* Doppone.

GALILEI Hier geht es zu wie in einem Taubenschlag.

DOPPONE Wie beliebt?

GALILEI *den Empfehlungsbrief lesend:* Sie kommen aus Holland?

DOPPONE Wo ich von Ihnen hörte.

GALILEI Ach so, Sie sind Italiener!

DOPPONE Mein alter Herr wünschte, daß ich mich ein bißchen umsähe. Was es so in der Welt gibt und so weiter.

GALILEI Und da hörten Sie in Holland, daß es zum Beispiel mich gibt.

DOPPONE Und da ich mich jetzt also nolens volens zum Examen ausbilden möchte ...

GALILEI Privatunterricht: 30 Skudi pro Monat.

DOPPONE Sehr wohl. Nicht als ob ich das Examen brauchte, aber Sie wissen, die Wissenschaften geben einem etwas Air, und wissen Sie, mein alter Herr sagt, ich bin ein Streitvogel. Wie beliebt? Ich soll Theologe werden. Ich streite gern.

GALILEI Vorschuß 30 Skudi.

DOPPONE Zum Beispiel so eine Frage: was fällt schneller, fünf Kilo Eisen oder zehn Kilo Eisen? Da kann ich tagelang streiten. Was meinen Sie zum Beispiel? Nicht als ob es darauf ankäme, nur wer recht hat, nicht?

GALILEI Mhm.

DOPPONE Ich sehe zum Beispiel in Amsterdam, ulkige Stadt, sauber, dieses neue Ding, durch das man alles fünfmal so groß sieht, Teleskop. Ich sage sofort: zwei Linsen, fünfmal größer alles, vier Linsen, zehnmal größer alles. Untersuche. Sehe, die guten Leute benützen zwei völlig falsche Linsen, die nicht zusammenpassen, eine hohle, eine volle. Nimmt natürlich die eine wieder weg, was die andere leistet, klar. Sage mir: muß man anders anfassen. Richtig?

GALILEI Von was reden Sie eigentlich?

DOPPONE Von dem neuen Ding in Holland, durch das man alles vergrößert sieht.

GALILEI Was sieht man vergrößert?

DOPPONE Kirchturmspitzen, in Gärten badende Damen, Tauben ...

GALILEI *mürrisch:* Haben Sie selbst etwas vergrößert gesehen?

DOPPONE Sicher. Alles.

GALILEI Und aus was bestand das Ding?

DOPPONE Sagte Ihnen ja, zwei Linsen. Man muß aber gleiche nehmen.

GALILEI Es waren also ungleiche?

DOPPONE Das war doch die Dummheit! Hebt sich ja auf! Wetten?

GALILEI *ruft zum Fenster hinaus:* Andrea! Andrea! Rotschädel!

ANDREA *herein:* Sagen Sie nicht immer Rotschädel zu mir und besonders nicht so, daß man es bis zur Straße hinunter hören kann! Ich weiß, daß ich rothaarig bin.

GALILEI So, das bringt dich also in Harnisch, wenn man dir sagt, was ist? Darüber müssen wir noch reden, Rotschädel. Lauf einmal zum Brillenmacher und hol zwei Linsen, eine hohl, eine voll.

Andrea geht wütend.

DOPPONE Mein alter Herr sagt immer: andere Länder, andere Sitten. Ich sage: andere Gläser, andere Vergrößerung! Gut, wie? Ist aber falsch. Verlassen Sie sich auf Doppone.

GALILEI Ich werde es untersuchen. Wie alt ist die Sache?

DOPPONE Die Erfindung? War zwei Tage alt, als ich abfuhr. Lag in den Windeln. Und schon so verderbt, wie? Mein alter Herr...

GALILEI Was ist Ihr Vater?

DOPPONE Wolle.

GALILEI Sagen wir Vorschuß: 45 Skudi.

Doppone bezahlt. Andrea keuchend herein.

GALILEI *winkt Doppone hinaus:* Kommen Sie Freitag, neun Uhr.

DOPPONE Hast du die Linsen? Zwei gleiche? Nein? Ich sage Ihnen, Herr Galilei, Doppone schlägt zwei gleiche vor, eventuell viere! *Ab.*

GALILEI Der Kerl ist so dumm, daß er päpstlicher Kammerherr werden könnte.

ANDREA Ich mußte meine Mütze dort lassen. Pfand.

GALILEI *lacht:* Was wirst du ohne Mütze im Winter machen? Gib her! Warum hast du denn den Apfel nicht gegessen? *Er hält die Linsen hintereinander vor das Auge.*

ANDREA Damit zeige ich ihr doch, daß sie sich dreht!

GALILEI *mäßig interessiert:* Schau einmal da durch, Andrea!

ANDREA *schaut durch:* Das ist ja alles ganz nah. Die Glocke auf dem Campanile, ganz nah, ich sehe sogar die kupfernen Lettern drauf! Und dahinter die Wäscherinnen am Fluß! Ich sehe ihre Waschhölzer!

GALILEI *sieht wieder durch:* Daß du den Apfel nicht aufgegessen hast, beweist, daß in dir ein Mathematiker steckt. Sinn für brotlose Kunst. Ich werde dich ausbilden. Ich kann mir das vielleicht doch leisten. Dieser Schnickschnack ist 500 Skudi wert.

ANDREA *den er noch einmal durchschauen läßt:* Man sieht ganz deutlich. Jetzt kommt der Gerichtsvollzieher Herr Cambione auf das Haus zu.

GALILEI Schnell, Rotschädel, steck du die 45 Skudi ein.

2
Galilei überreicht der Republik Venedig eine neue Erfindung

Signoria von Venedig. 24. August 1609. In zwei Gruppen stehen sich gegenüber die Ratsherren und der Kurator der Universität mit Professoren, darunter Galileo und sein Freund Sagredo. Die Herren warten plaudernd auf den Dogen. Abseits Andrea mit einem Samtkissen, auf dem das Fernrohr liegt, etwa 60 Zentimeter lang, mit karmesinrotem Überzug.

GALILEI *zu Sagredo:* Ich kann dir nicht versprechen, daß ich den Karneval hier durchstehen werde. Mir fliegen alle Glieder. Die meinen hier wieder, sie kriegen einen lukrativen Schnickschnack. Aber es ist viel mehr. Ich habe es heute nacht auf den Mond gerichtet. Der Rand zwischen der hellen Sichel und dem runden dunklen Teil ist nicht scharf, sondern ganz unregelmäßig, zackig und rauh. Und von eigenem Licht keine Spur, du. Verstehst du, was das bedeuten kann?

DER KURATOR Der Doge!

Der Doge kommt raschen Schrittes. Der Kurator stellt ihm Galilei vor. Der Doge stellt sich an die Spitze der Ratsherren, und die Zeremonie beginnt.

DER KURATOR Eure Exzellenz, Hohe Signoria! Bevor Herr Galileo Galilei, Professor der Mathematik an Ihrer ruhmvollen Universität Padua der Signoria von Venedig das von ihm erfundene neue Fernrohr als Geschenk überreicht, erlauben Sie mir, im Namen der Universität ein Schreiben zu verlesen, das genannter Herr Galilei an den Dogen gerichtet hat. *Er liest.* »Als Lehrer der Mathematik an der Universität in Padua habe ich es stets als meine Aufgabe betrachtet, nicht nur meinem hohen Lehrauftrag zu genügen, sondern auch durch eine nützliche und außerordentliche Erfindung der Regierung der Republik einen außergewöhnlichen Vorteil zu verschaffen. Dieser Anforderung glaube ich nun durch die Konstruktion meines Augenglases zu entsprechen, die ich den tiefsten theoretischen Erwägungen der Optik entnommen habe und demgemäß als Frucht der Wissenschaft darbringe, die ich seit vollen siebzehn Jahren in Padua lehre.« *Er blättert um. Leises Händeklatschen der Ratsherren.*

GALILEI *zu Sagredo:* Wenn der Mond, ein gewöhnlicher Himmelskörper, eine Erde wäre, und er sieht aus wie eine Erde, durch das Instrument kann man es sehen, deutlich, was ist dann die Erde, frage ich.

SAGREDO Nimm dich zusammen. Übrigens, wer ist der Mensch dort, er scheint dir zu winken.

Seitwärts ist der junge Doppone erschienen. Von der Palastwache aufgehalten, sucht er Galileis Aufmerksamkeit auf sich zu lenken.

GALILEI *unangenehm berührt:* Das ist ein Schüler von mir, ein kolossaler Dummkopf. Ich habe keine Ahnung, was er wollen kann.

DER KURATOR *liest weiter, während Doppone immerfort winkt:* »Unschätzbaren Vorteil kann die durch dieses Instrument bewerkstelligte Annäherung der Gegenstände für jedes Unternehmen zu Lande und zur See gewähren. Auf dem Meere werden wir die Fahrzeuge und Segel des Feindes zwei Stunden früher entdecken, als er unser ansichtig wird.« *Klatschen.* »Indem wir auf diese Weise die Zahl und Art seiner Schiffe unterscheiden, können wir seine Stärke beurteilen, um uns zur Verfolgung, zum Kampf oder zur Flucht zu entschließen.« *Stärkeres Klatschen.*

GALILEI Wenn der Kerl nicht Ruhe gibt, gehe ich einfach weg.

SAGREDO Unmöglich.

DER KURATOR »Ebenso lassen sich auf dem Lande die Lager und Verschanzungen des Feindes innerhalb ihrer festen Plätze von entfernten, hochgelegenen Stellen aus beobachten und auch auf offenem Felde zum eigenen Vorteil jede seiner Bewegungen und Vorbereitungen sehen und im einzelnen unterscheiden.« *Klatschen.*

GALILEI Er erregt schon Aufsehen bei den Herren.

SAGREDO Laß ihn doch! Man ist schon seiner Herr geworden. Was schließt du daraus, daß der Sichelrand nicht scharf und glatt ist?

GALILEI Der Mond hat Gebirge.

DER KURATOR Indem so, Eure Exzellenz und Hohe Signoria, Herr Galilei Ihnen sein Instrument überreicht *er winkt Andrea, der das Fernrohr dem Dogen darreicht,* dieses Instrument seiner Erfindung, dieses Zeugnis seiner Intuition, das dies alles und noch viele andere nützliche Anwendungen gestattet, stellt er dem Ermessen Eurer Exzellenz und einer Hohen Signoria anheim, zu befehlen, was zu geschehen habe, ob Instrumente gleicher Art gefertigt werden sollen oder nicht. Er hofft, in Zukunft noch Größeres leisten zu können, wenn es Gott und Eurer Exzellenz gefallen sollte, daß er seinem Wunsch gemäß den Rest seines Lebens im Dienste der Venezianischen Republik verbringt. *Beifall.*

Der Rat hat sich um das Fernrohr geschart.

DIE HERREN Der Kanal liegt wie ein Buch vor einem. – Man sieht bis zum Hafen. – Auf dem Boot dort essen sie zu Mittag. Bratfisch. Ich habe Appetit. – Mit dem Ding sieht man zu gut. Ich werde meinen Frauenzimmern sagen müssen, daß sie sich nicht mehr auf dem Dach waschen dürfen. – Wann kann man solch ein Ding bekommen? *Lachen.*

GALILEI Ich frage mich sogar, ob ich mit dem Ding nicht eine gewisse Lehre nachweisen kann.

DER KURATOR Das bedeutet die jährlichen 500 Skudi mehr für Sie.

GALILEI *ohne ihn zu beachten, zu Sagredo:* Bedenke: Lichtpunkte auf dem dunklen Teil der Scheibe, dunkle Stellen auf der hellen Sichel! Es stimmt fast zu genau! Ich bin natürlich sehr mißtrauisch, äußerst mißtrauisch.

Der Doge, ein dicker, bescheidener Mann, hat sich Galilei genähert und versucht unbeholfen, ihn anzusprechen.

DER KURATOR Herr Galilei, Seine Exzellenz!

GALILEI Richtig! Die 500! Sind Sie zufrieden, Exzellenz?

DER DOGE *ihm die Hand schüttelnd:* Sie wissen, wir brauchen immer einen Vorwand für unsere Stadtväter, um unseren Gelehrten etwas zukommen zu lassen.

DER KURATOR Dieses Instrument sichert der Republik eine immense Überlegenheit in militärischer Beziehung.

DER DOGE *lächelnd:* Gewiß. Wir brauchen den Vorwand. *Er verabschiedet sich unbeholfen.*

DER KURATOR Diese Leute haben keine Ahnung, was sie kriegen. Unbildung.

DOPPONE *ist endlich durchgebrochen. Er sagt atemlos zu Galilei:* Herr Galilei, warum haben Sie mich nicht angehört vor der Überreichung? Das Ding ist ganz falsch. Der Überzug muß grün sein. Er war grün, verlassen Sie sich auf Doppone!

3

9. Januar 1610: Vermittels des Fernrohrs entdeckt Galilei am Himmel Erscheinungen, welche das kopernikanische System beweisen. Von seinem Freund vor den möglichen Folgen seiner Forschungen gewarnt, bezeugt Galilei seinen Glauben an die menschliche Vernunft.

Studierzimmer des Galilei in Padua. Galilei und Sagredo am Fernrohr.

SAGREDO *durch das Fernrohr schauend, halblaut:* Der Sichelrand ist rauh. Auf der dunklen Hälfte, in der Nähe des leuchtenden Rands, sind leuchtende Punkte. Sie treten einer nach dem andern hervor. Von ihnen aus ergießt sich das Licht wachsend über immer weitere Flächen, wo es zusammenfließt mit dem größeren leuchtenden Teil.

GALILEI Wie erklärst du dir diese Punkte?

SAGREDO Es kann nicht sein.

GALILEI Doch. Es sind Riesenberge.

SAGREDO Auf einem Stern?

GALILEI Berge. Deren Spitzen die aufgehende Sonne vergoldet, während rings Nacht auf den Abhängen liegt. Du siehst das Licht von den höchsten Gipfeln in die Täler niedersteigen.

SAGREDO Aber das widerspricht aller Astronomie von zwei Jahrtausenden.

GALILEI So ist es. Was du siehst, hat noch kein Mensch gesehen, außer mir. Du bist der zweite.

SAGREDO Aber der Mond kann keine Erde sein mit Bergen und Tälern, sowenig die Erde ein Stern sein kann.

GALILEI Der Mond kann eine Erde sein mit Bergen und Tälern und die Erde kann ein Stern sein. Ein gewöhnlicher Himmelskörper: einer unter Tausenden. Sieh noch einmal hinein. Siehst du den verdunkelten Teil des Mondes ganz dunkel?

SAGREDO Nein. Jetzt, wo ich darauf achtgebe, sehe ich ein schwaches, aschfarbenes Licht darauf ruhen.

GALILEI Was kann das für ein Licht sein?

SAGREDO ?

GALILEI Das ist von der Erde.

SAGREDO Das ist Unsinn. Wie soll die Erde leuchten mit ihren Gebirgen und Wäldern und Gewässern, ein kalter Körper?

GALILEI So wie der Mond leuchtet. Weil die beiden Sterne angeleuchtet sind von der Sonne, darum leuchten sie. Was der Mond uns ist, das sind wir dem Mond. Und er sieht uns einmal als Sichel, einmal als Halbkreis, einmal voll und einmal nicht.

SAGREDO So wäre kein Unterschied zwischen Himmel und Erde?

GALILEI Nein.

SAGREDO Vor noch nicht zehn Jahren ist ein Mensch in Rom verbrannt worden. Er hatte eben das behauptet.

GALILEI Gewiß. Und wir sehen es. Laß dein Auge am Rohr, Sagredo. Was du siehst, ist, daß es keinen Himmel gibt. Der Mond ist uns nicht mehr Himmelskörper, als wir es ihm sind. Heute ist der 6. Januar 1610. Der Mensch trägt in sein Journal ein: es gibt keinen Himmel mehr.

SAGREDO Das ist ein wunderbares Ding, dieses Rohr.

Es klopft.

GALILEI Ich habe noch eine Sache entdeckt. Sie ist vielleicht noch erstaunlicher.

Es klopft wieder. Galilei öffnet. Es ist der Kurator der Universität.

DER KURATOR Entschuldigen Sie die späte Stunde, aber es ist etwas ganz Außerordentliches vorgefallen. Ich wäre Ihnen verpflichtet, wenn ich mit Ihnen allein sprechen könnte.

GALILEI Herr Sagredo kann alles hören, was ich hören kann, Herr Priuli.

DER KURATOR Aber es wird Ihnen vielleicht doch nicht angenehm sein, wenn der Herr hört, was vorgefallen ist. Es ist leider etwas ganz und gar Unglaubliches.

GALILEI Herr Sagredo ist es gewohnt, in meiner Gegenwart Unglaublichem zu begegnen, wissen Sie.

DER KURATOR Ich fürchte, ich fürchte. *Auf das Fernrohr zeigend.* Da ist ja das famose Ding. Das Ding können Sie gradesogut wegwerfen. Es ist nichts damit, absolut nichts.

SAGREDO *der unruhig herumgegangen war:* Wieso?

DER KURATOR Wissen Sie, daß man diese Ihre Erfindung, die Sie als Frucht einer siebzehnjährigen Forschertätigkeit bezeichnet haben, an jeder Straßenecke Italiens für ein paar Skudi kaufen kann? Und zwar hergestellt in Holland?

GALILEI Tatsächlich?

DER KURATOR Ich verstehe nicht Ihre Ruhe, Herr.

SAGREDO Was bekümmert Sie eigentlich? Lassen Sie sich erzählen, daß Herr Galilei vermittels dieses Instruments in eben diesen Tagen umwälzende Entdeckungen die Gestirnwelt betreffend gemacht hat.

GALILEI *lachend:* Sie können durchsehen, Priuli.

DER KURATOR So lassen Sie sich erzählen, daß mir die Entdeckung genügt, die ich als der Mann, der für diesen Schund Herrn Galilei eine Gehaltsverdoppelung verschafft hat, gemacht habe. Es ist ein reiner Zufall, daß die Herren von der Signoria, die im Glauben, in diesem Instrument der Republik etwas zu sichern, was nur hier hergestellt werden kann, nicht beim ersten Durchblicken an der nächsten Straßenecke siebenmal vergrößert einen gewöhnlichen Straßenhändler erblickt haben, der eben dieses Rohr für ein Butterbrot verkauft.

Galilei lacht schallend.

SAGREDO Lieber Herr Priuli, ich kann den Wert dieses Instruments für den Handel vielleicht nicht beurteilen, aber sein Wert für die Philosophie ist so unermeßlich, daß ...

DER KURATOR Für die Philosophie! Was hat Herr Galilei, der Mathematiker ist, mit der Philosophie zu schaffen? *Zu Galilei:* Sie haben seinerzeit der Stadt eine sehr anständige Wasserpumpe erfunden, und Ihre Berieselungsanlage funktioniert. Die Tuchweber loben Ihre Maschine ebenfalls, und die Studenten sind mit Ihren Vorlesungen zufrieden. Aber lassen Sie um Gottes willen die Philosophie den Philosophen!

GALILEI Goldene Worte, Sagredo!

DER KURATOR *stöhnt:* Zum Dank für meine Freundlichkeit haben Sie mich zum Gelächter der Stadt gemacht. Ich werde im Gedächtnis fortleben als der Kurator, der sich mit einem wertlosen Fernrohr hereinlegen ließ. Sie haben allen Grund zu lachen. Sie haben Ihre 1000 Goldskudi. Ich aber kann Ihnen sagen, und es ist ein ehrlicher Mann, der Ihnen das sagt: mich ekelt diese Welt an! *Er geht, die Tür hinter sich zuschlagend.*

GALILEI In seinem Zorn wird er geradezu sympathisch. Hast du gehört: eine Welt, in der man nicht Geschäfte machen kann, ekelt ihn an!

SAGREDO Hast du gewußt von diesen holländischen Instrumenten?

GALILEI Natürlich, vom Hörensagen. Aber ich habe diesen Filzen ein doppelt so gutes konstruiert. Wie soll ich arbeiten, mit dem Gerichtsvollzieher in der Stube? Und Virginia braucht wirklich bald eine Aussteuer, sie ist nicht intelligent. Und dann, ich kaufe gern Bücher, nicht nur über Physik, und ich esse gern anständig. Bei gutem Essen fällt mir am meisten ein. Ein verrottetes Zeitalter! Sie haben mir nicht so viel bezahlt wie einem Kutscher, der ihnen die Weinfässer fährt. Dabei ist das System gesund. Vier Klafter Brennholz für zwei Vorlesungen über Mathematik. Fortschrittlichere Leute, als in den Fürstentümern sitzen, aber kleinzügig. Ich habe ihnen jetzt 1000 Skudi herausgerissen, aber ich habe auch jetzt noch Schulden, einige sind zwanzig Jahre alt. Und der Unterricht geht weiter und verschlingt alle Zeit. Fünf Jahre freie Arbeit, und ich habe alles bewiesen! Ich werde dir noch etwas anderes zeigen.

SAGREDO *zögert, an das Fernrohr zu gehen:* Ich verspüre beinahe etwas wie Furcht, Galilei.

GALILEI Ich werde dir jetzt einen der milchweiß glänzenden Nebel der Milchstraße vorführen. Sage mir, aus was er besteht!

SAGREDO Das sind Sterne. Unzählige.

GALILEI Allein im Sternbild des Orion sind es 500 Fixsterne. Das sind die vielen Welten, die zahllosen andern, die entfernteren Gestirne, von denen der Verbrannte gesprochen hat. Er hat sie nicht gesehen, er hat sie erwartet!

SAGREDO Aber selbst wenn diese Erde ein Stern ist, so ist es noch ein weiter Weg zu den Behauptungen des großen Kopernikus, daß sie sich um die Sonne dreht. Da ist kein Gestirn am ganzen Himmel, um das ein anderes sich dreht; aber um die Erde dreht sich immer noch der Mond!

GALILEI Ich frage mich. Seit vorgestern frage ich mich. Seit einigen Tagen beobachte ich den Jupiter. Ich stelle ihn dir ein. *Er stellt das Fernrohr ein.* Da sind nämlich vier Sterne nahe bei ihm, die man nur durch das Rohr sieht. Sie waren am Dienstag ... Was ist das? *In großer Erregung.* Das ist anders heute. Sieh durch und sag mir, wie es mit ihrer Größe ist!

SAGREDO Ich sehe nur drei. Zwei sind ziemlich gleich groß, aber der dritte steht dem Jupiter näher und er ist viel kleiner. Meinst du das?

GALILEI Und Dienstag waren sie gleich groß! Und ihre Entfernungen waren dieselben! Jetzt ist es bewiesen, du!

SAGREDO Was ist bewiesen?

GALILEI Es sind Planeten. Um den Jupiter drehen sich Monde. Hier ist das Gestirn außer der Erde, um das sich andere Sterne drehen! Und in der Höhe der Fixsterne! Wo ist jetzt die Kristallschale, an der der Jupiter festgeheftet ist? Um ihn drehen sich andere Sterne. Sie sind nicht festgeheftet und auch er kann es nicht sein. Da ist keine Stütze im Himmel, da ist kein Halt im Weltall. Da ist eine andere Sonne!

SAGREDO Beruhige dich. Du denkst zu schnell.

GALILEI Was, schnell! Mensch, reg dich auf! Was du siehst, hat noch keiner gesehen. Sie hatten recht!

SAGREDO Wer? Kopernikus?

GALILEI Und der andere! Die ganze Welt war gegen sie und sie hatten recht! Das ist was für Andrea! *Er läuft außer sich zur Tür und ruft hinaus.* Frau Sarti! Frau Sarti!

SAGREDO Galilei, du sollst dich beruhigen!

GALILEI Sagredo, du sollst dich aufregen!

SAGREDO *dreht das Fernrohr weg:* Willst du aufhören, wie ein Narr herumzubrüllen?

GALILEI Willst du aufhören, wie ein Stockfisch dazustehen, wenn die Wahrheit entdeckt ist?

SAGREDO Ich stehe nicht wie ein Stockfisch, sondern ich zittere, es könnte die Wahrheit sein.

GALILEI Was?

SAGREDO Hast du allen Verstand verloren? Weißt du wirklich nicht mehr, in was für eine Sache du kommst, wenn das wahr ist, was du da siehst? Und du es auf allen Märkten herumschreist? Daß da ein Stern ist, um den etwas sich dreht, und er ist nicht die Erde! Also auch die Erde sich wohl um die Sonne drehen kann, nicht?

GALILEI Ja, und daß nicht das ganze riesige Weltall mit allen Gestirnen sich um diese winzige Erde dreht, sondern es umgekehrt ist, wie jeder sich denken konnte.

SAGREDO Daß da also nur Gestirne sind und kein Unterschied ist zwischen Erde und Himmel! Und überhaupt kein Himmel! Und wo ist dann Gott?

GALILEI Was meinst du damit?

SAGREDO Gott! Wo ist Gott?

GALILEI *zornig:* Dort nicht! Sowenig wie er hier auf der Erde zu finden ist, wenn dort Wesen sind und ihn hier suchen sollten!

SAGREDO Und wo ist also Gott?

GALILEI Bin ich Theologe? Ich bin Mathematiker.

SAGREDO Vor allem bist du ein Mensch. Und ich frage dich, wo ist Gott in deinem Weltsystem?

GALILEI In uns oder nirgends!

SAGREDO *schreiend:* Wie der Verbrannte gesagt hat?

GALILEI Wie der Verbrannte gesagt hat!

SAGREDO Darum ist er verbrannt worden! Vor noch nicht zehn Jahren!

GALILEI Weil er es nicht beweisen konnte! Weil er es nur behauptet hat!

SAGREDO Galilei, ich habe dich immer als einen schlauen Mann gekannt. Siebzehn Jahre in Padua und drei Jahre in Pisa hast du Hunderten von Schülern geduldig das ptolemäische System gelehrt, das die Kirche verkündet und die Schrift bestätigt, auf der die Kirche beruht. Du hast es für falsch gehalten mit dem Kopernikus, aber du hast es gelehrt.

GALILEI Weil ich nichts beweisen konnte.

SAGREDO *ungläubig:* Und du glaubst, das macht einen Unterschied?

GALILEI Allen Unterschied! Sieh her, Sagredo! Ich glaube an den Menschen und das heißt, ich glaube an seine Vernunft. Ohne diesen Glauben würde ich nicht die Kraft haben, am Morgen aus meinem Bett aufzustehen.

SAGREDO Dann will ich dir etwas sagen: ich glaube nicht an sie. Vierzig Jahre unter den Menschen haben mich ständig gelehrt, daß sie der Vernunft nicht zugänglich sind. Zeige ihnen einen roten Kometenschweif, jage ihnen eine dumpfe Angst ein, und sie werden aus ihren Häusern laufen und sich die Beine brechen. Aber sage ihnen einen vernünftigen Satz und beweise ihn mit sieben Gründen und sie werden dich einfach auslachen.

GALILEI Das ist ganz falsch und eine Verleumdung. Ich begreife nicht, wie du, so etwas glaubend, die Wissenschaft lieben kannst! Nur die Toten lassen sich nicht mehr von Gründen bewegen!

SAGREDO Wie kannst du ihre erbärmliche Schlauheit mit Vernunft verwechseln!

GALILEI Ich rede nicht von ihrer Schlauheit. Ich weiß, sie nennen den Esel ein Pferd, wenn sie ihn verkaufen und das Pferd einen Esel, wenn sie es einkaufen wollen. Das ist ihre Schlauheit. Aber ich glaube auch an ihre Vernunft. Die Alte, die am Abend vor der Reise dem Maulesel mit der harten Hand ein Extrabüschel Heu vorlegt, der Schiffer, der beim Einkauf der Vorräte des Sturms und der Windstille gedenkt, das Kind, das die Mütze aufstülpt, wenn ihm bewiesen wurde, daß es regnen kann, sie alle sind meine Hoffnung, sie alle lassen Gründe gelten. Ja, ich glaube an die sanfte Gewalt der Vernunft über die Menschen. Sie können ihr auf die Dauer nicht widerstehen. Kein Mensch kann lange zusehen, wie ich *er läßt aus der Hand einen Stein auf den Boden fallen* einen Stein fallen lasse und dazu sage: er fällt nicht. Dazu ist kein Mensch imstande. Die Verführung, die von einem Beweis ausgeht, ist so groß. Ihr erliegen die meisten, auf die Dauer alle.

FRAU SARTI *in Nachtkleidung, tritt ein:* Brauchen Sie etwas, Herr Galilei?

GALILEI *der wieder an seinem Fernrohr ist und Notizen macht, sehr freundlich:* Ja, ich brauche den Andrea.

FRAU SARTI Andrea? Er liegt im Bett und schläft.

GALILEI Können Sie ihn nicht wecken?

FRAU SARTI Wozu brauchen Sie ihn denn?

GALILEI Ich will ihm etwas zeigen, was ihn freuen wird. Er soll etwas sehen, was noch wenige Menschen gesehen haben, seit die Erde besteht.

FRAU SARTI Etwa wieder etwas durch Ihr Rohr?

GALILEI Etwas durch mein Rohr, Frau Sarti.

FRAU SARTI Und darum soll ich ihn mitten in der Nacht aufwekken? Sind Sie denn bei Trost? Er braucht seinen Nachtschlaf. Ich denke nicht daran, ihn aufzuwecken.

GALILEI Bestimmt nicht?

FRAU SARTI Bestimmt nicht.

GALILEI Frau Sarti, vielleicht können dann Sie mir helfen. Sehen Sie, es ist eine Frage entstanden, über die wir uns nicht einig werden können, wahrscheinlich weil wir zu viele Bücher gelesen haben. Es ist eine Frage über den Himmel, eine Frage, die Gestirne betreffend. Sie lautet: ist es anzunehmen, daß das Große sich um das Kleine dreht, oder dreht wohl das Kleine sich um das Große?

FRAU SARTI *mißtrauisch:* Mit Ihnen kennt man sich nicht leicht aus, Herr Galilei. Ist das eine ernsthafte Frage, oder wollen Sie mich wieder einmal zum besten haben?

GALILEI Eine ernste Frage.

FRAU SARTI Dann können Sie schnell Auskunft haben. Stelle ich Ihnen das Essen hin oder stellen Sie es mir hin?

GALILEI Sie stellen es mir hin. Gestern war es angebrannt.

FRAU SARTI Und warum war es angebrannt? Weil ich Ihnen die Schuhe bringen mußte, mitten im Kochen. Habe ich Ihnen nicht die Schuhe gebracht?

GALILEI Vermutlich.

FRAU SARTI Und warum bringe ich Ihnen Ihre Schuhe und bringen nicht Sie mir die meinen?

GALILEI *aufmerksam:* Warum, meinen Sie?

FRAU SARTI Weil sich das Kleine um das Große dreht, wenn Sie mich fragen, Herr Galilei. Sie sind es nämlich, der studiert hat und der bezahlen kann.

GALILEI Ich sehe. Ich sehe, da ist keine Schwierigkeit. Gute Nacht, Frau Sarti.

Frau Sarti belustigt ab.

GALILEI Und solche Leute sollen nicht die Wahrheit begreifen können? Sie schnappen danach! Und darum werde ich meinen Brief an den florentinischen Hof abschicken, Sagredo, in dem ich mich um das Amt als Hofmathematiker bewerbe. Ich werde die neuen Sterne nach dem Großherzog die Mediceischen Sterne nennen. Und in diesem Amt werde ich keinen Studenten das ptolemäische System einpauken müssen, sondern die Zeit haben, Zeit, Zeit, Zeit, Zeit! meine Beweise auszuarbeiten, denn es genügt nicht, was ich jetzt habe. Das ist nichts, kümmerliches Stückwerk! Damit kann ich mich nicht vor die ganze Welt stellen. Da ist noch kein einziger Beweis, daß sich irgendein Himmelskörper um die Sonne dreht. Aber ich werde Beweise dafür bringen, Beweise für jedermann, von Frau Sarti bis hinauf zum Papst.

SAGREDO Und das willst du in Florenz machen?

GALILEI Ja, dort werde ich die Zeit zum Arbeiten haben. Zeit ist alles!

SAGREDO Geh nicht nach Florenz, Galileo!

GALILEI Warum nicht?

SAGREDO Weil die Mönche dort herrschen!

GALILEI Auch die Mönche sind Menschen, Sagredo. Auch sie erliegen der Verführung der Beweise. Der Kopernikus, vergiß das nicht, hat verlangt, daß sie seinen Zahlen glauben, aber ich verlange nur, daß sie ihren Augen glauben. Wenn die Wahrheit zu schwach ist, sich zu verteidigen, muß sie zum Angriff übergehen. Ich werde sie bei den Köpfen nehmen und sie zwingen, durch dieses Rohr zu schauen!

SAGREDO Galilei, ich sehe dich auf einer furchtbaren Straße. Das ist eine Nacht des Unglücks, wo der Mensch die Wahrheit sieht. Und eine Stunde der Verblendung, wo er an die Vernunft des Menschengeschlechts glaubt. Von wem sagt man, daß er sehenden Auges geht? Von dem, der ins Verderben geht. Wie könnten die Mächtigen einen frei herumlaufen lassen, der die Wahrheit weiß, und sei es eine über die entferntesten Gestirne! Wie soll nicht beseitigt werden, wer die Irrtümer beseitigen will? Meinst du, der Papst hört deine Wahrheit, wenn du sagst, er irrt, und hört nicht, daß er irrt? Und wie kannst du aus der Republik gehen wollen, die Wahrheit in der Tasche, in die Fallen der Fürsten und Mönche mit deinem Rohr in der Hand? So mißtrauisch in deiner Wissenschaft, bist du leichtgläubig wie ein Kind in allem, was dir ihr Betreiben zu erleichtern scheint. Du glaubst nicht an den Aristoteles, aber an den Großherzog von Florenz. Niemals, Galileo, würdest du zugeben, daß irgendein Körper, abhängig von einem stärkeren, sich von einem schwachen aus der Bahn bringen ließe! Als ich dich vorhin am Rohr sah und du sahst diese neuen Planeten, da war es mir, als sähe ich dich auf brennenden Scheitern stehen, und als du sagtest, du glaubst an die Beweise, roch ich verbranntes Fleisch. Ich liebe die Wissenschaft, aber mehr dich, meinen Freund. Geh nicht nach Florenz, Galileo!

GALILEI Hilf mir lieber den Brief schreiben an die Florentiner.

SAGREDO Du willst also nach Florenz?

GALILEI Sicher. Und mit dem Rohr. Und mit der Wahrheit. Und mit dem Glauben an die menschliche Vernunft.

SAGREDO Dann ist nichts mehr zu sagen. *Er geht schweigend und in Hast.*

Galilei setzt sich lachend an sein Fernrohr und beginnt, Notizen zu machen.

Es wird dunkel.

Wenn es wieder hell wird, ist es Morgen geworden. Galilei sitzt noch immer schreibend am Tisch bei zwei Kerzen. Er hat einen Mantel an, da das Feuer im Kamin ausgegangen zu sein scheint. Eine Frühmettenglocke bimmelt.

Herein Virginia, Galileis sehr junge Tochter, warm angezogen.

VIRGINIA Ich dachte doch, ich sah Licht von unten. Es ist fünf Uhr, Vater.

GALILEI Warum bist du schon auf?

VIRGINIA Ich gehe mit Frau Sarti zur Frühmette. Du hast doch versprochen, daß du heute nacht zu Bett gehen willst.

GALILEI *steht auf:* Ich habe nur sehr wenige Notierungen gemacht. Die meiste Zeit hat es mich gekostet, einen Brief zu schreiben.

VIRGINIA Frau Sarti sagt, du wolltest Andrea mitten in der Nacht geweckt haben. Hast du etwas Neues entdeckt?

GALILEI Nur ein paar kleine, trübe Fleckchen an der linken Seite eines großen Sterns, die niemand wird sehen können. Aber, das wird dich interessieren, ich habe einen Brief an den Großherzog von Florenz geschrieben, in dem ich ihm die neuen Sterne widme. Vielleicht nimmt er mich dann als Mathematiker.

VIRGINIA Die trüben Fleckchen?

GALILEI Ja. Man sieht sie so schlecht. Aber, weißt du, wenn sie überall die Mediceischen Sterne heißen, dann gibt man sich weit mehr Mühe, sie zu sehen.

VIRGINIA Warum läßt du mich nie durchs Rohr schauen? Alle sagen, es ist so wunderbar.

GALILEI Oh, das Rohr ist eine Enttäuschung, hat es dir niemand gesagt? Es wird für drei Skudi auf der Gasse verkauft und ist in Holland schon erfunden gewesen. Aber dafür sollst du den Brief an den Großherzog von Florenz lesen, in dem ich anfrage, ob er mich nehmen würde, da ich hier nicht weiterkomme.

VIRGINIA Sicher nimmt er dich.

GALILEI Nicht so sicher. Ich bin kein so sehr leicht zu habender Mann, ein wenig unbeliebt. Ich muß sehr buckeln, wenn ich genommen werden will. Vielleicht liest du nach, ob der Brief demütig genug ist, wie es sich für deinen Vater gehört, da er nicht sehr leicht zu haben ist und Schwierigkeiten verursachen kann.

VIRGINIA *liest, während Galilei sich auf das Bett legt:* »Wenn ich den neuen Sternen, die ich entdeckt habe, den erhabenen Namen des Mediceischen Geschlechts zuteile, so bin ich mir bewußt, daß den Göttern und den Heroen die Erhebung in den Sternenhimmel zur Verherrlichung gedient hat, daß aber in diesem Fall umgekehrt der erhabene Name der Medici den Sternen unsterbliches Gedächtnis sichern wird. Ich aber bringe mich Euch in Erinnerung als einen aus der Zahl der treuesten und ergebensten Diener.«

GALILEI Halt! Das klingt zu kalt, wie? So könnte ein Mann schreiben, der sich das Verdienst erworben hat, den Ptolemäus zu beweisen. Für einen Menschen aber, der nur Schwierigkeiten und Ärger bringen muß, klingt das doch allzu selbstbewußt. Ich werde noch hinzufügen: der sich zur höchsten Ehre anrechnet, als Euer Untertan geboren zu sein.

VIRGINIA Dann ist es aber höflich genug. *Sie liest weiter.* »Sehne ich mich doch nach nichts so sehr, als Euch näher zu sein, der aufgehenden Sonne, welche dieses Zeitalter erhellen wird.«

GALILEI *schläfrig:* Ich habe vier Stunden daran gehängt, aber ich habe die größte Besorgnis, der Brief klingt zu frostig. Heute abend erst hat mein Freund Sagredo mich ermahnt, klug zu sein. Ist der Brief klug? Nur auf dem Bauch kriechend kann ein unbeliebter und Schwierigkeiten bereitender Mann in eine Stellung kommen, wo er freie Zeit genug hat.

VIRGINIA *umarmt ihn:* Werden wir dort ein großes Haus haben?

GALILEI Vor allem Zeit, meine Liebe, Zeit!

4

GALILEI HAT DIE REPUBLIK VENEDIG MIT DEM FLORENTINER HOF VERTAUSCHT. SEINE ENTDECKUNGEN DURCH DAS FERNROHR STOSSEN IN DER DORTIGEN GELEHRTENWELT AUF UNGLAUBEN.

Haus des Galilei in Florenz. Frau Sarti trifft in Galileis Studierzimmer Vorbereitungen zum Empfang von Gästen. Ihr Sohn Andrea sitzt und räumt Karten auf.

FRAU SARTI Seit wir glücklich in diesem gepriesenen Florenz sind, hört das Buckeln und Speichellecken nicht mehr auf. Die ganze Stadt zieht an diesem Rohr vorbei und ich kann dann den Fußboden aufwischen! Und nichts wird es helfen! Wenn was dran wäre an diesen Entdeckungen, würden das doch die geistlichen Herren am ehesten wissen. Ich war vier Jahre bei Monsignore Philippo im Dienst und habe seine Bibliothek nie ganz abstauben können. Lederbände bis zur Decke und keine Gedichtchen! Und der gute Monsignore hatte zwei Pfund Geschwüre im Hintern vom vielen Sitzen über all der Wissenschaft, und ein solcher Mann soll nicht Bescheid wissen? Und die große Besichtigung heute wird eine Blamage, daß ich morgen wieder nicht dem Milchmann ins Gesicht schauen kann. Ich wußte, was ich sagte, als ich ihm riet, den Herren zuerst ein gutes Abendessen vorzusetzen, ein ordentliches Stück Lammfleisch, bevor sie über sein Rohr gehen. Aber nein! *Sie macht Galilei nach.* »Ich habe etwas anderes für sie.«

Es klopft unten.

FRAU SARTI *schaut in den Spion am Fenster:* Um Gottes willen, da ist schon der Großherzog. Und er ist noch in der Universität!

Sie läuft die Treppe hinunter und läßt den Großherzog von Toscana, den fünfzehnjährigen Cosmo de Medici, mit dem Hofmarschall ein.

COSMO Ich will das Rohr sehen.

DER HOFMARSCHALL Vielleicht gedulden sich Eure Hoheit, bis Herr Galilei und die anderen Herren von der Universität gekommen sind. *Zu Frau Sarti:* Herr Galilei wollte die von ihm neu entdeckten und die Mediceischen genannten Sterne von den Herren Astronomen prüfen lassen.

COSMO Sie glauben nicht an das Rohr, gar nicht. Wo ist es denn?

FRAU SARTI Oben, im Arbeitszimmer.

Der Knabe nickt, zeigt die Treppe hinauf, und auf ein Nicken Frau Sartis läuft er hoch.

DER HOFMARSCHALL *ein sehr alter Mann:* Eure Hoheit! *Zu Frau Sarti:* Muß man da hinauf? Ich bin nur mitgekommen, weil der Erzieher erkrankt ist.

FRAU SARTI Dem jungen Herrn kann nichts passieren. Mein Junge ist droben.

COSMO *oben eintretend:* Guten Abend.

Die Knaben verbeugen sich zeremoniell voreinander. Pause. Dann wendet sich Andrea wieder seiner Arbeit zu.

ANDREA *sehr ähnlich seinem Lehrer:* Hier geht es zu wie in einem Taubenschlag.

COSMO Viele Besucher?

ANDREA Stolpern hier herum, gaffen und verstehen nicht die Bohne.

COSMO Verstehe. Ist das ...? *Zeigt auf das Rohr.*

ANDREA Ja, das ist es. Aber da heißt es Finger weg.

COSMO Und was ist das? *Er deutet auf das Holzmodell des ptolemäischen Systems.*

ANDREA Das ist das ptolemäische.

COSMO Das zeigt, wie die Sonne sich dreht, nicht?

ANDREA Ja, das sagt man.

COSMO *sich auf einen Stuhl setzend, nimmt es auf den Schoß:* Mein Lehrer ist erkältet. Da konnte ich früher weg. Angenehm hier.

ANDREA *unruhig, geht schlendernd und unschlüssig, den fremden Jungen mißtrauisch anschauend, herum und fischt endlich, unfähig, der Versuchung länger zu widerstehen, ein zweites Holzmodell hinter Karten vor, eine Darstellung des kopernikanischen Systems:* Aber in Wirklichkeit ist es natürlich so.

COSMO Was ist so?

ANDREA *auf Cosmos Modell deutend:* So meint man, daß es ist, und so *auf seines deutend* ist es. Die Erde dreht sich um die Sonne, verstehen Sie?

COSMO Meinst du wirklich?

ANDREA Allerdings. Das ist bewiesen.

COSMO Tatsächlich? Ich möchte wissen, warum sie mich zum Alten überhaupt nicht mehr hineinließen. Gestern war er noch bei der Abendtafel.

ANDREA Sie scheinen es nicht zu glauben, was?

COSMO Doch, natürlich.

ANDREA *plötzlich, auf das Modell in Cosmos Schoß zeigend:* Gib das her, du verstehst ja nicht einmal das!

COSMO Du brauchst doch nicht zwei.

ANDREA Du sollst es hergeben. Das ist kein Spielzeug für Jungens.

COSMO Ich habe nichts dagegen, es dir zu geben, aber du müßtest ein wenig höflicher sein, weißt du.

ANDREA Du bist ein Dummkopf und höflich hin oder her. Raus damit, sonst setzt's was.

COSMO Laß die Finger weg, hörst du.

Sie beginnen zu raufen und kugeln sich bald auf dem Boden.

ANDREA Ich werde dir schon zeigen, wie man ein Modell behandelt! Ergib dich!

COSMO Jetzt ist es entzweigegangen. Du drehst mir die Hand um.

ANDREA Wir werden schon sehen, wer recht hat und wer nicht. Sag, sie dreht sich, sonst gibt's Kopfnüsse.

COSMO Niemals. Au! Du Rohling. Ich werde dir Höflichkeit beibringen.

ANDREA Rotkopf? Bin ich ein Rotkopf?

Sie raufen schweigend weiter.

Unten treten Galilei und einige Professoren der Universität ein.

DER HOFMARSCHALL Meine Herren, eine leichte Erkrankung hält den Erzieher Seiner Hoheit, Herrn Suri, ab, Seine Hoheit hierher zu begleiten.

DER THEOLOGE Hoffentlich nichts Schlimmes.

DER HOFMARSCHALL Ganz und gar nicht.

GALILEI Seine Hoheit nicht hier? Das ist eine Katastrophe.

DER HOFMARSCHALL Seine Hoheit ist oben. Bitte die Herren, sich nicht aufhalten zu wollen. Der Hof ist so überaus begierig, die Meinung der erlauchten Universität über das außerordentliche Instrument Herrn Galileis und die wunderbaren neuen Gestirne kennenzulernen.

Sie gehen nach oben.

Die Knaben liegen jetzt still. Sie haben unten Lärm gehört.

COSMO Sie sind da. Laß mich auf.

Sie stehen schnell auf.

DIE HERREN *im Hinaufgehen:* Nein, nein, es ist alles in schönster Ordnung. – Die medizinische Fakultät erklärt es für ausgeschlossen, daß es sich bei den Erkrankungen in der Altstadt um Pestfälle handeln könnte. Die Miasmen müßten bei der jetzt herrschenden Temperatur erfrieren. – Das schlimmste in solchen Fällen ist immer Panik. – Nichts als die in dieser Jahreszeit üblichen Erkältungswellen. – Jeder Verdacht ist ausgeschlossen. – Alles in schönster Ordnung.

Begrüßung oben.

GALILEI Eure Hoheit, ich bin glücklich, in Ihrer Gegenwart die Herren mit den Neuerungen bekannt machen zu dürfen.

Cosmo verbeugt sich sehr formell nach allen Seiten, auch vor Andrea.

DER THEOLOGE *das zerbrochene ptolemäische Modell am Boden sehend:* Hier scheint etwas entzweigegangen.

Cosmo bückt sich rasch und übergibt Andrea höflich das Modell. Inzwischen räumt Galilei verstohlen das andere Modell beiseite.

GALILEI *faßt Andrea um die Schulter und führt ihn hinaus, ihn dabei unauffällig bei den Ohren nehmend:* Geh zu deiner Mutter, mein Junge. *Zu Cosmo, während Andrea lauschend an der Tür stehenbleibt:* Eure Hoheit wissen, daß wir Astronomen seit einiger Zeit mit unseren Berechnungen in große Schwierigkeiten gekommen sind. Wir benützen dafür ein sehr altes System, das sich in Übereinstimmung mit der Philosophie, aber leider nicht mit den Fakten zu befinden scheint. Nach diesem alten System, dem ptolemäischen, werden die Bewegungen der Gestirne als äußerst verwickelt angenommen. Der Planet Venus zum Beispiel soll eine Bewegung von dieser Art vollführen. *Er zeichnet auf eine Tafel die epizyklische Bahn der Venus nach der ptole-*

mäischen Annahme. Aber solche schwierigen Bewegungen annehmend, sind wir doch nicht in der Lage, die Stellung der Gestirne richtig vorauszuberechnen. Wir finden sie nicht an den Orten, wo sie eigentlich sein müßten. Dazu kommen solche Gestirnbewegungen, für welche das ptolemäische System überhaupt keine Erklärung hat. Bewegungen dieser Art scheinen mir einige von mir neu entdeckte kleine Sterne um den Planeten Jupiter zu vollführen. Ist es den Herren angenehm, mit einer Besichtigung des Jupiter zu beginnen?

DER PHILOSOPH Aha, da ist ja das berühmte Rohr. Nun, Herr Galilei, vielleicht nennen Sie uns vor allem andern die Gründe, die Sie bewegen, Gestirnbewegungen für möglich zu halten, die nach der Meinung des großen Aristoteles und aller Mathematiker und Philosophen seit ihm nicht gut möglich sind.

GALILEI Meine Beobachtungen – die Notizen darüber stehen zu Ihrer Verfügung – zeigen, daß sie möglich sind. Sie werden vier Sterne in unmittelbarer Nähe des Jupiter sehen, und da ich die Stellungen dieser Himmelskörper Nacht für Nacht kontrolliert und hier notiert habe, werden Sie die Kreisbewegung, die sie um den Stern Jupiter beschreiben, feststellen können.

DER MATHEMATIKER Aber solche Bewegungen sind doch nicht möglich, Herr Galilei.

Galilei weist lächelnd stumm auf sein Rohr.

DER THEOLOGE Abgesehen davon, daß sie nach Ansicht der Mathematiker *er verbeugt sich gegen den Mathematiker* nicht möglich zu sein scheinen, bliebe noch die Frage, ob sie nötig sind. Warum sollten Sterne um andere Mittelpunkte als die Erde Kreise beschreiben? Gott läßt die Sonne um die Erde kreisen, damit der Mensch, sein geliebtes Geschöpf, Licht empfange. So ist diese Kreisbewegung höchst sinnvoll, wie alles, was Gott geschaffen hat. Wie das Wachsen der Pflanzen sinnvoll ist, die uns zur Nahrung dienen. Können Sie wirklich etwas Sinnloses entdecken in dieser Welt, Herr Galilei? Aber die Kreise der Sterne, von denen Sie reden, scheinen ein wenig sinnlos zu sein, wie?

DER PHILOSOPH Wenn es solche Sterne überhaupt geben sollte, von denen niemand außer Herrn Galilei redet!

COSMO *enttäuscht:* Meinen Sie, es gibt sie gar nicht?

Die Herren zögern mit der Antwort.

COSMO *mit Würde:* Vergessen Sie nicht, daß es meine Sterne sind.

Die Herren verbeugen sich tief.

DER THEOLOGE Sie verstehen, Herr Galilei, rein menschlich sind wir überzeugt, daß weder Sie noch sonst jemand es wagen würde, Sterne mit dem erlauchten Namen des Herrscherhauses zu schmücken, deren Existenz nicht über allen Zweifel erhaben ist. Aber als Männer der Wissenschaft fühlen wir, daß es Ihnen ein Bedürfnis sein wird, die Existenz dieser bisher niemals und nirgends gesehenen Sterne zu beweisen.

GALILEI *erstaunt:* Ich dachte mir, Sie sehen einfach durch das Teleskop und überzeugen sich?

Die Herren lachen.

DER MATHEMATIKER Da der Jupiter, Herr Kollege, an die Sphäre der Fixsterne geheftet ist, wie jedermann weiß, der je ein Handbuch der Astronomie aufgeschlagen hat, kann Ihr Rohr, so tüchtig es sein mag, kaum zeigen, daß um diesen Fixstern herum frei Planeten laufen. Sie würden zweifellos die Sphärenschale durchstoßen, nicht?

GALILEI Wie aber, wenn Sie, hier durchblickend, vier Planeten solche Bewegungen um den Fixstern Jupiter ausführen sehen würden? Vielleicht sehen Sie doch hindurch?

DER THEOLOGE Man könnte versucht sein, zu antworten, daß Ihr Rohr, etwas zeigend, was nicht sein kann, ein nicht sehr verläßliches Rohr sein müßte, nicht?

DER PHILOSOPH Das ist nicht höflicher auszudrücken.

GALILEI *mühsam:* Meine Herren, seit drei Monaten zeichne ich Nacht für Nacht die Stellungen der vier Planeten auf. Hier sind die Aufzeichnungen. Sie sind nicht vollständig, ich brauche noch ein paar Messungen, jedoch geben sie ein Bild der Bewegungen dieser Himmelskörper. Ich denke, daß eine Beobachtung von fünf Minuten und ein kurzer Blick auf meine Aufzeichnungen von den Herren nicht zuviel verlangt ist.

DER PHILOSOPH Es wäre doch so viel förderlicher, wenn Sie uns zuerst sagten, wie denn in der höchsten Sphäre des unveränderlichen Himmels Körper überhaupt sich freihängend bewegen können.

DER MATHEMATIKER Die Gründe, Herr Galilei! Wo sind die Gründe?

GALILEI *deutet auf die Gestirne:* Hier! Das ist ja abgeschmackt. Wozu erst fragen, ob etwas sein kann, wenn ein Blick genügt, zu sehen, daß es ist?

DER MATHEMATIKER Wenn man sicher wäre, daß Sie sich nicht

erregten, könnte man sagen, daß, was in Ihrem Rohr ist und was am Himmel ist, zweierlei sein kann.

GALILEI *grob:* Wollen Sie mir Betrug vorwerfen?

DER THEOLOGE *lächelnd:* Aber wie könnten wir das? Und in Anwesenheit Seiner Hoheit!

DER MATHEMATIKER Niemals. Wer sagt etwas gegen Ihr berühmtes Instrument? Ihr Instrument, mag man es nun Ihr Kind, mag man es Ihren Zögling nennen, ist sicher sehr geschickt gemacht, kein Zweifel.

GALILEI Wollen Sie also durchschauen oder nicht?

DER PHILOSOPH Sicher, sicher. *Zu Cosmo:* Nach dem Aristoteles ist es, wie Eure Hoheit wissen, ganz ausgeschlossen, daß es Himmelskörper geben könnte, die einen andern Himmelskörper umkreisen und gleichzeitig, mit ihm fortschreitend, eine größere Bahn um einen zweiten durchmessen.

GALILEI Ja, nach dem Aristoteles.

DER THEOLOGE Oh!

Betretene Pause.

Andrea wendet sich plötzlich um und geht die Treppe hinunter.

FRAU SARTI *an der er, sie nicht anschauend, vorbeigeht:* Was ist los?

ANDREA Sie sind so dumm.

Frau Sarti sieht ihn hinter einem Schrank stehenbleiben und geht ihm nach.

ANDREA *als sie ihn umarmt, weil er Tränen in den Augen hat:* Sie wollen nicht einmal durchsehen.

GALILEI *fast unterwürfig:* Meine Herren, der Glaube an die Autorität des Aristoteles ist e i n e Sache, Fakten, die mit Händen zu greifen sind, eine a n d e r e. Sie sagen, nach dem Aristoteles gibt es dort oben Kristallschalen, und so können gewisse Bewegungen von Gestirnen nicht stattfinden, weil die Gestirne diese Schalen durchstoßen müßten. Aber wie, wenn Sie diese Bewegungen konstatieren könnten? Vielleicht sagte Ihnen das, daß es diese Kristallschalen gar nicht gibt? Meine Herren, ich ersuche Sie in aller Demut, Ihren Augen zu trauen.

DER MATHEMATIKER Lieber Herr Galilei, ich pflege mitunter, so altmodisch es Ihnen erscheinen mag, den Aristoteles zu lesen und kann Sie dessen versichern, daß ich da meinen Augen traue.

GALILEI Ich bin es gewohnt, die Herren aller Fakultäten sämtlichen Fakten und Entdeckungen gegenüber die Augen schließen zu sehen und so tun, als sei nichts geschehen. Ich zeige meine Notierungen und man lächelt; ich stelle ein Fernrohr zur Verfügung, daß man sich überzeugen kann, und man zitiert den Aristoteles. Der Mann hatte kein Fernrohr!

DER THEOLOGE Allerdings nicht ...

DER PHILOSOPH *grob:* Wenn hier Aristoteles in den Kot gezogen werden soll, eine Autorität, welche nicht nur die gesamte Wissenschaft der Antike, sondern auch die Hohen Kirchenväter selber anerkannten, so scheint jedenfalls mir eine Fortsetzung der Diskussion überflüssig. Unsachliche Diskussion lehne ich ab. Basta.

GALILEI Die Autorität! Die Wahrheit ist das Kind der Zeit, nicht der Autorität. Ich schlage euch vor: schaut hindurch! Was sind alle Spekulationen über Himmel und Erde, laßt sie fahren, wenn ihr ein Zipfelchen der Welt wirklich sehen könnt! Unsere Unwissenheit ist unendlich, die Unendlichkeit unseres Systems beweist das, tragen wir einen Kubikmillimeter ab! Wozu jetzt noch so klug sein wollen, wenn wir endlich ein klein wenig weniger dumm sein können! Laßt alles Fragen, wo euch die Wahrheit hinführt, stellt die Schlüsse zurück, setzt nichts fest, fragt euch, glaubt nichts, schaut hindurch! Wie kann verstanden werden, was nicht vorher nicht verstanden wurde!

DER PHILOSOPH Da Sie sich beharrlich weigern, in eine Diskussion einzutreten, wie sie in wissenschaftlichen Kreisen üblich ist ...

GALILEI Bedenkt, daß es an euch liegt, ein Beispiel zu geben und eurer Vernunft zu trauen. Daß der letzte Roßknecht darauf wartet, aufgefordert und ermuntert zu werden, er solle seiner Vernunft trauen! Es sind nicht die Bewegungen einiger entfernter Gestirne, welche jetzt ganz Italien aufhorchen machen, sondern die Kunde, daß für unumstößlich gehaltene Meinungen ins Wanken gekommen sind, denn alle wissen, daß es zu viele davon gibt! Die Monde des Jupiter verbilligen nicht die Milch, aber sie wurden nie je gesehen, und es gibt sie doch. Daraus zieht der Mann auf der Straße den Schluß, daß es noch vieles geben könnte, wenn er nur seine Augen aufmachte! Ihr seid ihm eine Bestätigung schuldig!

Unten im Flur hat auf ein Klopfen Frau Sarti einen Höfling hereingelassen, der von ihr geführt in das Studierzimmer geht und dem Hofmarschall etwas ins Ohr flüstert.

DER HOFMARSCHALL *erregt aufstehend:* Herr Galilei, meine Herren, eine dringende Meldung zwingt Seine Hoheit, die so sehr interessante Diskussion zu verlassen. Seine Hoheit dankt Ihnen und bittet Sie, sich nicht stören zu lassen.

Der Großherzog, der Hofmarschall und der Höfling gehen, von Galilei bis zur Haustür begleitet.

COSMO *auf der Treppe:* Geht es Herrn Suri schlechter?

DER HOFMARSCHALL Nein, nein.

COSMO *an der Tür, vertraulich zu Galilei:* Ich möchte sehr gern einmal durch Ihr Rohr schauen.

GALILEI Dazu habe ich es gebaut, Eure Hoheit.

FRAU SARTI *die Tür hinter ihnen schließend:* Es ist eine große Reisekalesche.

DER THEOLOGE Mitten in der Sitzung weggegangen, was sagen Sie?

DER PHILOSOPH Schämt sich seines großen Astronomen.

DER MATHEMATIKER Ich würde es für mein Leben gern einmal untersuchen. *Er geht hastig zu dem Fernrohr.*

DER THEOLOGE Wollen Sie wissen, wie es gemacht wird? Ich werde es Ihnen sagen.

GALILEI *ist zurückgekehrt. Der Mathematiker ist schnell vom Rohr zurückgetreten:* Wollen Sie also die Sterne sehen oder nicht?

DER THEOLOGE *zum Mathematiker:* Sind Sie bereit, durchzuschauen?

DER MATHEMATIKER *schüttelt den Kopf:* Sie?

DER THEOLOGE Kaum.

DER PHILOSOPH Humbug. Gehen wir.

GALILEI Geht zum Teufel!

Die Herren gehen empört hinaus. Der Theologe bleibt jedoch etwas zurück.

DER THEOLOGE An den glauben Sie und Herr Kopernikus doch nicht. *Am Fernrohr.* Ein hübsches Ding. Hoffentlich ist es gut geputzt, sonst sieht man ja nicht durch, nicht?

Lächelnd zieht er ein Taschentuch heraus und wischt, mit bedeutsamem Blick auf Galilei, die obere Linse ab. Dann folgt er seinen Kollegen hinab. Galilei, erst verblüfft, beginnt zu lachen.

DIE HERREN *im Hinabsteigen:* Völlig ausgeschlossen, vier Monde um den Jupiter! – Wie viele Sonnen die noch entdecken werden? – Ebenso ausgeschlossen, wie alles, was er über den Mond faselt! – Ich möchte wissen, was Seine Hoheit für eine Meldung bekommen hat? Diese Krankheitsfälle in der Altstadt gefallen mir nicht. – Ausgeschlossen, daß die Meldung damit zusammenhängt! Die medizinische Fakultät sagt mit absoluter Sicherheit...

Es wird unten ans Tor geklopft. Frau Sarti öffnet. Virginia mit einer Reisetasche herein.

FRAU SARTI Virginia! Ist etwas passiert?

VIRGINIA In der Altstadt ist die Pest. In der Marktgasse sollen zwei Tote sein und drei liegen sterbend im Spital. Die Marktgasse wird schon abgeriegelt. Das Stift ist geschlossen, wir mußten alle heimgehen.

DIE HERREN Was? – Ausgeschloss... *Sie stürzen weg.*

Ein großherzoglicher Lakai erscheint.

DER LAKAI Seine Hoheit hat der grassierenden Krankheit wegen die Stadt in Richtung auf Bologna verlassen. Er bestand jedoch darauf, daß Herrn Galilei und dem jungen Herrn die Möglichkeit geboten wird, sich ebenfalls in Sicherheit zu bringen. Der Wagen ist in zwei Minuten vor der Tür. Seine Hoheit läßt dem jungen Herrn seine besten Grüße übermitteln. *Ab.*

GALILEI *erscheint oben an der Treppe, immer noch lachend:* Andrea! *Zu Frau Sarti:* Wissen Sie, was diese Esel glauben? Sie glauben, daß ich die sämtlichen Mediceischen Sterne auf die Linse meines Rohrs geklebt habe! – Was ist denn los? *Zu Virginia:* Was machst du hier?

FRAU SARTI Die Pest! Sie haben wieder alles bis zum letzten Augenblick verheimlicht! Wir müssen gleich weg. Der Großherzog schickt einen Wagen, Andrea! Ich muß packen. *Setzt sich.*

GALILEI Packen Sie nichts. Nehmen Sie Virginia und Andrea, und wir gehen. Ich hole nur noch meine Aufzeichnungen. *Er läuft eilig zurück in sein Studierzimmer und klaubt in größter Hast Papiere zusammen.*

Frau Sarti zieht Andrea, der gelaufen kommt, einen Mantel an und holt etwas Bettzeug und Essen herbei.

FRAU SARTI Geht ihr sogleich hinaus und setzt euch in den Wagen.

ANDREA Aber warum? Wenn du mir nicht sagst, warum, gehe ich nicht.

FRAU SARTI Es ist die Pest, Kind.

ANDREA Dann tragen Virginia und ich die Sachen hinaus.

VIRGINIA Nein. Wir warten, bis Vater herunten ist! Sicher will er wieder alle seine Papiere mitnehmen.

FRAU SARTI *schreit:* Herr Galilei! Sind Sie fertig?

GALILEI *in der Tür:* Setzen Sie erst Virginia und Andrea in den Wagen. Ich komme.

VIRGINIA Nein, wir gehen nicht ohne dich! Du wirst nie fertig werden, wenn du erst deine Bücher einpackst.

GALILEI Sei vernünftig, Virginia! Wenn ihr euch nicht hineinsetzt, fährt der Kutscher weg. Die Pest, das ist keine Kleinigkeit. *Zurück in sein Studierzimmer.*

VIRGINIA *protestierend, während Frau Sarti sie und Andrea hinausführt:* Helfen Sie ihm mit den Büchern, sonst kommt er nicht! *Galilei wickelt sein Fernrohr in ein Tischtuch. Mit dem Fuß schleudert er die beiden Modelle beiseite. Plötzlich bleibt er stehen. Dann geht er zögernd zur Treppe.*

GALILEI Meinen Sie, daß es einen Zweck hat? *Er merkt, daß niemand mehr da ist. Geht langsam zurück. Setzt sich auf den Stuhl, vor dem das Rohr gestanden hat. Schiebt den Vorhang von dem Fenster zurück, wirft einen Blick hinaus. Steht auf.*

FRAU SARTI *unten:* Herr Galilei! Der Wagen fährt! Der Kutscher weigert sich, zu warten!

GALILEI *auf der Treppe:* Frau Sarti, ich glaube nicht, daß ich wegsollte. Da ist alles in Unordnung, wissen Sie, Aufzeichnungen von drei Monaten, die ich wegschmeißen kann, wenn ich sie nicht noch ein paar Nächte fortführe. Und diese Seuche ist ja überall.

FRAU SARTI Herr Galilei! Kommen Sie sofort herunter! Sie sind wahnsinnig!

GALILEI Gehen Sie nur mit Virginia und Andrea! Ich kann mich wirklich nicht entschließen. Aber ich komme nach.

FRAU SARTI Aber in einer Stunde kommt niemand mehr weg von hier! Sie müssen! *Horcht.* Er fährt! Ich muß ihn aufhalten! *Ab. Galilei geht mit schwerem Schritt zurück.*

GALILEI Die Pest, das war auch so was, was ausgeschlossen war. *Frau Sarti kehrt zurück, sehr bleich, ohne ihr Bündel.*

GALILEI Was stehen Sie immer noch herum? Der Wagen mit den Kindern fährt Ihnen noch weg.

FRAU SARTI Sie sind weg. Virginia mußten sie festhalten. Man wird für die Kinder sorgen in Bologna. Aber wer soll Ihnen Ihr Essen hinstellen?

GALILEI Sie sind wahnsinnig! Wegen dem Kochen in der Stadt zu bleiben!

FRAU SARTI Wenn sie nur noch wegkommen!

GALILEI *seine Aufzeichnungen in der Hand:* Glauben Sie von mir nicht, Frau Sarti, daß ich ein Narr bin. Ich kann diese Beobachtungen nicht im Stich lassen. Ich habe mächtige Feinde und muß Beweise für gewisse Behauptungen sammeln.

FRAU SARTI Sie brauchen sich nicht zu entschuldigen. Aber vernünftig ist es nicht.

GALILEI Und da ist noch ein Grund: keiner weiß, wie lange er in dieser Zeit am Leben ist. *Er lächelt.* Fahren wir also fort, auf die Linsen Sterne zu zeichnen! *Geht in sein Studierzimmer.*

5

Uneingeschüchtert durch die Pest setzt Galilei seine Forschungen fort

Vor Galileis Haus in Florenz. Heraus tritt Galilei und blickt die Straße hinunter. Zwei Nonnen kommen vorüber.

GALILEI *spricht sie an:* Können Sie mir sagen, Schwestern, wo ich Milch zu kaufen bekomme? Heute früh ist die Milchfrau nicht gekommen, und meine Haushälterin ist weg.

DIE EINE NONNE Die Läden sind nur noch in der unteren Stadt offen.

DIE ANDERE NONNE Sind Sie hier herausgekommen? *Galilei nickt.* Das ist diese Gasse!

Die beiden Nonnen bekreuzigen sich, murmeln den Englischen Gruß und laufen weg. Ein Mann kommt vorbei.

GALILEI *spricht ihn an:* Sind Sie nicht der Bäcker, der uns das Weißbrot bringt? *Der Mann nickt.* Haben Sie meine Haushälterin gesehen? Sie muß gestern abend weggegangen sein. Seit heute früh ist sie nicht mehr im Haus.

DER MANN Da wird sie wohl wiederkommen, Herr Galilei.

Ein Fenster gegenüber geht auf und eine Frau schaut heraus.

DIE FRAU *schreiend:* Laufen Sie! Bei denen da drüben ist die Pest!

Der Mann läuft erschrocken weg.

GALILEI Wissen Sie etwas über meine Haushälterin?

DIE FRAU Ihre Haushälterin ist oben an der Straße niedergebrochen. Sie muß es gewußt haben. Darum ist sie weg. Solche Rücksichtslosigkeit! *Sie schlägt das Fenster zu.*

Kinder kommen die Straße herunter. Sie sehen Galilei und ren-

nen schreiend weg. Galilei wendet sich, da kommen zwei Soldaten gelaufen, ganz in Eisen.

DIE SOLDATEN Geh sofort ins Haus zurück! *Mit ihren langen Spießen schieben sie Galilei in sein Haus zurück. Hinter ihm verrammeln sie das Tor.*

GALILEI *am Fenster:* Könnt ihr mir sagen, was mit der Frau geschehen ist?

DIE SOLDATEN Sie werden auf den Anger geschafft.

DIE FRAU *erscheint wieder im Fenster:* Die ganze Gasse da hinten ist ja verseucht. Warum sperrt ihr nicht ab?

Die Soldaten ziehen einen Strick über die Straße.

DIE FRAU Aber so kann ja auch in unser Haus keiner mehr! Hier braucht ihr doch nicht abzusperren. Hier ist doch alles gesund. Halt, halt! So hört doch! Mein Mann ist doch in der Stadt, er kann ja nicht mehr zu uns! Ihr Tiere, ihr Tiere!

Man hört von innen her ihr Schluchzen und Schreien. Die Soldaten gehen ab. An einem andern Fenster erscheint eine alte Frau.

GALILEI Dort hinten muß es brennen.

DIE ALTE FRAU Sie löschen nicht mehr, wenn Pestverdacht ist. Jeder denkt nur noch an die Pest.

GALILEI Wie ihnen das gleichsieht! Das ist ihr ganzes Regierungssystem. Sie hauen uns ab wie den kranken Ast eines Feigenbaumes, der keine Frucht mehr bringen kann.

DIE ALTE FRAU Das dürfen Sie nicht sagen. Sie sind nur hilflos.

GALILEI Sind Sie allein im Haus?

DIE ALTE FRAU Ja. Mein Sohn hat mir einen Zettel geschickt. Er hat Gott sei Dank gestern abend schon erfahren, daß dort hinten wer gestorben ist, und ist nicht mehr heimgekommen. Es sind elf Fälle gewesen in der Nacht hier im Viertel.

GALILEI Ich mache mir Vorwürfe, daß ich meine Haushälterin nicht rechtzeitig weggeschickt habe. Ich hatte eine dringende Arbeit, aber sie hatte keinen Grund zu bleiben.

DIE ALTE FRAU Wir können ja auch nicht weg. Wer soll uns aufnehmen? Sie müssen sich keine Vorwürfe machen. Ich habe sie gesehen. Sie ging heute früh weg, gegen sieben Uhr. Sie war krank, denn als sie mich aus der Tür treten und die Brote hereinholen sah, machte sie einen Bogen um mich. Sie wollte wohl nicht, daß man Ihnen das Haus zuschließt. Aber sie bringen alles heraus.

Ein klapperndes Geräusch wird hörbar.

GALILEI Was ist das?

DIE ALTE FRAU Sie versuchen mit Geräuschen die Wolken zu vertreiben, in denen die Pestkeime sind.

Galilei lacht schallend.

DIE ALTE FRAU Daß Sie noch lachen können!

Ein Mann kommt die Straße herunter und findet sie versperrt durch den Strick.

GALILEI Heda, Sie! Hier ist abgeriegelt, und im Haus ist nichts zu essen.

Der Mann ist schon weggelaufen.

GALILEI Aber ihr könnt einen doch nicht hier verhungern lassen! Heda! Heda!

DIE ALTE FRAU Vielleicht bringen sie was. Sonst kann ich Ihnen, aber erst nachts, einen Krug Milch vor die Tür stellen, wenn Sie sich nicht fürchten.

GALILEI Heda! Heda! Man muß uns doch hören!

Am Strick steht plötzlich Andrea. Er hat ein verweintes Gesicht.

GALILEI Andrea! Wie kommst du her?

ANDREA Ich war schon früh hier. Ich habe geklopft, aber Sie haben nicht aufgemacht. Die Leute haben mir gesagt, daß ...

GALILEI Bist du denn nicht weggefahren?

ANDREA Doch. Aber unterwegs konnte ich abspringen. Virginia ist weitergefahren. Kann ich nicht hinein?

DIE ALTE FRAU Nein, das kannst du nicht. Du mußt zu den Ursulinerinnen. Deine Mutter ist vielleicht auch dort.

ANDREA Ich war da. Aber man hat mich nicht zu ihr hineingelassen. Sie ist so krank.

GALILEI Bist du so weit hergelaufen? Das sind doch drei Tage, daß du wegfuhrst.

ANDREA So lang brauchte ich, seien Sie nicht böse. Sie haben mich einmal eingefangen.

GALILEI *hilflos:* Weine jetzt nicht mehr. Siehst du, ich habe allerhand gefunden in der Zwischenzeit. Soll ich dir erzählen? *Andrea nickt schluchzend.* Gib genau acht, sonst verstehst du nicht. Erinnerst du dich, daß ich dir den Planeten Venus gezeigt habe? Horch nicht auf das Geräusch, das ist nichts. Kannst du dich erinnern? Weißt du, was ich gesehen habe? Er ist wie der Mond! Ich habe ihn als halbe Kugel und ich habe ihn als Sichel gesehen. Was sagst du dazu? Ich kann dir alles zeigen mit einer kleinen Kugel und einem Licht. Es beweist, daß auch dieser Planet kein eigenes Licht hat. Und er dreht sich um die Sonne, in einem einfachen Kreis, ist das nicht wunderbar?

ANDREA *schluchzend:* Sicher, und das ist ein Fakt.

GALILEI *leise:* Ich habe sie nicht zurückgehalten.

Andrea schweigt.

GALILEI Aber natürlich, wenn ich nicht geblieben wäre, wäre das nicht geschehen.

ANDREA Müssen sie es Ihnen jetzt glauben?

GALILEI Ich habe jetzt alle Beweise zusammen. Weißt du, wenn das hier vorüber ist, gehe ich nach Rom und zeige es ihnen.

Die Straße herunter kommen zwei vermummte Männer mit langen Stangen und Kübeln. An den Stangen reichen sie Galilei und dann der alten Frau Brote in die Fenster.

DIE ALTE FRAU Und dort drüben ist eine Frau mit drei Kindern. Legt da auch was hin.

GALILEI Aber ich habe nichts zu trinken. Im Haus ist kein Wasser. *Die beiden zucken die Achseln.* Kommt ihr auch morgen?

DER EINE MANN *mit erstickter Stimme, da er ein Tuch vor dem Mund hat:* Wer weiß heut, was morgen ist?

GALILEI Könntet ihr, wenn ihr kommt, auch ein Büchlein heraufreichen, das ich für meine Arbeit brauche?

DER MANN *lacht dumpf:* Sei froh, wenn du Brot bekommst.

GALILEI Aber der Junge dort, mein Schüler, wird da sein und es euch geben für mich. Es ist die Karte mit der Umlaufszeit des Merkur, Andrea, ich habe sie verlegt. Willst du sie beschaffen in der Schule?

Die Männer sind schon weitergegangen.

ANDREA Bestimmt. Ich hol sie, Herr Galilei. *Ab.*

Auch Galilei zieht sich zurück. Gegenüber aus dem Haus tritt die alte Frau und stellt einen Krug vor Galileis Tür.

6

1616: DAS COLLEGIUM ROMANUM, FORSCHUNGSINSTITUT DES VATIKANS, BESTÄTIGT GALILEIS ENTDECKUNGEN.

Saal des Collegium Romanum in Rom. Es ist Nacht. Hohe Geistliche, Mönche, Gelehrte in Gruppen. An der Seite allein Galilei. Es herrscht große Ausgelassenheit. Bevor die Szene beginnt, hört man gewaltiges Gelächter.

EIN DICKER PRÄLAT *hält sich den Bauch vor Lachen:* O Dummheit! O Dummheit! Ich möchte, daß mir einer einen Satz nennt, der nicht geglaubt wurde!

EIN GELEHRTER Zum Beispiel, daß Sie unüberwindliche Abneigung gegen Mahlzeiten verspüren, Monsignore!

DER DICKE PRÄLAT Wird geglaubt, wird geglaubt. Nur das Vernünftige wird nicht geglaubt. Daß es einen Teufel gibt, das wird bezweifelt. Aber daß die Erde sich dreht wie ein Schusser in der Gosse, das wird geglaubt. O Dummheit!

EIN MÖNCH *spielt Komödie:* Mir schwindelt. Sie dreht sich zu schnell. Gestatten Sie, daß ich mich an Ihnen einhalte, Professor. *Er tut, als schwanke er und hält sich an einem Gelehrten ein.*

DER GELEHRTE *mitmachend:* Ja, sie ist heute wieder ganz besoffen, die Alte. *Er hält sich an einem anderen ein.*

DER MÖNCH Halt, halt! Wir rutschen ab! Halt, sag ich!

EIN ZWEITER GELEHRTER Die Venus steht schon ganz schief. Ich sehe nur noch ihren halben Hintern, Hilfe!

Es bildet sich ein Klumpen von Menschen, die vor Gelächter tun, als wehrten sie sich, von einem Schiff im Sturm abgeschüttelt zu werden.

EIN ZWEITER MÖNCH Wenn wir nur nicht auf den Mond geschmissen werden! Brüder, der hat scheußlich scharfe Bergspitzen!

DER ERSTE GELEHRTE Stemm dich mit dem Fuß dagegen.

DER ERSTE MÖNCH Und schaut nicht hinab. Ich leide unter Schwindel.

DER DICKE PRÄLAT *absichtlich laut in Galileis Richtung:* Unmöglich, Schwindel im Collegium Romanum!

Großes Gelächter.

Aus einer Tür hinten kommen zwei Astronomen des Collegiums. Stille tritt ein.

EIN MÖNCH Untersucht ihr immer noch? Das ist ein Skandal!

DER EINE ASTRONOM *zornig:* Wir nicht!

DER ZWEITE ASTRONOM Wohin soll das führen? Ich verstehe den Clavius nicht. Wenn man alles für bare Münze nimmt, was in den letzten fünfzig Jahren behauptet wurde! Im Jahre 1572 leuchtet in der höchsten Sphäre, der achten, der Sphäre der Fixsterne, ein neuer Stern auf, eher strahlender und größer als alle seine Nachbarsterne, und noch bevor anderthalb Jahre um waren, verschwindet er wieder und fällt der Vernichtung anheim.

Soll man fragen: was ist also mit der ewigen Dauer und der Unveränderlichkeit des Himmels?

DER PHILOSOPH Wenn man es ihnen erlaubt, zertrümmern sie uns noch den ganzen Sternenhimmel.

DER ERSTE ASTRONOM Ja, wohin kommt man! Fünf Jahre später bestimmt der Däne Tycho Brahe die Bahn eines Kometen. Sie begann oberhalb des Mondes und durchbrach eine nach der andern alle Kugelschalen der Sphären, der materiellen Träger der bewegten Himmelskörper! Er trifft keinen Widerstand, er erfährt keine Ablenkung seines Lichts. Soll man also fragen: wo sind die Sphären?

EIN PHILOSOPH Das ist doch ausgeschlossen! Wie kann Christoph Clavius, der größte Astronom Italiens und der Kirche, so etwas überhaupt untersuchen!

DER DICKE PRÄLAT Skandal!

DER ERSTE ASTRONOM Er untersucht aber! Er sitzt drinnen und glotzt durch dieses Teufelsrohr!

DER ZWEITE ASTRONOM Alles fing damit an, daß wir so vieles, die Länge des Sonnenjahres, die Daten der Sonn- und Mondfinsternis, die Stellungen der Himmelskörper seit Jahr und Tag nach den Tafeln dieses Kopernikus berechnen, der ein Ketzer ist.

EIN MÖNCH Ich frage: was ist besser, eine Mondfinsternis drei Tage später als im Kalender steht zu erleben, oder die ewige Seligkeit niemals?

EIN SEHR DÜNNER MÖNCH *mit einer aufgeschlagenen Bibel nach vorn, fanatisch den Finger auf eine Stelle stoßend:* Was steht hier in der Schrift? »Sonne, stehe still zu Gibeon und Mond im Tale Ajalon!« Wie kann die Sonne stillstehen, wenn sie sich überhaupt nicht dreht, wie diese Ketzer behaupten? Lügt die Schrift?

DER ERSTE ASTRONOM Nein, und darum gehen wir.

DER ZWEITE ASTRONOM Es gibt Erscheinungen, die uns Astronomen Schwierigkeiten bereiten, aber muß der Mensch alles verstehen? *Beide ab.*

DER MÖNCH Die Heimat des Menschengeschlechts setzen sie einem Wandelstern gleich. Mensch, Tier, Pflanze und Erdreich verpacken sie auf einen Karren und treiben ihn im Kreis durch einen leeren Himmel. Erde und Himmel gibt es nicht mehr nach diesen. Die Erde nicht, weil sie ein Gestirn des Himmels ist, und den Himmel nicht, weil er aus Erden besteht. Da ist kein Unterschied mehr zwischen Oben und Unten, zwischen dem Ewigen und dem Vergänglichen. Daß wir vergehen, das wissen wir. Daß auch der Himmel vergeht, das sagen sie uns jetzt. Sonne, Mond und Sterne und wir leben auf der Erde, hat es geheißen und steht es geschrieben; aber jetzt ist auch die Erde ein Stern nach diesen da. Es gibt nur Sterne! Wir werden den Tag erleben, wo sie sagen: es gibt auch nicht Mensch und Tier, der Mensch selber ist ein Tier, es gibt nur Tiere!

DER ERSTE GELEHRTE *zu Galilei:* Herr Galilei, Ihnen ist etwas hinabgefallen.

GALILEI *der seinen Stein während des Vorigen aus der Tasche gezogen, damit gespielt und ihn am Ende auf den Boden hat fallen lassen, indem er sich bückt, ihn aufzuheben:* Hinauf, Monsignore, er ist mir hinaufgefallen.

DER DICKE PRÄLAT *kehrt sich um:* Unverschämter Mensch.

Eintritt ein sehr alter Kardinal, von einem Mönch gestützt. Man macht ihm ehrerbietig Platz.

DER SEHR ALTE KARDINAL Sind sie immer noch drinnen? Können sie mit dieser Kleinigkeit wirklich nicht schneller fertig werden? Dieser Clavius sollte doch seine Astronomie verstehen! Ich höre, dieser Herr Galilei versetzt den Menschen aus dem Mittelpunkt des Weltalls irgendwohin an den Rand. Er ist folglich deutlich ein Feind des Menschengeschlechts! Als solcher muß er behandelt werden. Der Mensch ist die Krone der Schöpfung, das weiß jedes Kind. Gottes höchstes und geliebtestes Geschöpf. Wie könnte er es, ein solches Wunderwerk, eine solche Anstrengung, auf ein kleines, abseitiges und immerfort weglaufendes Gestirnlein setzen? Würde er sowohin seinen Sohn schicken? Wie kann es Leute geben, so pervers, daß sie diesen Sklaven ihrer Rechentafeln Glauben schenken! Welches Geschöpf Gottes wird sich so etwas gefallen lassen?

DER DICKE PRÄLAT *halblaut:* Der Herr ist anwesend.

DER SEHR ALTE KARDINAL *zu Galilei:* So, sind Sie das? Wissen Sie, ich sehe nicht mehr allzu gut, aber das sehe ich doch, daß Sie diesem Menschen, den wir seinerzeit hier verbrannt haben, wie hieß er doch? auffallend ähnlich sehen.

DER MÖNCH Eure Eminenz sollten sich nicht aufregen. Der Arzt...

DER SEHR ALTE KARDINAL *schüttelt ihn ab, zu Galilei:* Sie wollten die Erde erniedrigen, obwohl Sie auf ihr leben und alles von ihr empfangen. Sie beschmutzen Ihr eigenes Nest! Aber ich jedenfalls lasse es mir nicht gefallen. *Er stößt den Mönch zurück und beginnt stolz auf und ab zu schreiten.* Ich bin nicht irgendein Wesen auf irgendeinem Gestirnchen, das für kurze Zeit irgendwo kreist. Ich gehe auf einer festen Erde, in sicherem Schritt, sie ruht, sie ist der Mittelpunkt des Alls, ich bin im Mittelpunkt und das Auge des Schöpfers ruht auf mir und auf mir allein. Um mich kreisen, fixiert an acht kristallene Schalen, die Fixsterne und die gewaltige Sonne, die geschaffen ist, meine Umgebung zu beleuchten. Und auch mich, damit Gott mich sieht. So kommt sichtbar und unwiderleglich alles an auf mich, den Menschen, die Anstrengung Gottes, das Geschöpf in der Mitte, das Ebenbild Gottes, unvergänglich und ... *Er sinkt zusammen.*

DER MÖNCH Eure Eminenz haben sich zu viel zugemutet!

In diesem Augenblick öffnet sich die Tür hinten, und an der Spitze seiner Astronomen kommt der große Clavius herein. Er durchschreitet schweigend und schnell, ohne zur Seite zu blicken, den Saal und spricht, schon am Ausgang, zu einem Mönch hin.

CLAVIUS Es stimmt. *Er geht ab, gefolgt von den Astronomen.*

Die Tür hinten bleibt offen stehen. Totenstille. Der sehr alte Kardinal kommt zu sich.

DER KARDINAL Was ist? Die Entscheidung gefallen?

Niemand wagt, es ihm zu sagen.

DER MÖNCH Eure Eminenz müssen nach Hause gebracht werden.

Man hilft dem alten Mann hinaus. Alle verlassen verstört den Saal.

Ein kleiner Mönch aus der Untersuchungskommission des Clavius bleibt bei Galilei stehen.

DER KLEINE MÖNCH *verstohlen:* Sie haben gesiegt. Herr Clavius sagte, bevor er wegging: jetzt können die Theologen sehen, wie sie die Himmelskreise wieder einrenken! *Ab.*

GALILEI *sucht ihn zurückzuhalten:* Sie! Sie! Nicht ich habe gesiegt, sondern die Vernunft!

Der kleine Mönch ist schon weg.

Auch Galilei geht. Unter der Tür begegnet er einem hochgewachsenen Geistlichen, dem Kardinal Inquisitor. Ein Astronom begleitet ihn. Galilei verbeugt sich. Bevor er hinausgeht, stellt er einem Türhüter flüsternd eine Frage.

DER TÜRHÜTER *zurückflüsternd:* Seine Eminenz, der Kardinal Inquisitor.

DER ASTRONOM Das war er, Eure Eminenz.

DER INQUISITOR *sehr höflich:* Ich bin sehr interessiert an diesem Rohr.

Der Astronom geleitet ihn hinein.

7
Aber die Inquisition setzt die kopernikanische Lehre auf den Index (19. Februar 1616)

Im Haus des Kardinals Bellarmin in Rom. Das Gemach hat hinten einen Durchblick auf den anscheinend tiefer gelegenen Festsaal. Musik von dort.
Zwei geistliche Schreiber sitzen und spielen Schach. Galilei, seine Tochter und ihr Verlobter Ludovico Sitti sind eben angekommen. Sie nehmen Getränke.

VIRGINIA *stürmisch:* O Vater, daß alles so gut gegangen ist! Wenn ich nur immer das Richtige sage! Ich tanze nur mit dir, Ludovico.

GALILEI *zu den Schreibern:* Ich sollte den Herrn Kardinal hier erwarten.

VIRGINIA Sehe ich so gut aus?

LUDOVICO Das Stirnband noch ein wenig höher.

VIRGINIA Ich habe Herzklopfen. Ich möchte schön aussehen.

GALILEI Ja, sieh schön aus! Sonst zweifeln sie sofort wieder, daß sie sich dreht.

LUDOVICO Sie dreht sich ja gar nicht!

Galilei lacht.

LUDOVICO *hitzig:* Ganz Rom spricht nur noch von Ihnen. Es soll jetzt von Ihrer Tochter sprechen. Gib das Band noch ein bißchen höher, Virginia, Liebe.

GALILEI Er hat recht. Die Frauen, die nicht schöner aussehen, wenn man die Schläfen sieht, sind nicht schön. Diesem römischen Frühling kommt nichts gleich: in ihm ist alles schön. Aber geht jetzt, geht jetzt! *Er schiebt sie hinaus. In strahlender Laune zu den Schachspielern:* Wie könnt ihr noch immer das alte Schach spielen? Eng, eng. Jetzt spielt man doch überall so, daß die großen Figuren über alle Felder gehen. Der Turm so und der Läufer so und die Dame so und so! Da hat man Platz und kann Pläne machen.

DER EINE SCHREIBER *seinen kleinen Zug machend:* Schach ist doch nicht Gymnastik, Herr Galilei.

DER ZWEITE SCHREIBER Das entspricht nicht unsern kleinen Gehältern, wissen Sie. Wir können nur solche Sprünge machen. *Er zieht einen kleinen Zug.*

GALILEI Umgekehrt, mein Guter, umgekehrt! Wer auf großem Fuß lebt, dem zahlen sie auch den großen Stiefel! Man muß mit der Zeit gehen. Man muß nicht nur an den Küsten entlang, man muß einmal hinausfahren. – Ein großes Fest!

DER ERSTE SCHREIBER Zweihundertfünfzig Gäste. Der erste Karneval nach den Pestjahren!

Herein Doppone, im Maskenkostüm.

DOPPONE Hier sind Sie ja, Herr Galilei. Glückwunsch, Glückwunsch! Haben die guten Leute jetzt so, wie? *Er macht eine Faust, mit dem Daumen nach unten.*

GALILEI Was sind Sie hier?

DOPPONE Päpstlicher Kammerherr.

Galilei lacht.

DOPPONE Wundert Sie, was? Ich bin übrigens scheußlich beschäftigt. Gestern nacht eine Sitzung der Heiligen Kongregation. Habe die Präsenzliste vereselt. Kann jetzt jeden einzelnen Teilnehmer hier herausfischen. Sind aber jetzt Fischersleute, Esel, Bramarbasse, weiß der Himmel, was. Bleiben noch länger in Rom?

GALILEI Nein. Meine Geschäfte hier sind abgeschlossen.

DOPPONE Ja, weiß. Wissen alle. Glänzender Triumph. Habe ja auch zu Ihren Füßen gesessen. Epizirkel et cetera.

DER ERSTE SCHREIBER Der Herr Kardinal.

Kardinal Bellarmin in einer Fuchsmaske und Kardinal Barberini als Esel kommen herein. Doppone entfernt sich.

BELLARMIN Herr Galilei, Herr Kardinal Barberini.

BARBERINI Ach, das ist der Vater?

BELLARMIN Ihre Tochter ist entzückend, Herr Galilei. Ich muß aber dennoch aufrecht erhalten, daß sie die Tochter ist.

Die Herren lachen.

BARBERINI *Galilei mit ausgestrecktem Zeigefinger ins Gesicht zeigend:* Sie geht auf und unter und kehrt an ihren Ort zurück. Das sagt Salomo und was sagt Galilei?

GALILEI Als Knirps, Eure Eminenz, stand ich auf einem Schiff. Als es sich vom Ufer entfernte, sagte ich: das Ufer bewegt sich fort. Aber das Ufer stand fest und das Schiff bewegte sich fort.

BELLARMIN *lachend:* Und als Sie erwachsen waren, Herr Galilei, da wußten Sie, daß das Schiff sich bewegte, nicht? Sie meinen, in ihrer Kindheit sah die Menschheit den Gestirnhimmel sich nur über sich wegbewegen, aber jetzt, wo sie erwachsen ist, weiß sie, daß es die Erde ist, die sich bewegt. Aber mein Freund, woher wissen wir, daß sie sich bewegt? Wir fühlen vielmehr, daß sie stillsteht, meine ich.

GALILEI Sechs Jahre lang habe ich wie ein Holzknecht geschuftet und Beweise herbeigeschleppt dafür, daß sie sich bewegt.

BELLARMIN Aber würden wir es nicht von selber, ohne Beweise, merken, wenn sie sich bewegte?

GALILEI Nein. Eine Bewegung der Erde, wenn sie in Wahrheit stattfände, könnte ja nicht an ihr selber wahrgenommen werden, sondern nur an dem, was an ihrer Bewegung keinen Anteil hat, wie ich leicht beweisen kann.

BARBERINI *der an die Brüstung getreten war und hinunterwinkte, ist zurückgekehrt:* Er ist schlau. Was man sieht, nämlich daß der Gestirnhimmel sich dreht, braucht nicht zu stimmen, siehe Schiff und Ufer. Aber was stimmt, nämlich daß die Erde sich dreht, kann man nicht wahrnehmen, wie? Schlau.

BELLARMIN Unsere Astronomen weisen darauf hin, daß die Annahme des Kopernikus eine ungeheure Entfernung der Fixsterne von der Erde voraussetzt.

GALILEI Sie erschreckt mich nicht. Weniger als die ganz ungeheure Schnelligkeit, mit der sich nach der Annahme des Ptolemäus der Fixsternhimmel drehen müßte.

BARBERINI *abwesend:* Das ist richtig. Die Annahme einer solchen Schnelligkeit ist schlimmer. Und seine Jupitermonde sind harte Brocken für unsere Astronomen. *Entschuldigend.* Ich habe leider auch einmal etwas Astronomie gelesen, Bellarmin. Das hängt einem an wie Krätze.

BELLARMIN Leider wird unsere gute Erde, die uns der Allmächtige zum Wohnsitz angewiesen hat, durch die neuen Theorien nicht nur aus dem Mittelpunkt des Weltalls beinahe verächtlich entfernt, sondern sie wird auch, indem nun plötzlich ganz unvorstellbare Dimensionen des Weltalls angenommen werden, so winzig, daß man das Interesse, das der Allmächtige dem Menschengeschlecht so deutlich bezeigt hat, kaum mehr verstehen kann.

GALILEI Wie das Collegium Romanum ja nun endlich anerkannt hat …

BELLARMIN *schnell:* Wir meinen, wenn man sagt, daß unter der Voraussetzung einer Erdbewegung und eines Stillstands der Sonne alle Erscheinungen sich besser erklären lassen, als wenn man die ptolemäischen Kreise und Epizykeln annimmt, so ist das vortrefflich gesagt, hat keine Gefahr und genügt für den Mathematiker. Wenn man aber behaupten wollte, daß die Sonne wirklich im Mittelpunkt der Welt steht und sich nur um sich selbst dreht, ohne von Osten nach Westen zu laufen und daß die Erde mit größter Geschwindigkeit um die Sonne kreist, so wäre das eine gefährliche Sache, nicht, denn da reizte man die Philosophen und die Theologen, schwierige Leute, und was mehr wäre, eine solche Behauptung machte die Schrift falsch.

BARBERINI Aber versteh doch, Bellarmin, die Schrift befriedigt nicht seine Vernunft. Während der Kopernikus sie befriedigt. Allerdings, es gibt Befriedigungen, die unsittlich sind, meist die allertiefsten, leider. Sieh dir diese Chrysantheme an! *Er führt Bellarmin für einen Augenblick an die Brüstung. Zu Galilei:* Kommen Sie, kommen Sie. Seien Sie kein Heuchler. Aber er besteht auf einer ernsten Unterhaltung. Ihr Astronomen denkt in Kreisen oder Ellipsen und in gleichmäßigen Schnelligkeiten, haltet diese Erscheinungen für die einfachsten und seht darin Gesetze. Aber wie, wenn Gott es anders konstruiert hätte? Warum soll er nicht seine Gestirne so laufen lassen? *Er zeichnet mit dem Finger in der Luft eine sehr verworrene Bahn mit verschiedener Geschwindigkeit.* Was wäre dann mit eurem Rechnen?

GALILEI *aus der Rolle fallend:* Lieber Mann, hätte Gott die Welt so konstruiert, so wäre sie doch auch gesetzmäßig. Er hätte dann wohl auch unsere Gehirne so konstruiert, daß sie eben diese Bahnen als die einfachen erkennen würden.

BARBERINI Ich halte die Vernunft für unzulänglich. Er schweigt. Er ist zu höflich, jetzt zu sagen, er hält die meine ebenfalls für unzulänglich. *Lacht und geht zur Brüstung zurück.*

BELLARMIN Die Vernunft, mein Freund, reicht nicht sehr weit. Ringsum sehen wir nichts als Schiefheit, Verbrechen und Schwäche. Wo ist die Wahrheit?

GALILEI *zornig:* Ich glaube an die Vernunft.

BELLARMIN Bedenken Sie einen Augenblick, was es die Kirchenväter und so viele nach ihnen Mühe und Nachdenken gekostet hat, in eine solche Welt (ist sie etwa nicht abscheulich?) etwas

Sinn zu bringen. Bedenken Sie die Roheit derer, die ihre Bauern in der Campagna halbnackt über ihre Güter peitschen lassen, und die Dummheit dieser Leute, die ihnen dafür die Füße küssen.

GALILEI Schandbar! Auf meiner Fahrt hierher sah ich ...

BELLARMIN Wir haben die Verantwortung für den Sinn solcher Vorgänge (das Leben besteht daraus), die wir nicht begreifen können, einem höheren Wesen zugeschoben, davon gesprochen, daß mit derlei gewisse Absichten verfolgt werden, daß dies alles einem großen Plan zufolge geschieht. Nicht als ob dadurch absolute Beruhigung eingetreten wäre, aber jetzt beschuldigen Sie dieses höchste Wesen, es sei sich im unklaren darüber, wie die Welt der Gestirne sich bewegt, worüber Sie sich im klaren sind. Ist das weise?

GALILEI *zu einer Erklärung ausholend:* Ich bin ein gläubiger Sohn der Kirche ...

BARBERINI Es ist entsetzlich mit ihm. Er will in aller Unschuld Gott die dicksten Schnitzer in der Astronomie nachweisen! Wie, Gott hat nicht sorgfältig genug Astronomie studiert, bevor er die Heilige Schrift verfaßte? Lieber Freund! *Zu den Schreibern:* Ihr sollt nicht mitschreiben, das ist eine wissenschaftliche Unterhaltung unter Freunden.

BELLARMIN Ist es nicht auch für Sie wahrscheinlicher, daß der Schöpfer über das von ihm Geschaffene besser Bescheid weiß, als das Geschaffene selber?

GALILEI Aber, meine Herren, schließlich kann der Mensch nicht nur die Bewegungen der Gestirne falsch auffassen, sondern auch die Bibel!

BELLARMIN Aber wie die Bibel aufzufassen ist, darüber haben schließlich die Theologen der Heiligen Kirche zu befinden, nicht?

Galilei schweigt.

BELLARMIN Sehen Sie, jetzt schweigen Sie. Herr Galilei, das Heilige Offizium hat heute nacht beschlossen, daß die Lehre des Kopernikus, nach der die Sonne Zentrum der Welt und unbeweglich, die Erde aber nicht Zentrum der Welt und beweglich ist, töricht, absurd und ketzerisch im Glauben ist. Ich habe den Auftrag, Sie zu ermahnen, diese Meinung aufzugeben.

GALILEI Aber das kann doch nicht sein. Die Gründe und Beweise ...

BELLARMIN Überlassen Sie den Theologen des Heiligen Offiziums.

GALILEI Aber ich verstand, daß die Astronomen des Collegium Romanum meine Fakten und Notierungen anerkannt haben.

BELLARMIN Mit den Ausdrücken der tiefsten Genugtuung, in der für Sie ehrendsten Weise.

GALILEI Aber ...

BELLARMIN Die Heilige Kongregation hat ihren Beschluß gefaßt, ohne diese Einzelheiten zur Kenntnis zu nehmen.

GALILEI Ich verstehe. Damit ist jede weitere wissenschaftliche Forschung ...

BELLARMIN Durchaus gesichert, Herr Galilei. Es steht Ihnen frei, in Form der mathematischen Hypothese auch diese Lehre zu behandeln. Die Wissenschaft ist die legitime und höchst geliebte Tochter der Kirche, Herr Galilei. Niemand von uns nimmt im Ernst an, daß Sie das Vertrauen der Kirche untergraben wollen.

GALILEI Vertrauen wird dadurch erschöpft, daß es in Anspruch genommen wird.

BARBERINI Ja? *Er klopft ihm, schallend lachend, auf die Schulter. Dann sieht er ihn scharf an und sagt nicht unfreundlich:* Schütten Sie nicht das Kind mit dem Bade aus, Freund Galilei. Wir tun es auch nicht. Wir brauchen Sie. Mehr als Sie uns.

BELLARMIN Ich brenne darauf, den größten Mathematiker Roms dem Kommissar des Heiligen Offiziums vorzustellen, der Ihnen die allergrößte Wertschätzung entgegenbringt. *Er drängt ihn zum Ausgang. Zu den Schreibern:* Protokolliert, daß ich mit dem heutigen Herrn Galilei vom Dekret des Heiligen Offiziums, die kopernikanische Lehre betreffend, unterrichtet habe.

BARBERINI *den andern Arm Galileis fassend:* Worauf er sich wieder in einen Fuchs verwandelt. Auch Sie wären besser als braver Doktor der Schulmeinung kostümiert hier erschienen, lieber Freund. Es ist mein Kostüm, das mir heute ein wenig Freiheit gestattet. In einem solchen Aufzug können Sie mich murmeln hören: wenn es keinen Gott gäbe, müßte man ihn erfinden. Sie wissen, wir Distelfresser sind genügsam.

Sie gehen mit Galilei ab.

DER ERSTE SCHREIBER Hast du den letzten Satz?

DER ZWEITE SCHREIBER Bin dabei. *Sie schreiben eifrig.* Hast du das, wo er sagt, daß er an die Vernunft glaubt?

Herein der Kardinal Inquisitor mit zwei Damen. Die Schreiber springen auf.

DER INQUISITOR Oh, ich weiß in Wirklichkeit nicht halb so viel als Sie. Sie sind ja so viel grausamer, als ich es sein könnte. Ist der Herr Kardinal nicht hier?

DER ERSTE SCHREIBER Er ist mit Herrn Kardinal Barberini und Herrn Galilei weggegangen.

Der Inquisitor macht den Damen eine bedauernde Bewegung. Sie ziehen sich zurück.

DIE EINE DAME Wir werden ihn schon finden, diesen Fuchs. Wir brauchen nur zu sehen, wo die Gänse sich aufhalten. *Beide ab.*

DER INQUISITOR Die Unterredung hat stattgefunden?

DER ERSTE SCHREIBER *mechanisch:* Zuerst kam Herr Galilei mit seiner Tochter. Sie hat sich heute verlobt mit Herrn ... *Der Inquisitor winkt ab.* Herr Galilei unterrichtete uns sodann von der neuen Art des Schachspielens, bei der die Figuren entgegen allen Spielregeln über alle Felder hinweg bewegt werden.

DER INQUISITOR *winkt wieder ab:* Hast du das Protokoll?

Der erste Schreiber übergibt es ihm. Auf einen Wink des Inquisitors gehen die beiden Schreiber ab. Der Inquisitor setzt sich in eine Nische und studiert durch eine Brille das Protokoll. Virginia herein, erhitzt vom Tanzen.

DER INQUISITOR *aus seiner Ecke:* Nun, meine Tochter?

VIRGINIA *erschrickt ein wenig, da sie ihn nicht gesehen hat:* Oh, Eure Eminenz!

Der Inquisitor streckt ihr, ohne aufzustehen, die Rechte hin. Sie nähert sich und küßt seinen Ring.

DER INQUISITOR Eine superbe Nacht! Gestatten Sie mir, Sie zu Ihrer Verlobung zu beglückwünschen. Sie bleiben uns in Rom?

VIRGINIA Zunächst nicht, Eure Eminenz. Es gibt so viel vorzubereiten für eine Heirat.

DER INQUISITOR So, Sie folgen Ihrem Vater nach Florenz. Ich freue mich darüber. Ich kann mir denken, daß Ihr Vater Sie braucht. Mathematik ist eine kalte Hausgefährtin, nicht? Ein Geschöpf aus Fleisch und Blut in solcher Umgebung macht da allen Unterschied. Man verliert sich so leicht in den Gestirnwelten, welche so sehr ausgedehnt sind, wenn man ein großer Mann ist.

VIRGINIA *atemlos:* Sie sind sehr gütig, Eminenz. Ich verstehe wirklich fast gar nichts von diesen Dingen.

DER INQUISITOR Nein? *Er lacht.* Im Haus des Fischers ißt man ja nicht Fisch, wie? Es wird Ihren Herrn Vater amüsieren, wenn er hört, daß Sie schließlich von mir gehört haben, was Sie über die Gestirnwelten wissen, mein Kind. *Im Protokoll blätternd.* Ich lese hier, daß unsere Neuerer, deren in der ganzen Welt anerkannter Führer Ihr Herr Vater ist, ein großer Mann, einer der größten, unsere gegenwärtigen Vorstellungen von der Bedeutung unserer lieben Erde für etwas übertrieben ansehen. Nun, von den Zeiten des Ptolemäus, einem Weisen des Altertums, bis zum heutigen Tag maß man für die ganze Schöpfung, also für die gesamte Kristallkugel, in deren Mitte die Erde ruht, etwa zwanzigtausend Erddurchmesser. Eine schöne Geräumigkeit, aber zu klein, weit zu klein für die Neuerer. Nach diesen ist sie, wie wir hören, ganz unvorstellbar weit ausgedehnt, ist der Abstand der Erde von der Sonne, ein durchaus bedeutender Abstand, wie es uns immer geschienen hat, so verschwindend klein gegen den Abstand unserer armen Erde von den Fixsternen, die auf der alleräußersten Schale befestigt sind, daß man ihn bei den Berechnungen überhaupt nicht einzukalkulieren braucht! Da soll man noch sagen, daß die Neuerer nicht auf großem Fuße leben!

Virginia lacht. Auch der Inquisitor lacht.

DER INQUISITOR In der Tat, einige Herren des Heiligen Offiziums haben kürzlich an einem solchen Weltbild, gegen das unser bisheriges nur ein Bildchen ist, das man um einen so entzückenden Hals wie den gewisser junger Mädchen legen könnte, beinahe Anstoß genommen. Sie sagen besorgt, auf so ungeheuren Strekken könnte ein Prälat und sogar ein Kardinal leicht verlorengehen. Selbst ein Papst könnte vom Allmächtigen da aus den Augen verloren werden. Ja, das ist lustig, aber ich bin doch froh, Sie auch weiterhin in der Nähe Ihres großen Vaters zu wissen, den wir alle so schätzen, liebes Kind. Ich frage mich, ob ich nicht Ihren Beichtvater kenne ...

VIRGINIA Pater Christophorus von Sankt Ursula.

DER INQUISITOR Ja, ich freue mich, daß Sie Ihren Herrn Vater also begleiten. Er wird Sie brauchen. Sie mögen es sich nicht vorstellen können, aber es wird so kommen. Sie sind so jung und wirklich, so sehr Fleisch und Blut, und Größe ist nicht immer leicht zu tragen für diejenigen, denen Gott sie verliehen hat, nicht immer. Niemand unter den Sterblichen ist ja so groß, daß er nicht in ein Gebet eingeschlossen werden könnte. Aber nun halte ich Sie auf, liebes Kind, und mache Ihren Verlobten eifersüchtig und vielleicht auch Ihren lieben Vater, weil ich Ihnen etwas über die Gestirne erzählt habe, was möglicherweise sogar veraltet ist. Gehen Sie schnell zum Tanzen, nur vergessen Sie nicht, Pater Christophorus von mir zu grüßen.

Virginia nach einer tiefen Verbeugung schnell ab.

VERWANDLUNG

Im Palast des florentinischen Gesandten in Rom. Galilei unterhält sich mit dem kleinen Mönch, der ihm nach der Sitzung des Collegium Romanum den Ausspruch des päpstlichen Astronomen zugeflüstert hat.

DER KLEINE MÖNCH Sie haben recht.

GALILEI Haben Sie das Dekret der Indexkongregation nicht gelesen?

DER KLEINE MÖNCH Ich habe es gelesen.

GALILEI Das Gewand tragend, das Sie tragen, können Sie danach nicht mehr sagen, ich habe recht.

DER KLEINE MÖNCH Seit vier Nächten kann ich keinen Schlaf mehr finden. Ich wußte nicht, wie ich das Dekret, das ich gelesen habe, und die Phasen der Venus, die ich gesehen habe, in Einklang bringen sollte. Ich beschloß, heute früh die Messe zu lesen und zu Ihnen zu gehen.

GALILEI Um mir mitzuteilen, daß die Venus keine Phasen hat?

DER KLEINE MÖNCH Nein. Mir selbst ist es gelungen, in die Weisheit des Dekrets einzudringen. Es hat mir die Gefahren aufgedeckt, die ein allzu hemmungsloses Forschen für die Menschheit in sich birgt, und ich habe beschlossen, der Astronomie zu entsagen. Jedoch ist es mir noch daran gelegen, Ihnen die Beweggründe zu unterbreiten, die auch einen Astronomen dazu bringen können, von einem weiteren Ausbau der gewissen Lehre abzustehen.

GALILEI Ich darf sagen, daß mir solche Beweggründe bekannt sind.

DER KLEINE MÖNCH Ich verstehe Ihre Bitterkeit. Sie denken an die außerordentlichen Machtmittel der Kirche. Aber ich möchte andere nennen. Erlauben Sie, daß ich von mir rede. Ich bin als Sohn von Bauern in der Campagna aufgewachsen. Es sind einfache Leute. Sie wissen alles über den Ölbaum, aber sonst recht wenig. Die Phasen der Venus beobachtend, kann ich nun meine Eltern vor mir sehen, wie sie mit meiner Schwester am Herd sitzen und ihre Käsespeise essen. Ich sehe die Balken über ihnen, die der Rauch von Jahrhunderten geschwärzt hat, und ich sehe genau ihre alten abgearbeiteten Hände und den kleinen Löffel darin. Es geht ihnen nicht gut, aber selbst in ihrem Unglück liegt eine gewisse Ordnung verborgen. Da sind diese verschiedenen Kreisläufe, von dem des Staubwischens über den der Jahreszeiten im Ölfeld zu dem der Steuerzahlung. Es ist regelmäßig, was auf sie herabstößt an Unfällen. Der Rücken meines Vaters wird zusammengedrückt nicht auf einmal, sondern mit jedem Frühjahr im Ölfeld mehr, so wie auch die Geburten, die meine Mutter immer geschlechtsloser gemacht haben, in ganz bestimmten Abständen erfolgten. Sie schöpfen die Kraft, ihre Körbe schweißtriefend den steinigen Pfad hinaufzuschleppen, Kinder zu gebären, ja zu essen, aus dem Gefühl der Stetigkeit und Notwendigkeit, das der Anblick des Bodens, der jedes Jahr von neuem grünenden Bäume, der kleinen Kirche und das Anhören der sonntäglichen Bibeltexte ihnen verleihen können. Es ist ihnen versichert worden, daß das Auge der Gottheit auf ihnen liegt, forschend, ja beinahe angstvoll, daß das ganze Welttheater um sie aufgebaut ist, damit sie, die Agierenden, in ihren großen oder kleinen Rollen sich bewähren können. Was würden sie sagen, wenn sie von mir erführen, daß sie sich auf einem kleinen Steinklumpen befinden, der sich unaufhörlich drehend im leeren Raum um ein anderes Gestirn bewegt, einer unter sehr vielen, ein ziemlich unbedeutender. Wozu ist jetzt noch solche Geduld, solches Einverständnis in ihr Elend nötig oder gut? Wozu sind die heiligen Schriften noch gut, die alles erklärt und als notwendig begründet haben, den Schweiß, die Geduld, den Hunger, die Unterwerfung, und die jetzt voll von Irrtümern befunden wurden? Nein, ich sehe ihre Blicke scheu werden, ich sehe sie die Löffel auf die Herdplatte senken, ich sehe, wie sie sich verraten und betrogen fühlen. Es liegt also kein Auge auf uns, sagen sie. Wir müssen nach uns selber sehen, ungelehrt, alt und verbraucht wie wir sind? Niemand hat uns eine Rolle zugedacht außer dieser irdischen, jämmerlichen auf einem winzigen Gestirn, das ganz unselbständig ist, um das sich nichts dreht. Kein Sinn liegt in unserm Elend, Hunger ist eben Nichtgegessenhaben, keine Kraftprobe; Anstrengung ist eben Sichbücken und Schleppen, kein Verdienst. Verstehen Sie da, daß ich aus dem Dekret der Heiligen Kongregation ein edles mütterliches Mitleid, eine große Seelengüte herauslese?

GALILEI Seelengüte! Wahrscheinlich meinen Sie nur, es ist nichts da, der Wein ist weggetrunken, ihre Lippen vertrocknen, mögen sie die Soutane küssen! Warum ist denn nichts da? Warum ist die Ordnung in diesem Land nur die Ordnung einer leeren Lade und die Notwendigkeit nur die, sich zu Tod zu arbeiten? Zwischen strotzenden Weinbergen, am Rand der Weizenfelder! Ihre Campagnabauern bezahlen die Kriege, die der Stellvertreter des milden Jesus in Spanien und Deutschland führt. Warum stellt er die Erde in den Mittelpunkt des Universums? Damit der Stuhl Petri im Mittelpunkt der Erde stehen kann! Um das letztere handelt es sich. Sie haben recht, es handelt sich nicht um die Planeten, sondern um die Campagnabauern.

DER KLEINE MÖNCH Herr Galilei, ich bin Priester.

GALILEI Aber Sie sind auch Mathematiker, Astronom und Sie sehen, die Venus hat Phasen. Welche furchtbare Wahrheit schließt Ihre Schilderung der überwältigenden Mehrheit der Menschen ein! *Laut.* Mensch, soll ich lügen? Soll ich deine Leute anlügen? Da sieh hinaus! *Er zeigt durch das Fenster.* Siehst du dort den kleinen Priap an der Quelle neben dem Lorbeer? Der Gott der Gärten, der Vögel und der Diebe, der bäurische obszöne Zweitausendjährige! Er hat weniger gelogen. Nichts davon, schön, ich bin ebenfalls ein Sohn der Kirche. Aber kennen Sie die achte Satire des Horaz? Ich lese ihn eben wieder in diesen Tagen, er verleiht einiges Gleichgewicht. *Er greift nach einem kleinen Buch.* Er läßt eben diesen Priap sprechen, eine kleine Statue, die in den Esquilinischen Gärten aufgestellt war. Folgendermaßen beginnt es:

»Ein Feigenklotz, ein wenig nützes Holz
War ich, als einst der Zimmermann, unschlüssig
Ob einen Priap machen oder einen Schemel
Sich für den Gott entschied ...«

Meinen Sie, Horaz hätte sich etwa den Schemel verbieten und einen Tisch in das Gedicht setzen lassen? Herr, mein Schönheitssinn wird verletzt, wenn die Phasen der Venus nicht an der Stelle im Bild unserer Welt stehen, wo sie hingehören!

DER KLEINE MÖNCH Das verstehe ich. Aber ...

GALILEI Ich kann nicht Maschinen für das Hochpumpen von Flußwasser erfinden, wenn ich die größte Maschinerie, die mir vor Augen liegt, die der Himmelskörper, nicht studieren soll! Die Winkelsumme im Dreieck kann nicht nach den Bedürfnissen der Kurie abgeändert werden. Die Bahnen fliegender Körper kann ich nicht so berechnen, daß auch die Ritte der Hexen auf Besenstielen erklärt werden!

DER KLEINE MÖNCH Und Sie meinen nicht, daß die Wahrheit – wenn es Wahrheit ist – sich durchsetzt, auch ohne uns?

GALILEI Nein, nein, nein. Es setzt sich nur so viel Wahrheit durch, als wir durchsetzen. Der Sieg der Vernunft kann nur der Sieg der Vernünftigen sein. Eure Campagnabauern schildert ihr ja schon wie das Moos auf ihren Hütten. Wie können Sie annehmen, daß die Winkelsumme im Dreieck je ihren Bedürfnissen widersprechen könnte! Aber wenn sie nicht in Bewegung kommen, werden ihnen auch die schönsten Bewässerungsanlagen nichts nützen. Der Mensch hält Bewegung aus und Trägheit, aber nicht zugleich: weiter als bis hierher! und: bis hierher und nicht weiter! *Er wirft ihm einen Packen Manuskripte hin.* Bist du ein Mathematiker, mein Sohn? Nun, hier stehen die Gründe, warum das Weltmeer sich in Ebbe und Flut bewegt. Aber du sollst es nicht lesen, hörst du? Ach, du liest schon? Du bist also ein Mathematiker?

Der kleine Mönch hat sich in die Papiere vertieft.

GALILEI Ein Apfel vom Baum der Erkenntnis! Er stopft ihn schon hinein. Er ist ewig verdammt, aber er muß ihn hineinstopfen, ein unglücklicher Fresser! Ich denke manchmal, ich ließe mich zehn Klafter unter der Erde in einem Kerker einsperren, zu dem kein Licht mehr dringt, wenn ich dafür erführe, was das ist: Licht. Und das Schlimmste: was ich weiß, muß ich weitersagen. Wie ein Liebender, wie ein Betrunkener, wie ein Verräter. Es ist ganz und gar ein Laster und führt ins Unglück. Wie lang kann ich es in den Ofen hineinschreien, das ist die einzige Frage.

DER KLEINE MÖNCH *zeigt auf eine Stelle in den Papieren:* Diesen Satz verstehe ich nicht.

GALILEI Ich erkläre ihn dir. Ich erkläre ihn dir.

8

DIE INTHRONISATION EINES NEUEN PAPSTES, DER SELBER MATHEMATIKER IST, ERMUNTERT GALILEI ZU NEUEN FORSCHUNGEN. DIE SONNENFLECKEN.

Haus des Galilei in Florenz. Im Studierzimmer ist das Fernrohr, ein größeres nunmehr, mit einem Tuch bedeckt. Galilei spricht zu seinen Schülern, dem kleinen Mönch, einem älteren Gelehrten und Andrea, der jetzt ein junger Mann geworden ist, über das Schwimmen von Körpern. Auf einem Tisch steht ein Gefäß mit Wasser. Daneben liegen ein Eisklotz und eine Eisennadel.
Unten nähen Virginia und Frau Sarti Brautwäsche.

GALILEI Es ist nicht das Ziel der Wissenschaft, der unendlichen Weisheit eine Tür zu öffnen, sondern eine Grenze zu setzen dem unendlichen Irrtum. Eine Hauptursache der Armut in den Wissenschaften ist eingebildeter Reichtum. Die Philosophie ist meist grenzenlos, wüst und unbestimmt, aber die Wahrheit ist beschränkt und im Kleinen enthalten. Die Natur besiegen wir nur, indem wir ihr gehorchen. Was bei der Betrachtung als Ursache gilt, das gilt bei der Ausführung als Regel. Bei einer Betrachtung der kleinen Irrtümer, auf die sich die großen Philosophien aufbauen, kamen wir diesen Sommer auf allerlei Begriffe, die seit den Zeiten des Aristoteles den Fortgang der Wissenschaften hemmen. Da ist das Kalte und das Dünne, das Feuchte und das Längliche, von dem gewisse Leute meinen, wenn sie die Wörter zusammengestellt haben, haben sie eine Welt gebaut. Unser Freund Andrea wird uns eine Unterhaltung wiedergeben, die wir durch eine einfache Demonstration ergänzen werden.

ANDREA Die Unterredung fand statt zwischen Herrn Papazzoni und Herrn Galilei. Herr Papazzoni sagte: das Kalte verdichtet, und verwies auf das Eis, das verdichtetes Wasser sei. Warum nennst du es nicht verdünntes Wasser? fragte Herr Galilei. Verdichtung macht doch schwerer. Aber das Eis ist leichter als das Wasser, denn es schwimmt auf dem Wasser. Herr Papazzoni sagte ...

GALILEI Nachdem er einen Augenblick darüber nachgedacht hatte, was der Aristoteles darüber gesagt hatte ...

ANDREA Nein, das Eis ist schwerer. Es schwimmt, das ist richtig, aber es schwimmt nicht, weil es leichter als Wasser ist, sondern weil es breit und flach ist, so daß es das Wasser nicht zu zerteilen vermag. Aber das stimmt nicht, sagte Herr Galilei, daß eine breite und flache Eisscheibe das Wasser nicht zu zerteilen vermag. Drücke eine solche Scheibe gewaltsam auf den Boden des Gefäßes, und sie steigt sofort wieder in die Höhe, also überwindet sie beim Emporsteigen den Widerstand, den das Wasser der Zerteilung entgegensetzt.

GALILEI *der einiges davon mit dem Eisstück demonstriert hat:* Und ich entwickelte ihm, daß es auf die Form eines Körpers nicht ankommt, sondern darauf, ob er leichter oder schwerer ist als das Wasser. So weit waren wir, als er im Triumph ausrief: woher kommt es dann, daß ein breites und flaches Eisenstück auf dem Wasser zu schwimmen vermag, eine Nadel aber untersinkt? Ihr wißt, das ist das Argument des Aristoteles. Was sagt ihr dazu?

DER KLEINE MÖNCH Vielleicht sinkt sie, weil an ihr weniger Luft Platz hat, als an einer breiten Scheibe?

GALILEI Warum soll an ihr weniger Luft Platz haben?

DER ÄLTERE GELEHRTE Die Schicht Wasser unter ihr ist sehr dünn, sie kann sie weniger leicht tragen.

GALILEI Aber sie selber ist ebenso dünn, da hat sie weniger Gewicht.

ANDREA Haben Sie denn gefunden, warum sie sinkt?

Galilei schüttelt den Kopf.

DER KLEINE MÖNCH *enttäuscht:* So hat der Aristoteles recht?

GALILEI Ich denke nicht. Ich will jetzt etwas machen, was seit langer Zeit nicht gemacht worden zu sein scheint. Ich will die Nadel auf das Wasser legen. *Er tut es.*

ANDREA Aber sie sinkt ja nicht?

GALILEI Nein, sie sinkt nicht.

Gelächter.

ANDREA Sie sinkt nicht und das ist ein Fakt.

VIRGINIA *unten:* Brautwäschenähen ist lustiges Nähen. Das ist für einen langen Gästetisch. Ludovico liebt Gäste. Aber es muß gut sein. Seine Mutter sieht jeden Faden. Sie ist mit Vaters Büchern nicht einverstanden, sowenig wie Pater Christophorus.

FRAU SARTI Immer wenn sie oben lachen, kriege ich einen kleinen Schreck. Worüber lachen sie, denke ich dann.

VIRGINIA Vater sagt: die Theologen haben ihr Glockenläuten und die Physiker haben ihr Lachen.

FRAU SARTI Aber ich bin froh, daß er wenigstens nicht mehr so oft durch sein Rohr schaut. Das war noch schlimmer.

VIRGINIA Jetzt legt er doch nur Eisstücke aufs Wasser, da kann nicht viel Schlimmes dabei herauskommen.

FRAU SARTI Ich weiß nicht.

Eintritt Philippo Mucius, ein Gelehrter in mittleren Jahren. Er zeigt ein etwas verstörtes Wesen.

MUCIUS Könnten Sie Herrn Galilei sagen, daß er mich empfangen muß? Er verdammt mich, ohne mich zu hören.

FRAU SARTI Aber er will Sie doch nicht empfangen.

MUCIUS Gott wird es Ihnen lohnen, wenn Sie ihn darum bitten. Ich muß ihn sprechen.

VIRGINIA *geht zur Treppe:* Vater!

GALILEI Was gibt es?

VIRGINIA Herr Mucius!

GALILEI *brüsk aufstehend, geht zur Treppe, seine Schüler hinter sich:* Was wünschen Sie?

MUCIUS Herr Galilei, ich bitte Sie um die Erlaubnis, Ihnen die Stellen in meinem Buch zu erklären, wo eine Verdammung der kopernikanischen Lehre von der Drehung der Erde vorzuliegen scheint. Ich habe ...

GALILEI Was wollen Sie da erklären? Sie befinden sich in Übereinstimmung mit dem Dekret der Kongregation. Sie sind vollständig in Ihrem Recht. Sie haben zwar hier Mathematik studiert, aber das gibt uns kein Recht, von Ihnen zu hören, daß zwei mal zwei vier ist. Sie haben das volle Recht, zu sagen, daß dieser Stein *er zieht einen kleinen Stein aus der Tasche und wirft ihn in den Flur hinab* soeben nach oben geflogen ist, ins Dach. Sagen Sie nichts von Schwierigkeiten! Ich habe mich von der Pest nicht abhalten lassen, meine Notierungen fortzusetzen. Und ich sage Ihnen: wer die Wahrheit nicht weiß, der ist bloß ein Dummkopf. Aber wer sie weiß und sie eine Lüge nennt, der ist ein Verbrecher! Gehen Sie hinaus aus meinem Haus!

MUCIUS *tonlos:* Sie haben recht. *Er geht hinaus.*

Galilei geht wieder in sein Studierzimmer.

DER ÄLTERE GELEHRTE Das ist leider so. Er ist kein großer Mann und gälte wohl gar nichts, wenn er nicht Ihr Schüler wäre. Aber jetzt sagen sie natürlich: er hat alles gehört, was Galilei zu lehren hatte, und er muß zugeben, es ist alles falsch.

FRAU SARTI Der Herr tut mir leid.

VIRGINIA Vater mochte ihn zu gern.

FRAU SARTI Ich wollte dir gern etwas sagen vor deiner Heirat, Virginia. Du bist noch ein so junges Ding, und eine Mutter hast du nicht, und dein Vater legt diese Eisstückchen aufs Wasser. Jedenfalls würde ich dir nicht raten, ihn irgend etwas in bezug auf deine Ehe zu fragen. Er würde eine Woche lang, und zwar beim Essen und wenn die jungen Leute dabei sind, die schrecklichsten Sachen sagen, da er nicht für einen halben Skudo Schamgefühl hat, nie hatte. Ich meine auch nicht solche Sachen, sondern einfach, wie die Zukunft sein wird. Ich kann auch nichts wissen, ich bin eine ungebildete Person. In eine so ernste Angelegenheit geht man aber nicht blind hinein. Ich meine wirklich, du solltest zu einem richtigen Astronomen an der Universität gehen, damit er dir das Horoskop stellt, dann weißt du, woran du bist. Warum lachst du?

VIRGINIA Weil ich doch dort war.

FRAU SARTI *sehr begierig:* Was sagte er?

VIRGINIA Drei Monate lang muß ich achtgeben, weil da die Sonne im Steinbock steht, aber dann bekomme ich einen äußerst günstigen Aszendenten, und die Wolken zerteilen sich. Wenn ich den Uranus nicht aus den Augen lasse, kann ich jede Reise unternehmen, da ich ein Skorpion bin.

FRAU SARTI Und Ludovico?

VIRGINIA Er ist ein Löwe. *Nach einer kleinen Pause.* Er soll sinnlich sein.

Oben haben die Gelehrten begonnen, Gegenstände abzuwiegen.

ANDREA Ich habe das Buch dieses Fabrizius aus Osteel über die Sonnenflecken gelesen.

GALILEI *mißtrauisch:* So, hast du?

ANDREA Ich glaube nicht, daß es Scharen von Sternen sind, die zwischen der Erde und der Sonne vorüberziehen.

GALILEI Nein?

DER ÄLTERE GELEHRTE In den Briefen des Apelles an Welser in Augsburg steht, sie erscheinen alle fünfzehn Tage. Er hält sie ebenfalls für Sterne.

ANDREA Nein, das sind sie nicht. Ich bin seit zwei Wochen an jedem sonnigen Tag auf den Hausboden geklettert, unter das Schindeldach. Durch die feinen Risse der Schindeln fällt nur ein dünner Strahl. Da kann man das umgekehrte Sonnenbild auf einem Blatt Papier auffangen. Ich habe einen Flecken gesehen, groß wie eine Fliege, verwischt wie ein Wölkchen. Er wanderte. Warum untersuchen Sie die Sache nicht?

GALILEI Weil ich über das Schwimmen von Körpern arbeite. Habt ihr eure Messungen?

ANDREA Wer sich da jetzt draußen hält, dem werden andere zuvorkommen. Denn wenn es Flecken sind, dann kann man damit beweisen, daß auch die Sonne rotiert.

GALILEI Und sein Augenlicht kann man auch verlieren.

ANDREA *böse:* Ja, vielleicht ist es zu gefährlich.

Pause.

DER ÄLTERE GELEHRTE Der Schaden des päpstlichen Dekrets, das den Kopernikus auf den Index gesetzt hat, ist riesig. Die Wissenschaften in den katholischen Ländern gehen zurück. Soll man wirklich schweigen?

GALILEI *mit der Waage arbeitend:* Ich erinnere mich einer kleinen Geschichte. In die Wohnung des kretischen Philosophen Keunos, der wegen seiner freiheitlichen Gesinnung bei den Kretern sehr beliebt war, kam eines Tages während der Gewaltherrschaft ein gewisser Agent, der einen Schein vorzeigte, der von denen ausgestellt war, welche die Stadt beherrschten. Darauf stand, ihm sollte jede Wohnung gehören, in die er seinen Fuß setze; ebenso sollte ihm auch jedes Essen gehören, das er verlange; ebenso sollte ihm auch jeder Mann dienen, den er sähe. Der Agent setzte sich auf einen Stuhl, verlangte Essen, wusch sich, legte sich nieder und fragte, mit dem Gesicht zur Wand, vor dem Einschlafen: wirst du mir dienen? Keunos deckte ihn mit einer Decke zu, vertrieb die Fliegen, bewachte seinen Schlaf und wie an diesem Tage gehorchte er ihm sieben Jahre lang. Aber was immer er für ihn tat: vor einem hütete er sich wohl, das war: auch nur ein Wort zu sagen. Als nun die sieben Jahre um waren und der Agent dick geworden war vom vielen Essen, Schlafen und Befehlen, starb der Agent. Da wickelte ihn Keunos in die verdorbene Decke, schleppte ihn aus dem Haus, wusch das Lager, tünchte die Wände, atmete auf und antwortete: nein.

Die Schüler lachen. Nur Andrea schüttelt den Kopf.

ANDREA Mir gefällt die Geschichte nicht, Herr Galilei.

GALILEI Ich habe es nicht verstanden in Rom, wißt ihr. Ich habe in allen Fingerspitzen diesen Wupp, mit dem man sich überall einschlängeln kann. Aber macht das einmal mit meinen zwei Zentnern!

Lachen.

VIRGINIA Diesen Schritt kenne ich. Das ist der Rektor, Herr Gaffone.

Eintritt Herr Gaffone, der Rektor der Universität.

GAFFONE Ich bringe nur ein Buch zurück. Bitte um des Himmels willen, Herrn Galilei nicht zu stören. Ich kann mir nicht helfen, ich habe immer den Eindruck, daß man jede Minute, die man diesem großen Mann stiehlt, Italien stiehlt. Ich lege das Buch fein säuberlich hierher und gehe weg, auf Fußspitzen. *Ohne den Protest Virginias zu beachten, geht er schnell weg.*

VIRGINIA Sie nehmen alle so sehr Rücksicht auf ihn. In Padua hatte er keine freie Stunde und konnte nicht arbeiten. Wenn er nur nicht wieder mit diesen gefährlichen Entdeckungen anfängt, geht alles gut.

FRAU SARTI Gott sei Lob und Dank, daß unsereins von diesen Sternengeschichten nichts versteht.

VIRGINIA Im Haus des Fischers ißt man nicht Fisch. In Rom hat mir ein sehr hoher geistlicher Herr aber vieles aus der Astronomie erklärt. Die Entfernungen sind zu weit. Vater meint immer, sie wissen dort nichts. Aber sie wissen natürlich alles. *Da Andrea vorbeigeht, eine Kanne Wasser zu holen:* Wie geht es Jessica? Streitet ihr noch immer?

ANDREA *lachend:* Nein, ich habe jetzt herausgebracht, warum sie mich nicht heiraten wollte. Gewissensbisse. Weil die Astronomen unheilige Leute sind, weißt du. Nun, das war natürlich kein schlimmer Abhaltungsgrund. Wir haben wieder zusammengefunden. *Ab nach oben.*

FRAU SARTI Sie weiß, daß sie eine gute Partie macht. Als einfache Handwerkertochter. Die Briefe waren gestern wieder geöffnet. Einer aus Prag war darunter. Ich habe es Andrea gesagt, aber er ist so leichtsinnig und lacht nur. Wenn es nur nicht ist, daß wir von der Behörde beobachtet werden!

VIRGINIA Dazu ist Vater zu berühmt jetzt, denke ich. Sogar Kardinäle schreiben ihm. Da ist die Haustür gegangen.

Herein tritt, im Reisekostüm, Ludovico. Ein Diener trägt ihm Koffer nach.

VIRGINIA *läuft ihm entgegen und fällt ihm um den Hals:* Ludovico! Warum hast du mir nicht geschrieben, daß du kommen willst?

LUDOVICO Ich habe mich ganz schnell entschlossen. Ich muß mit deinem Vater reden!

VIRGINIA Aber es ist nichts Schlimmes?

LUDOVICO Sicher nicht. Ich muß nur mit ihm reden.

FRAU SARTI Ich will ihn gleich holen. Das ist eine große Freude. *Sie läuft hinauf.* Herr Galilei!

GALILEI *herauskommend:* Was ist los? Sind die Hosen wieder zu kurz geraten? *Er sieht unten Virginia in den Armen eines Mannes.* Wer ist das? *Die Hand über den Augen, sieht er scharf hin.*

ANDREA *hinter ihm:* Ludovico. Sehen Sie denn nicht?

GALILEI O ja, Ludovico. Richtig. *Er geht die Treppe hinunter.* Was treibt dich her? Wie ich höre, ist noch nichts fertig.

LUDOVICO Ich wollte mit Ihnen reden. Nein, Virginia, du sollst hierbleiben.

ANDREA *oben zu den andern:* Er sieht jämmerlich schlecht. Seinen Schwiegersohn hat er oben von der Stiege aus nicht erkannt.

GALILEI Was ist also los?

LUDOVICO *unsicher:* Ich bin ganz schnell weggefahren, und unterwegs erschien es mir eigentlich ziemlich dumm. Es war nur ein Gerücht. Sicher ist nicht das Geringste daran.

GALILEI Was für ein Gerücht?

LUDOVICO Schreiben Sie ein Buch über die Sonnenflecken?

GALILEI Ich? Unsinn. Heißt es das? *Ludovico nickt.* Und deshalb hast du die weite Reise gemacht? Das verstehe ich nicht. Und wenn ich ein Buch darüber schriebe?

LUDOVICO Sie schreiben es also nicht? Du, ich bin so froh. *Er küßt Virginia.*

ANDREA *plötzlich an der Treppe erscheinend, strahlend:* Sie sollen wissen, daß ich Sie ausgefunden habe, Herr Galilei. Raten Sie, woran.

GALILEI Halt den Mund! *Ärgerlich zu Ludovico:* Warum bist du da froh? Das ist ja hirnverbrannter Unsinn.

LUDOVICO Das müssen Sie doch verstehen. Man redet doch wieder fortgesetzt von Kopernikus wegen dieser Sonnenflecken. Und ich dachte, Sie werden hoffentlich nicht da hineinverwikkelt. Man hat mir gegenüber schon Andeutungen auf der Universität gemacht.

GALILEI Ach so. Du hast Angst?

LUDOVICO Das müssen Sie doch verstehen.

GALILEI Ja, vielleicht. *Grob.* Also, ich schreibe gar nichts. Siehst du den Tisch mit den Briefen? *Er zeigt auf einen großen Tisch voll von Papieren.* Sie schicken mir aus allen Himmelsgegenden

Waschkörbe von Briefen mit Anfragen, diese Sonnenflecken betreffend. Es ist eine schöne Schande, daß ich sie nicht beantworte. Aber ich arbeite an etwas anderem. Du kannst also ruhig sein.

LUDOVICO Entschuldigen Sie, wenn ich Sie geärgert habe. *Zu Virginia:* Können wir nicht die Hochzeit schon etwas früher ansetzen?

GALILEI Wann ihr wollt. *Will wieder hinauf.*

LUDOVICO *erleichtert, fängt an, Klatsch zu berichten:* Wißt ihr, daß der Heilige Vater im Sterben liegt? Ich habe es erfahren, kurz bevor ich in die Kutsche stieg. Die größten Aussichten, Papst zu werden, hat der Kardinal Barberini.

GALILEI *ist mitten auf der Treppe stehengeblieben:* Was ist das? Und das sagst du erst jetzt? Weißt du, daß ich den Barberini kenne und er mein Freund ist? Andrea! Rotschädel!

Andrea erscheint oben.

GALILEI Der Barberini wird Papst!

DER KLEINE MÖNCH Ist Seine Heiligkeit gestorben?

GALILEI Beinahe! Beinahe! Und der Barberini zieht in den Vatikan! Die Zeit des Schweigens ist vorbei! Nehmt das Tuch vom Rohr und richtet es auf die Sonne!

FRAU SARTI Und dabei ist der alte Papst noch nicht tot! *Sie macht Galilei nach.* »Alles Unheil kommt von der Ungenauigkeit, Frau Sarti.« Fünfzigmal wiegt er seine Eisstückchen ab! Aber was in seinen Kram paßt, das glaubt er blind! Ist Seine Heiligkeit gestorben? Beinahe! Wenn das nicht ein Narr ist!

ANDREA Wollen Sie wirklich mit der Sonnenbeobachtung beginnen?

GALILEI Sofort! Sofort! *Ruhiger.* Und das Bild werfen wir auf einen Schirm, der Augen wegen; das ist deine Methode, Rotschädel.

Sie beginnen die Vorbereitungen dazu.

ANDREA Diesem Fabrizius werden wir es zeigen.

VIRGINIA Vater!

GALILEI Was ist denn?

LUDOVICO Sie sagten doch, Sie wollten in diesen Streit nicht eingreifen!

GALILEI Ach das? Aber das ist doch kein Grund mehr jetzt, sich zurückzuhalten. Barberini ist mein Freund, sei ganz ruhig.

LUDOVICO Wenn er gewählt wird!

GALILEI *ohne darauf einzugehen:* Er hat mir damals recht gegeben in der Jupitersache. Er hat recht, sagte er, seine Jupitermonde sind ein harter Brocken für die Theologen. Wir brauchen Sie, sagte er. Er hat etwas Mathematik gelesen. Jetzt beginnt eine echte Wiedergeburt der Künste und der Wissenschaften, nicht weniger. Es wird keine Furcht mehr geben. Das Wissen wird eine Leidenschaft sein und die Forschung eine Wollust. Was ist das für eine Zeit, wo zu sagen was ist als eine Untat erachtet wird! Ja, das wird man jetzt sagen: was war das für eine Zeit! Wer fürchtet noch die Entdeckungen? wird man fragen. Wer hat Entdeckungen zu fürchten? *Halblaut, schon bei der Arbeit.* Wir werden ein Netz von Meridianen und Parallelkreisen über das Sonnenbild legen und methodisch vorgehen. Und dann werden wir ihnen ihre Briefe beantworten können, wie Andrea?

ANDREA *glücklich:* Ich wußte vorhin, daß Sie mit der Beobachtung schon angefangen haben. Als Sie Ludovico nicht sahen. Das kommt, weil Sie direkt in die Sonne geschaut haben.

GALILEI Ja, ich bin zu ungeduldig. *Er ruft hinunter:* Steh nicht so herum wie ein Grabstein, Ludovico, Mensch, bist du nicht auch jung?

LUDOVICO Herr Galilei, ich teile Ihre Zuversicht nicht. Ich bitte Sie, mir mitzuteilen, ob Sie die Absicht haben, sich an der Diskussion über die neuen Erscheinungen öffentlich zu beteiligen.

GALILEI Aber wie sollte ich denn schweigen können? Sieh dir die Briefe an. Sie wollen in Holland wissen, was ich denke.

ANDREA Auch ich will es wissen, auch ich!

GALILEI Da wird wieder von Sonnendünsten geschwatzt und von Planeten, die die Flecken machen sollen, lauter Unsinn, und ich soll schweigen? Sollen sie sagen, Galilei wagt nicht, den Mund aufzutun? Nach mir sieht man hin, Mensch. Die Erde dreht sich, das bin ich, der das sagt, verstanden? Wenn ich schweige, bleibt sie wieder stehen!

LUDOVICO Virginia, ich liebe dich, ich weiß es. Aber ich kann dich nicht heiraten, wenn es so kommt. Ich besitze kein Vermögen.

ANDREA Vielleicht sollten Sie den jungen Leuten ein wenig helfen, Herr Galilei. Meine Jessica hat ihre Gewissensbisse gut überwunden, aber sie nimmt schließlich nur die Hölle auf sich. Ich weiß nicht, was sie täte, wenn zum Beispiel die Stadtpfarrei bei ihrem Vater, der Silberschmied ist, die Meßgeräte abbestellen würde, solange sie mit mir verkehrt. Solch eine Drohung ist doch weit schlimmer.

GALILEI *geht zu den beiden hinunter, ruhig:* Ludovico, ich weiß nicht, was du von mir willst.

LUDOVICO Sie wissen es. Warum sehen Sie Virginia nicht in die Augen?

GALILEI *lacht ein wenig verlegen, kehrt dann unschlüssig wieder um:* Habt ihr den Schirm?

ANDREA Ja! Kommen Sie?

LUDOVICO Virginia, ich liebe dich und ich liebe deinen Vater, so wie er ist. Aber seine Sache ist nicht die meine, ich verstehe nichts davon und ich habe nicht seinen Mut.

VIRGINIA Du kannst ihm wohl nichts sagen, Vater?

GALILEI *nach oben rufend:* Aber der Spiegel steht ja falsch! *Er rennt hinauf.*

Virginia zieht den Ring von ihrem Finger und gibt ihn Ludovico.

ANDREA Wenn wir eine Rotation der Sonne ...

GALILEI Wenn! Wenn! Wenn! Du sprichst wie ein Dummkopf, Andrea. Ich habe Ochsen zu Schülern. Ochsen, die voller Gier statt der Gräser ihre eigenen Hufe anfressen! Sie haben noch nichts gesehen und schon ziehen sie Folgerungen! *Zornig.* Ich habe nicht vor, zu beweisen, daß ich bisher recht gehabt habe, sondern herauszufinden, ob. Ich sage: laßt alle Hoffnung fahren, ihr, die ihr in die Beobachtung eintretet! Vielleicht sind es Flecken, vielleicht sind es Sterne, aber bevor wir Flecken annehmen, welche uns am meisten gelegen kämen, wollen wir lieber annehmen, daß es Fischschwänze sind! Ja, wir werden alles, ja, alles noch einmal in Frage stellen. Und wir werden nicht mit Siebenmeilenstiefeln vorwärtsgehen, sondern millimeterweise. Und was wir heute finden, werden wir morgen von der Tafel streichen und erst wieder anschreiben, wenn wir es noch einmal gefunden haben. Und was wir zu finden wünschen, das werden wir, gefunden, mit besonderem Mißtrauen ansehen. Also werden wir an die Beobachtung der Sonne herangehen mit dem unerbittlichen Entschluß, den Stillstand der Erde nachzuweisen! Und erst wenn wir gescheitert sind, vollständig und hoffnungslos geschlagen und unsere Wunden leckend, in traurigster Verfassung, werden wir zu fragen anfangen, ob wir nicht doch recht gehabt haben und die Erde sich dreht! *Mit einem Zwinkern.* Sollte uns aber dann jede andere Annahme als diese unter den Händen zerronnen sein, dann keine Gnade mehr mit denen, die nicht geforscht haben und doch reden. *Und während Ludo-*

vico Virginia umarmt und schnell weggeht, legt Galilei Andrea den Arm um die Schulter. Dann werden wir die Dummheit niedertrampeln, wie, mein Junge? Wir werden ihr die Haut abziehen und sie vor uns hertragen. Wir werden mit Blut darauf schreiben: Hütet euch! Das heißt, mit Tinte! Mit Tinte! Welche gefährlicher ist! Endlich wird man diese engstirnigen Köpfe zusammenstoßen, daß sie zerknallen wie Eierschalen. Ja, wir werden grausam sein mit unseren Argumenten. Das wird vielleicht das erste Mal in der Geschichte sein, daß Grausamkeit gegen die Unwissenheit gerichtet wird. Ein historisches Datum!

ANDREA Und werden Sie das Buch über die Weltsysteme schreiben?

GALILEI Ja, und nicht in lateinisch für die wenigen, sondern in florentinisch für die vielen. Denn dieses Buch sollen alle verstehen. Dafür brauche ich Leute, die mit den Händen arbeiten. Denn wer sollte sonst wissen wollen, was die Ursachen der Dinge sind? Die das Brot nur auf dem Tisch sehen, wollen nicht wissen, wie es gebacken wurde. Das Pack dankt Gott, statt dem Bäcker. Aber sie, die das Brot machen, werden verstehen, daß sich nichts bewegt, was nicht bewegt wird. Deine Schwester an der Olivenpresse, Fulganzio, wird sich nicht groß wundern und wahrscheinlich lachen. Und die Bauern, die den Pflug in die Erde drücken und die Weber am Webstuhl, das Volk, das sich jetzt in allen Gassen rührt, alles wird auf die Sonne zeigen und sagen: das ist kein goldenes Adelsschild, sondern ein Hebel. Die Erde bewegt sich, weil die Sonne sie bewegt.

Virginia packt langsam die Wäsche vom Tisch in die Truhe.

ANDREA Ich habe ein Gedicht gemacht, Herr Galilei. Es heißt so:
Die Schrift sagt, sie steht still, und die Doktoren
Beweisen, daß sie stillsteht, noch und noch.
Der Heilige Vater nimmt sie bei den Ohren
Und hält sie fest. Und sie bewegt sich doch.

9
Die kopernikanische Lehre findet Verbreitung im Volk

Gasse in einer italienischen Stadt. Ein Straßensänger und seine Frau singen ein Lied zur Drehorgel. In den Fenstern hören Leute zu und lachen.

DER STRASSENSÄNGER Meine Damen und Herren, wir bringen Ihnen jetzt das neueste Florentiner Lied, das man allenthalben in ganz Oberitalien hört und das wir mit großen Kosten hier importiert haben. Es betitelt sich: »Das Lied von der erschröcklichen Lehre und Meinung des Herrn Hofphysikers Galileo Galilei.«

Sie singen:

Zur Sonne sagte der Herr Galileh
Der große Physikus
Daß sie sich jetzt nicht mehr um die Erd
Als Lampe drehen muß.
Oh je, oh je
Die Sonne fing an, sich um sich selber zu drehn
Statt um Herrn Galileh.

Und von der Stund an, wo die Sonne nicht mehr
Mußt unsere Lampe sein
Ging der Mesner nicht hinterm Pfarrer mehr her
Noch der Lehrling hinterm Meister drein.
Je nun, je nun
Jetzt will sich eben jeder um sich selber drehn
Und sich selber gütlich tun.

Der Maurer, der da ein Haus gebaut
Der zieht nun selber ein.
Und der Holzhacker, der die Bäume haut
Schiebt das Holz in seinen eigenen Ofen rein.
Oh je, oh je
Der Holzhacker hat seiner Frau gesagt
Es friert auch ihn an der Zeh.

Zwei Hausfrauen sah ich am Fischmarkt stehn
Konnt denn das wirklich sein:
Das Fischweib zog einen Brotkipf heraus
Und fraß seinen Fisch allein.
Oh je, oh je
Das Fischweib wollte einmal selber Fisch haben
Das tut ihr gar nicht weh.

Die Mägde bleiben bei den Knechten sitzen
Wenn der Herr vorübergeht.
Der Herr, er sieht mit bassem Erstaunen
Daß sich nichts mehr um ihn dreht.
Je nun, je nun
Die Mägde und die Knechte sind mit sich beschäftigt
Sie haben viel zu tun.

Die Frau: Auch ich bin neulich aus der Reihe getanzt
Ich sagte zu meinem Mann:
Vielleicht, lieber Mann, daß was du kannst
Auch ein anderer Fixstern kann.
Der Mann: Oh je, oh je
Und ich wollte doch immer, daß meine Frau
Sich ausschließlich um mich dreh!

Die Fürsten müssen sich die Stiefel schmieren
Der Kaiser backt sich selber sein Brot.
Die Soldaten gehen auf der Straße spazieren
Und horchen auf kein Gebot.
Je nun, je nun
Viele Hände waren zu viel beschäftigt
Jetzt wollen sie einmal ruhn.

Vertraulich leise.
Die Herren Kardinäle vor der Peterskirche standen
Als der Papst am Fenster erschien
Für die Herren Kardinäle war er nicht vorhanden
Sie hatten keinen Gruß für ihn.
Oh je, oh je
Die Herren küssen sich jetzt die eigenen Füße
Schuld ist Herr Galileh.

Drei Erzengel kamen zu der Erde mit Beschwerden
Sie soll lauter Hosiannah schrein.
Die Erde aber sprach: es gibt ja viele Erden
Warum soll es da ich grad sein?
Je nun, je nun
Wenn es mehr als nur eine Erde gibt
Dann muß eine nicht alles tun.

Während der letzten Strophe ist ein Jesuit über den Platz gekommen. Das Lied hörend, hat er sich geduckt und ist wie ein begossener Pudel weggegangen. Die Leute haben gelacht und jetzt werfen sie Münzen herunter.

Diese Szene kann in eine Ballettszene aufgelöst werden. Im Stil von Brueghels STREIT DES KARNEVALS MIT DEN FASTEN *kann ein Volksfastnachtstreiben gezeigt werden. Nach der ersten Strophe der Moritat kann sich ein Fastnachtszug auf den Platz bewegen, in dem eine* BIBEL *schreitet, die ein Loch bekommen hat, ein Wagen mit einem Globus gezogen wird, auf dem ein Mönch ausgestreckt mit beiden Armen einen abrutschenden* STUHL PETRI *zu halten sucht usw. Dann, vor der letzten Strophe, können der* MOND, *die* SONNE, *die* ERDE *und die Planeten auftreten, die das alte und neue Bewegungssystem im Tanz, zu einer strengen Musik, vorführen.*

10
1633: DIE INQUISITION BEORDERT DEN WELTBEKANNTEN FORSCHER NACH ROM.

Vorzimmer und Treppe im Palast der Medici in Florenz. Galilei und seine Tochter warten, vom Großherzog vorgelassen zu werden. Galilei trägt ein Buch unter dem Arm.

VIRGINIA Es dauert lang.
GALILEI Ja.
VIRGINIA Da ist dieser Mensch wieder, der uns hierher folgte. *Sie weist auf ein Individuum, das vorbeigeht, ohne sie zu beachten, und sich niedersetzt.*
GALILEI Ich kenne ihn nicht.
VIRGINIA Aber ich habe ihn öfter gesehen in den letzten Tagen. Er ist mir unheimlich.
GALILEI Ich fürchte mehr diesen Dummkopf Gaffone, der da kommt. Er wird mich wieder in ein stundenlanges Gespräch verwickeln.
Die Treppe herab kommt Herr Gaffone, der Rektor der Universität. Er erschrickt deutlich, als er Galilei sieht, und geht, den Kopf krampfhaft weggedreht, steif an den beiden vorüber, kaum nickend.

GALILEI Was ist in den gefahren? Meine Augen sind heute wieder schlecht. Hat er überhaupt gegrüßt?

VIRGINIA Kaum. Es ist unverständlich.

GALILEI Er ist sonst einer der schlimmsten Speichellecker.

VIRGINIA Ich weiß nicht, was in deinem Buch steht. Ist es möglich, daß man es für ketzerisch hält?

GALILEI Unsinn. Du hängst zu viel in den Kirchen herum. Das Frühaufstehen und Indiemesselaufen verdirbt deinen Teint. Du betest für mich, wie? *Zu einem Mann, der vorübergeht:* Sie! Galliordo! Galliordo! *Da der Mann hastig weitergeht.* Das ist der Artilleriefeldzeugmeister. Er muß mich gesehen haben. Sonst löchert er mich mit seinen Schmeicheleien. Heut läuft er, als habe er Furcht vor Ansteckung.

VIRGINIA Hat dich der Großherzog überhaupt für heute bestellt?

GALILEI Nein, aber ich habe mich ansagen lassen. Er war außerordentlich eifrig, das Buch zu bekommen. Gib mir deine Schulter! Dieser Galliordo hat mich mit seinem komischen Zirkel, den er um uns machte, zum Teufel, warum eigentlich? auf einen nützlichen Gedanken gebracht. *Er schreibt auf ihrer Schulter etwas auf.* Ich muß einfach eine Hyperbel annehmen, wenn ich ... Da arbeitet man und arbeitet man. Für die Katz. In der letzten Zeit frage ich mich, wie die Gründe sein müssen, mit denen man ihnen beikommen könnte. Vielleicht könnte ich ebensogut Strauchdieben, Wucherern und Meuchelmördern zehn Gründe aufzählen, die ihre Sünden schlechtmachen, und dann hoffen, sie ließen ihr Handwerk. Als ob sie ihr Handwerk nur betrieben, weil sie es für ehrenvoll halten!

EIN JUNGER MANN *der hinter einem Alten die Treppe hoch will:* Oh, Herr Galilei! *Er verbeugt sich tief.*

GALILEI *ihn eifrig ins Gespräch ziehend:* Was machen die Studien, Geronimo? Wie ging es mit den Osterprüfungen?

DER JUNGE MANN In der Geometrie war ich ein wenig schwach, aber in Philosophie ging es. Ich würde Sie so gern einmal wieder...

Der Alte ist halb oben stehengeblieben, hat sich nach ihm umgedreht und mit dem Stock auf den Stein gestoßen.

DER ALTE Komm sofort her, auf der Stelle!

Der junge Mann geht, sich verwirrt verbeugend, die Treppe hinauf.

GALILEI Verdammte Unhöflichkeit. Es dauert auch zu lang. Wir sind vor all diesen gekommen. Fang einen Beamten ab und beschwer dich.

VIRGINIA *von dem Individuum gefolgt, geht, einen Beamten anzusprechen:* Herr Mincio, ist Seine Hoheit verständigt, daß mein Vater ihn zu sprechen wünscht?

DER BEAMTE Wie soll ich das wissen?

VIRGINIA Das ist keine Antwort.

DER BEAMTE Nein?

VIRGINIA Sie haben höflich zu sein!

Der Beamte wendet ihr halb die Schulter zu und gähnt, das Individuum ansehend.

VIRGINIA *zurück:* Er sagt, der Großherzog ist noch beschäftigt.

GALILEI Ich hörte dich etwas von »höflich« sagen. Was war das?

VIRGINIA Ich dankte ihm für seine höfliche Auskunft, nichts sonst. Kannst du das Buch nicht hier zurücklassen? Du verlierst soviel Zeit.

GALILEI Ich fange an, mich zu fragen, was diese Zeit wert ist.

Der florentinische Inquisitor kommt die Treppe herab. Er erwidert die Verbeugung Galileis tief.

GALILEI Der Inquisitor scheint der einzige Mensch zu sein, der seine Höflichkeit bewahrt hat. Aber schließlich sind wir nicht hier, um Höflichkeit in Empfang zu nehmen. Ich bin hier, in diese Stellung, vor Jahren auf allen Vieren hereingekrochen, da man sowo nur durch das niedrigste Einlaßloch, das für die Hunde, hereinkommt, wenn man die Wahrheit oder auch nur einen Brocken davon einschleppen will. Aber es war wohlüberlegt von mir, denn jetzt müssen sie mir Schutz leihen. Irgend etwas ist in der Luft. Wenn ich nicht das Imprimatur der päpstlichen Zensur für mein Buch hätte, würde ich tatsächlich glauben, es ist das Buch. Aber ganz Florenz weiß, daß das Buch von der Zensur genehmigt ist. Der Papst würde jedem Versuch, mir daraus einen Strick zu drehen, ein geharnischtes Nein entgegensetzen. Und der Großherzog ist schließlich mein Schüler. Er würde mich niemals ausliefern.

DER BEAMTE *ruft aus:* Seine Hoheit, der Großherzog!

Cosmo Medici kommt die Treppe herab. Galilei geht auf ihn zu. Cosmo hält ein wenig verlegen an.

GALILEI Ich wollte Eurer Hoheit meine Dialoge über die beiden größten Weltsysteme ...

COSMO Aha. Wie steht es mit Ihren Augen?

GALILEI Nicht zum besten, Eure Hoheit. Wenn Eure Hoheit gestatten, ich habe das Buch ...

COSMO Der Zustand Ihrer Augen beunruhigt mich, wirklich. Er beunruhigt mich. Er zeigt mir, daß Sie Ihr vortreffliches Rohr vielleicht ein wenig zu eifrig benützen, nicht? *Er geht weiter, ohne das Buch entgegenzunehmen.*

VIRGINIA *in großer Aufregung:* Vater, ich fürchte mich. Sie tun dir was!

GALILEI Er hat das Buch nicht genommen. Sie behandeln mich hier schlimmer, als wenn ich die Pest hätte.

EIN HOHER BEAMTER *kommt die Treppe herab:* Herr Galilei, ich habe den Auftrag, Ihnen mitzuteilen, daß der florentinische Hof nicht länger imstande ist, dem Wunsch der Heiligen Inquisition, Sie in Rom zu verhören, Widerstand entgegenzusetzen.

11

Galilei will den Papst bitten, vor einer Entscheidung seine Gründe und Beweise vorbringen zu dürfen

Gemach des Vatikans. Der Papst (Urban VIII.) hat den Kardinal Inquisitor empfangen. Von außen das Trampeln und Schlürfen vieler Füße.

DER PAPST *sehr laut:* Nein! Nein! Nein!

DER INQUISITOR So wollen Eure Heiligkeit Ihren sich nun versammelnden Doktoren aller Fakultäten, Vertreter aller Heiligen Orden und der gesamten Geistlichkeit, welche alle in kindlichem Glauben an das Wort Gottes, niedergelegt in der Schrift, gekommen sind, Eurer Heiligkeit Bestätigung ihres Glaubens zu vernehmen, mitteilen, daß die Schrift nicht länger für wahr gelten könne?

DER PAPST Ich lasse nicht die Rechentafel zerbrechen. Nein!

DER INQUISITOR Daß es die Rechentafel ist und nicht der Geist der Auflehnung und des Zweifels, das sagen diese Leute. Aber es ist nicht die Rechentafel. Sondern eine entsetzliche Unruhe ist in die Welt gekommen. Es ist die Unruhe ihres eigenen Gehirns, die diese auf die unbewegte Erde übertragen. Sie schreien: die Zahlen zwingen uns! Aber woher kommen ihre Zahlen? Jedermann weiß, daß sie vom Zweifel kommen. Diese Menschen zweifeln an allem. Sollen wir die menschliche Gesellschaft auf den Zweifel begründen und nicht mehr auf den Glauben? »Du bist mein Herr, aber ich zweifle, ob das gut ist. Das ist dein Haus und deine Frau, aber ich zweifle, ob es nicht mein sein soll.« Es hat Gott gefallen, den Heiligen Stuhl schweren Prüfungen zu unterwerfen. Eurer Heiligkeit spanische Politik wird von Menschen, denen die Einsicht mangelt, nicht verstanden, das Zerwürfnis mit dem Kaiser bedauert. Seit eineinhalb Jahrzehnten ist Deutschland eine Fleischbank und man zerfleischt sich mit Bibelzitaten auf den Lippen. Und jetzt, wo unter der Pest, dem Krieg und der Reformation die Christenheit zu einigen Häuflein zusammenschmilzt, geht das Gerücht über Europa, daß Sie mit den lutherischen Schweden in geheimem Bündnis stehen, um die katholische Kirche zu schwächen. Und da richten diese Würmer von Mathematikern ihre Rohre auf den Himmel und teilen der Welt mit, daß Sie auch hier, in dem einzigen Raum, den man Ihnen noch nicht bestreitet, schlecht beschlagen sind. Man könnte sich fragen: welch ein Interesse plötzlich an einer so abliegenden Wissenschaft wie der Astronomie! Ist es nicht gleichgültig, wie diese Kugeln sich drehen? Aber niemand in ganz Italien, das bis auf die Pferdeknechte hinab durch das böse Beispiel dieses Florentiners von den Phasen der Venus schwatzt, denkt nicht zugleich an so vieles, was in den Schulen und an anderen Orten für unumstößlich erklärt wird und so sehr lästig ist. Was käme heraus, wenn diese alle, schwach im Fleisch und zu jedem Exzeß geneigt, nur noch an die eigene Vernunft glaubten, die dieser Wahnsinnige für die einzige Instanz erklärt! Sie möchten, erst einmal zweifelnd, ob die Sonne still stand zu Gibeon, ihren schmutzigen Zweifel an den Kollekten üben! Seit sie über das Meer fahren – ich habe nichts dagegen –, setzen sie ihr Vertrauen auf eine Messingkugel, die sie den Kompaß nennen, nicht mehr auf Gott. Dieser Galilei hat schon als junger Mensch über die Maschinen geschrieben. Mit den Maschinen wollen sie Wunder tun. Was für welche? Gott brauchen sie jedenfalls nicht mehr, aber was sollen es für Wunder sein? Zum Beispiel soll es nicht mehr Oben und Unten geben. Sie brauchen es nicht mehr. Der Aristoteles, der für sie sonst ein toter Hund ist, hat gesagt (und das zitieren sie mitunter): Wenn das Weberschifflein von selber webte und der Zitherschläger von selber spielte, dann brauchten allerdings die Meister keine Gesellen und die Herren keine Knechte. Und so weit sind sie jetzt, denken sie. Dieser Mensch weiß, was er tut, wenn er seine astronomischen Arbeiten statt in Latein in der Sprache des Volkes, im Idiom der Fischweiber und Wollhändler verfaßt.

DER PAPST Dieses Geschlurfe macht mich nervös. Entschuldigen Sie, wenn ich immer horche.

DER INQUISITOR Es wird Ihnen vielleicht mehr sagen, als ich es kann, Eure Heiligkeit. Sollen diese alle von hier weggehen, den Zweifel im Herzen?

DER PAPST Schließlich ist der Mann der größte Physiker dieser Zeit, das Licht Italiens. Und nicht irgendein Wirrkopf.

DER INQUISITOR Das ist das einzige Schlimme, Eure Heiligkeit. Wie sollten wir ihm sonst solche Beachtung schenken? Jedermann in Italien muß zugeben, daß wir der Wissenschaft die allergrößte Beachtung schenken.

DER PAPST Aber ich will keine Verurteilung physikalischer Fakten, ich will nicht solche Schlachtrufe wie »Hie Kirche!« und »Hie Vernunft!« Ich habe dem Mann sein Buch erlaubt, wenn er am Schluß die Meinung wiedergibt, daß das letzte Wort nicht die Wissenschaft, sondern der Glaube spricht. Das hat er getan.

DER INQUISITOR Aber wie? In seinem Buch streiten ein dummer Mensch, der natürlich die Ansichten des Aristoteles vertritt, und ein kluger Mensch, der ebenso natürlich die des Kopernikus und Galilei selber vertritt, und die von Ihnen geforderte Schlußbemerkung spricht wer?

DER PAPST Was ist das jetzt wieder? Wer spricht sie also?

DER INQUISITOR Nicht der Kluge.

DER PAPST Das wäre eine Unverschämtheit. Das werde ich ihm sagen. Dieses Getrampel ist unerträglich. Kommt denn die ganze Welt?

DER INQUISITOR Nicht die ganze, aber ihr bester Teil.

VERWANDLUNG

Ein anderes Gemach. Am Fenster Galilei, wartend. Auch hier hört man das Trampeln und Schlürfen unzähliger Füße, der sich versammelnden Kongregation. Im Vordergrund zwei Beamte der Inquisition.

DER ERSTE BEAMTE *halblaut zum zweiten:* Er hat gute Nerven. Er schaut sich alle seine Feinde an.

GALILEI Ich hoffe, daß die Unterredung mit Seiner Heiligkeit noch vor der Sitzung zustande kommt. Sie ist mir deshalb wichtig, weil ich bitten möchte, daß meine Gründe und Beweise untersucht werden, bevor eine Entscheidung getroffen wird. Es ist mir natürlich ganz unmöglich, in einer Frage von solcher Bedeutung für die wissenschaftliche Welt irgendeine Erklärung abzugeben, bevor meine Gründe und Beweise aufs allersorgfältigste gehört und geprüft worden sind. Ich möchte gern einen Schluck Wasser haben.

Der erste Beamte schenkt ihm aus einer Karaffe vom Tisch Wasser ein. Galilei verschüttet es, unsicher danach greifend.

DER ZWEITE BEAMTE *als der erste wieder zurück ist:* Schaut sich seine Feinde an! Sonst nichts! Hast du vergessen, daß er halb blind ist?

GALILEI Es ist doch richtig, daß Seine Heiligkeit mich zu sehen wünscht?

DER ERSTE BEAMTE Sicher.

GALILEI Es ist keine Prüfung?

DER ERSTE BEAMTE Nein.

GALILEI Dann würde ich gern in einem anderen Zimmer warten, wenn es möglich ist.

DER ZWEITE BEAMTE Das ist nicht möglich. Sie werden nicht wollen, daß Seine Heiligkeit kommt, und Sie sind nicht da, weil Sie das Getrampel nicht aushalten können.

Galilei schaut ihn stumpf an.

DER ZWEITE BEAMTE Ja, jetzt dämmert es Ihnen wohl. Was sich da versammelt und was sich da gegen Sie ausspricht, das sind nicht ein paar Leute. Das sind die erleuchtetsten Geister Italiens, die gelehrtesten Gelehrten, die Leuchten aller Universitäten, kurz das sind ALLE.

GALILEI Ja. *Er wendet sich wieder zu seinem Fenster.*

DER ERSTE BEAMTE Es muß für ihn sein, wie es für einen Mann war, der vor der Sintflut einen Frühjahrsschauer erwartete, und dann kam ein Schnürlregen und dann kam ein unendlicher Guß und daraus wurde die Sintflut, nicht?

Ein hoher Beamter erscheint. Galilei dreht sich nach ihm um und verbeugt sich tief. Er denkt, es ist der Papst.

DER HOHE BEAMTE Hat der Mensch gespeist?

DER ERSTE BEAMTE Es ist ihm eine reichliche Mahlzeit vorgelegt worden.

DER HOHE BEAMTE Die Sitzung nachher kann lange dauern. *Ab. Galilei hat sich verwirrt aufgerichtet.*

GALILEI Meine Herren, ich kenne Seine Heiligkeit persönlich, da ich ihm einmal beim Kardinal Bellarmin begegnet bin. Aber da mein Augenlicht zu wünschen übrigläßt, muß ich Sie bitten, wenn er kommen sollte, mich zu unterrichten.

DER ERSTE BEAMTE Soll geschehen, obgleich Sie uns auch keinen Gefallen erweisen und nicht anständig essen.

GALILEI Da der Herr, der eben da war, das Wort »nachher« gebrauchte, als er von der heutigen Sitzung der Inquisition sprach, scheint es ja gewiß zu sein, daß Seine Heiligkeit mich vorher zu sprechen wünscht?

Der erste Beamte zuckt die Achseln.

GALILEI Sagten Sie etwas?

DER ERSTE BEAMTE Ich zuckte die Achseln.

12

GALILEO GALILEI WIDERRUFT VOR DER INQUISITION AM 22. JUNI 1633 SEINE LEHRE VON DER BEWEGUNG DER ERDE

Im Palast des florentinischen Gesandten in Rom. Galileis Schüler warten auf Nachrichten. Der kleine Mönch und der ältere Gelehrte spielen mit weiten Bewegungen das neue Schach. In einer Ecke kniet Virginia und betet den Englischen Gruß.

DER KLEINE MÖNCH Der Papst hat ihn nicht empfangen. Es ist alles aus.

DER ÄLTERE GELEHRTE Er war seine letzte Hoffnung. Es war wahr, was er ihm damals vor Jahren in Rom sagte, als er noch der Kardinal Barberini war: wir brauchen ihn.

ANDREA Sie werden ihn töten.

DER ÄLTERE GELEHRTE *sieht ihn verstohlen an:* Meinst du?

ANDREA Da er niemals widerruft.

Pause.

DER KLEINE MÖNCH Man verbeißt sich immer in einen ganz nebensächlichen Gedanken, wenn man nachts wach liegt. Heute nacht zum Beispiel dachte ich immerfort: er hätte nie aus der Republik Venedig weggehen dürfen.

ANDREA Da konnte er sein Buch nicht schreiben.

DER ÄLTERE GELEHRTE Und in Florenz konnte er es nicht veröffentlichen.

Pause.

DER KLEINE MÖNCH Ich dachte auch, ob sie ihm wohl seinen kleinen Stein ließen, den er immer in der Tasche mit sich herumträgt. Seinen Beweisstein.

DER ÄLTERE GELEHRTE Dahin, wo sie ihn hinführen werden, geht man ohne Taschen.

ANDREA *aufschreiend:* Das werden sie nicht wagen. Und selbst wenn sie es ihm antun, wird er nicht widerrufen. »Wer die Wahrheit nicht weiß, ist bloß ein Dummkopf. Aber der sie weiß und sie eine Lüge nennt, ist ein Verbrecher.«

DER ÄLTERE GELEHRTE Ich glaube es auch nicht, und ich möchte nicht mehr leben, wenn er es täte. Aber sie haben die Gewalt.

ANDREA Man kann nicht alles mit Gewalt.

DER ÄLTERE GELEHRTE *leise:* Er ist gestern zum großen Verhör gewesen. Und heute ist die Sitzung.

DER KLEINE MÖNCH *da Andrea herhört, laut:* Als ich ihn zwei Tage nach dem Dekret hier besuchte, saßen wir dort drüben, und er zeigte mir den kleinen Priapgott draußen im Garten, ihr könnt ihn sehen von hier, und er verglich sein Werk mit einem Gedicht des Horaz, in dem man auch nichts ändern kann. Er sprach von seinem Schönheitssinn, der ihn zwinge, die Wahrheit zu suchen. Und er erwähnte das Motto: hieme et aestate, et prope et procul, usque dum vivam et ultra. Und er meinte die Wahrheit.

DER ÄLTERE GELEHRTE Wieviel Uhr ist es?

DER KLEINE MÖNCH *geht zum Fenster, um auf die Uhr im Garten zu schauen:* Es ist gleich fünf Uhr.

ANDREA *bei dem älteren Gelehrten stehenbleibend:* Er ist ja wie ein Berg, unverrückbar. *Zu dem kleinen Mönch:* Hast du ihm erzählt, wie er im Collegium Romanum stand, während sie sein Rohr prüften? Erzähl es! *Der kleine Mönch schüttelt den Kopf.* Er benahm sich ganz wie gewöhnlich. Er hatte beide Hände auf seinen Schinken, streckte den Bauch heraus und sagte: ich bitte um Vernunft, meine Herren! *Er macht lachend Galilei nach.*

Pause.

ANDREA *über Virginia:* Sie betet, daß er widerrufen möge.

DER ÄLTERE GELEHRTE Laß sie. Sie ist ganz verwirrt, seit sie mit ihr gesprochen haben. Sie haben ihren Beichtvater von Florenz hierherkommen lassen.

Pause.

ANDREA *plötzlich laut:* Was er mit seinen Augen gesehen hat, können sie ihm nicht ausreden. Der Mond ist eine Erde und hat kein eigenes Licht. Und so hat die Venus kein eigenes Licht und ist wie die Erde und läuft um die Sonne. Und es drehen sich vier Monde um das Gestirn Jupiter, das sich in der Höhe der Fixsterne befindet und an keiner Schale befestigt ist. Und die Sonne ist das Zentrum der Welt und unbeweglich an ihrem Ort und die Erde ist nicht Zentrum und nicht unbeweglich. Und er ist es, der es uns gezeigt hat.

Pause.

ANDREA Denn die alte Zeit ist herum und es ist eine neue Zeit. Die Dichter sagen: O Frühe des Beginnens! O Hauch des Windes, der von neuen Küsten kommt! Und mit Gewalt kann man nicht ungesehen machen, was gesehen wurde.

Ein Diener der Gesandtschaft, ein alter Mann, ist eingetreten.

DER ÄLTERE GELEHRTE Weiß man etwas Neues?

DER DIENER *leise und aufgeregt:* Es heißt oben, man erwartet, daß Herr Galilei um fünf Uhr in einer Sitzung der Inquisition widerrufen wird. Es wird die große Glocke von Sankt Markus geläutet und der Wortlaut dann öffentlich verkündet werden. *Ab.*

ANDREA *wild:* Ich glaube es nicht!

DER ÄLTERE GELEHRTE *geht zum Fenster:* Fünf Uhr, das ist in zwei Minuten.

Virginia betet lauter.

ANDREA Ich kann nicht mehr warten, ihr! Sie enthaupten die Wahrheit! *Er hält sich die Ohren zu.*

Auch die beiden andern verstopfen sich die Ohren. Der ältere Gelehrte tritt zu dem kleinen Mönch. Dann stehen alle vollkommen still, in verkrampften Haltungen.

Aber es geschieht nichts. Keine Glocke ertönt. Nach einer Pause, ausgefüllt durch das murmelnde Beten Virginias, läuft der ältere Gelehrte zum Fenster, nach der Uhr zu sehen. Er wendet sich mit merkwürdig verändertem Gesicht um. Er schüttelt den Kopf verneinend. Die andern lassen die Hände sinken.

DER ÄLTERE GELEHRTE *heiser:* Nein. Keine Glocke. Es ist drei Minuten über fünf.

DER KLEINE MÖNCH Er hat nicht ...?

ANDREA Er widersteht! O wir Glücklichen!

DER KLEINE MÖNCH Er widerruft nicht!

DER ÄLTERE GELEHRTE Nein.

Sie umarmen sich. Sie sind überglücklich.

ANDREA Also: es geht nicht mit Gewalt! Sie kann nicht alles! Also: was gesehen ist, kann man nicht ungesehen machen! Also: die Torheit wird besiegt, sie ist nicht unverletzlich! Also: der Mensch fürchtet den Tod nicht!

DER ÄLTERE GELEHRTE Jetzt beginnt wirklich die Zeit des Wissens. Dies ist ihre Geburtsstunde. Bedenkt, wenn er widerrufen hätte!

DER KLEINE MÖNCH Ich sagte es nicht, aber ich war voll Sorge. Ich Kleingläubiger!

ANDREA Ich aber wußte es.

DER ÄLTERE GELEHRTE Als ob es am Morgen wieder Nacht würde, wäre es gewesen.

ANDREA Als ob der Berg gesagt hätte: ich bin ein Wasser.

DER KLEINE MÖNCH *kniet nieder, weinend:* Herr, ich danke dir!

ANDREA Aber es ist alles verändert heute! Der Mensch hebt den Kopf, der gepeinigte, und sagt: ich kann leben. So viel ist gewonnen, wenn einer ein Nein sagt!

In diesem Augenblick beginnt die Glocke von Sankt Markus zu dröhnen. Alle stehen erstarrt.

VIRGINIA *steht auf:* Die Glocke von Sankt Markus! Er ist nicht verdammt!

Von der Straße herauf hört man den Ansager den Widerruf Galileis verlesen.

STIMME DES ANSAGERS »Ich, Galileo Galilei, Lehrer der Mathematik und der Physik in Florenz, schwöre ab, was ich gelehrt habe, daß die Sonne das Zentrum der Welt ist und an ihrem Ort unbeweglich, und die Erde ist nicht Zentrum und nicht unbeweglich. Ich schwöre ab, verwünsche und verfluche mit redlichem Herzen und nicht erheucheltem Glauben alle diese Irrtümer und Ketzereien, sowie überhaupt jeden anderen Irrtum und jede andere Meinung, welche der Heiligen Kirche entgegen ist.«

Es wird dunkel.

Wenn es wieder hell wird, dröhnt die Glocke noch, hört dann aber auf. Virginia ist hinausgegangen. Galileis Schüler sind noch da.

ANDREA *laut:* Unglücklich das Land, das keine Helden hat!

Eingetreten ist Galilei, völlig, beinahe bis zur Unkenntlichkeit, verändert durch den Prozeß. Er hat den Satz Andreas gehört. Einige Augenblicke wartet er an der Tür auf eine Begrüßung. Da keine erfolgt, denn die Schüler weichen vor ihm zurück, geht er, langsam und seines schlechten Augenlichts wegen unsicher, nach vorn, wo er einen Stuhl findet und sich niedersetzt.

ANDREA Ich kann ihn nicht ansehen. Er soll weg.

DER ÄLTERE GELEHRTE Beruhige dich.

GALILEI *ruhig:* So gebt ihm doch ein Glas Wasser!

Der kleine Mönch holt Andrea von draußen ein Glas Wasser. Niemand beschäftigt sich mit Galilei, der stumm und horchend auf seinem Stuhl sitzt. Von weitem hört man wieder die Stimme des Ansagers.

ANDREA Ich kann schon wieder gehen, wenn ihr mir ein wenig helft.

Sie führen ihn zur Tür. In diesem Augenblick beginnt Galilei zu sprechen.

GALILEI Nein. Unglücklich das Land, das Helden nötig hat.

13

1633-1642: ALS GEFANGENER DER INQUISITION SETZT GALILEI BIS ZU SEINEM TODE SEINE WISSENSCHAFTLICHEN ARBEITEN FORT. ES GELINGT IHM, SEINE HAUPTWERKE AUS ITALIEN HERAUSZUSCHMUGGELN.

Landhaus in der Nähe von Florenz, wo Galilei als Gefangener der Inquisition lebt. Ein riesiger Tisch, ein Lederstuhl, ein kleines Bett.

Galilei ist nun alt und krank und bewegt sich wie ein Blinder.

VIRGINIA *kommt mit einem Teller, bindet Galilei eine Serviette um und füttert ihn:* So, jetzt essen wir unsere gute Suppe und verschütten nicht den kleinsten Löffel. Denn wir sollen ja ärztliche Visite haben, den guten Doktor Busciate aus Florenz. Und dann dürfen wir nicht vergessen, den Brief zu schreiben und uns beim Pater Inquisitor zu bedanken, daß er uns, ist die Suppe auch nicht zu heiß? den lieben Doktor haben läßt.

Galilei ißt schweigend und folgsam. Virginia nimmt den Teller und geht zur Tür. Sie öffnet die Tür, aber dann macht sie sie in einem Laut zu und wieder auf, ohne hinauszugehen. Vielmehr bleibt sie stehen und beobachtet ihren Vater.

Galilei ist aufgestanden und zum Schreibtisch gegangen. Er hat sich gesetzt und will zu kritzeln beginnen, als er plötzlich unruhig den Kopf hebt und mißtrauisch nach der Tür blickt. Er hat die Zugluft gemerkt.

GALILEI Hast du den Hafner bestellt, Virginia? Der Kamin ist immer noch nicht in Ordnung.

Virginia antwortet nicht. Lautlos schlüpft sie hinaus und schließt lautlos hinter sich die Tür. Galilei kritzelt weiter.

DER BEAMTE *im Vorraum:* Nun?

VIRGINIA Es ist, wie ich Ihnen sagte und wie ich auch Pater Anselmo sagte. Er kritzelt, aber das bekomme ich alles zu Gesicht. *Sie reicht ihm ein Blatt, das sie im Vorbeigehen vom Tisch genommen hat.*

DER BEAMTE *studiert es:* Was soll das? Es ist ja übereinandergekritzelt.

VIRGINIA Weil ich ihm ein schon beschriebenes hingelegt habe. Er sieht doch nichts mehr. Seine UNTERREDUNGEN ÜBER ZWEI WISSENSCHAFTEN diktiert er mir. Wir sind auf Seite 134, Sie haben Seite 131 und 132 bekommen.

DER BEAMTE Aber es ist nahezu sicher, daß von hier Manuskripte herausgeschmuggelt werden. Schon die DIALOGE ÜBER DIE ZWEI GRÖSSTEN WELTSYSTEME sind von hier nach Holland geschmuggelt worden, vergessen Sie das nicht. Und jetzt ist wieder ein Brief nach Straßburg abgefangen worden, in dem ein Manuskript angemeldet wird. Es muß schon draußen sein. Wer hat es hinausgebracht?

Herein ein großer, breiter Mann, der Hafner. Er trägt Werkzeug.

DER HAFNER Hier ist der Passierschein. Wenn ich zum Abendessen in Florenz sein will, muß ich Druck hintersetzen.

VIRGINIA *läßt ihn hinein:* Der Hafner, Vater. *Wieder hinaus.*

DER HAFNER Besser mit den Augen, Herr Galilei? *Leise.* Sie sind hinter uns her. Villagio ist verhaftet.

GALILEI Nicht sehr viel besser. *Leise.* Hatte er das Buch bei sich?

DER HAFNER *leise:* Nein. Ich habe es zurückgebracht. *Laut.* Es wird langsam Winter. Da sollte der Kamin in Ordnung sein.

GALILEI Ja, es zieht sehr. *Leise.* Warum zurück?

DER HAFNER *leise:* Sie wissen, es ist draußen, suchen es also hier nicht. *Laut.* Wir hätten doch, wie ich sagte, nicht nur die paar eingesunkenen Steine, sondern den ganzen oberen Schacht neu mauern sollen, Herr Galilei. *Leise.* Wohin soll ich es legen?

GALILEI Machen Sie, was Sie für nötig halten. Ich kann keine Zugluft aushalten. *Leise.* Geben Sie es mir.

DER HAFNER *gibt ihm ein Buch in blauem Umschlag. Leise:* Das ist das dritte Mal, daß ich es Ihnen zurückbringen muß. Ist es sehr schlimm?

Es klopft draußen.

GALILEI *steht, gehetzt, mit den Blättern:* Wohin lege ich es jetzt?

DER HAFNER *leise:* Wo hatten Sie es früher?

Galilei legt es in einen großen Globus, der auf einem Holzfuß steht und halbiert ist.

Draußen wird der Arzt, Herr Busciate, eingelassen.

DER BEAMTE Wir müssen feststellen, ob er nicht doch noch sieht. Er muß wieder geschrieben haben.

DER ARZT Unmöglich. *Er geht hinein mit Virginia.*

VIRGINIA Der Doktor Busciate, Vater. *Zum Hafner:* Was fehlt dem Kamin noch?

DER HAFNER Es ist alles faul oben, wie ich gleich sagte. Ich kann gar nichts machen ohne neue Ziegel. Ich komme Donnerstag wieder, wenn ich einen Einlaßschein bekomme. Guten Abend, Herr Galilei, wie gesagt, es liegt nicht an mir.

GALILEI Sicher nicht. Sicher nicht.

DER ARZT Da wollen wir also wieder einmal nach den Augen sehen, Herr Galilei.

GALILEI Sie sind sehr schlecht.

DER ARZT *untersucht, während der Beamte den Hafner hinausläßt:* Haben Sie in der letzten Zeit viel geschrieben?

GALILEI Ich schreibe ab und zu ein paar Notizen auf, die mir meine Tochter vorliest. Meine wissenschaftlichen Arbeiten diktiere ich ihr.

DER ARZT *nimmt ein Blatt vom Tisch und hält es ihm vor:* Können Sie das sehen?

GALILEI Nein. Ich sehe nichts.

DER ARZT Dann sind Ihre Augen noch schlechter geworden.

VIRGINIA Den Umriß hast du doch das letzte Mal noch gesehen.

GALILEI Vielleicht war es heller im Zimmer. Es wird Winter.

DER ARZT Haben Sie nicht doch geschrieben?

GALILEI Nein. Dazu sind sie zu schlecht. Werde ich ganz blind?

VIRGINIA Gott ist barmherzig, Vater.

DER ARZT *das Blatt zurücklegend:* Sie dürfen nicht mehr schreiben. Guten Abend. *Er geht mit Virginia hinaus.*

Galilei geht schnell an den Globus. Man sieht, daß er nicht gut sehen kann, aber besser als er vorgibt. Er prüft mit einem Ausdruck der Furcht die Blätter und untersucht, ob der Globus gut schließt.

DER BEAMTE Sieht er oder sieht er nicht?

DER ARZT *zuckt die Achseln:* Ich weiß nicht, ich denke: sehr wenig, aber er ist sehr klug. Ich schicke meinen Rapport ein.

VIRGINIA Man tut ihm unrecht. Ich weiß, daß seine Reue echt ist. Und daß er nichts tut gegen die Vorschriften. Ich beobachte ihn.

Der Arzt geht. In der Tür trifft er auf einen Bauern, der zwei gerupfte Gänse bringt.

DER BAUER Ich soll die abgeben.

VIRGINIA Von wem? Ich habe keine Gänse bestellt.

DER BAUER Ich soll sagen: von einem Durchreisenden. *Ab.*

Virginia betrachtet sie erstaunt. Der Beamte nimmt sie ihr aus der Hand und untersucht sie mißtrauisch, gibt sie dann beruhigt zurück, worauf Virginia sie Galilei hineinbringt, sie an den Hälsen fassend.

VIRGINIA Was ist?

GALILEI *der hastig vom Globus weggetreten ist:* Nichts.

VIRGINIA Ein Durchreisender hat ein Geschenk abgeben lassen.

GALILEI Was ist es?

VIRGINIA Zwei Gänse.

GALILEI Ist der Name dabei?

VIRGINIA Nein.

GALILEI Verstehe ich nicht.

VIRGINIA Warum sollte dir niemand mehr Geschenke schicken? Es kommen doch auch Bücher.

GALILEI *nimmt ihr eine aus der Hand:* Schwer. Wir werden morgen eine essen. Gib Thymian zu und Äpfel.

Sie nimmt sie wieder und trägt sie hinaus, worauf sie zurückkehrt.

VIRGINIA Was denkst du?

GALILEI Nichts Besonderes. Wer mir die Gänse geschickt haben kann.

VIRGINIA Irgend jemand, der dich schätzt. Willst du noch an den Korrekturen arbeiten?

GALILEI Ja. Ich will die Stelle aus der Einleitung hören. Die kleine Erörterung, die der Untersuchung der Frage vorausgeht, warum zu große Maschinen leicht zerbrechen.

VIRGINIA Diese Stelle hast du schon mehrmals gehört.

GALILEI Ich frage mich, ob sie verstehbar ist.

VIRGINIA Sie ist sehr leicht. *Sie liest.* »Nach einiger Überlegung fällt der die Wahrheit verhüllende Schleier, und einfach und nackt erblicken wir ihre schöne Gestalt. Ist es nicht klar, daß ein Pferd, welches drei oder vier Ellen hoch herabfällt, sich die Beine brechen kann, während ein Hund keinen Schaden erlitte, desgleichen eine Katze selbst von acht oder zehn Ellen Höhe, ja eine Grille von einer Turmspitze und eine Ameise, wenn sie vom Monde herabfiele? Und wie kleinere Tiere verhältnismäßig kräftiger und stärker sind als die großen, so halten sich die kleinen Pflanzen besser: und nun glaube ich, verstehen Sie, meine Herren, daß eine zweihundert Ellen hohe Eiche ihre Äste in voller Proportion mit einer kleinen Eiche nicht halten könnte und daß die Natur ein Pferd nicht so groß wie zwanzig Pferde werden lassen kann, noch einen Riesen von zehnfacher Größe, außer durch Veränderungen der Proportionen aller Glieder, besonders der Knochen, die weit über das Maß einer proportionellen Größe verstärkt werden müssen. – Die gemeine Annahme, daß große und kleine Maschinen gleich ausdauernd seien, ist offenbar irrig.«

Pause.

GALILEI Ich frage mich, ob diese Stelle wirklich verstanden wird.

VIRGINIA *wieder wie zu einem Kind:* Sicher, man versteht es. Alles ist ganz klar, auch der Pater Ludovico sagt, es ist alles ganz klar.

Pause. Dann klopft es und der Beamte läßt Andrea in den Vorraum ein. Er ist jetzt ein Mann in mittleren Jahren.

VIRGINIA Die Tür ist gegangen.

Sie geht hinaus und gibt Andrea fremd die Hand.

ANDREA Ich verlasse Florenz, um in Holland wissenschaftlich zu arbeiten, und bin gebeten worden, ihn aufzusuchen, damit ich von ihm berichten kann.

VIRGINIA Ich weiß nicht, ob er dich sehen will. Du bist nie gekommen.

ANDREA Frag ihn.

GALILEI *hat Andreas Stimme gehört und ist herausgelaufen:* Bist du das, Andrea?

ANDREA Ja.

GALILEI Du bist willkommen! Du bist willkommen! Laßt mich allein mit ihm!

VIRGINIA *geht mit hinein:* Ich will auch hören, was er erzählt.

ANDREA *kühl:* Wie geht es Ihnen?

GALILEI Setz dich. Was machst du? Erzähle von deiner Arbeit!

ANDREA *setzt sich:* Ich gehe nach Holland. Aber Bernegger in Straßburg hat mir aufgetragen, mich nach Ihrem Befinden zu erkundigen.
Pause.

GALILEI Ich befinde mich gut. Man schenkt mir große Aufmerksamkeit. Und das nicht nur von seiten der Behörden. *Er klopft auf den Busch.* Durchreisende geben Gänse ab.

ANDREA *steif:* Es freut mich, berichten zu können, daß Sie sich wohl befinden.

GALILEI Ja, man schenkt mir große Aufmerksamkeit. – Durch die Tiefe meiner Reue habe ich mir die Gunst meiner Oberen so weit erhalten können, daß mir in bescheidenem Umfang wissenschaftliche Arbeiten unter geistlicher Kontrolle gestattet werden konnten.

ANDREA *verbissen:* Auch wir hörten, daß die heilige Kirche mit Ihnen zufrieden ist. Ihre völlige Unterwerfung hat die allzu eifrigen und ohne Rücksicht auf die kirchlichen Dogmen der Wissenschaft dienenden Geister darüber belehrt, daß man nicht forschen soll, wenn es von den Oberen nicht gewünscht wird. Es wird versichert, daß die Oberen mit Genugtuung festgestellt haben, daß kein Werk mit neuen Behauptungen mehr veröffentlicht wurde, seit Sie sich unterwarfen.

GALILEI *mühsam:* Leider gibt es Länder, die sich der Obhut der Kirche entziehen. Ich fürchte, daß die irrtümlichen und verurteilten Lehren dort wenigstens weiter gefördert werden.

ANDREA Auch dort trat infolge Ihres Widerrufs ein für die Kirche erfreulicher Rückschlag ein. Ihr Name ist auf den Lippen aller derer, die in dem ungehemmten Fortschritt der Naturwissenschaften eine Bedrohung der allgemeinen Ordnung sehen.

GALILEI Ich verstehe. *Pause.* Ich bin in Sorge einiger wissenschaftlicher Freunde wegen, die ich auf die Bahn des Irrtums geleitet habe. Sind sie durch meinen Widerruf belehrt worden?

ANDREA Ihre Person betreffend wurde eine Zeitlang viel disputiert. Einige Ihrer früheren Freunde bestanden darauf, Sie hätten widerrufen der Dienste wegen, die Sie der Physik, am Leben bleibend, noch erweisen zu können hofften. Solcher Werke wegen, die nur Sie schreiben konnten.

GALILEI *barsch:* Solche Werke gibt es nicht.

ANDREA So war dies nicht Ihr Beweggrund?

GALILEI Kurz nach meinem Prozeß haben mich einige Leute, die mich von früher kannten, mit einer gewissen Nachsicht behandelt, indem sie mir allerlei hochgesinnte Absichten unterschoben. Ich habe das abgelehnt. Ich sah darin lediglich vermindertes Urteilsvermögen, hervorgerufen dadurch, daß sie mich physisch stark verändert fanden. Nach sorgfältiger Erwägung aller Umstände, der entschuldigenden wie der andern, kann man nicht der Meinung sein, daß jemand aus irgendeinem andern Grunde zu einem solchen – Gehorsam finden könnte, als aus einer zu großen Furcht vor dem Tode. *Pause.* Damit leugne ich nicht *zu Virginia hin* die tiefe Reue, die ich als Sohn der Kirche verspürte, als die Oberen mich durch die gewichtigsten aller Argumente von meinem Irrweg überzeugten. Nicht weniger als die Bedrohung mit dem Tode ist für gewöhnlich nötig, einen Menschen von dem abzubringen, zu was ihn sein Verstand gebracht hat, diese gefährlichste aller Gaben des Allmächtigen. Ich begriff übrigens durchaus, daß nur noch die Hölle auf mich wartete, die ja, wie der Dichter berichtet, von jenem Volk bewohnt wird, das die Gabe des Intellekts verspielt hat und das also ohne Hoffnung ist.

ANDREA Viele erinnern sich auch jetzt noch, daß Sie damals, einiger Notierungen wegen, zur Pestzeit in der Stadt geblieben sind.

GALILEI Oh, die Pest ist nicht so tödlich. Die Lebewesen, die sie verursachen, begehen Fehlgriffe. Aber sprechen wir von anderem. Sicher, die Physik und die Astronomie vermögen über meinen Fall zur Tagesordnung überzugehen.

ANDREA Bestimmt, nach einer Weile.

GALILEI Freilich, bis dahin, wer sollte noch für diese kühnen neuen Lehren sprechen, nachdem ich, eine ihrer Autoritäten, sie der Lüge geziehen habe? Sie scheinen ganz aus der Welt. Nichts mehr spricht für sie, ausgenommen einige Fakten. *Er hat angefangen, mit einem kleinen, aus der Tasche gezogenen Stein zu spielen.* Ich kann ihn nicht mehr sehen. *Er läßt ihn auf den Boden fallen und bückt sich danach.* Jedoch höre ich ihn noch beim Niederfallen. Das Phänomen der Autorität ist ein schwieriges. Ich frage mich, wann die Wissenschaft ohne Autorität auskommen wird können. In der Frage der schwimmenden Körper dauerte die Autorität des Archimedes zum Beispiel sehr kurz, obwohl er die Wahrheit gelehrt hat. Aber die des Aristoteles, der die Unwahrheit lehrte, dauerte zweitausend Jahre. Autorität und keine Wahrheit gehören wohl zusammen und ebenso gehören zusammen: Wahrheit und keine Autorität.

ANDREA Wie Sie andeuteten, mag die Physik sich weiter behelfen. Aber viele sahen auf Ihre astronomischen Bemühungen, die ihren täglichen Geschäften so fern lagen, mit Eifer, weil man glaubte, Sie kämpften dafür, daß die Autorität von Menschen auf Meinungen und von Meinungen auf Fakten übertragen würde. Sie sagten, daß es Ihnen lange, während Sie dies und das lehrten, weniger darauf angekommen sei, wie nun gerade diese Weltkugeln und welche von ihnen sich drehten ...

VIRGINIA Davon darf nicht gesprochen werden.

ANDREA ... sondern darauf, daß davon gesprochen werden durfte. Auch, ob nicht Zweifel gut sei und ob nicht verfochten werden sollte, was Gründe und Beweise für sich hat. So daß viele Ihnen allenthalben mit Auge und Ohr folgten, in dieser Meinung, Sie ständen nicht nur für eine bestimmte Lehre von der Bewegung der Gestirne, sondern, und mehr noch, für die Freiheit des Lehrens und für diese auf allen Gebieten. Nicht also nur für irgendwelche Gedanken, sondern für das Recht zu denken überhaupt. Welches bestritten wird. Als diese Sie nun widerrufen hörten, was Sie gesagt hatten, schienen ihnen nicht nur bestimmte Gedanken über Gestirnbewegungen in Verruf gebracht, sondern das Denken selber, welches für unheilig angesehen wird, da es mit Gründen und Beweisen operiert.

VIRGINIA Aber es ist nicht wahr, daß die Oberen die Wissenschaften verboten haben, wie man jetzt sagt. Pater Philippo sagt, daß die Kirche die großen Erfindungen und Entdeckungen meines Vaters sogar in die Lehrbücher aufnehmen wird. Nur die Theologie, welche eine ganz andere Wissenschaft ist, soll er nicht in ihren Meinungen angreifen.

GALILEI Ich habe mir in freien Stunden, deren ich viele habe, überlegt, wie in den Augen der wissenschaftlichen Welt, der ich ja nicht mehr angehöre, wenn ich auch noch einige ihrer Gedankengänge kenne, mein Verhalten erscheinen muß. *Akademisch sprechend, die Hände über dem Bauch gefaltet.* Sie wird zu erwägen haben, ob sie sich damit begnügen kann, daß ihre Mitglieder an sie eine bestimmte Anzahl von Sätzen abliefern, sagen wir über die Tendenzen fallender Körper oder die Bewegungen gewisser Gestirne. Ich habe mich, wie erwähnt, von der Denkweise der Wissenschaft ausgeschlossen, jedoch nehme ich an, daß sie bei Gefahr der Vernichtung nicht imstande sein wird, ihren Mitgliedern alle weitergehenden Verpflichtungen zu erlassen. Zum Beispiel die Verpflichtung, an der Aufrechterhaltung ihrer selbst als Wissenschaft mitzuarbeiten. Selbst ein Wollhändler muß, außer billig einzukaufen und solide Wolle zu liefern, auch noch darum besorgt sein, daß der Handel mit Wolle überhaupt erlaubt ist und vor sich gehen kann. Demzufolge kann ein Mitglied der wissenschaftlichen Welt logischerweise nicht auf seine etwaigen Verdienste als Forscher verweisen, wenn er versäumt hat, seinen Beruf als solchen zu ehren und zu verteidigen gegen alle Gewalt. Dies ist aber ein umfangreiches Geschäft. Denn die Wissenschaft beruht darauf, daß man die Fakten nicht den Meinungen unterwerfen darf, sondern die Meinungen den Fakten unterwerfen muß. Sie ist nicht in der Lage, diese Sätze einschränken zu lassen und sie nur für »einige Meinungen« und »die und die Fakten« aufzustellen. Um sicher zu sein, daß diese Sätze allzeit uneingeschränkt von ihr vollzogen werden können, muß die Wissenschaft dafür kämpfen, daß sie auf allen Gebieten geachtet werden. Die Wissenschaft befindet sich nämlich mit der gesamten Menschheit in einem Boot. So kann sie nicht etwa sagen: was geht es mich an, wenn am andern Ende des Bootes ein Leck ist! Die Wissenschaft kann Menschen, die es versäumen, für die Vernunft einzutreten, nicht brauchen. Sie muß sie mit Schande davonjagen. Denn sie mag so viele Wahrheiten wie immer wissen, in einer Welt der Lüge hätte sie keinen Bestand. Wenn die Hand, die sie füttert, ihr gelegentlich und ohne Warnung an die Gurgel greift, wird die Menschheit sie abhauen müssen. Das ist der Grund, warum die Wissenschaft einen Menschen wie mich nicht in ihren Reihen dulden kann.

VIRGINIA *leidenschaftlich:* Aber in die Reihen der Gläubigen bist du aufgenommen!

GALILEI So ist es. Ich bin der Meinung, daß ich alles zerstört habe – was es an Versuchen gab, die dem blinden Glauben schädlich sind. Nur meine eingefleischte Gewohnheit, auch das Unwahrscheinliche einzukalkulieren, könnte mich veranlassen, zu sagen: fast alles. Es ist klar, daß nur die unwiderstehlichsten Argumente der Inquisition mich von der Verderblichkeit meines Forschens überzeugen konnten.

ANDREA *mit erstickter Stimme:* Ja.

Virginia geht hinaus.

VIRGINIA *zu dem Beamten:* Er war sein Schüler und ist jetzt sein Feind geworden.

GALILEI *der gewartet hat, bis er die Tür hinter ihr hat zufallen hören:* Leider muß ich gestehen, daß ich Rückfälle erlitten habe.

ANDREA Was meinen Sie damit?

GALILEI Als ich die erwähnten gewichtigen Argumente der Inquisition kennenlernte, war ich in der Mathematik und Astronomie eine alte Hand, und es war schwer für mich, alle Irrtümer auf einmal aus mir auszureißen. Ich geriet bei dem Versuch, die absolute Richtigkeit der kirchlichen Meinungen mit unumstößlichen Beweisen und Gründen zu versehen, wieder ins Forschen, denn mein Fleisch ist schwach. Ich gestehe, daß ich noch ein Buch geschrieben habe.

ANDREA *immer aufmerksamer:* Die Welt weiß aber nichts davon.

GALILEI Nein. Aber ich habe es also geschrieben.

ANDREA *mit ungeheurer Aufregung:* Nicht die DISKUSSIONEN ÜBER ZWEI NEUE WISSENSCHAFTEN, die Sie vor Jahren begonnen haben?

GALILEI *nickt:* Es wird allerdings niemals in einem Buchladen liegen. Ich schreibe es für mich. Auch was ich darüber dachte, daß es nötig sei, nicht nur in seinem eigenen Kopf, sondern auch in den Köpfen anderer zu denken, war ja, wie ich höre, ein völliger Irrtum, ungefähr diesem kopernikanischen Irrtum vergleichbar, den die Kirche widerlegt hat. Ein gefährlicher Irrtum! Gott sei Dank kann ich sicher sein, daß meine Schreibübungen, an sich vielleicht verzeihliche Abirrungen eines Menschen, der zu alt ist, noch anderes zu tun, als sein Gewerbe weiterzutreiben, von meinen Oberen, deren Interesse für mich ich nicht genug hervorheben kann, den Augen der Menschen verborgen werden. Jedes Blatt geht an die Behörde; es geht an mich zurück, aber nur, solange ich es zum Arbeiten brauche. Danach, wenn alles fertig ist, wird es bestimmt an einem sicheren Ort verwahrt werden, als ein Beispiel für die Torheit der Menschen. Leider habe ich aber da auch noch die vollständigen Notizen zu diesem Werk, die ich während der Arbeit, um das Diktat vorzubereiten, niedergekritzelt habe. Sie liegen in meinem Globus, niemand beachtet ihn.

ANDREA *unsicher:* Es muß schwierig sein, unter solchen Umständen zu arbeiten.

GALILEI Ich erliege immerfort der Versuchung. Ich sollte es nicht, aber ich tue es. Ich bin ein Sklave meiner Gewohnheiten und meine Strafe wird einmal hart sein.

Andrea weint.

GALILEI Sagtest du etwas?

Pause.

GALILEI Ich lebe nun in ständiger Furcht, in ständiger Furcht, daß diese Schrift irgendwie in unrechte Hände kommen und im Ausland gelesen werden könnte, wo man die außerordentlich gewichtigen Argumente der Inquisition nicht so kennt wie ich und also aus meinen Ausführungen völlig irrige Schlußfolgerungen ziehen könnte.

ANDREA Aber sicher wäre so etwas nicht möglich ohne Sie.

GALILEI Gegen meinen Willen, mein Lieber, gegen meinen Willen. Ich bin ein alter Mann, und es ist leicht, mir alles wegzunehmen, in der Tat, ich sehe kaum dich, der mir doch nahe genug gegenübersitzt.

ANDREA Aber man bewacht Sie doch wohl genügend, so daß Sie sich nicht solche Sorgen machen müßten? *Er ist aufgestanden und zum Globus getreten. Er hat versucht, seiner Stimme Festigkeit zu verleihen. Aber die Art, wie er nach dem Manuskript greift, zeigt die Begierde nach der neuen Arbeit seines Lehrers, des größten Physikers der Zeit.*

GALILEI Das ist leider nicht der Fall. Man weiß an höherer Stelle, daß hier nichts mehr ist. Man ist sicher. Nur noch einige Außenstehende wie du könnten auf den Gedanken kommen, in einem solchen Schutthaufen nachzugraben, ob sie nicht doch etwas Brauchbares herausfischen könnten. Warum sollte übrigens sonst noch hier und da einer zu mir kommen? Denn an mir selber ist nichts mehr, da ich mich selber zerstört habe. Tatsächlich würde mich solch ein Mann enteignen. Diese Anfänge einer neuen Physik, würde er sagen, aus trüber Quelle stammend, habe ich irgendwo gefunden. Der Name des Verfassers hatte einmal einige Bedeutung in der wissenschaftlichen Welt. Aber er hat sich als Lügner entpuppt. So müssen diese Blätter mit äußerster Vorsicht geprüft werden, denn sie stehen auf nichts als sich selber.

Andrea steht in das Manuskript vertieft.

GALILEI Ich muß allerdings etwas sagen: solch ein Mann möchte eine große Gefahr laufen.

ANDREA Er möchte sie nicht allzusehr fürchten.

GALILEI Nein. Er möchte sich nicht mich zum Vorbild nehmen. *Pause.* Aber vielleicht willst du nun gehen? *Er steht auf.*

ANDREA *der das Manuskript eingesteckt hat:* Ja, nun gehe ich. Ich sehe, es ist, als ob ein Turm einstürzte, von ungeheurer Höhe und für unerschütterlich gehalten. Der Lärm des Einsturzes war weit lauter als das Lärmen der Bauleute und der Maschinen während der ganzen Zeit seines Aufbaus und die Staubsäule, die sein Einsturz erzeugte, höher als er selber gewesen war. Aber möglicherweise zeigt es sich, wenn sich der Staub verzieht, daß die zwölf oberen Stockwerke gefallen sind, aber die dreißig unteren noch stehen. Der Bau könnte dann weitergeführt werden. Ist es das, was Sie meinen? Dafür spräche, daß ja die Unstimmigkeiten in unserer Wissenschaft alle noch vorhanden sind, und sie wurden gesichtet. Die Schwierigkeit scheint gewachsen, aber die Notwendigkeit ist ebenfalls größer geworden. Ich bin froh, daß ich hergekommen bin. *Er streckt Galilei die Hand hin.*

GALILEI *nimmt sie nicht, unsicher:* Mein Augenlicht ist schlecht, Andrea. Ich sehe nicht mehr, ich glotze nur noch. Geh jetzt. *Er geht langsam zum Globus und untersucht ihn, ob er geschlossen ist.*

GALILEI Ich bin nicht unempfindlich gegen die Freundlichkeiten, die mir immer noch erwiesen werden. Durchreisende erinnern sich meiner und so weiter. Ich mißverstehe solche Dinge nicht. Ich bin froh, daß ich dich so gefunden habe, wie du bist. Einige Erlebnisse hätten dich zu einer ganz falschen Ansicht bringen können über das, was wir immer die Zukunft der Vernunft genannt haben. Aber natürlich, ein einzelner Mann kann sie weder zur Geltung noch in Verruf bringen. Sie ist eine zu große Sache. Die Vernunft ist eine Sache, in welche die Menschen sich teilen. Sie ist nämlich die Selbstsucht der gesamten Menschheit. Diese Selbstsucht ist zu schwach, aber selbst ein Mensch wie ich kann ja noch sehen, daß die Vernunft nicht am Ende ist, sondern am Anfang. Ich bleibe auch dabei, daß dies eine neue Zeit ist. Sollte sie aussehen wie eine blutbeschmierte alte Vettel, dann sähe eben eine neue Zeit so aus! Der Einbruch des Lichts erfolgt in die allertiefste Dunkelheit. Während an einigen Orten die größten Entdeckungen gemacht werden, welche die Glücksgüter der Menschen unermeßlich vermehren müssen, liegen sehr große Teile dieser Welt ganz im Dunkel. Die Finsternis hat dort sogar noch zugenommen! Nimm dich in acht, wenn du durch Deutschland fährst und die Wahrheit unter dem Rock trägst!

Andrea geht hinaus.

VIRGINIA Ich sehe nicht gern Besuche von früher. Sie regen ihn auf. *Sie läßt ihn hinaus. Dann geht sie mit dem Beamten ins Zimmer.*

DER BEAMTE Es wird schon sehr kalt. Sie müssen ja frieren, Herr Galilei. *Er geht nach kurzer Inspektion hinaus.*

VIRGINIA *das Bett bereitend:* Ich hoffe, du fühlst dich nicht allzusehr geschwächt. Diese Gespräche sind nichts für dich und sie führen zu nichts.

GALILEI Vielleicht nicht.

VIRGINIA So, und jetzt legen wir uns nieder und schlafen recht tief.

GALILEI *fängt an, sich zu entkleiden:* Ich frage mich, wer die Gänse geschickt hat.

VIRGINIA Andrea nicht.

GALILEI Ja, vielleicht nicht. Übrigens, ich fühle mich heute sogar etwas besser. Den Rotschädel sehe ich immer noch als Jungen. Seinen ersten Unterricht bekam er an einem Apfel. Als er mir die Hand reichte, dachte ich daran, daß er jetzt ja selber lehrt. Wie ist die Nacht?

VIRGINIA Hell.

GALILEI Das ist gut. Da kann er seinen Weg sehen.

14

1637. GALILEIS BUCH »DISCORSI« ÜBERSCHREITET DIE ITALIENISCHE GRENZE.

Kleine italienische Grenzstadt früh am Morgen. Am Schlagbaum der Grenzwache spielen Kinder. Andrea wartet neben einem Kutscher die Prüfung seiner Papiere durch die Grenzwächter ab. Er sitzt auf einer kleinen Kiste und liest in Galileis Manuskript. Jenseits des Schlagbaums steht die Reisekutsche.

DIE KINDER *singen:*

Maria saß auf einem Stein
Sie hatt' ein rosa Hemdelein

Das Hemdelein war verschissen.
Doch als der kalte Winter kam
Das Hemdelein sie über nahm
Verschissen ist nicht zerrissen.

DER GRENZWÄCHTER Warum verlassen Sie Italien?

ANDREA Ich bin Gelehrter.

DER GRENZWÄCHTER *zum Schreiber:* Schreib unter »Ausreisegrund«: Gelehrter. Ich muß Ihr Gepäck durchsuchen. *Er tut es.*

ERSTER JUNGE *zu Andrea:* Hier sollten Sie nicht sitzen. *Er zeigt auf die Hütte, vor der Andrea sitzt.* Da wohnt eine Hexe drin.

ZWEITER JUNGE Die alte Marina ist gar keine Hexe.

DER ERSTE JUNGE Soll ich dir die Hand ausrenken?

DER DRITTE JUNGE Sie ist doch eine. Sie fliegt nachts durch die Luft.

DER ERSTE JUNGE Und warum kriegt sie nirgends in der Stadt auch nur einen Topf Milch, wenn sie keine Hexe ist?

DER ZWEITE JUNGE Wie soll sie denn durch die Luft fliegen? Das kann niemand. *Zu Andrea:* Kann man es?

DER ERSTE JUNGE *über den zweiten:* Das ist Giuseppe. Er weiß rein gar nichts, weil er nicht in die Schule geht, weil er keine ganze Hose hat.

DER GRENZWÄCHTER Was ist das für ein Buch?

ANDREA *ohne aufzusehen:* Das ist von dem großen Philosophen Aristoteles.

DER GRENZWÄCHTER *mißtrauisch:* Was ist das für einer?

ANDREA Er ist schon tot.

Die Jungens gehen, um den lesenden Andrea zu verspotten, so herum, als läsen auch sie in Büchern beim Gehen.

DER GRENZWÄCHTER *zum Schreiber:* Sieh nach, ob etwas über die Religion drinsteht.

DER SCHREIBER *blättert:* Ich kann nichts finden.

DER GRENZWÄCHTER Die ganze Sucherei hat ja auch wenig Zweck. So offen würde uns ja keiner hinlegen, was er zu verbergen hätte. *Zu Andrea:* Sie müssen unterschreiben, daß wir alles untersucht haben.

Andrea steht zögernd auf und geht, immerfort lesend, mit dem Grenzwächter ins Haus.

DER DRITTE JUNGE *zum Schreiber, auf die Kiste zeigend:* Da ist noch was, sehen Sie!

DER SCHREIBER War das vorhin noch nicht da?

DER DRITTE JUNGE Das hat der Teufel ihr hingestellt. Es ist eine Kiste.

DER ZWEITE JUNGE Nein, die gehört dem Fremden.

DER DRITTE JUNGE Ich ginge nicht hin. Sie hat dem Kutscher Passi die Gäule verhext. Ich habe selber durch das Loch im Dach, das der Schneesturm gerissen hat, hineingeschaut und gehört, wie sie gehustet haben.

DER SCHREIBER *der schon beinahe an der Kiste war, zögert und kehrt zurück:* Teufelszeug, wie? Nun, wir können nicht alles kontrollieren. Wo kämen wir da hin?

Zurück kommt Andrea mit einem Krug Milch. Er setzt sich wieder auf die Kiste und liest weiter.

DER GRENZWÄCHTER *hinter ihm drein mit Papieren:* Pack die Koffer wieder zu. Haben wir alles?

DER SCHREIBER Alles.

DER ZWEITE JUNGE *zu Andrea:* Sie sind ja Gelehrter. Sagen Sie selber: kann man durch die Luft fliegen?

ANDREA Wart einen Augenblick.

DER GRENZWÄCHTER Sie können passieren.

Das Gepäck ist vom Kutscher aufgenommen worden. Andrea nimmt die Kiste und will gehen.

DER GRENZWÄCHTER Halt! Was ist das für eine Kiste?

ANDREA *wieder sein Buch vornehmend:* Es sind Bücher.

DER ERSTE JUNGE Das ist von der Hexe.

DER GRENZWÄCHTER Unsinn. Wie soll die eine Kiste herzaubern können?

DER DRITTE JUNGE Wenn ihr doch der Teufel hilft!

DER GRENZWÄCHTER *lacht:* Das gilt hier nicht. *Zum Schreiber:* Mach auf.

Die Kiste wird geöffnet.

DER GRENZWÄCHTER *unlustig:* Wie viele sind das?

ANDREA Vierunddreißig.

DER GRENZWÄCHTER *zum Schreiber:* Wie lang brauchst du damit?

DER SCHREIBER *der angefangen hat, oberflächlich in der Kiste zu wühlen:* Alles schon gedruckt. Aus Ihrem Frühstück wird dann jedenfalls nichts, und wann soll ich zum Kutscher Passi hinüberlaufen, um den rückständigen Wegzoll einzukassieren bei der Verauktionierung seines Hauses, wenn ich all die Bücher durchblättern soll?

DER GRENZWÄCHTER Ja, das Geld müssen wir haben. *Er stößt mit dem Fuß nach den Büchern.* Na, was kann schon viel drinstehen! *Zum Kutscher:* Ab!

Andrea geht mit dem Kutscher, der die Kiste trägt, über die Grenze.

DER DRITTE JUNGE *deutet auf den Krug, den Andrea hat stehenlassen:* Da!

DER ERSTE JUNGE Und die Kiste ist weg! Seht ihr, daß es der Teufel war?

ANDREA *sich umwendend:* Nein, ich war es. Die Milch ist bezahlt und der Krug. Die Alte soll ihn haben. Ja, und ich habe dir noch nicht auf deine Frage geantwortet, Giuseppe. Auf einem Stock kann man nicht durch die Luft fliegen. Er müßte zumindest eine Maschine dran haben. Aber eine solche Maschine gibt es nicht. Vielleicht wird es sie nie geben, da der Mensch zu schwer ist. Aber natürlich, man kann es nicht wissen. Wir wissen bei weitem nicht genug, Giuseppe. Wir stehen wirklich erst am Beginn.

IV.

Geschichten

Bargan lässt es sein

Eine Flibustiergeschichte

Um Mitternacht seilten wir das Schiff in einer Bucht fest, die unter dicken und fettlaubigen Bäumen schlief, steckten Zwieback und gedörrte Datteln zu uns und drangen, indem wir vorsichtig, wie auf Eiern, liefen, durch das Dickicht gegen Westen vor. Bargan, der uns führte wie eine Schar Kinder – und wir Flibustier glichen sonst nicht eben den Säuglingen –, Bargan verstand es mit den Sternen, was die Orientierung betrifft, wie der liebe Gott. Wir gelangten richtig durch den ungeheuren Wald, der verwickelter war als ein Garnknäuel, auf die Blöße, und in mildem Licht lag die Stadt vor uns, die wir suchten wie unsere Heimat, bevor es Tag wurde. In aller Stille fingen wir unser scheußliches Geschäft an; zunächst störte uns keiner von ihnen, aber dann wurden sie böse, die aus dem Schlaf geweckt wurden durch Würgengel, und es gab einen gemeinen Kampf in den Häusern. Wir liefen immer alle zusammen in ein Haus, balgten uns mit den Männern, die im Hemd mit Tischen und Türen zuschlugen, und verteidigten uns gegen die Weiber, die wie Hyänen vorgingen. Ihr Schreien füllte die Luft wie ein eisiger Nebel, als wir Schritt für Schritt gegen die Zitadelle vordrangen, die an einem kahlen Berg lehnte und aus hölzernen Bauwerken bestand. Ein Teil von uns, darunter ich selbst, drängte sich noch durch ein geöffnetes Holztor, dicht hinter Fliehenden, das Tor ging zu, und die Weiber, die im Hemd auf den Mauern und Gerüsten standen, warfen Steine und Holzdinge auf unsere Köpfe, so daß wir uns in unserer Haut nicht wohl fühlten. Als wir schon blutige Köpfe hatten und furchtbar pfiffen, damit Bargan uns höre, kam er schon mit einigen Leuten von hinten. Er war allen voraus in dem kleinen reißenden Fluß unter dem Fachwerk in die Zitadelle eingeschwommen, wobei ein Fisch sich den Bauch an den spitzigen Steinen zerfleischt hätte, aber Bargan konnte keinen von uns allen sterben sehen. Von da ab ging es schneller, um so mehr als Bargan einen seiner unglaublichen Einfälle hatte. Die zähesten von den Feinden hatten sich nämlich in dem höchstgelegenen Holzhaus verbarrikadiert, in das man nicht gelangen konnte außer mit Flügeln. Dorthin liefen von allen Seiten die noch nicht Erschlagenen zusammen, wodurch dieses Haus bald sehr stark wurde und, wenn es in dieser Weise weitere Feinde verschluckte (die sich im Innern bewaffnen konnten), leicht zu einer verdammten Rattenfalle werden konnte, denn wir Flibustier waren über die ganze Niederlassung zerstreut und viele hatten schon begonnen, die Weiber zu befriedigen, und Schildkröten kann man von Kindern schlachten lassen. Deshalb ließ Bargan eine Anzahl von Frauen auf einen Haufen zusammenkoppeln, und nun fingen einige von uns an, in guter Sichtweite von dem Blockhaus die Frauen zu vergewaltigen, was sehr gut aussah und auf die Holzwürmer solchen Eindruck machte, daß sie gegen alle Regeln des Gefechtsverkehrs wie junge Stiere aus dem sicheren Holz brachen und abgeschlachtet wurden wie junge Lämmer, zitternd und hilflos, einer nach dem anderen, oder zu zehn und zehn. Damit war die Stadt durch Bargans Weisheit und Menschenkenntnis erobert, und als die guten Häuser aufwachten, rumorten *wir* in ihnen herum und bewunderten unsere neuen Besitztümer. Es war ein guter Streich, aber wenn wir den Haken daran gesehen hätten, scharf und gekrümmt und mörderisch, so wie heut und fünf Wochen nachher, dann hätten wir alle lieber das höllische Fegfeuer erobert als die schöne Stadt, die mit brauchbaren Dingen zum Platzen überfüllt war. Die Gefangenen, von denen es etwa siebzig gab – die anderen schliefen in ihren Häusern weiter bis zum jüngsten Tag, es regnet nicht auf sie –, trieben wir in einem Hof des Rathauses zusammen, wo sie auf den Steinen sitzen konnten und ausruhen. Niemand hatte in den ersten Stunden des Siegesrausches Zeit, sich mit ihnen abzugeben, erst gegen Mittag kam Bargan zum Appellblasen, und da ging er auch zu ihnen hinein, um die Frauen anzuschauen. Sie erhoben sich und standen zitternd vor Kälte im Hof herum, denn sie hatten meist nur Hemden an, es war so verflucht rasch gegangen, daß Gott sein Gesicht von ihnen abwandte, um die Ernte in Brasilien zu besehen. Übrigens steckten einige hübsche Frauen darunter, das heißt sie waren im Hemd und zitterten, und wir hatten seit sieben Wochen keine junge Haut mehr gesehen. Ein Haifisch würde geglaubt haben, daß wir darauf aus waren wie Gott auf einen bekehrten Sünder, und Bargan machte gleich den Anfang, indem er ein junges Weib zeichnete, das in sein Zelt kommen sollte. Wir sahen sie nicht deutlich an zuerst, Bargan hatte nicht den besten Geschmack, er lag bei allerlei Gelichter, und es hieß nicht umsonst, daß er die amerikanische Krankheit hatte, die einen Christenmenschen stückweis verfaulen läßt. Aber da erhob sich ein Zank zwischen Bargan und seinem Freund Croze, dem »Klumpfuß von St. Marie«, und es handelte sich um das junge Weib, das beide haben wollten. Jeden anderen hätte Bargan sofort niedergeschlagen, denn um Branntwein oder Geld, auch um Ehre nicht, schlugen wir uns unter Freunden nie, sondern nur um Weiber, aber der Teufel weiß, warum Bargan an dem fetten Burschen einen Narren gefressen hatte, der wie ein Hund, den niemand will, auf der Straße gelegen hatte, bevor Bargan ihn an seinen Busen nahm. Aber nun war er geschwollen wie ein vergifteter Hund, soff überall herum, spielte mit Bargans Goldstücken, an denen von uns allen, ausgenommen ihm selbst, guter Schweiß klebte, und stritt nun mit Bargan selbst vor unser aller Augen um ein Weib, das Bargan so sicher gehörte wie sein eigener Fuß. Wir fingen bald alle zu schreien an, daß Bargan, der keineswegs sicher war, ob ihm sein eigener Fuß gehörte, das Weib schließlich nehmen mußte, worauf er wie gewöhnlich Appell abhielt, bei dem der Klumpfuß von St. Marie hinter ihm drein die Front abstampfte. Dabei sahen wir ihm in die Augen, und ich kann euch sagen und konnte es damals schon, es lag Verrat auf ihrem Grund, Schleim und verfaulte Fische.

Den ganzen Tag verbrachten wir mit Trinken und mit den Weibern, wir hielten es mit dem Bettler, der ein altes verlaustes Hemd über den Zaun warf und sagte: Leben und leben lassen! Nur Bargan arbeitete im Zelt – er zog nie in ein Haus, meinte immer, die Decke könne herabfallen – so ziemlich den ganzen Tag, unter anderem an der Verteilung der Beute, soweit sie aus reinem Gold bestand. Er sah das junge Weib nicht *ein*mal, und am Abend schüttelten wir schon alle die schweren Köpfe darüber, daß Croze das Weib hatte, Bargan selbst hatte sie hinüber führen lassen in das Haus, wo der Klumpfuß von St. Marie den ganzen Nachmittag mit einem anderen Mensch gelegen hatte. Wir sagten später, seine Feindschaft gegen Bargan, der ihn wie ein Kind liebte, sei dadurch entstanden, daß Croze am Abend, als er das Weib bekam, schon nicht mehr konnte, und das ärgerte ihn. Jedenfalls fanden einige von uns noch in derselben Nacht das junge Weib mit durchschnittener Kehle in Crozes Zimmer auf, der aber hatte sich, nachdem er sie wie ein Huhn abgeschlachtet hatte, bei Nacht und Nebel aus dem Staub gemacht. Mit ihm noch sieben bis acht Burschen, die Bargan nicht grün waren, weil sie dereinst eine schäbige Seele abbekommen hatten. Als wir es Bargan in der Frühe sagten, ließ er sich nichts merken, aber danach trank er und stierte immer in ein Loch hinein, mitten in unserem Siegesjubel, der noch drei Tage dauerte. Am Abend des dritten Tages, als die Weiber aufgebraucht waren und der Schnaps bitter wurde, kam der fette Croze zurück, aber allein, und tat, als sei er im Gebüsch beim Verrichten seiner Notdurft gewesen, und sah uns allen fragend ins Gesicht. Und obgleich wir ihm gern die dicke Haut über die knorpeligen Ohren gezogen hätten, taten wir, als hätten wir ihn nicht vermißt und auch das Huhn nicht gefunden, nur weil Bargan gar nichts tat, um seine Freude über seine Rückkehr zu verdecken, die ihm keine Ehre machte. Und in den darauffolgenden Tagen, wo wir den Abmarsch in Gang brachten, lebten die beiden zusammen wie früher, wie Brüder, die zusammen einen Mord begangen haben.

Wir luden das Beste von all dem Zeug, von dem wir noch das Gute zurücklassen mußten, auf die Ochsenwagen, suchten die Gäule aus und machten alles fertig, denn wir hatten für unseren Ausflug drei bis vier Tage in Aussicht genommen und jetzt war es eine Woche geworden. Aber als wir aufbrachen, fehlte die Munition. Es war massig Pulver dagewesen, wir hatten noch *dazu* erbeutet, jetzt war alles verschwunden, ohne einen Laut in die Luft geflogen. Die Wachen hatten nichts gehört, vielleicht hatten sie ihren Rausch ausgeschlafen; merkwürdig war freilich, daß die Kisten oben droben die alten waren, nur war Sand drinnen, und statt der Fässer unter ihnen lagen Kisten und Heringstonnen, allerlei altes Gerümpel. Wir suchten wie Spürhunde und verschoben den Abmarsch. Am andern Tag stießen wir in einem Weiher auf die guten Pulverfässer, man hätte drauf schlafen können. Es war ein tüchtig Stück Arbeit gewesen, sie dahin zu bringen, ohne daß sich fremde Leute drum bekümmerten, niemand hatte die Ahnung eines Beweises, aber niemand im Lager zweifelte daran, daß Croze mit der üblen Sache zusammenhing, wie die Mutter mit dem Nabel des Kindes. Die Nabelschnur war abgebissen, aber von nun an hatten wir ein Auge auf den Klumpfuß von St. Marie, der zwischen den leeren Heringsfässern herumharpfte wie ein Kürschner, dem die Felle weggeschwommen sind, nachdem er sie schon verkauft hatte, und auch auf die Burschen, die der Wald verschluckt hatte.

Unsere Kolonne hatte einen geschwollenen Bauch, was den Haufen Wagen und Zugochsen betrifft, und eine lahme Faust, was die leeren Pulvertonnen anlangt, wir watschelten gemütlich durch das Holz, das wir mit Äxten niederlegen mußten, und in die Erdrisse mußten wir Zeug stopfen, daß wir hinüberkamen. Das war langweilige Arbeit. Da bekamen wir Unterhaltung, mehr als uns lieb war und bekam.

Wir zwängten uns am zweiten Tag unseres Marsches gerade durch eine malerische Felsgegend, mit hübschen Wänden rechts und links, da begann es Steine zu regnen in der Größe von Straußeneiern, oder noch bedeutender. Wir steckten zwischen Ochsen und Fahrzeugen, die in verschiedener Richtung auseinanderwollten, weil die Steine härter schienen als wir, und konnten uns nur unter die Räder verkriechen und warten, bis der Himmel ein Einsehen oder keine Steine mehr hatte. Unter anderen Umständen hätten wir hinaufgeschossen, dann wären außer den Steinen noch ein paar dürre Engel heruntergekommen, aber mit Heringen konnte auch Bargan nicht feuern. Wir hätten uns langsam oder schnell begraben lassen müssen, und dann hätten die Burschen oben, die es regnen ließen, den Anblick eines Feldes gehabt, auf dem zuerst nützliches Zeug wuchs, aber nach dem Hagel nur noch Steine liegen, auf denen kein Name steht – aber da kam einem von uns eine Erleuchtung, und er nahm, unter Lebensgefahr, den Klumpfüßigen von St. Marie am Kragen und zerrte ihn aus seinem Wagen heraus, in dem er sicher hockte wie der Dotter im Ei. Und die oben mußten gut sehen und seinen Wagen in dankbarer Erinnerung haben, denn der Regen hörte sofort auf, und wir konnten weiter.

Es war ein deutliches Zeichen des Himmels, und wäre Bargan nur blind gewesen, hätte er es gesehen. Aber er liebte den fetten Croze und sagte zu uns: Es gäbe keinen Beweis und wir sollten uns schämen. Da gab ihm Croze, der dabei stand und auf die Sonne guckte, die Hand vor unsern Augen. Da machten wir aus, daß immer einer von uns auf Croze aufpassen sollte, bei Tag und bei Nacht, denn Bargan tat es nicht, er schloß seine Augen, er lebte mit Croze wie zwei Freunde im finstern Gehölz, die sonst niemand haben. Also mußten wir die Augen aufmachen, denn Bargan war so, daß wir lieber mit ihm alle zum Teufel gehen wollten als ihm ein Leids tun.

Es kam aber dann die Sache mit der Windrichtung.

Wir mußten irgendwie irr gegangen sein. Der liebe Gott täuschte sich mit den Sternen. Früher hatte Bargan nachts einen Blick auf den Himmel geworfen und wir konnten auf einen Pflock im Urwald zumarschieren danach. Jetzt stand er stundenlang vor seinem Zelt und rechnete, wie unsere Wachen sagten, manchmal stritt er auch dazwischen drin mit Croze herum, der immer frecher wurde. Und dann irrte er sich auch noch, und wir mußten uns zusammenreißen, daß wirs ihn nicht merken ließen. Später klappte auch sonst ab und zu etwas nicht mehr mit seinen Anordnungen, das fing mit der Sternensache an.

Wir dachten, er habe Kummer mit Croze, auf den er sich nun einmal verlegt hatte, es ging ihm wohl so wie einem Mann, der lieber fünfmal eine Ankerkette flickt, als daß er eine neue anschafft, wiewohl es Stürme gibt. Kurz, wir sahen ihm nach, auch die üble Sache mit Jammes, den Croze beschuldigte, er habe ihm sein Messer gestohlen, und den Bargan auspeitschen ließ, obwohl wir alle wußten, daß Jammes das Messer gehörte, und Bargan wissen mußte, daß Croze das Messer nicht gehörte. Croze stand da und fand es nicht einmal nötig, irgendeinen Beweis zu erlügen. Er starrte nur seinen Freund an, als wolle er ihn erproben. Nachher lief sogar das Gerücht um, der Klumpfuß von St. Marie habe zu Bargan gesagt, das Messer erkenne er genau als das seine, weil es dasjenige gewesen sei, mit dem er dem Weibe, das ihm Bargan schenkte, den Hals abgeschnitten habe. Das war der Gipfelpunkt. Er sah Croze ähnlich.

Der Irrtum mit der Richtung wurde sehr peinlich. Wir kamen viel zu weit unterhalb der Buchtstelle an, wo das Schiff lag. Da entschloß sich Bargan nach all dem noch, Croze vorauszuschikken, um die Mannschaft des Schiffes von unserer Ankunft in Kenntnis zu setzen. Wir waren alle dagegen, es half jedoch nichts. Der Klumpfuß von St. Marie setzte seinen Willen durch und ritt uns allen voraus. Wir sahen ihm nach, wie er, dick und gallig, auf seinem Gaul durchs Gehölz fortsprengte. Wir hatten alle einen Krebs im Hals.

Wir marschierten kaum zwei Stunden, da kam der Mann, der mit Croze geritten war, mit der Botschaft zurück, jener und die ganze Schiffsmannschaft würden uns in einem ausgetrockneten Wasserlauf, der in die Bucht führte, entgegenkommen, wir sollten also dort marschieren. Wir witterten Unrat, jedoch dirigierte uns Bargan wirklich in das Flußbett hinüber, und wenn wir auch heraus hatten, daß der Teufel sich der Sache annehmen würde, wußten wir doch nicht, was er vorhabe, und darum und Bargans wegen gehorchten wir. Unter kühlem Wind setzten wir auf den dichten Steinen des Flußbettes unsern Marsch in den Abend hinein fort.

Das Flußbett verbreiterte sich sehr stark, schließlich verloren wir die Ufer aus den Augen und schworen, das Bett sei vollends ausgetrocknet, oder wir hätten es schon verlassen. Bargan auf seinem dunklen Hengst hatte die Richtung im Kopf wie seine Augen. In dem milden Licht der ersten Sterne, die aus dem dunkler werdenden Himmel quollen und an die ich mich aus bestimmten Gründen deutlicher erinnere als an die irgendeiner anderen Nacht, in guter Ordnung vorwärtsgedrungen, spürten wir bei zunehmender Dunkelheit plötzlich Wasser in den Schuhen und merkten bald mit wenig Freude, daß es stetig und nicht zu langsam stieg. Auch hatten die Wellen seichten Wassers eine bestimmte Richtung, die gegen uns lief, so daß uns auf die Idee geholfen wurde, daß wir unser Flußbett so wenig wie unsere Schuhe unter den Füßen verloren hatten, daß es aber kein Flußbett, sondern eine Meeresbucht war und daß die Flut ernstliche Anstrengung machte, uns alle, Mann und Roß und Wagen vor dem ersten Hahnenschrei zu ersäufen. Anfangs gestattete uns die Dunkelheit noch freundlich, einander anzuglotzen, aber dann verhüllten weiche und ekelhaft weißliche Nebel die wenigen Sterne, und das Wasser um unsere Knöchel stieg mit dem Ernst einer Erscheinung, die ihr Handwerk versteht. Die Erwerbung unsrer Beute hatte uns und ihren früheren Besitzer viel Schweiß und Blut gekostet, aber nun mußten wir sie den kalten Wassern lassen, die, ganz mit sinnlosem Steigen beschäftigt, sich um uns nicht mehr kümmerten als um trockene Steine. Der Fluß sah aus wie ein Auge, das aus irgendwelchen Gründen dunkler und dunkler wird, wie es in der Liebe geschieht, wenn die Berauschtheit herannaht. Als die Wasser hoch genug geworden waren, um auch dann peinlich zu werden, wenn sie still gewesen wären, begannen sie sich mit Leben zu füllen und gerieten in die Aufregungen eines Strudels. Schon blieben die Karren stecken, und wir schwangen uns auf die Stiere. Aber dann fingen auch die Stiere an, die Sache schwierig zu finden, und es mochte nach unserem Gefühl etwas über Mitternacht sein, als der erste Stier wortlos in der Flut versank und irgendwohin hinunterschwamm. Um diese Zeit mußten wir uns aufs Schwimmen verlegen und taten es brüderlich mit hölzernen Planken zusammen. Wir konnten uns noch zusammenhalten, freilich nicht alle, einige schwammen auf lange Zeit fort, ich habe sie bis jetzt nicht wiedergesehen. Aber Bargan blieb in unserer Mitte.

Etwa zwei Stunden nach Mitternacht spürten wir festen Boden

unter den Klumpen, die an unseren Knien hingen, und klommen, Bargan voran, auf eine kleine steinige Insel, wo wir, ohne Feuer und Decken, hungernd und in nassen Kleidern in unterhaltender Besorgnis, daß das Wasser nachkommen könnte, den Morgen erwarteten, wie der Sünder am Tag des Gerichts auf Gottes Stimme wartet mit der Erlaubnis, daß er durch die Tür rechts in die berühmte Seligkeit eingehen kann.

Bargan ließ all diese Stunden über kein einziges Wort fallen, obwohl wir alle an die siebenzig Männer und Weiber dachten, die Bargan vor unserem Abmarsch hatte schlachten lassen auf Crozes Bitten.

Gegen Morgen verlief sich das Wasser, und wir konnten weiter, unser Schiff suchen, ohne Beute und sogar ärmer um Dinge, die wir mit in den Wald genommen hatten, sowie um viele Kameraden, nachdem der eiskalte Wind der Frühe unsere Kleider getrocknet hatte. Und erst gegen Mittag fanden wir die Bucht. Es war uns nicht sehr gut gegangen, wir hatten in kalten Wassern und unter dem Regen von Steinen gestanden und gefroren wie Hunde, die nachts auf eine Läufige warten, aber es mußten noch unsere Augen sein, die wir im Kopf hatten, und es war auch die Bucht, wir erkannten sie wie unsere Mutter an dem fetten Laub der Bäume. Nur von unserm Schiff, das doch zwei Segel aufgesteckt hatte und an diesen fettlaubigen Bäumen angeseilt war, konnten wir mit unseren geschwächten Augen nichts sehen. Nicht einmal der Strick hing noch irgendwo. Aber zwischen den Bäumen heraus harpfte der Klumpfuß von St. Marie, bleich und etwas verlotst im Gewand, und schwenkte den Steiß, als sei alles gut aufgehoben. Dann sagte er zu Bargan, wo er denn gesteckt habe, er warte seit Stunden mit Schmerzen, es sei niemand da und ob man ihn allein unter den wilden Tieren lassen wollte? Bargan sah ihn nur an und fragte nicht einmal nach dem Schiff, sondern ging von uns weg und an Croze vorbei in die Stämme hinein, als suche er was, was man von weitem nicht so gut sieht. Uns aber sagte Croze nur schnell über die Achsel, das Schiff sei fortgewesen, als er gekommen sei, es sei voll von Schuften gewesen oder der Wind und die Flut habe die Seile zerrissen. Dann hinkte er seinem Freund nach, wohl weil er unsre Gesichter richtig beurteilte.

Wir standen zwischen den Bäumen herum mit schwachen Knien und schauten uns die Augen aus dem Kopf; aber wenn einer seine Brille verloren hat, kann er nichts mehr sehen und seine Brille auch nicht mehr finden; aus demselben Grund. Er bleibt für alle Ewigkeit blind, wenn ihm keiner hilft. Also konnten auch wir unser Schiff nicht mehr einholen, wenn uns nicht Flügel wuchsen, und dazu hätten wir vorher zumindest krepieren müssen. Dennoch wollten wir nicht die Flinte wegwerfen, für die wir kein Pulver mehr hatten, wenn nur Bargan wieder gesund gewesen wäre. Wir schickten also einige Leute zu ihm, und sie fanden ihn auf einer Wurzel sitzend, den Arm um Crozes Schulter. Da sagten sie ihm in dürren Worten, er sei schuld an der Hinschlachtung der siebenzig, an den sieben Toten im Steinbruch, daran, daß viele von uns in unbekannter Richtung fortgeschwommen seien und daß das Schiff in den Himmel gefahren sei; daran sei er, Bargan, schuld, nicht etwa der Klumpfuß von St. Marie, denn den hätten sie beim ersten Mal wie einen fetten Hund ersäuft. Jedoch wollten sie ihn, Bargan, bitten, sie jetzt weiter zu führen, denn er sei alles wert. Aber Croze wollten sie schnell niederlegen und nicht unter sieben Schuh tief eingraben. Sie wollten lieber vor Ekel eine Warze abbeißen, als daß sie den ganzen Mann wegwarfen. Dieses hörte Bargan mit großer Ruhe an. Und als sie ausgeredet hatten, fragte er sie: Was sie zu tun gedächten, wenn er seinen Freund nicht im Stiche ließe, auf einige Verdachtsgründe hin, die nicht stichhaltig seien. Da fingen sie an, ihm alles vorzurechnen, und fügten Beweis auf Beweis, wie Croze zuletzt noch den Mann weggeschickt habe, von dem er wußte, daß er ihm auf die Finger sehen würde mit der Botschaft, die ihn und alle andern ins Wasser tauchen sollte, während er selber das Schiff besorgte. Und während ihnen beim Reden nur noch alles durchsichtiger wurde, saß der Klumpfuß von St. Marie grinsend auf seinem Baumstumpf und fuhr mit der gespreizten Hand durch das schwarze Haar, das er lang zurückgekämmt trug und das vor Schmutz in glatten Strähnen zusammenklebte. Aber Bargan fragte, was sie also zu tun gedächten, wenn er nun einmal nicht wolle. Da ging den Unsern ein Licht auf, was es für eine Bewandtnis mit Bargan habe, daß er alles selber wußte, besser wie sie, und doch den fetten Hund nicht aufgeben wollte, Gott weiß warum. Sie kehrten also wortlos um und sagten uns alles.

Wir wurden nun sehr traurig, denn wir merkten es alle, daß dem Bargan jetzt eben etwas zustieß, was diesem Mann nicht an seiner Wiege noch an den Särgen seiner Feinde gesungen worden war und was jeden von uns treffen kann: Daß wir in der hellen Sonne mit vollen Segeln verunglücken. Das geschah aber mit Bargan, als er allein mit dem Klumpfuß von St. Marie im Gehölz saß und einen dicken Kopf machte. Wir schwatzten nicht lang, weil der beste Mann von uns einen Krebs gekriegt hatte, sondern machten das Kreuzzeichen in der Luft und einen scharfen Schnitt zwischen ihm und uns. Einige wollten ein Säcklein Datteln dalassen für ihn, der nichts hatte als den Freund, der ihn verriet, aber wir waren alle dagegen, daß man einen Leichnam mit Speisen vollstopft, wenn die Lebendigen leere Magen haben. Also gingen wir weg, ohne daß wir Bargan noch einmal sahen, der uns sehr lieb gewesen war, an einem warmen Tag im Sommer und in dem Gehölz an der Marienbucht in Chile.

Zwei Tage lang fahndeten wir auf das Schiff mit dem Gefühl im Leib, daß ein Krebs keinen Windhund einholen kann, aber dann fanden wir auf der Bucht einen Kasten schwanken mit zwei Segeln, der stark wie St. Patricks Weihnachtskrippe aussah, wie ein Zwillingsbruder von unserm Schiff. Der Zwillingsbruder schwamm mitten in voller Mittagssonne. Wenn wir bis zur milden Abenddämmerung hätten warten können, wäre es eine kleine Spazierfahrt mit Eiern und Weinpullen gewesen, St. Patricks Weihnachtskrippe mit unserm Besuch zu beehren; denn ein hübsches Floß war schneller gebaut als wir einstens unsere liebe Schale erworben hatten. Jedoch schien die liebe Schale ihre Fracht bereits innen zu haben, denn sie mißbrauchte mit allen Tüchern den Wind, obgleich er, der die Sachlage wohl witterte, sich reichlich bitten ließ und sie so schlecht segelten, als seien sie frisch aus der Steuermannsschule auf einen modernen Zweimaster losgelassen worden. Immerhin mußten wir uns beeilen, und so sprangen wir aufs Floß und ruderten mit gewaltiger Behaglichkeit auf unsern fetten Fisch zu. Er vertrödelte seine kostbare Zeit, bis wir in Schußweite lagen, mit höchst possierlichen Tanzübungen, und wir lagen in den Riemen wie bei eines anderen Mannes Weib und als hätten wir das Floß gestohlen. Dann pfiffen die ersten Kugeln über uns weg zum Willkommsalut. Einer von uns, der seinen Pulverbeutel am Hals gerettet hatte, schoß auch, der Ehre wegen, aber da geschah etwas, was uns sehr über die Rücken hinunterlief. Auf unsern ersten Schuß erschien an der Reling aufrecht eine gute Zielscheibe, die wir gut kannten und die mit Namen Bargan hieß. Wir waren nicht erfreut, daß der Mann Bargan hieß, der unsere Schale so schnell wie möglich auf die hohe See hinausbringen wollte, ohne daß wir dabei waren. Und jetzt verließ er sich so fest auf unser weiches

Herz, daß er alle seine neuen Schiffsmannschaften deckte gegen unsere Schüsse! Wir wußten noch nicht, daß wir ihm unrecht taten, als wir nicht mehr schossen, weil *er* es war.

Als wir auf das Schiff kletterten – Bargan selbst ließ ein Seil herunter – war es dort still wie in der Kirche und nichts zu sehen. Bargan selber war keine Sehenswürdigkeit mehr, er hatte ein schlechtes Kleid an, das ihm wohl sein Freund Croze geschenkt hatte, und er hätte besser getan, wenn er eine Maske aufgesetzt hätte, so wenig konnte er mit seinem neuen Gesicht Staat machen. Aber er sah wohl so aus, weil er ein so schlechtes Kleid anhatte. Guten Tag, sagten wir, auf St. Patricks Weihnachtskrippe, du hast wohl auf uns gewartet? Nein, sagte er. So bist du wohl sehr allein, fragten wir und schielten nach den Treppen. Nein, sagte er. Da sahen wir, daß er nicht mehr herausbringen konnte als *ein* Wort, und weil das wenig ist für einen Mann wie es Bargan gewesen war, schämten wir uns unseres ungerechten Zorns und fragten ganz mild: Du hast wohl das Schiff wiedergefunden? Sie waren uns wohl entgegengefahren und dann kamen sie wieder zurück? Damit wollten wir ihm draufhelfen, weil er wie ein Kind dastand und wir es nicht ertrugen. Aber er brachte seinen Mund auf und sagte: Nein, es sei nicht so. Da sahen wir, daß er nicht lügen konnte, das hatte er nicht gelernt. Und wir ließen ihn stehen und stiegen ins Schiff hinab, und er blieb stehen am gleichen Platze unbeweglich, als sei er ein Gefangener.

Unten im Schiff fanden wir denn auch die lieben Burschen, die seinerzeit aus der Stadt ausgewandert waren und sich mit Regnen beschäftigten und Pulver mit schwerer Mühe in Brunnen wälzten und zuletzt zur Erholung eine kleine Partie auf St. Patricks Weihnachtskrippe für nicht zu viel hielten. Sie hockten an den Wänden herum und unterhielten sich mit Zittern. Mitten drin saß auf einer Seilrolle ihr lieber Gott, der Klumpfuß von St. Marie, fett und schamlos und schaute uns entgegen wie seinen Hochzeitsgästen; nur sein Schädel zitterte etwas, und seine Vorderansicht war etwas bleich beim Grinsen. Wir erlaubten uns die ergebenste Frage, was er momentan glaube, nach seiner Religion, seinen geschäftlichen Erwartungen, der Zukunft seiner ungeborenen Kinder und was er von seinem Leben nach dem Tode halte. Dann stellte einer die Frage, warum sie so sündhaft gesteuert hätten, wo doch Bargan bei ihnen sei? Da kam es heraus, daß Bargan dazu angestellt sei, das Verdeck zu wischen, so wollte es der Klumpfuß, und sie hatten ihn mit Messern an den Waschtisch geschleift; denn er sollte sich seine Mahlzeit auf Crozes Schiff redlich verdienen. Wir waren eben dabei, dem lieblichen Scheusal eines in die Zähne zu geben, da kam Bargan die Treppe herunter und bat uns, wir sollten Croze in Ruhe lassen und uns an *ihn* halten. Dabei machte er nicht viele Worte. Da sahen wir uns an und einer warf, nur um was zu sagen, eine kleine Frage in die schwarzen Abwässer, die lautete: Wißt ihr vielleicht etwas, wo die guten Jungen sind, die das Schiff gegen Feinde verteidigen sollten, während wir die Stadt eroberten und so große Beute machten? Aber es kam keine Antwort aus dem Schlund des Untiers, der schwarz war und verfaulte Zahnstumpen hatte, man erstickte drinnen. Da verstanden wir, daß die armen Jungen fortgeschwommen waren, um uns zu benachrichtigen, daß St. Patricks Weihnachtskrippe in die See stechen sollte und wir sollten uns beeilen, wenn wir mitwollten. Und zwei von uns nahmen Bargan ohne ein Wort zwischen sich und gingen mit ihm die Treppe wieder hinauf, während wir andern in der halben Dunkelheit unsre Hände der Erinnerung an unsre lieben Brüder hingaben. Nur Croze ließen wir seinen Hals dick, denn er ging hinter seinem Freund hinauf, und wir wollten ihn aufsparen.

Als wir hinaufkamen, sperrten wir den Klumpfuß von St. Marie in einen Holzkäfig, in dem ein Affe gesessen hatte. Bargan ließen wir herumlaufen, denn was nützt es mit einem Mann zu reden, der eine Krankheit hat und über die Sterne nachdenkt? Wir setzten die Segel auf und liefen aus der Bucht.

Am Abend feierten wir die Wiederkunft sowie das Andenken an unsere lieben Leichname, die jetzt, wie einer schön sagte, unter dem milden Sternenlicht aufwärts schwammen, mit dem Gesicht nach oben, irgendwohin mit einem Ziel, das man vergessen hat und wie einer, der keine Heimat hat, aber wohl Heimweh, mit einigen tüchtigen Schlucken Schnaps. Bargan ließ sich nicht sehen, erst ganz am Schluß, als die meisten schliefen, kam er zu mir her, der vor dem Holzkasten saß und wachte, und sagte: Willst du mich nicht in den Kasten hineinlassen oder hast du etwas dagegen? Er stand im Sternenlicht, ich sehe ihn noch heute und höre ihn auch noch, und jetzt ist er doch schon lange abgehalst oder auch nicht, was weiß ich. Und zu der Frage brauchte er eine große Anstrengung. Man sah nicht in den Käfig hinein, aber drin saß der Klumpfüßige und hörte jedes Wort. Darum sagte ich und ließ in nichts von der Ehrfurcht nach, die ich immer vor ihm hatte, denn er war der beste Flibustierkapitän weit und breit bis nach Ecuador hinauf gewesen: Willst du nicht lieber in deine Kajüte gehen? Er besann sich und sagte: Hältst du etwas von dem Schiff? Ich sagte: Ich gäbe einiges darum. Da besann er sich wieder und sagte: Ich liebe den da drinnen. Da verstand ich ihn und konnte mich doch nicht recht halten und sagte: Und du gibst wohl nicht viel auf das Schiff? Das verstand nun er nicht, drum sagte er nach einer Weile: Aber ich bitte dich, laß uns fort! Ich muß sagen, daß ich etwas Branntwein in mir hatte, aber das griff mir doch ans Herz, daß er von dem Schiff fortwollte und davon gar nicht sprechen konnte und nur ›aber‹ sagte, worin alles lag, was er vorbringen konnte, und das alles las er sicherlich in meinem Gesicht, denn er fuhr fort: Wenn ich euch das Schiff lasse und ihr laßt mir den da, dann sind wir wohl quitt, ich meine, was mich betrifft, denn ich habe nicht viel mehr, was ich für ihn geben könnte. Ich überlegte mirs, und er sagte noch: Freilich wärs auch eine Gnade; welches Wort ein Stich mit einem guten Messer in meine Krokodilshaut war. Ich überlegte mirs lang, und während der ganzen Zeit, wo wir unter leichtem Wind übers Wasser schaukelten, das man hörte, stand er ruhig da, und ich konnte sein Gesicht nicht sehen, das im Dunkeln lag. Und obgleich wir mit jedem Windhauch tiefer in die See und weiter weg vom Land kamen, wo er hinwollte, sagte er nichts, um meine Entscheidung zu beeilen.

Ich aber dachte an sein ganzes Schicksal in dieser Nacht, und alles lag klar vor mir wie eine Wiese in vollem Morgenlicht, die von einem Wald langsam gefressen wird und nur vorerst noch da ist. Dieser da hatte sein Geld auf eine Karte gesetzt, und nun verteidigte er sie. Aber die Karte war eine Niete, und je mehr er draufsetzte, desto mehr flog auf, das sah er selber ganz genau, aber er wollte wohl sein Geld los haben, er konnte nicht mehr anders. So ging es ihm, der ein großer Mann war, eine Anstrengung Gottes, so konnte es jedem von uns gehen, mitten im Licht wurde man überfallen, so unsicher sind wir alle auf diesem Stern.

Und dann sperrte ich den Käfig auf und trug den fetten Croze mit eigenen Händen in das kleine Boot, und Bargan ging hinter mir her. Er sah nicht nach rechts noch nach links, als er ins Boot stieg, und es war doch sein Schiff, auf dem er zehn Jahre lang nicht immer Gutes getan hatte, wiewohl Gutes darunter war, aber doch gelebt hatte und viel gearbeitet und gerecht gewesen war und ein Ansehen hatte, er sah es nicht an, als er zu seinem Freund ins kleine Boot stieg, und er redete auch nichts.

Und in der Nacht, als er langsam fortruderte und ich ihm nachsah, dann sah ich ihn niemals wieder, hörte auch nichts von ihm, noch von dem Klumpfuß, fiel mir manches ein über das Leben auf diesem Stern, und ich kam Gott näher als in vielen Gefahren, in denen ich selber war.

Denn ich verstand mit einem Male Gott, der wegen einem so räudigen, fetten Hund, der kein Messer wert war, den man nicht schlachten, sondern verhungern hätte lassen sollen, einen solchen Mann wie Bargan hingab, für den es keinen Vergleich gibt, der ganz und gar dafür geschaffen wurde, den Himmel zu erobern. Und der nun, nur weil er etwas haben wollte, dem er nützen konnte, sich an diesen Aussatz gehängt hatte und alles sein ließ für ihn und wohl noch froh war, daß es kein guter Mann war, den er liebte, sondern ein böses gefräßiges Kind, das ihn ausschlürfte wie ein rohes Ei, mit einem einzigen Zug. Denn ich will mich vierteilen lassen, wenn er nicht noch Genuß daran hatte, an dem kleinen Hund, auf den er sein Auge geworfen hatte, mit allem, was sein war, zu Grunde zu gehen und drum alles sonst sein ließ.

Der Kinnhaken

Nach einem Großkampfabend im Sportpalast saßen einige Leute, mit mir im ganzen vier, immer noch in relativ blutrünstiger Stimmung, bei einem Glas Bier in einer Bierquelle Potsdamer Straße, Ecke Bülowstraße, und einer, ein Professionalboxer, erzählte die lehrreiche Geschichte vom Untergang Freddy Meinkes, des »Kinnhaken«.

»Freddy«, erzählte der Mann, heftig schielend und mit einem Ellenbogen in einer Bierlache ausruhend, »Freddy stand vor zwei Jahren vor der Chance seines Lebens. Freddy hieß natürlich Friedrich. Aber er war ein halbes Jahr drüben gewesen, übrigens ein ziemlich dunkles halbes Jährchen, über das er auf gar keinen Fall sprechen wollte, und da hatte er außer einigen völlig unbekannten Namen auf seiner Rekordliste und zwei bis drei Dollarnoten, die er mitunter wie aus purer Vergeßlichkeit aus seiner Hosentasche zog, hauptsächlich den Vornamen Freddy mitgebracht.

Er boxte unter diesem Kosenamen als Freddy einige Monate in kleineren Städten wie Köln und so in der Provinz herum, und dann hieß er plötzlich ›der Kinnhaken‹ und hatte einen erstklassigen Namen.

Als wir ihn hier zum ersten Mal in Sicht bekamen, grinsten wir zuerst nicht wenig über die Art, wie er seinen Start aufzog, sich fotografieren ließ und ein direktes Damenhöschen anhatte, lila. Es war das Koketteste, was Sie je in einem Ring sehen konnten, Herr. Er ging herum wie auf dem Theater. Aber dann machte er seinen Mann in der ersten Runde k.o., und zwar vermittels eines Kinnhakens, der sich gewaschen hatte. Sie wissen übrigens doch, daß er Bantam war? Diese Leute haben im allgemeinen keinen Schlag, und Freddy war noch dazu eine ganz besonders windige Erscheinung, wenn man ihn so sah. Aber dann hatte er plötzlich ein Tempo wie ein Propeller und dazu ein Hineingehen wie mit fünfzig Pferdekräften, und am Schluß war der ganze Mann wirklich ein einziger Kinnhaken.

Als wir danach beisammensaßen und ihm die Schulter und den Rücken fast kaputt klopften, sagte er, es sei lediglich eine Folge von Sichzusammennehmen. Man könne nur dann wirklich ungemütlich werden, wenn man genau wüßte, daß man sich auf jeden Fall in der Hand hätte. Er selbst müsse von Anfang an das Gefühl haben, daß er nicht an einen Mann hinschlage, sondern durch ihn durch, und daß also die Hand durch so eine Sache wie ein Kinn überhaupt nicht aufgehalten werden kann. Solche Sachen sagte er noch mehr, und jedenfalls war es gut für ihn, sie zu glauben, wie wir ja gesehen hatten. Er hatte an diesem Abend einen ausgewachsenen Erfolg und steuerte direkt auf den Meisterschaftskampf zu.

Uns allen schien es reichlich früh, als wir dann das Datum hörten, es war kaum acht Wochen später. Freddy schwamm flott in seiner Glückssträhne, er trainierte mit Wucht. Unter anderen suchte er als Trainingspartner sogar mich aus. Die Schnelligkeit schien er sowieso gepachtet zu haben, und meine dreißig Pfund Mehrgewicht waren ihm gerade genug, seinen unnatürlichen Schlag auszuprobieren. Trotzdem war er beim Training eine Enttäuschung. Es kam wahrscheinlich davon, weil er sich eben nicht so ›zusammennahm‹ und man ja auch nicht mehrere Wochen lang durch Leute ›hindurchschlagen‹ kann. Das hatte also nicht sonderlich viel zu bedeuten. Wichtiger aber war, daß er überhaupt soviel Sums machte. Es ging mich natürlich gar nichts an, wenn er sich ein Motorrad auf Abzahlung hinstellte und ausgerechnet in diesen Tagen das Motorradfahren lernen wollte. Ich dachte mir, er hätte damit noch ruhig warten können. Aber wenn er sich auch noch eine Braut zulegte mit solider Verlobung und einem regelrechten Hausstand am Horizont, womöglich noch mit Nußbaumbetten und Bücherschrank, eine ganz dicke Sache, dann war das zweifellos zu weit gegangen. So einer, der in ein solches Riesenunternehmen wie eine Verlobung hineinstiefelt in einem Moment, wo seine Existenz doch einfach an einem Faden hängt, bringt es dann glücklich zustande, daß eine Unmasse und womöglich sein ganzes Lebensglück von irgendetwas abhängt, was doch immerhin noch erst kommen muß. So einer darf dann eben einfach nicht mehr verlieren. Aber ich sagen Ihnen, Herr, wenn von etwas zuviel abhängt, dann ist die Sache schon faul. In einen Meisterschaftskampf sollte einer hineingehen wie ein Verkäufer in seinen Laden. Verkauft er was, gut. Verkauft er nichts, gibt es noch einen Ladenbesitzer für die schlaflosen Nächte. Nun, der Kampf war am 12. September.

Freddy war am 10. fertig mit dem Training, und am 12. abends 7 Uhr saßen wir in diesem Lokal, Freddy, ich und sein Manager, der dicke Kampe. Sie kennen ihn, dort drüben, da, wo der Mann mit dem Zahnstocher sitzt. In einer Stunde sollte die Sache steigen. Es war natürlich falsch, sich hier hereinzusetzen. Sie sehen ja, wie rauchig und dumpf diese Budike ist, aber Freddy hatte Lust dazu, und er hielt gar nichts von Leuten, die ihrer Lunge wegen auf jedes Märzlüftchen aufpassen mußten. Kurz und gut, wir saßen da in einem Dunst, durch den man mit einer Dampfsäge nicht gekommen wäre, und Kampe und ich bestellten ein Glas Bier, und daraus entwickelte sich in den fünfzehn Minuten, die uns noch blieben, jetzt eine höchst scheußliche Angelegenheit, die übrigens nur ich merkte. Freddy bekam Lust, ein Glas Bier zu trinken.

Er rief auch tatsächlich den Ober. Aber da fuhr Kampe dazwischen und sagte energisch, das sei heller Wahnsinn, jetzt vor dem Kampf; er könne eher Schuhnägel essen als Bier trinken.

Freddy murmelte ›Unsinn‹, ließ aber den Ober wieder weggehen. Für Kampe war damit die Sache erledigt, aber für Freddy war sie es nicht. Kampe sprach noch einmal alles, was er über Freddys Gegner Ungünstiges und Günstiges wußte, durch. Freddy las in einem Abendblatt. Ich hatte den Eindruck, daß er hinter seinem Anzeigenteil sich immer noch mit dem Bier beschäftigte, genauer gesagt, mit seinem Wunsch nach Bier.

Gleich darauf stand er auf und schlenderte an den Schenktisch hinter, Kampe bemerkte es gar nicht. Dort stand er eine Zeitlang, ohne sich übermäßig vorzudrängen, ein-, zweimal ließ er einen anderen und einmal einen Kellner vor. Dann nahm er mit einem ziemlich blöden Ausdruck einige Zigaretten, die er in die Westentasche steckte.

Als er an den Tisch zurückkam, sah er irgendwie verändert aus, er spielte mit den Zigaretten in der Westentasche und sah entsetzlich mürrisch aus. Er setzte sich aber wieder ganz ruhig hinter sein Achtuhr-Abendblatt. Jetzt fing ich an, ohne auf Kampes Redefluß zu achten, auf das Bier zu schimpfen. Ich weiß noch, ich sagte, es sei ein lauwarmes, ekelerregendes Gesöff, dem man seine zweifelhafte Herkunft aus irgendeiner Mistlache direkt anschmecke und in dem ein solider kleiner Typhus stecke. Freddy grinste.

Ich glaube, er war mit seinem Kampf gegen sich selbst ziemlich zu Ende. Es war ihm ganz unerträglich, daß er hier sitzen sollte und nichts trinken durfte, weil irgend etwas davon abhing, daß er nicht schlapp machte, und daß er doch Lust hatte, diese Typhuslache in sich hineinzubekommen, und zu schwach war, es einfach zu tun, wonach ihn unvernünftigerweise gelüstete, und daß er sich vor allem ärgerte, daß er diese Unvernunft hatte. Gleichzeitig sah er wahrscheinlich das Mädchen mit dem Verlobungsgesicht, die

Nußbaumbetten und den Bücherschrank, und er stand auf und zahlte.

Wir fuhren in einer Autotaxe schweigend zum Sportpalast.« Als der Boxer mit seiner Erzählung so weit gekommen war, bemerkte er, daß sein Ärmel in einer Bierlache lag, und trocknete ihn mit dem Taschentuch. Obwohl wir uns alle schon über den Ausgang des Kampfes ziemlich klar waren, fragte ich dennoch der Vollständigkeit halber:

»Ja, und –?«

»Er wurde in der zweiten Runde k.o. geschlagen. Hatten Sie etwas anderes erwartet?«

»Nein, aber warum glauben Sie also, daß er k.o. geschlagen wurde?«

»Ganz einfach. Als wir das Lokal verließen, wußte ich, daß Freddy eine schlechte Meinung von sich bekommen hatte.«

»Das ist ziemlich klar«, sagte ich, »aber was sollte nach Ihrer Ansicht ein Mann in Freddys Lage machen?«

Der Mann trank sein Glas aus und sagte:

»Ein Mann soll immer das tun, wozu er Lust hat. Nach meiner Ansicht. Wissen Sie, Vorsicht ist die Mutter des K.o.«

Gespräch über die Südsee

Bei meinem Verleger treffe ich einen Mann, der 15 Jahre in Brasilien war.

Er fragte mich, was in Berlin los ist.

Als ich es ihm gesagt habe, rät er mir, in die Südsee zu gehen.

Er sagt, es gäbe nichts Besseres.

Ich bin nicht dagegen. Ich frage, was ich da mitnehme.

Er sagt: »Nehmen Sie einen kurzhaarigen Hund mit. Das ist der beste Gefährte des Menschen.«

Ich denke natürlich einen Augenblick daran, ihn zu fragen, ob es schlimmstenfalls auch ein langhaariger sein könnte, aber mein gesunder Menschenverstand sagt mir, daß bei einem langhaarigen die Kokosnadeln sich doch ungeheuer verfilzen können.

Ich frage ihn, was man da in der Südsee den ganzen Tag über macht.

Er sagt: »Gar nichts. Arbeiten müssen Sie gar nichts.«

»Na ja«, sage ich, »Arbeit würde mich auch nicht befriedigen, aber irgend etwas muß man natürlich anstellen können!«

Er sagt: »Na, da haben Sie doch die Natur!«

»Schön«, sage ich, »aber was tut man zum Beispiel früh um 8 Uhr?«

»Früh um 8 Uhr? Da schlafen Sie noch.«

»Und mittags? Um eins?«

»Um eins ist es zu heiß, um was zu tun.«

Aber jetzt werde ich böse. Ich blicke ihn feindselig an und sage: »Nachmittags?«

»Na, eine Stunde am Tage werden Sie doch mit irgendwas ausfüllen können.«

Dann scheint es ihm endlich aufzugehen, daß ich nicht von der Sorte bin, die sich mit sich selbst beschäftigen kann, und er lenkt ein: »Nehmen Sie eine doppelläufige Flinte mit und jagen Sie.«

Ich bin jetzt aber schon verstimmt und sage kurz: »Jagen macht mir kein Vergnügen.«

»Ja, wovon wollen Sie denn eigentlich leben?« fragt er mich lächelnd.

Ich werde immer erbitterter.

»Das ist doch *Ihre* Sache«, sage ich. »Da müssen *Sie* mir doch Vorschläge machen. Soll *ich* mich auskennen in der Südsee?«

»Wollen Sie fischen?« bietet er mir an.

»Meinetwegen«, sage ich mürrisch.

»Gut. Sie nehmen eine Stahlfliegenangel mit, die Sie in jedem Geschäft bekommen können, und in fünf Minuten haben Sie Ihre zwei Fische an der Angel. Dann essen Sie eben Fische, wenn Sie nicht jagen wollen.«

»Roh?« frage ich.

»Aber ein Feuerzeug haben Sie doch dabei.«

»Ein Fisch mit einem Feuerzeug, das ist doch noch keine Hauptmahlzeit«, sage ich, wirklich abgestoßen durch einen solchen Mangel an Erfahrung. »Kann man denn wenigstens fotografieren?«

»Sehen Sie, das ist eine Idee«, sagt er, sichtlich erleichtert. »Da haben Sie doch die ganze Natur. Fotografieren können Sie nirgends soviel.«

Jetzt hat er natürlich Oberwasser. Jetzt läßt er mich einfach den ganzen Tag fotografieren. Damit bin ich beschäftigt, und er hat seine Ruhe.

Ich aber kann Ihnen sagen:

Die Südsee ist mir auf Jahre hinaus verleidet. Und so einen Mann will ich nie mehr zu Gesicht bekommen.

Safety first

Bei einer Männergesellschaft kam das Gespräch auf Feigheit. Da wir genügend getrunken hatten, liefen wir von Weisheit über. Wir erzählten beinahe alle Vorgänge aus unserem Leben, bei denen wir uns »irgendwie feig« benommen hatten. Wir waren uns klar, wie schlimm es ist, wenn andere an uns eine solche Schwäche entdekken, daß es aber das schlimmste ist, wenn wir selber an uns Feigheit wahrnehmen. An diesem Punkt angelangt, erzählte einer folgende Geschichte.

Mitchell war Kapitän eines dieser Schiffsgiganten, die zwischen Brasilien und England laufen, eines sogenannten schwimmenden Hotels. Man darf sich diese Kapitäne natürlich nicht mehr als die rauhen Seebären zur Zeit unserer Großeltern vorstellen, die in Gischt und Wellenschlag auf der Kommandobrücke stehen und Befehle brüllen. Mitchell war ein großer, starker Kerl, aber er wäre in keinem Salon als Seemann aufgefallen, eher als Ingenieur, der er ja auch war. Oder eben als Hoteldirektor.

Mit ihm passierte nun etwas sehr Merkwürdiges. Gegen das Ende einer Reise zu, nicht sehr weit mehr entfernt von Schottland, stieß das Schiff im Nebel auf einen Fischkutter, übrigens nicht durch die Schuld Mitchells oder seiner Leute. Aber der Riesenkahn, er hieß Astoria, wurde leck und schluckte Wasser. Die Herren im Navigationsraum begutachteten den Schaden und kamen zu dem Entschluß, SOS-Rufe auszuschicken. Sie berechneten die Zeit, die das Schiff sich halten konnte, auf nicht mehr als eine Stunde, und das Schiff hatte vollbesetzte Kabinen.

Die SOS-Rufe wurden gesendet und ein, zwei Schiffe kamen heran. Die Passagiere wurden auf sie verladen.

Während sich die Verwandten seiner Passagiere in London vor den Büros der Transatlantik vor Freude um den Hals fielen, erlebte Mitchell böse Stunden. Er war mit seinen Offizieren und der Mannschaft auf der Astoria geblieben, die überraschenderweise, allen Voraussagen zum Trotz, nicht gesunken war. Sie sank auch in den nächsten Stunden nicht und erreichte ohne weitere Zwischenfälle den Hafen.

Mitchell sah dieses Verhalten seines Kahnes mit mehr als gemischten Gefühlen. Er studierte in wahrer Verzweiflung die Lage des Kastens und das Vordringen des Wassers im Schiffsinneren. Es war für ihn sehr unangenehm, daß das Mistschiff nicht sank.

Als er ankam, begrüßten ihn am Kai seine eigenen Angehörigen, sein Vater und seine zwei Geschwister, die Schwester mit ihrem Bräutigam. Sie hatten große Angst ausgestanden, als die Zeitungen SOS-Rufe der Astoria meldeten. Sie lebten von ihm. Jetzt waren sie sehr glücklich, außerdem waren sie stolz. Sie langweilten ihn schrecklich mit ihren Fragen: Wie hast du das fertig gebracht, das Schiff noch bis hierher zu bugsieren? usw. In ihrem Laienverstand glaubten sie an eine besondere Heldentat von ihm.

Am nächsten Tag machte er sich auf seinen schweren Weg.

Seine Erwartungen waren nicht gerade hoch gespannt, als er in die Büros seiner Gesellschaft, der Transatlantik, kam. Er hatte zu früh, also ohne Not, fremde Hilfe angefordert, sehr teure fremde Hilfe. Aber der Empfang, der ihm bereitet wurde, war schlimmer als alles, was er erwartet hatte.

Der Reeder der Transatlantik war der große I. B. Watch, und er empfing Mitchell persönlich. Er war seiner eigenen Meinung nach ein Freund der Wahrheit und leitete daraus das Recht ab, so laut zu brüllen, daß die ganzen Büros hören konnten, was er über Leute wie Mitchell dachte. So drang durch die Wände das Wort Feigling zu den Angestellten, und von dort gelangte es mit Leichtigkeit in alle anderen Büros aller anderen Schiffahrtsgesellschaften und in alle Bars und alle Heuerläden und eben überallhin, wo Leute saßen, die mit Schiffen etwas zu tun hatten. Und I. B. Watch brüllte nicht nur, noch schlimmer war, was er mit gedämpfter Stimme am Telefon über seinen Mann Mitchell sagte.

Mitchell war entlassen. Der Grund seiner Entlassung war geradeheraus Feigheit, und darum war es, als ob er von der ganzen amerikanischen Schiffahrt entlassen worden wäre, nicht nur von der Transatlantik. Wohin er in den nächsten Tagen und Wochen kam, nirgends gab es für ihn ein Kommando. Niemand von den Reedereien hatte Lust, einen Kapitän zu bekommen, der zu noch nicht ganz gestorbenen Schiffen teure Ärzte, nämlich andere Schiffe rief, statt die Courage zu haben, weiterzufahren und wenigstens zu versuchen, ob er nicht doch wohlbehalten heimkommen könnte durch eigene Kraft. Nach außen hin bestand die Schuld Mitchells darin, daß er »den Kopf verloren und die teuren Passagiere in ganz überflüssige Aufregung versetzt hatte«.

In dieser Form konnte man die Geschichte in den Zeitungen lesen und die Familie Mitchell las sie.

Die Familie hatte, wie gesagt, anfänglich eine etwas optimistische Auffassung von der Sache gehabt. Mitchell sprach natürlich nicht über den Krach mit der Transatlantik zu Hause. Die Familie hatte keine Ahnung von der Entlassung und fuhr fort, auf einem ziemlich großen Fuße zu leben. Die ältere Schwester bereitete ihre Heirat vor, eine kostspielige Angelegenheit. Dann kamen die Zeitungen, und dann wurde die jüngere Schwester von ihren Freundinnen ihres Bruders wegen aufgezogen. Auch der Bräutigam der älteren bekam Wind und zeigte eine sehr bekümmerte Miene. Er war, wie er seiner Verlobten sagte, nicht mit Glücksgütern gesegnet.

Es war selbstverständlich nicht so, daß die Familie nun plötzlich ihren bisherigen Ernährer anders behandelte. Er war immer der Abgott gewesen. Aber ganz konnten sie die Sache doch nicht verwinden. Sie begriffen sie sozusagen nicht. Sie mußten sich ja auch nun etwas einschränken. Sie gingen mit ihrem Takt Mitchell sehr auf die Nerven.

Er hatte noch andere Unannehmlichkeiten.

Er war halb und halb verlobt mit einer jungen Witwe, die ein Boardinghouse für Seeleute vom Steuermann aufwärts besaß, einer gewissen Beth Heewater. Sie mochte Mitchell gut leiden, aber es war ein Unglück, daß sie gerade mit Seeleuten geschäftlich zu tun hatte. Diese Leute waren Mitchell nicht günstig gesinnt. Sie hatten alle unter ihren Reedern zu leiden und hätten Mitchell also verstehen können. Schließlich hatte er das Wohl der Passagiere dem seiner Gesellschaft vorangestellt. Leider dachten diese Leute nicht so, sondern mehr als Konkurrenten. Sie leisteten sich einen schlimmen Spaß mit ihm, als er Beth Heewater besuchte und, auf sie wartend, in ihrem Saloon saß.

Der Hauptmacher beim Spiel war Thommy White, Kapitän der Surface, der gerade ein paar Wochen Urlaub genommen hatte, weil sein Boot ins Dock sollte. Er interessierte sich für Beth Heewater und war daher mit Leib und Seele bei der Sache.

White erreichte bei Beth, daß sie Mitchell, als er sie aufsuchte, nicht empfing, sondern ihn mit dem Bescheid, sie sei zu ihrer Mutter gegangen, im Saloon warten ließ. Dort setzten sich ein paar Gäste zu ihm und führten scheinbar teilnahmsvolle Reden über sein Pech und Beth' langen Besuch bei ihrer Mutter.

Inzwischen richtete Tommy oben, in Beth' Zimmer, die Szene

her. Er warf ein paar Stühle in die Ecke, verschob den Fußteppich, goß etwas rote Tinte drauf aus und legte Harry Biggers, seinen Maat, mit dem Gesicht nach unten quer über den Teppich. Auf den Toilettentisch warf er Beth' kleinen silbernen Browning, den sie von Mitchell zum Geburtstag bekommen hatte. Nebenbei (das war nicht ganz nach der Verabredung mit Beth) nahm er vom Toilettentisch die Fotografie Mitchells, zerriß sie und warf sie in den Papierkorb. Dann schoß er mit dem Browning in den Kamin und legte ihn zurück auf den Tisch.

Als er, »mit allen Zeichen des Entsetzens«, heruntergestolpert kam in den Saloon, saß Mitchell finster in seiner Ecke. Aber er kam rasch hoch, als er hörte, daß »Frau Heewater etwas passiert sei«. Die Herren gingen nach oben, warfen einen Blick in Frau Heewaters Zimmer und gingen dann in Tommys Zimmer, um sich zu beraten.

Tommy erzählte, allen Whisky einschenkend, Harry Biggers habe seinerzeit, als Heewater noch lebte, diesem mit einer nicht unbeträchtlichen Summe Geldes unter die Arme gegriffen. Jetzt, wo das Geschäft gut gehe, habe er sein Geld zurückhaben wollen. Beth habe aber dazu wenig Lust gezeigt. Anscheinend habe sie es vorgezogen, ihn niederzuschießen. Jedenfalls müsse man sich klar darüber werden, was man tun solle. Dabei sah er Mitchell an. Mitchell sagte langsam, er sei dafür, daß man Beth zurückhole und mit ihr bespreche, was man der Polizei sagen müsse. Man würde zum Beispiel sagen können, der Maat habe versucht, zu ihr intim zu werden.

Als er das auseinandergesetzt hatte, sah er, daß alle lächelten. Es war ein höchst unangenehmes Lächeln.

»Sie schlagen also vor, daß man die Polizei holt?« fragte Tommy, die andern anschauend.

»Nein«, sagte Mitchell, »ich habe vorgeschlagen, daß man Beth holt.«

»Ich dachte, daß wir die Sache für Beth vielleicht erledigen könnten, wissen Sie«, sagte Tommy ausgesprochen verächtlich. »Ich meine, die Männer unter uns könnten was tun für Beth.«

»Das wäre dann also meine Sache«, sagte Mitchell wieder langsam. »Schlagen Sie was vor!«

Mitchell war nicht mehr ganz nüchtern. Er hatte allerhand getrunken, während er unten im Saloon auf Beth wartete. Es war nicht allzu schwer, ihm einiges klar zu machen. Tommy sagte ihm, das Schlimmste sei, daß da, wie er von seinem Maat wisse, ein Brief existiere, den Harry Biggers von Beth bekommen habe. Sie habe ihn in diesem Brief zu sich bestellt. Man müsse also den Brief in die Hände bekommen.

Sie gingen alle zusammen wieder in Beth' Schlafzimmer und suchten nach dem Brief. Harry Biggers hatte ihn nicht in der Tasche und auch im Papierkorb lag er nicht. Dagegen lag eine zerrissene Fotografie im Papierkorb und Mitchell fischte sie heraus. Er machte, was ja verständlich ist, kein großes Aufsehen davon, sondern steckte sie irgendwie zu sich. Das sollte er noch bereuen.

In Tommys Zimmer nahmen sie alle noch ein paar Whiskys. Dann wollte Tommy plötzlich wissen, daß den Brief eventuell die kleine Jane, »das Brillentierchen«, haben könne, mit der Harry Biggers öfter zusammengesteckt. Er erinnerte sich jetzt, daß er die beiden auf dem Gang zusammenstehen gesehen habe. Mitchell solle sie mal ausholen.

Im Boardinghouse der Heewater gab es ein junges Mädchen, Jane Russel, die die Zimmer aufräumte und auch in der Küche mithalf, eine unansehnliche Person mit dicken Strümpfen und einer langen Schürze und zudem einer Brille, nicht gerade mit dem, was man Sex-Appeal nennt.

Mitchell war fast der einzige Gast, der ab und zu nett zu ihr war. Als die Leute im Boardinghouse sich daran machten, Beth Heewater zu beweisen, daß ihr Verlobter ein gewöhnlicher Feigling sei, spielte die kleine Jane mit ihrem Fimmel für Mitchell in ihrem Schlachtplan eine Hauptrolle.

Mitchell nahm die Kleine in ein leeres Zimmer und holte sie aus. Sie sagte sogleich, sie kenne Biggers überhaupt nicht und habe auch keinen Brief von ihm zugesteckt bekommen. Mitchell hatte schon eine Menge Fusel in sich, aber er konnte doch noch erkennen, daß sie die Wahrheit sagte. Das zu erkennen war nicht schwer bei Jane Russel.

Als er den Gentlemen mitteilte, Jane habe keinen Brief, sah er wieder dieses fatale Lächeln. Und dann sagte Tommy plötzlich:

»Und was ist mit dem Brief, den Sie in Ihrer Tasche haben?«

Mitchell war ein wenig perplex. Er langte tatsächlich in seine Hosentasche, und da war die zerrissene Fotografie drinnen. Er konnte sich nicht entschließen, sie zu zeigen. So lächelten sie wieder.

Dann schafften sie ein Auto her, stopften Harry Biggers hinein und setzten Mitchell ans Volant, während der Chauffeur zu einem Whisky in den Saloon gesetzt wurde. Mitchell sollte die Leiche an

Bord der Surface bringen, Tommy Whites Schiff. Er wußte, wo es lag, und fuhr los.

Aber als er dort ankam, sah er den Wagen des Polizeiüberfallkommandos am Laufsteg stehen, und auf dem Kasten war Licht. Das war kein Wunder, denn Tommy hatte, während Mitchell Jane verhörte, der Polizei telefoniert, auf der Surface habe man im Kohlenbunker Petroleum entdeckt und fürchte Brandstiftung.

Mitchell kroch dennoch aus seinem Wagen heraus und ging ans Wasser vor. Er sah Polizei auf der Surface und kehrte schwankend um. Als er zu seinem Wagen zurückkehrte, fehlte die Leiche. Er bekam einen Schrecken und fuhr, auf einigen Umwegen, in Beth' Boardinghouse zurück.

Dort war inzwischen etwas mit Jane Russel passiert. Seit ihrem Verhör durch Mitchell hatte sie scharf aufgepaßt auf alles, was im Haus vorging. Sie wußte, daß Frau Heewater sich im Raum aufhielt, wo die Wäsche aufbewahrt wurde. Sie sah Herrn White und Herrn Mitchell den, wie es ihr schien, betrunkenen Harry Biggers die Treppe hinunterschaffen, und sie sah, wie Herr Mitchell mit ihm wegfuhr. Dann hörte sie Herrn White mit dem Chauffeur reden, wobei Frau Heewater danebenstand. Herr White sagte dem Chauffeur, ein Gast sei mit seinem Wagen durchgegangen. Sie sah den Mann ans Telefon gehen und hörte, wie er die Polizei anrief.

In diesem Augenblick trat sie dazwischen. Sie ging zu dem Chauffeur hin und sagte ihm, der Herr, der mit seinem Wagen weg sei, sei ein Gentleman, das ganze sei ein Spaß, der die Polizei nichts angehe. Beth Heewater fiel ihr sofort scharf ins Wort und versuchte sogar dann, sie wegzuzerren. Aber da wurde die kleine, bescheidene Jane wild, und so kam es, daß sie sich auf dem Gang mit Beth Heewater raufte und entlassen wurde. Immerhin, Mitchell blieb es wenigstens erspart, von der Polizei gestellt zu werden in einer Lage, wo er nicht reden durfte.

Etwas anderes blieb ihm nicht erspart.

Er öffnete die Tür zum Saloon und glaubte nicht richtig zu sehen. In der Ecke saßen gemütlich hinter Whiskygläsern Beth, Tommy und die andern, und neben Beth saß grinsend Harry Biggers. Und Beth, Tommy und die andern grinsten ebenfalls.

»Du wolltest uns wohl jetzt erzählen, daß du Harry wo untergebracht hast?« begrüßte ihn Tommy White, und Mitchell hatte ihm eigentlich nichts mehr zu sagen. Er stolperte wieder hinaus und stand noch eine Weile vor dem Haus herum.

Nach einiger Zeit bemerkte er, daß jemand neben ihm stand und daß es Jane Russel war, mit einem Koffer in der Hand und Tränen in den bebrillten Augen. Er erfuhr, daß Beth sie hinausgeschmissen hatte, »weil sie Mitchells wegen Frau Heewater eine gelangt hatte«. Sie hatte keine Anverwandten in London und wußte nicht wohin, es war schon spät. Mitchell sagte ihr, sie könne mit ihm kommen, und so brachte er sie gegen Morgen in seine Wohnung. Er steckte sie in sein eigenes Zimmer und legte sich auf ein Sofa im Wohnzimmer, immer noch sehr betrunken.

Am Morgen entstand eine ungemütliche Situation. Seine Schwester fand die kleine Jane in seinem Schlafzimmer und wunderte sich. Mitchell erzählte irgend etwas Unzusammenhängendes, besonders als er die allgemeine Reserviertheit wahrnahm, mit der man ihm zuhörte. Immerhin äußerte er, Jane sei Dienstmädchen, und so bekam sie ihr Frühstück in der Küche gereicht. Es war ihm nicht ganz recht, und noch weniger recht war es ihm, daß dann das Gespräch mit Jane im Beisein der Familie stattfand. Er erkundigte sich ziemlich gemacht freundlich nach ihren Absichten und stimmte ihr zu, daß es das beste für sie wäre, in ein bestimmtes Heim zu gehen, wo Dienstmädchen billige Pension erhielten. Unglücklicherweise hatte er mit Jane gerade über dieses Heim auf der nächtlichen Herfahrt gesprochen. Sie hatte gesagt, es sei sehr schlecht und für sie nicht erschwinglich, höchstens etwas für zwei, drei Tage.

Als Jane mit ihrem Koffer gegangen war, hatte Mitchell zum ersten Mal selber das Gefühl, er sei ein Feigling.

In den nächsten Tagen betrieb er seine Suche nach einer Stelle mit verstärktem Eifer. Seine Familie stellte sich wie der Vogel Strauß, sie nahm einfach nicht Notiz von der veränderten Sachlage. Seine Schwester kaufte noch in diesen Tagen ein Klavier auf Ratenzahlung.

Er fand keine neue Stelle. Man schien überall Bescheid um ihn zu wissen. Es gab auch gar nicht soviele Stellen für Kapitäne von Luxusdampfern, nicht einmal für mutige.

Beschäftigt wie er war, vergaß er sogar, sich am dritten Tag nach Jane im Heim zu erkundigen. Am vierten fragte ihn seine Schwester nach ihr und er ging hin. Sie war schon ausgezogen, schon am zweiten Tage. Aber am Abend dieses Tages wurde ihm eine Stelle angeboten.

In der Gegend der East India Docks gab es eine Firma, die von zwei Brüdern geleitet wurde, die einen äußerst schlechten Ruf hatten. Diese Leute ließen ihm sagen, sie hätten vielleicht etwas für ihn. Er ging hin und hörte, er könne für sie einen Kohlenkahn nach Holland bringen.

»Sie haben in der letzten Zeit Pech gehabt, Mitchell«, sagte der eine der Brüder und grinste, »aber das ist eine Aufgabe für Sie, die Sie wieder herausreißen kann. Sie werden wohl nicht gleich wieder SOS funken, was?«

Mitchell schluckte das und ging mit ihnen, den Kahn anzusehen. Es war der älteste, dreckigste, verkommenste Eimer, den er je gesehen hatte. Dieser Invalide konnte nun und nimmer bis nach Rotterdam kommen. Und die Brüder wünschten das auch keineswegs. Es war alles glasklar, ein einfacher Versicherungsbetrug, nichts weiter.

Mitchells guter Ruf, was Verantwortungsgefühl anbelangte (so heißt die andere Seite von Feigheit), machte ihn zum geeigneten Kapitän.

Er verspürte allerhand Wallungen in seinem Herzen, aber er kämpfte sie nieder und sagte nicht nein. Er bat sich Bedenkzeit aus und lief weg. Ab und zu blieb er vor einem Schaufenster stehen und hielt Zwiegespräche mit seinem Spiegelbild.

»Sind Sie feig?« fragte er sich, und der Spiegelmitchell zuckte die Achseln.

»Waren Sie das immer schon?« fragte er, und der Spiegelmitchell schüttelte den Kopf.

Und dann traf er Jane. Sie stand in einer Häusernische und wartete auf irgendwas. Er dachte schon das Schlimmste und wagte nicht an ihr vorbeizugehen. So sah er von gegenüber aus, wie ein Mann sie ansprach, der wohl das gleiche gedacht hatte wie er selber. Aber sie wies ihn anscheinend sehr energisch ab. Daraufhin ging Mitchell zu ihr hinüber und lud sie in ein Café ein. Sie sagte, es passe ihr, wenn sie durch die Scheibe auf die Straße sehen könne. Sie erwartete eine Freundin, die etwas von einer Stelle wußte.

In den zwanzig Minuten in diesem kleinen Café erlebte Mitchell den Tiefpunkt seines Lebens.

Um ihr eine Freundlichkeit zu sagen, eröffnete er das Gespräch mit der Feststellung, sie sehe gut aus.

Das wundere sie, sagte sie, ihm offen ins Gesicht schauend. Sie war nicht feig. Und die Kuchen auf dem Tisch, die er ihr hinrückte, aß sie ohne Scheu alle auf. Sie hatte nichts dagegen, daß er sah, daß sie nicht besonders satt war.

Er ging, ein wenig verwirrt, dazu über, ihr auseinanderzusetzen, daß sie, wenn sie eine neue Stelle wolle, sich etwas anders herrichten müsse. Er tadelte die Frisur und nahm ihr sogar die Brille ab. Sie hatte schöne Augen.

Sie erwiderte, solche Stellen, wo sie hübsch aussehen müsse, wolle sie nicht gern haben. Allerdings stehe zu fürchten, daß die Stelle, von der ihre Freundin wüßte, eine solche sei.

Darauf begann er, zu seinem eigenen Erstaunen in sie zu dringen, eine solche Stelle nicht anzunehmen. Er machte ihr sogar den Vorschlag, sie solle von ihm Geld annehmen und davon leben, bis sie eine bessere Stelle gefunden habe.

Zu seinem Ärger schien sie das Angebot aber überhaupt nicht ernst zu nehmen. Denn in diesem Augenblick sah sie durchs Fenster die Freundin (mit der schlechten Stelle), stand auf und lief eilig hinaus. Er konnte eben noch ihre Adresse erfahren.

Nach diesem kleinen Erlebnis hätte er eigentlich sehr vernichtet sein müssen, aber er war eher aufgerichtet. Er wußte jetzt, daß etwas geschehen mußte, das dem ganzen Spuk ein Ende machte. Er ging in eine Kneipe und nahm einige Whiskys, etwas mehr als er vertrug. Erst als er feststellte, daß er nicht mehr *ein* Glas sah, wo *ein* Glas stand, ging er.

Er ging geradewegs nach Hause.

Im Wohnzimmer saßen sein Vater und seine jüngere Schwester. Sie hörten im Radio Traviata. Er stellte die Musik ab und erklärte ihnen ohne große Umschweife, sie müßten aus der Achtzimmerwohnung heraus und in eine Zweizimmerwohnung, und seine Schwestern müßten Büroarbeit suchen, da er von seiner Gesellschaft hinausgeworfen worden sei, gleichgültig warum.

Dann schlief er sich aus, und am Morgen begleitete er seine Schwestern, auch die ältere, auf ein Stellenvermittlungsbüro. Sie waren sehr eingeschüchtert. Er konnte deutlich bemerken, wie ein Teil des verschwundenen Respektes wiederkehrte. Die ältere Schwester sagte nicht einmal etwas dagegen, als er ihr nahelegte, ihrem Verlobten, falls er unzufrieden mit seinem Schwager sei, den Laufpaß zu geben.

Das zweite war, daß er die Brüder vom Kohlenkahn anrief. Er sagte ihnen, er wolle mit ihnen abschließen, sie sollten die Papiere fertig machen. Den Tag der Abfahrt bestimmte er mit ihnen. Am Abend vorher sollten sie zum Kahn kommen und ihm die Papiere übergeben. Er würde sich inzwischen um die Mannschaft kümmern. Der Abend war ein Dienstagabend.

Das dritte war, daß er noch allerhand andere Leute anrief und sie für Dienstagabend zu einem kleinen Supper auf der »Almaida« einlud. Darunter waren die Gentlemen vom Boardinghouse, darunter war Beth Heewater, und darunter war sogar sein früherer Reeder. Sie sagten alle zu, sogar I. B. Watch. Mitchells Verhältnis zu seinen Kollegen und auch zu seinen Reedern war nach dem »Vorfall« äußerlich ein unverändertes geblieben. Sie schlugen ihn immer noch auf die Schulter, wenn sie ihn wo trafen. Nur hatten sie alle jetzt dieses verdammte Lächeln, das Mitchell nicht gefiel, absolut nicht.

Dann lud er noch einen ihm bekannten Reporter ein, bestellte ein ausgezeichnetes Supper im Savoy mit zugehörigen Kellnern, an Bord der »Almaida« zu servieren, und wandte sich dann Dienstag vormittags dem Punkt vier zu.

Punkt vier war Jane.

Er stöberte sie in einer elenden Pension auf, noch immer ohne Stelle. Nur ein einziger Gegenstand erfreute sein Auge in dieser Bude, nämlich seine (zerrissene) Fotografie. Die hatte sie irgendwie an sich gebracht an jenem entscheidenden Abend, und hier stand sie auf der Kommode. Jane machte auch gar keine Anstalten, sie wegzuschaffen.

»Wollen Sie sie nicht wenigstens vor mir verstecken?« fragte er, aber sie schüttelte den Kopf. Bei solcher Sachlage war alles Weitere verhältnismäßig einfach. Ein kleiner Kampf entstand noch, als er ihr die Brille abnahm (»Ich führe dich und sehe für zwei«) und als er ihr eine neue Frisur zurechtkämmte (»Beth hält Haare im Gesicht nicht für hübsch«).

Auf der »Almaida« war alles in schönster Ordnung. Die Kellner wunderten sich ein wenig über den Raum, in dem sie ihre hübschen und teuren Sachen aufbauen sollten. Keynes, der Reporter, war schon da, und sie lachten sehr über das was kommen würde.

Gegen neun Uhr rollten die ersten Gäste heran. Um dreiviertel zehn Uhr war alles da. Jane hatte die Honneurs gemacht, und Beth' Miene bewies, daß sie diesen Akt durchaus als Mut von seiten Mitchells wertete. Mitchell stand auf und hielt eine kleine Rede.

Er entwickelte, daß er sich entschlossen habe, dieses Schiff, dem Drängen der Herren Knife folgend (er verbeugte sich gegen die

Brüder), nach Rotterdam zu bringen. Er tue das, weil ein solches Beginnen Mut zeige und sein Mut in der letzten Zeit angezweifelt worden sei. Damit nun alle, die an seinem Mut in der letzten Zeit Interesse gezeigt hatten, imstande seien, sich von seinem Mut zu überzeugen, werde er sich erlauben, sie zu dieser kleinen Fahrt einzuladen.

Und in diesem Augenblick begann der alte Kahn zu zittern, wie ein Kahn eben zittert, wenn er aufs Wasser hinausfährt, und die Maschine begann zu arbeiten, daß man sie gut hören konnte.

Die Überraschung war recht bedeutend.

In dem improvisierten Speiseraum entstand eine ganz formidable Panik. Die Männer sprangen zur Tür. Die Tür war verschlossen. Die Damen kreischten, und dann sprach Mitchell weiter.

»Ladies und Gentlemen«, sagte er, »wenn Sie den Zustand, in dem der Boden meiner ›Almaida‹ sich befindet, kennen würden, würden Sie nicht so herumtrampeln. Die Tür, gegen die Sie sich dort stemmen, ist so ziemlich das einzige gute Stück Holz, das nicht nachgibt. Dieser Zustand des Kahnes ist auch der Grund, warum er so hoch versichert wurde, nicht wahr, meine Herren Knife? Es ist eben unsicher, daß er ankommt, da mußte er versichert werden. Es ist natürlich nicht geringer Mut nötig, mit sowas auf die hohe See hinauszufahren, aber ich habe eben diesen Mut. Sie werden sich freuen und mir manches abbitten, denke ich. Auch du, Beth, hast ja daran gezweifelt, ob ich den Mut haben würde, Dinge, die man nicht mehr sehen will, wegzuschaffen. Nun, dieser Kahn ›Almaida‹ ist ein solches Ding. Ich werde es prompt wegschaffen, sei überzeugt! Und Sie, Watch, sollen es nicht erleben, daß ich ein anderes Schiff zu Hilfe rufe, bevor dieses gesunken ist! Ich habe es einmal getan und tue es nicht mehr. Feigheit muß man bekämpfen, nicht wahr?«

Ich will es kurz machen. Es gab noch einige recht unwürdige Szenen. Den meisten der Anwesenden fehlte es an Mut in bedauerlichem Maße. I. B. Watch bot sogar seinem früheren Kapitän wieder seinen früheren Posten an, unter Zeugen. Tommy White führte sich wie ein Verrückter auf. Und Harry Biggers starb beinahe wirklich.

Mitchell ließ seine Gäste, angewidert und zugleich befriedigt von seinem Experiment, ziemlich bald wieder auf festen Boden kommen. Als die Tür aufgemacht wurde, zeigte es sich, daß Mitchell den Kahn nur an Stahltrossen in den Fluß gehängt hatte, so daß er sich eben bewegte. Die Autos der Gäste waren von Bord aus sichtbar.

Keynes versprach Mitchell, stillzuschweigen, wenigstens vorläufig.

»Ich bin nämlich keineswegs so feig, I. B. Watchs Angebot auszuschlagen«, sagte Mitchell lustig. »Falls er es aufrecht erhalten wird«, setzte Jane, an seiner Seite lehnend, hinzu.

»Er wird«, sagte Keynes zynisch.

Der Soldat von La Ciotat

Nach dem ersten Weltkrieg sahen wir in der kleinen südfranzösischen Hafenstadt La Ciotat bei einem Jahrmarkt zur Feier eines Schiffsstapellaufs auf einem öffentlichen Platz das bronzene Standbild eines Soldaten der französischen Armee, um das die Menge sich drängte. Wir traten näher hinzu und entdeckten, daß es ein lebendiger Mensch war, der da unbeweglich in erdbraunem Mantel, den Stahlhelm auf dem Kopf, ein Bajonett im Arm, in der heißen Junisonne auf einem Steinsockel stand. Sein Gesicht und seine Hände waren mit einer Bronzefarbe angestrichen. Er bewegte keinen Muskel, nicht einmal seine Wimpern zuckten.

Zu seinen Füßen an dem Sockel lehnte ein Stück Pappe, auf dem folgender Text zu lesen war:

Der Statuenmensch
(Homme Statue)

Ich, Charles Louis Franchard, Soldat im ...ten Regiment, erwarb als Folge einer Verschüttung vor Verdun die ungewöhnliche Fähigkeit, vollkommen unbeweglich zu verharren und mich beliebige Zeit lang *wie eine Statue* zu verhalten. Diese meine Kunst wurde von vielen Professoren geprüft und als eine unerklärliche Krankheit bezeichnet. Spenden Sie, bitte, einem Familienvater ohne Stellung eine kleine Gabe!

Wir warfen eine Münze in den Teller, der neben dieser Tafel stand, und gingen kopfschüttelnd weiter.

Hier also, dachten wir, steht er, bis an die Zähne bewaffnet, der unverwüstliche Soldat vieler Jahrtausende, er, mit dem Geschichte gemacht wurde, er, der alle diese großen Taten der Alexander, Cäsar, Napoleon ermöglichte, von denen wir in den Schullesebüchern lesen. Das ist er. Er zuckt nicht mit der Wimper. Das ist der Bogenschütze des Cyrus, der Sichelwagenlenker des Kambyses, den der Sand der Wüste nicht endgültig begraben konnte, der Legionär Cäsars, der Lanzenreiter des Dschingis-Khan, der Schweizer des XIV. Ludwig und des I. Napoleon Grenadier. Er besitzt die eben doch nicht so ungewöhnliche Fähigkeit, sich nichts anmerken zu lassen, wenn alle erdenklichen Werkzeuge der Vernichtung an ihm ausprobiert werden. Wie ein Stein, fühllos (sagt er), verharre er, wenn man ihn in den Tod schicke. Durchlöchert von Lanzen der verschiedensten Zeitalter, steinernen, bronzenen, eisernen, angefahren von Streitwagen, denen des Artaxerxes und denen des Generals Ludendorff, zertrampelt von den Elefanten des Hannibal und den Reitergeschwadern des Attila, zerschmettert von den fliegenden Erzstücken der immer vollkommeneren Geschütze mehrerer Jahrhunderte, aber auch den fliegenden Steinen der Katapulte, zerrissen von Gewehrkugeln, groß wie Taubeneier und klein wie Bienen, steht er, unverwüstlich, immer von neuem, kommandiert in vielerlei Sprachen, aber immer unwissend warum und wofür. Die Ländereien, die er eroberte, nahm nicht er in Besitz, so wie der Maurer nicht das Haus bewohnt, das er gebaut hat. Noch gehörte ihm etwa das Land, das er verteidigte. Nicht einmal seine Waffe oder seine Montur gehört ihm. Aber er steht, über sich den Todesregen der Flugzeuge und das brennende Pech der Stadtmauern, unter sich Mine und Fallgrube, um sich Pest und Gelbkreuzgas, fleischerner Köcher für Wurfspieß und Pfeil, Zielpunkt, Tankmatsch, Gaskocher, vor sich den Feind und hinter sich den General!

Unzählige Hände, die ihm das Wams webten, den Harnisch klopften, die Stiefel schnitten! Unzählbare Taschen, die sich durch ihn füllten! Unermeßliches Geschrei in *allen* Sprachen der Welt, das ihn anfeuerte! Kein Gott, der ihn nicht segnete! Ihn, der behaftet ist mit dem entsetzlichen Aussatz der Geduld, ausgehöhlt von der unheilbaren Krankheit der Unempfindlichkeit.

Was für eine Verschüttung, dachten wir, ist das, der er diese Krankheit verdankt, diese furchtbare, ungeheuerliche, so überaus ansteckende Krankheit?

Sollte sie, fragten wir uns, nicht doch heilbar sein?

Irk zu fällen war leicht. Er war sehr beschäftigt und sorgte für viele, aber nicht für sich selber. Er war schon erschlagen, als Gaumer merkte, wie ungeheuer schwer er zu begraben war.

Er lag auf dem Boden im Kontor, und Gaumer versuchte zunächst, ihn auf die Schulter zu nehmen. Aber das war natürlich unmöglich. Die Gaumers können die Irks nicht tragen.

Also packte ihn Gaumer am linken Fuß und zog ihn mit aller Kraft nach der Tür zu. Am Türbalken stemmte sich das andere Bein Irks fest, so daß Gaumer den Körper wieder zurück ins Kontor ziehen mußte, diesmal am Kopf, der keinen guten Halt bot. Gaumer war froh, als er Irk wieder im Zimmer hatte, wo er vorher gelegen hatte. Er setzte sich schweißbedeckt auf einen Stuhl und holte Atem.

Gaumer begann nachzudenken. Er dachte tiefer nach, als er je nachgedacht hatte. Man mußte Irk mit dem Kopf voran aus der Tür ziehen. Das war die Lösung. Es gab immer eine Lösung, man mußte nur tief und unerschrocken nachdenken. Irk hatte das ständig gesagt.

Gaumer fiel zweimal nieder, als er Irk am Kopf zur Tür zog, da er den Halt an Irks Kopf verlor. Kein Wunder, der Kopf war nicht als Griff gedacht gewesen. Immerhin, der Körper lag jetzt im Stiegenhaus, und die Stiege hinab mußte ihn sein eigenes (zu großes) Gewicht befördern. Es genügte von seiten Gaumers ein Fußtritt. Allerdings, das Geländer unten, am Fuß der Stiege, brach unter der Wucht des Anpralls zusammen. Es war morsch, und Irk hatte immer gesagt, man solle es erneuern. Schade, daß Gaumer ihm darin nicht nachgegeben hatte. Jetzt sahen es die Leute, wenn sie am nächsten Morgen zur Arbeit kamen.

Irk lag jetzt wenigstens unten, das bedeutete einen Fortschritt. Allerdings bedeutete es nur einen Fortschritt, wenn man ihn weiterbrachte, denn hier lag er ja viel offener der Entdeckung als oben im Kontor.

Und nun kam etwas sehr Schlimmes. Gaumer erkannte, nach zweistündigem verzweifeltem Abmühen mit dem Körper, daß er ihn niemals allein ins Freie bringen konnte! Der Raum zwischen der Stiege und der Tür war zu klein, und die Tür ging nach innen auf. Gaumer konnte nicht zugleich die Tür aufmachen und den Körper hochheben. Er konnte ihn nicht einmal so drehen, daß er auf der Seite lag, und das mußte er. Er mußte unbedingt gedreht werden.

Gaumer sah ein, daß er seinen Neffen holen und einweihen mußte. Das war entsetzlich. Dieser faule und verderbte Laffe würde ihm seine Hilfe teuer verkaufen. Natürlich, wenn er nicht faul und verderbt gewesen wäre, hätte sich Gaumer nie an ihn wenden können, in so einer Angelegenheit. Nach dieser Nacht würde er völlig in der Hand dieses Burschen sein, das hieß, er würde auch ihn beseitigen müssen. Das waren nette Aussichten.

Der Neffe sah ihn auch mehr als eigentümlich an, als er ihm die Geschichte berichtete. Immerhin kam er sofort mit. Gaumer hatte den Eindruck, er kam wirklich etwas zu rasch mit. Er schien nur mit Mühe seine Freude zu verbergen. Zu zweit gelang es ihnen, die Tür zu öffnen und den Körper über die Schwelle zu ziehen. Und dann, mit einem Mal, brachten sie ihn nicht einen Schritt weiter.

Was war los? Hier war kein Hindernis mehr, und sie waren zwei. Die Hauptarbeit schien geschafft. Sie wurden sich erst nach einiger Zeit klar, was geschehen war. Zuerst kam es Gaumer vor, als sähe er mit einem Mal schlecht. Sein Neffe, der am Kopf zog, schien ihm, der die Beine Irks zusammenhielt, so merkwürdig weit entfernt. Dann sagte sein Neffe plötzlich: er wächst.

Tatsächlich, das war es. Irk war zeit seines Lebens nicht viel größer gewesen als Gaumer, jedenfalls in den Augen Gaumers. Noch nach dem Mord, im Kontor, hatte er, als wie schwer zu tragen er sich immer herausgestellt hatte, doch noch eine einigermaßen natürliche Größe gehabt. Aber jetzt, im Freien, war er plötzlich ganz unfaßbar groß! Seine Beine schienen wie zwei Säulen, sein Kopf wie ein rundgestutzter Lorbeerbaum. Und er wuchs noch. Während die beiden entsetzt standen und auf ihn starrten, der Onkel vom Fuß aus, der Neffe vom Kopf aus, verlängerte und verdickte sich der verdammte Körper mit unheimlicher Schnelligkeit. Das war kein Mensch mehr, das war ein Riese.

Wie sollte man diesen ungeheuren Haufen von Fleisch und Knochen begraben, wie diesen Berg unter die Erde bringen?

Gaumer tat alles, seine panikartige Furcht zu unterdrücken. Man mußte sogleich Taue, besser Stahltrossen beschaffen. Mit einem Lastauto vorgespannt könnte man Irk vielleicht immer noch hinunter in den Kanal schaffen, der an der Fabrik vorbeifloß. Nur gut, daß Gaumer alle Schlüssel besaß und überhaupt über solche Dinge wie Lastautos und Trossen verfügen konnte.

Er ging schweren Trittes zu den Remisen.

Als er den Lastwagen rückwärts aus der Remise fuhr, überfuhr er Irks Bein. Es war, als ob er über einen Granitblock gefahren wäre, danach krachten die Achsblätter, eines brach.

Irks Körper war jetzt gut fünf Meter lang und über anderthalb Meter im Durchmesser. Um den einen Fuß hochzukriegen beim Anlegen der Stahltrosse, mußten sie den Wagenheber benutzen. Auch er verbog sich. Auf diese Weise ging die ganze Maschinerie noch zum Teufel.

Beim in den Wagen klettern fing Gaumer einen Blick seines Neffen auf, der ihn stark beunruhigte. Der Mensch hatte deutlich Furcht vor ihm. Das machte ihn recht gefährlich. Er ahnte jetzt sichtlich, daß Gaumer ihn würde umlegen müssen nach getaner Arbeit, und wälzte wohl Pläne, wie er seinen Onkel zuvor zu pakken kriegen könnte. Gaumer mußte ihn schnellstmöglich erledigen, aber erst nach der Arbeit, versteht sich.

Die Trosse rutschte zweimal vom Fuß Irks. Und dann zeigte es sich, daß der Motor zu schwach war, er wurde einfach abgewürgt. Den Chauffeur mußte man in der Luft zerreißen. Warum hielt er seine Maschine nicht in Ordnung? Oder steckte da Absicht dahinter?

Gaumer lief schwitzend in die zweite Remise.

Sie hatten jetzt zwei Lastwagen vor dem Körper, der Onkel fuhr den vorderen, der Neffe den hinteren. Sie konnten so nicht sehen, was mit dem Körper wurde. Erst stockte der Transport wieder, dann gab es einen Ruck, und der hintere Wagen fuhr auf den vorderen auf. Gaumer stieg fluchend aus. Der Körper war ein Stück geschleift worden, aber der Kühler des hinteren Wagens war eingedrückt durch den Zusammenprall mit dem vorderen.

Sie versuchten es noch einmal. Der Hof senkte sich zum Kanal hinab von einer bestimmten Stelle aus. Da kamen sie auch sogleich ins Rutschen, der Körper wirkte nun selber als ein ganzer Lastzug und beschleunigte die Fahrt unheimlich. Dazu das schlechte Licht, bei dem man nicht richtig lenken konnte! Daß man die Arbeit auch nicht bei Tag machen konnte!

Mit einem Krach, den man meilenweit hören mußte, preschte Gaumers Lastwagen trotz angezogener Bremse in den Kanal, nach ihm passierte dasselbe mit dem seines Neffen.

Als Gaumer aus dem schlammigen Wasser wieder hochkam und das Ufer erreichte, hörte er ein Plätschern und sah, wie sein Neffe auf die Böschung zuschwamm. Die beiden Lastwagen waren im Wasser verschwunden. Aber der Körper Irks, obwohl vollständig im Kanal, war nicht bedeckt vom Wasser. Riesig, ungeheuerlich, eine nie zu versteckende Masse, ragte Irk mit Knien und Kopf aus der schwarzen Flut.

Wahnsinn im Auge, trat Gaumer nach den Fingern, die sein Neffe bei dem Versuch, aus dem Wasser zu klettern, in die Böschung krallte.

Der verwundete Sokrates

Sokrates, der Sohn der Hebamme, der in seinen Zwiegesprächen so gut und leicht und unter so kräftigen Scherzen seine Freunde wohlgestalter Gedanken entbinden konnte und sie so mit eigenen Kindern versorgte, anstatt wie andere Lehrer ihnen Bastarde aufzuhängen, galt nicht nur als der klügste aller Griechen, sondern auch als einer der tapfersten. Der Ruf der Tapferkeit scheint uns ganz gerechtfertigt, wenn wir beim Platon lesen, wie frisch und unverdrossen er den Schierlingsbecher leerte, den ihm die Obrigkeit für die seinen Mitbürgern geleisteten Dienste am Ende reichen ließ. Einige seiner Bewunderer aber haben es für nötig gehalten, auch noch von seiner Tapferkeit im Felde zu reden. Tatsächlich kämpfte er in der Schlacht bei Delion mit, und zwar bei den leichtbewaffneten Fußtruppen, da er weder seinem Ansehen nach, er war Schuster, noch seinem Einkommen nach, er war Philosoph, zu den vornehmeren und teueren Waffengattungen eingezogen wurde. Jedoch war, wie man sich denken kann, seine Tapferkeit von besonderer Art.

Sokrates hatte sich am Morgen der Schlacht so gut wie möglich auf das blutige Geschäft vorbereitet, indem er Zwiebeln kaute, was nach Ansicht der Soldaten Mut erzeugte. Seine Skepsis auf vielen Gebieten veranlaßte ihn zur Leichtgläubigkeit auf vielen andern Gebieten; er war gegen die Spekulation und für die praktische Erfahrung, und so glaubte er nicht an die Götter, wohl aber an die Zwiebeln.

Leider verspürte er keine eigentliche Wirkung, jedenfalls keine sofortige, und so trottete er düster in einer Abteilung von Schwertkämpfern, die im Gänsemarsch in ihre Stellung auf irgendeinem Stoppelfeld einrückte. Hinter und vor ihm stolperten Athener Jungens aus den Vorstädten, die ihn darauf aufmerksam machten, daß die Schilde der Athenischen Zeughäuser für dicke Leute wie ihn zu klein geschnitten seien. Er hatte denselben Gedanken gehabt, nur waren es bei ihm *breite* Leute gewesen, die durch die lächerlich schmalen Schilde nicht halbwegs gedeckt wurden.

Der Gedankenaustausch zwischen seinem Vorder- und seinem Hintermann über die Profite der großen Waffenschmieden aus zu kleinen Schilden wurde abgebrochen durch das Kommando ›Lagern‹.

Man ließ sich auf den Stoppelboden nieder, und ein Hauptmann wies Sokrates zurecht, weil er versucht hatte, sich auf seinen Schild zu setzen. Mehr als der Anschnauzer selbst beunruhigte ihn die gedämpfte Stimme, mit der er erfolgte. Der Feind schien in der Nähe vermutet zu werden.

Der milchige Morgennebel verhinderte alle Aussicht. Jedoch zeigten die Laute von Tritten und klirrenden Waffen an, daß die Ebene besetzt war.

Sokrates erinnerte sich mit großer Unlust an ein Gespräch, das er am Abend vorher mit einem jungen vornehmen Mann geführt hatte, den er hinter den Kulissen einmal getroffen hatte und der Offizier bei der Reiterei war.

»Ein kapitaler Plan!« hatte der junge Laffe erklärt. »Das Fußvolk steht ganz einfach, treu und bieder aufgestellt da und fängt den Stoß des Feindes auf. Und inzwischen geht die Reiterei in der Niederung vor und kommt ihm in den Rücken.«

Die Niederung mußte ziemlich weit nach rechts, irgendwo im Nebel liegen. Da ging wohl jetzt also die Reiterei vor.

Der Plan hatte Sokrates gut geschienen, oder jedenfalls nicht schlecht. Es wurden ja immer Pläne gemacht, besonders wenn man dem Feind unterlegen an Stärke war. In Wirklichkeit wurde dann einfach gekämpft, das heißt zugehauen. Und man ging nicht da vor, wo der Plan es vorschrieb, sondern da, wo der Feind es zuließ.

Jetzt, im grauen Morgenlicht, kam der Plan Sokrates ganz und gar miserabel vor. Was hieß das: das Fußvolk fängt den Stoß des Feindes auf? Im allgemeinen war man froh, wenn man einem Stoß ausweichen konnte, und jetzt sollte die Kunst darin bestehen, ihn aufzufangen! Es war sehr schlimm, daß der Feldherr selber ein Reiter war.

So viele Zwiebeln gab es gar nicht auf dem Markt, als für den einfachen Mann nötig waren.

Und wie unnatürlich war es, so früh am Morgen, statt im Bett zu liegen, hier mitten in einem Feld auf dem nackten Boden zu sitzen, mit mindestens zehn Pfund Eisen auf dem Leib und einem Schlachtmesser in der Hand! Es war richtig, daß man die Stadt verteidigen mußte, wenn sie angegriffen wurde, da man sonst dort großen Ungelegenheiten ausgesetzt war, aber warum wurde die Stadt angegriffen? Weil die Reeder, Weinbergbesitzer und Sklavenhändler in Kleinasien den persischen Reedern, Weinbergbesitzern und Sklavenhändlern ins Gehege gekommen waren! Ein schöner Grund!

Plötzlich saßen alle wie erstarrt.

Von links aus dem Nebel kam ein dumpfes Gebrüll, begleitet von einem metallenen Schallen. Es pflanzte sich ziemlich rasch fort. Der Angriff des Feindes hatte begonnen.

Die Abteilung stand auf. Mit herausgewälzten Augen stierte man in den Nebel vorn. Zehn Schritt zur Seite fiel ein Mann in die Knie und rief lallend die Götter an. Zu spät, schien es Sokrates.

Plötzlich, wie eine Antwort, erfolgte ein schreckliches Gebrüll weiter rechts. Der Hilfeschrei schien in einen Todesschrei übergegangen zu sein. Aus dem Nebel sah Sokrates eine kleine Eisenstange geflogen kommen. Ein Wurfspeer!

Und dann tauchten, undeutlich im Dunst, vorn massive Gestalten auf: die Feinde.

Sokrates, unter dem überwältigenden Eindruck, daß er vielleicht schon zu lange gewartet hatte, wandte sich schwerfällig um und begann zu laufen. Der Brustpanzer und die schweren Beinschienen hinderten ihn beträchtlich. Sie waren viel gefährlicher als Schilde, da man sie nicht wegwerfen konnte.

Keuchend lief der Philosoph über das Stoppelfeld. Alles hing davon ab, ob er genügend Vorsprung gewann. Hoffentlich fingen die braven Jungen hinter ihm den Stoß für eine Zeit auf.

Plötzlich durchfuhr ihn ein höllischer Schmerz. Seine linke Sohle brannte, daß er meinte, es überhaupt nicht aushalten zu können. Er ließ sich stöhnend zu Boden sinken, ging aber mit einem neuen Schmerzensschrei wieder hoch. Mit irren Augen blickte er um sich und begriff alles. Er war in ein Dornenfeld geraten!

Es war ein Gewirr niedriger Hecken mit sehr scharfen Dornen. Auch im Fuß mußte ein Dorn stecken. Vorsichtig, mit tränenden Augen, suchte er eine Stelle am Boden, wo er sitzen konnte. Auf dem gesunden Fuß humpelte er ein paar Schritte im Kreise, bevor er sich zum zweiten Mal niederließ. Er mußte sofort den Dorn ausziehen.

Gespannt horchte er nach dem Schlachtlärm: er zog sich nach beiden Seiten ziemlich weit hin, jedoch war er nach vorn mindestens hundert Schritte entfernt. Immerhin schien er sich zu nähern, langsam, aber unverkennbar.

Sokrates konnte die Sandale nicht herunterbekommen. Der Dorn hatte die dünne Ledersohle durchbohrt und stak tief im Fleisch. Wie konnte man den Soldaten, die die Heimat gegen den

Feind verteidigen sollten, so dünne Schuhe liefern! Jeder Ruck an der Sandale war von einem brennenden Schmerz gefolgt. Ermattet ließ der Arme die massigen Schultern vorsinken. Was tun?

Sein trübes Auge fiel auf das Schwert neben ihm. Ein Gedanke durchzuckte sein Gehirn, willkommener als je einer in einem Streitgespräch. Konnte man das Schwert als ein Messer benutzen? Er griff danach.

In diesem Augenblick hörte er dumpfe Tritte. Ein kleiner Trupp brach durch das Gestrüpp. Den Göttern sei Dank, es waren eigene! Sie blieben einige Sekunden stehen, als sie ihn sahen. »Das ist der Schuster«, hörte er sie sagen. Dann gingen sie weiter.

Aber links von ihnen kam jetzt auch Lärm. Und dort ertönten Kommandos in einer fremden Sprache. Die Perser!

Sokrates versuchte, wieder auf die Beine zu kommen, das heißt auf das rechte Bein. Er stützte sich auf das Schwert, das nur um wenig zu kurz war. Und dann sah er links, in der kleinen Lichtung, einen Knäuel Kämpfender auftauchen. Er hörte Ächzen und das Aufschlagen stumpfen Eisens auf Eisen oder Leder.

Verzweifelt hüpfte er auf dem gesunden Fuß rückwärts. Umknackend kam er wieder auf den verwundeten Fuß zu stehen und sank stöhnend zusammen. Als der kämpfende Knäuel, der nicht groß war, es handelte sich vielleicht um zwanzig oder dreißig Mann, sich auf wenige Schritte genähert hatte, saß der Philosoph auf dem Hintern zwischen zwei Dornsträuchern, hilflos dem Feind entgegenblickend.

Es war unmöglich für ihn, sich zu bewegen. Alles war besser, als diesen Schmerz im Fußballen noch ein einziges Mal zu spüren. Er wußte nicht, was machen, und plötzlich fing er an zu brüllen.

Genau beschrieben war es so: Er hörte sich brüllen. Er hörte sich aus seinem mächtigen Brustkasten brüllen wie eine Röhre:

»Hierher, dritte Abteilung! Gebt ihnen Saures, Kinder!«

Und gleichzeitig sah er sich, wie er das Schwert faßte und es im Kreise um sich schwang, denn vor ihm stand, aus dem Gestrüpp aufgetaucht, ein persischer Soldat mit einem Spieß. Der Spieß flog zur Seite und riß den Mann mit.

Und Sokrates hörte sich zum zweiten Male brüllen und sagen:

»Keinen Fußbreit mehr zurück, Kinder! Jetzt haben wir sie, wo wir sie haben wollen, die Hundesöhne! Krapolus, vor mit der sechsten! Nullos, nach rechts! Zu Fetzen zerreiße ich, wer zurückgeht!«

Neben sich sah er zu seinem Erstaunen zwei von den Eigenen, die ihn entsetzt anglotzten. »Brüllt«, sagte er leise, »brüllt, um des Himmels willen!«

Der eine ließ die Kinnlade fallen vor Schrecken, aber der andere fing wirklich an zu brüllen, irgendwas. Und der Perser vor ihnen stand mühsam auf und lief ins Gestrüpp.

Von der Lichtung her stolperten ein Dutzend Erschöpfte. Die Perser hatten sich auf das Gebrüll hin zur Flucht gewandt. Sie fürchteten einen Hinterhalt.

»Was ist hier?« fragte einer der Landsleute Sokrates, der immer noch auf dem Boden saß.

»Nichts«, sagte dieser. »Steht nicht so herum und glotzt nicht auf mich. Lauft lieber hin und her und gebt Kommandos, damit man drüben nicht merkt, wie wenige wir sind.«

»Besser, wir gehen zurück«, sagte der Mann zögernd.

»Keinen Schritt«, protestierte Sokrates. »Seid ihr Hasenfüße?«

Und da es für den Soldaten nicht genügt, wenn er Furcht hat, sondern er auch Glück haben muß, hörte man plötzlich von ziemlich weit her, aber ganz deutlich, Pferdegetrappel und wilde Schreie, und sie waren in griechischer Sprache! Jedermann weiß, wie vernichtend die Niederlage der Perser an diesem Tage war. Sie beendete den Krieg.

Als Alkibiades an der Spitze der Reiterei an das Dornenfeld kam, sah er, wie eine Rotte von Fußsoldaten einen dicken Mann auf den Schultern trug.

Sein Pferd anhaltend, erkannte er den Sokrates in ihm, und die Soldaten klärten ihn darüber auf, daß er die wankende Schlachtreihe durch seinen unerschütterlichen Widerstand zum Stehen gebracht hatte.

Sie trugen ihn im Triumph bis zum Train. Dort wurde er, trotz seines Protestes, auf einen der Fouragewagen gesetzt, und umgeben von schweißübergossenen, aufgeregt schreienden Soldaten gelangte er nach der Hauptstadt zurück.

Man trug ihn auf den Schultern in sein kleines Haus.

Xanthippe, seine Frau, kochte ihm eine Bohnensuppe. Vor dem Herd kniend und mit vollen Backen das Feuer anblasend, schaute sie ab und zu nach ihm hin. Er saß noch auf dem Stuhl, in den ihn seine Kameraden gesetzt hatten.

»Was ist mit *dir* passiert?« fragte sie argwöhnisch.

»Mit mir?« murmelte er, »nichts.«

»Was ist denn das für ein Gerede von deinen Heldentaten?« wollte sie wissen.

»Übertreibungen«, sagte er, »sie riecht ausgezeichnet.«

»Wie kann sie riechen, wenn ich das Feuer noch nicht anhabe? Du hast dich wieder zum Narren gemacht, wie?« sagte sie zornig. »Morgen kann ich dann wieder das Gelächter haben, wenn ich einen Wecken holen gehe.«

»Ich habe keineswegs einen Narren aus mir gemacht. Ich habe mich geschlagen.«

»Warst du betrunken?«

»Nein. Ich habe sie zum Stehen gebracht, als sie zurückwichen.«

»Du kannst nicht einmal dich zum Stehen bringen«, sagte sie aufstehend, denn das Feuer brannte. »Gib mir das Salzfaß vom Tisch.«

»Ich weiß nicht«, sagte er langsam und nachdenklich, »ich weiß nicht, ob ich nicht am allerliebsten überhaupt nichts zu mir nähme. Ich habe mir den Magen ein wenig verdorben.«

»Ich sagte dir ja, besoffen bist du. Versuch einmal aufzustehen und durchs Zimmer zu gehen, dann werden wir ja sehen.«

Ihre Ungerechtigkeit erbitterte ihn. Aber er wollte unter keinen Umständen aufstehen und ihr zeigen, daß er nicht auftreten konnte. Sie war unheimlich klug, wenn es galt, etwas Ungünstiges über ihn herauszubekommen. Und es war ungünstig, wenn der tiefere Grund seiner Standhaftigkeit in der Schlacht offenbar wurde.

Sie hantierte weiter mit dem Kessel auf dem Herd herum, und dazwischen teilte sie ihm mit, was sie sich dachte.

»Ich bin überzeugt, deine feinen Freunde haben dir wieder einen Druckposten ganz hinten, bei der Feldküche, verschafft. Da ist ja nichts als Schiebung.«

Er sah gequält durch die Fensterluke auf die Gasse hinaus, wo viele Leute mit weißen Laternen herumzogen, da der Sieg gefeiert wurde.

Seine vornehmen Freunde hatten nichts dergleichen versucht, und er würde es auch nicht angenommen haben, jedenfalls nicht so ohne weiteres.

»Oder haben sie es ganz in der Ordnung gefunden, daß der Schuster mitmarschiert? Nicht den kleinen Finger rühren sie für dich. Er ist Schuster, sagen sie, und Schuster soll er bleiben. Wie können wir sonst zu ihm in sein Dreckloch kommen und stundenlang mit ihm schwatzen und alle Welt sagen hören: Sieh mal an, ob er Schuster ist oder nicht, diese feinen Leute setzen sich doch zu ihm und reden mit ihm über Philersophie. Dreckiges Pack.«

»Es heißt Philerphobie«, sagte er gleichmütig.

Sie warf ihm einen unfreundlichen Blick zu.

»Belehr mich nicht immer. Ich weiß, daß ich ungebildet bin. Wenn ich es nicht wäre, hättest du niemand, der dir ab und zu ein Schaff Wasser zum Füßewaschen hinstellt.«

Er zuckte zusammen und hoffte, sie hatte es nicht bemerkt. Es durfte heute auf keinen Fall zum Füßewaschen kommen. Den Göttern sei Dank, fuhr sie schon in ihrer Ansprache fort.

»Also betrunken warst du nicht und einen Druckposten haben sie dir auch nicht verschafft. Also mußt du dich wie ein Schlächter aufgeführt haben. Blut hast du an deiner Hand, wie? Aber wenn ich eine Spinne zertrete, brüllst du los. Nicht als ob ich glaubte, daß du wirklich deinen Mann gestanden hättest, aber irgend etwas Schlaues, so etwas hintenrum, mußt du doch wohl gemacht haben, damit sie dir so auf die Schulter klopfen. Aber ich bringe es schon noch heraus, verlaß dich drauf.«

Die Suppe war jetzt fertig. Sie roch verführerisch. Die Frau nahm den Kessel, stellte ihn, mit ihrem Rock die Henkel anfassend, auf den Tisch und begann ihn auszulöffeln.

Er überlegte sich, ob er nicht doch noch seinen Appetit wiedergewinnen sollte. Der Gedanke, daß er dann wohl an den Tisch mußte, hielt ihn rechtzeitig ab.

Es war ihm nicht wohl zumute. Er fühlte deutlich, daß die Sache noch nicht vorüber war. Sicher würde es in der nächsten Zeit allerhand Unangenehmes geben. Man entschied nicht eine Schlacht gegen die Perser und blieb ungeschoren. Jetzt, im ersten Siegesjubel, dachte man natürlich nicht an den, der das Verdienst hatte. Man war vollauf beschäftigt, seine eigenen Ruhmestaten herumzuposaunen. Aber morgen oder übermorgen würde jeder sehen, daß sein Kollege allen Ruhm für sich in Anspruch nahm, und dann würde man ihn hervorziehen wollen. Viele konnten zu vielen damit etwas am Zeug flicken, wenn sie den Schuster als den eigentlichen Haupthelden erklärten. Dem Alkibiades war man sowieso nicht grün. Mit Wonne würde man ihm zurufen: Du hast die Schlacht gewonnen, aber ein Schuster hat sie ausgekämpft.

Und der Dorn schmerzte wilder denn je.

Wenn er die Sandale nicht bald ausbekam, konnte es Blutvergiftung werden.

»Schmatz nicht so«, sagte er geistesabwesend.

Der Frau blieb der Löffel im Mund stecken.

»Was tue ich?«

»Nichts«, beeilte er sich erschrocken zu versichern. »Ich war gerade in Gedanken.«

Sie stand außer sich auf, feuerte den Kessel auf den Herd und lief hinaus.

Er seufzte tief auf vor Erleichterung. Hastig arbeitete er sich aus dem Stuhl hoch und hüpfte, sich scheu umblickend, zu seinem Lager hinter. Als sie wieder hereinkam, um ihren Schal zum Ausgehen zu holen, sah sie mißtrauisch, wie er unbeweglich auf der lederbezogenen Hängematte lag. Einen Augenblick dachte sie, es fehle ihm doch etwas. Sie erwog sogar, ihn danach zu fragen, denn sie war ihm sehr ergeben. Aber sie besann sich eines Besseren und verließ maulend die Stube, sich mit der Nachbarin die Festlichkeiten anzusehen.

Sokrates schlief schlecht und unruhig und erwachte sorgenvoll. Die Sandale hatte er herunten, aber den Dorn hatte er nicht zu fassen bekommen. Der Fuß war stark geschwollen.

Seine Frau war heute morgen weniger heftig.

Sie hatte am Abend die ganze Stadt von ihrem Mann reden hören. Es mußte tatsächlich irgend etwas stattgefunden haben, was den Leuten so imponiert hatte. Daß er eine ganze persische Schlachtreihe aufgehalten haben sollte, wollte ihr allerdings nicht in den Kopf. Nicht er, dachte sie. Eine ganze Versammlung aufhalten mit seinen Fragen, ja, das konnte er. Aber nicht eine Schlachtreihe. Was war also vorgegangen?

Sie war so unsicher, daß sie ihm die Ziegenmilch ans Lager brachte.

Er traf keine Anstalten aufzustehen.

»Willst du nicht raus?« fragte sie.

»Keine Lust«, brummte er.

So antwortete man seiner Frau nicht auf eine höfliche Frage, aber sie dachte sich, daß er vielleicht nur vermeiden wollte, sich den Blicken der Leute auszusetzen, und ließ die Antwort passieren.

Früh am Vormittag kamen schon Besucher.

Es waren ein paar junge Leute, Söhne wohlhabender Eltern, sein gewöhnlicher Umgang. Sie behandelten ihn immer als ihren Lehrer, und einige schrieben sogar mit, wenn er zu ihnen sprach, als sei es etwas ganz Besonderes.

Heute berichteten sie ihm sogleich, daß Athen voll von seinem Ruhm sei. Es sei ein historisches Datum für die Philosophie (sie hatte also doch recht gehabt, es heißt Philersophie und nicht anders). Sokrates habe bewiesen, daß der groß Betrachtende auch der groß Handelnde sein könne.

Sokrates hörte ihnen ohne die übliche Spottsucht zu. Während sie sprachen, war es ihm, als höre er, noch weit weg, wie man ein fernes Gewitter hören kann, ein ungeheures Gelächter, das Gelächter einer ganzen Stadt, ja eines Landes, weit weg, aber sich nähernd, unaufhaltsam heranziehend, jedermann ansteckend, die Passanten auf den Straßen, die Kaufleute und Politiker auf dem Markt, die Handwerker in ihren kleinen Läden.

»Es ist alles Unsinn, was ihr da redet«, sagte er mit einem plötzlichen Entschluß. »Ich habe gar nichts gemacht.«

Lächelnd sahen sie sich an. Dann sagte einer:

»Genau, was wir auch sagten. Wir wußten, daß du es so auffassen würdest. Was ist das jetzt für ein Geschrei plötzlich, fragten wir Eusopulos vor den Gymnasien. Zehn Jahre hat Sokrates die größten Taten des Geistes verrichtet und kein Mensch hat sich auch nur nach ihm umgeblickt. Jetzt hat er eine Schlacht gewonnen, und ganz Athen redet von ihm. Seht ihr nicht ein, sagten wir, wie beschämend das ist?«

Sokrates stöhnte.

»Aber ich habe sie gar nicht gewonnen. Ich habe mich verteidigt, weil ich angegriffen wurde. Mich interessierte diese Schlacht nicht. Ich bin weder ein Waffenhändler, noch habe ich Weinberge in der Umgebung. Ich wüßte nicht, für was ich Schlachten schlagen sollte. Ich steckte unter lauter vernünftigen Leuten aus den Vorstädten, die kein Interesse an Schlachten haben, und ich tat genau, was sie alle auch taten, höchstens einige Augenblicke vor ihnen.«

Sie waren wie erschlagen.

»Nicht wahr«, riefen sie, »das haben wir auch gesagt. Er hat nichts getan, als sich verteidigt. Das ist seine Art, Schlachten zu gewinnen. Erlaube, daß wir in die Gymnasien zurückeilen. Wir haben ein Gespräch über dieses Thema nur unterbrochen, um dir guten Tag zu sagen.«

Und sie gingen, wollüstig ins Gespräch vertieft.

Sokrates lag schweigend, auf die Ellbogen gestützt, und sah

nach der rußgeschwärzten Decke. Er hatte recht gehabt mit seinen finsteren Ahnungen.

Seine Frau beobachtete ihn von der Ecke des Zimmers aus. Sie flickte mechanisch an einem alten Rock herum.

Plötzlich sagte sie leise: »Also was steckt dahinter?«

Er fuhr zusammen. Unsicher schaute er sie an.

Sie war ein abgearbeitetes Wesen, mit einer Brust wie ein Brett und traurigen Augen. Er wußte, daß er sich auf sie verlassen konnte. Sie würde ihm noch die Stange halten, wenn seine Schüler schon sagen würden: Sokrates? Ist das nicht dieser üble Schuster, der die Götter leugnet? Sie hatte es schlecht mit ihm getroffen, aber sie beklagte sich nicht, außer zu ihm hin. Und es hatte noch keinen Abend gegeben, wo nicht ein Brot und ein Stück Speck für ihn auf dem Sims gestanden hatte, wenn er hungrig heimgekommen war von seinen wohlhabenden Schülern.

Er fragte sich, ob er ihr alles sagen sollte. Aber dann dachte er daran, daß er in der nächsten Zeit in ihrer Gegenwart eine ganze Menge Unwahres und Heuchlerisches würde sagen müssen, wenn Leute kamen wie eben jetzt und von seinen Heldentaten redeten, und das konnte er nicht, wenn sie die Wahrheit wußte, denn er achtete sie.

So ließ er es sein und sagte nur: »Die kalte Bohnensuppe von gestern abend stinkt wieder die ganze Stube aus.«

Sie schickte ihm nur einen neuen mißtrauischen Blick zu.

Natürlich waren sie nicht in der Lage, Essen wegzuschütten. Er suchte nur etwas, was sie ablenken konnte. In ihr wuchs die Überzeugung, daß etwas mit ihm los war. Warum stand er nicht auf? Er stand immer spät auf, aber nur, weil er immer spät zu Bett ging. Gestern war es sehr früh gewesen. Und heute war die ganze Stadt auf den Beinen, der Siegesfeiern wegen. In der Gasse waren alle Läden geschlossen. Ein Teil der Reiterei war früh fünf Uhr von der Verfolgung des Feindes zurückgekommen, man hatte das Pferdegetrappel gehört. Menschenaufläufe waren eine Leidenschaft von ihm. Er lief an solchen Tagen von früh bis spät herum und knüpfte Gespräche an. Warum stand er also nicht auf?

Die Tür verdunkelte sich, und herein kamen vier Magistratspersonen. Sie blieben mitten in der Stube stehen, und einer sagte in geschäftsmäßigem, aber überaus höflichem Ton, er habe den Auftrag, Sokrates in den Areopag zu bringen. Der Feldherr Alkibiades selber habe den Antrag gestellt, es solle ihm für seine kriegerischen Leistungen eine Ehrung bereitet werden.

Ein Gemurmel von der Gasse her zeigte an, daß sich die Nachbarn vor dem Haus versammelten.

Sokrates fühlte, wie ihm der Schweiß ausbrach. Er wußte, daß er jetzt aufstehen und, wenn er schon mitzugehen ablehnte, doch wenigstens stehend etwas Höfliches sagen und die Leute zur Tür geleiten mußte. Und er wußte, daß er nicht weiter kommen würde als höchstens zwei Schritte weit. Dann würden sie nach seinem Fuß schauen und Bescheid wissen. Und das große Gelächter würde seinen Anfang nehmen, hier und jetzt.

Er ließ sich also, anstatt aufzustehen, auf sein hartes Polster zurücksinken und sagte mißmutig:

»Ich brauche keine Ehrung. Sagt dem Areopag, daß ich mich mit einigen Freunden für elf Uhr verabredet habe, um eine philosophische Frage, die uns interessiert, durchzusprechen, und also zu meinem Bedauern nicht kommen kann. Ich eigne mich durchaus nicht für öffentliche Veranstaltungen und bin viel zu müde.«

Das letztere fügte er hinzu, weil es ihn ärgerte, daß er die Philosophie hereingezogen hatte, und das erstere sagte er, weil er sie mit Grobheit am leichtesten loszuwerden hoffte.

Die Magistratspersonen verstanden denn auch diese Sprache. Sie drehten sich auf den Hacken um und gingen weg, dem Volk, das draußen stand, auf die Füße tretend.

»Dir werden sie die Höflichkeit zu Amtspersonen noch beibringen«, sagte seine Frau verärgert und ging in die Küche.

Sokrates wartete, bis sie draußen war, dann drehte er seinen schweren Körper schnell im Bett herum, setzte sich, nach der Tür schielend, auf die Bettkante und versuchte mit unendlicher Vorsicht, mit dem kranken Fuß aufzutreten. Es schien aussichtslos.

Schweißüberströmt legte er sich zurück.

Eine halbe Stunde verging. Er nahm ein Buch vor und las. Wenn er den Fuß ruhig hielt, merkte er fast nichts.

Dann kam sein Freund Antisthenes.

Er zog seinen dicken Überrock nicht aus, blieb am Fußende des Lagers stehen, hustete etwas krampfhaft und kratzte sich seinen struppigen Bart am Hals, auf Sokrates schauend.

»Liegst du noch? Ich dachte, ich treffe nur Xanthippe. Ich bin eigens aufgestanden, um mich nach dir zu erkundigen. Ich war stark erkältet und konnte darum gestern nicht dabei sein.«

»Setz dich«, sagte Sokrates einsilbig.

Antisthenes holte sich einen Stuhl aus der Ecke und setzte sich zu seinem Freund.

»Ich beginne heute abend wieder mit dem Unterricht. Kein Grund, länger auszusetzen.«

»Nein.«

»Ich fragte mich natürlich, ob sie kommen würden. Heute sind die großen Essen. Aber auf dem Weg hierher begegnete ich dem jungen Pheston, und als ich ihm sagte, daß ich abends Algebra gebe, war er einfach begeistert. Ich sagte, er könne im Helm kommen. Der Protagoras und die andern werden vor Ärger hochgehen, wenn es heißt: Bei dem Antisthenes haben sie am Abend nach der Schlacht weiter Algebra studiert.«

Sokrates schaukelte sich ganz leicht in seiner Hängematte, indem er sich mit der flachen Hand an der etwas schiefen Wand abstieß. Mit seinen herausstehenden Augen sah er forschend auf den Freund.

»Hast du sonst noch jemand getroffen?«

»Menge Leute.«

Sokrates sah schlechtgelaunt nach der Decke. Sollte er dem Antisthenes reinen Wein einschenken? Er war seiner ziemlich sicher. Er selber nahm nie Geld für Unterricht und war also keine Konkurrenz für Antisthenes. Vielleicht sollte er ihm wirklich den schwierigen Fall unterbreiten.

Antisthenes sah mit seinen funkelnden Grillenaugen neugierig den Freund an und berichtete:

»Der Gorgias geht herum und erzählt allen Leuten, du müßtest davongelaufen sein und in der Verwirrung die falsche Richtung, nämlich nach vorn, eingeschlagen haben. Ein paar von den besseren jungen Leuten wollen ihn schon deswegen verprügeln.«

Sokrates sah ihn unangenehm überrascht an.

»Unsinn«, sagte er verärgert. Es war ihm plötzlich klar geworden, was seine Gegner gegen ihn in der Hand hatten, wenn er Farbe bekannte.

Er hatte nachts, gegen Morgen zu, gedacht, er könne vielleicht die ganze Sache als ein Experiment drehen und sagen, er habe sehen wollen, wie groß die Leichtgläubigkeit aller sei. »Zwanzig Jahre habe ich auf allen Gassen Pazifismus gelehrt, und ein Gerücht genügte, daß mich meine eigenen Schüler für einen Berserker hielten« usw. usw. Aber da hätte die Schlacht nicht gewonnen werden dürfen. Offenkundig war jetzt eine schlechte Zeit für Pazifismus. Nach einer Niederlage waren sogar die Oberen eine Zeitlang Pazifisten, nach einem Sieg sogar die Unteren Kriegsanhänger, wenigstens eine Zeitlang, bis sie merkten, daß für sie Sieg und Niederlage nicht so verschieden waren. Nein, mit Pazifismus konnte er jetzt nicht Staat machen.

Von der Gasse kam Pferdegetrappel. Reiter hielten vor dem Haus, und herein trat, mit seinem beschwingten Schritt, Alkibiades.

»Guten Morgen, Antisthenes, wie geht das Philosophiegeschäft? Sie sind außer sich«, rief er strahlend. »Sie toben auf dem Areopag über deine Antwort, Sokrates. Um einen Witz zu machen, habe ich meinen Antrag, dir den Lorbeerkranz zu verleihen, abgeändert in den Antrag, dir fünfzig Stockschläge zu verleihen. Das hat sie natürlich verschnupft, weil es genau ihrer Stimmung entsprach. Aber du mußt doch mitkommen. Wir werden zu zweit hingehen, zu Fuß.«

Sokrates seufzte. Er stand sich sehr gut mit dem jungen Alkibiades. Sie hatten oftmals miteinander getrunken. Es war freundlich von ihm, ihn aufzusuchen. Es war sicher nicht nur der Wunsch, den Areopag vor den Kopf zu stoßen. Und auch dieser letztere Wunsch war ehrenvoll und mußte unterstützt werden. Bedächtig sagte er endlich, sich weiterschaukelnd in seiner Hängematte:

»Eile heißt der Wind, der das Baugerüst umwirft. Setz dich.«

Alkibiades lachte und zog einen Stuhl heran. Bevor er sich setzte, verbeugte er sich höflich vor Xanthippe, die in der Küchentür stand, sich die nassen Hände am Rock abwischend.

»Ihr Philosophen seid komische Leute«, sagte er ein wenig ungeduldig. »Vielleicht tut es dir schon wieder leid, daß du uns hast die Schlacht gewinnen helfen. Antisthenes hat dich wohl darauf aufmerksam gemacht, daß nicht genügend viele Gründe dafür vorlagen?«

»Wir haben von Algebra gesprochen«, sagte Antisthenes schnell und hustete wieder.

Alkibiades grinste.

»Ich habe nichts anderes erwartet. Nur kein Aufheben machen von so was, nicht? Nun, meiner Meinung nach war es einfach Tapferkeit. Wenn ihr wollt, nichts Besonderes, aber was sollen eine Handvoll Lorbeerblätter Besonderes sein? Beiß die Zähne zusammen und laß es über dich ergehen, Alter. Es ist schnell herum und schmerzt nicht. Und dann gehen wir einen heben.«

Neugierig blickte er auf die breite, kräftige Figur, die jetzt ziemlich stark ins Schaukeln geraten war.

Sokrates überlegte schnell. Es war ihm etwas eingefallen, was er sagen konnte. Er konnte sagen, daß er sich gestern nacht oder heute morgen den Fuß verstaucht hatte. Zum Beispiel, als ihn die Soldaten von ihren Schultern heruntergelassen hatten. Da war sogar eine Pointe drin. Der Fall zeigte, wie leicht man durch die Ehrungen seiner Mitbürger zu Schaden kommen konnte.

Ohne aufzuhören, sich zu wiegen, beugte er sich nach vorn, so daß er aufrecht saß, rieb sich mit der rechten Hand den nackten linken Arm und sagte langsam:

»Die Sache ist so. Mein Fuß ...«

Bei diesem Wort fiel sein Blick, der nicht ganz stetig war, denn jetzt hieß es, die erste wirkliche Lüge in dieser Angelegenheit auszusprechen, bisher hatte er nur geschwiegen, auf Xanthippe in der Küchentür.

Sokrates versagte die Sprache. Er hatte plötzlich keine Lust mehr, seine Geschichte vorzubringen. Sein Fuß war nicht verstaucht.

Die Hängematte kam zum Stillstand.

»Höre, Alkibiades«, sagte er energisch und mit ganz frischer Stimme, »es kann in diesem Fall nicht von Tapferkeit geredet werden. Ich bin sofort, als die Schlacht begann, das heißt, als ich die ersten Perser auftauchen sah, davongelaufen, und zwar in der richtigen Richtung, nach hinten. Aber da war ein Distelfeld. Ich habe mir einen Dorn in den Fuß getreten und konnte nicht weiter. Ich habe dann wie ein Wilder um mich gehauen und hätte beinahe einige von den Eigenen getroffen. In der Verzweiflung schrie ich irgendwas von anderen Abteilungen, damit die Perser glauben sollten, da seien welche, was Unsinn war, denn sie verstehen natürlich nicht Griechisch. Andrerseits scheinen sie aber ebenfalls ziemlich nervös gewesen zu sein. Sie konnten wohl das Gebrüll einfach nicht mehr ertragen, nach allem, was sie bei dem Vormarsch hatten durchmachen müssen. Sie stockten einen Augenblick, und dann kam schon unsere Reiterei. Das ist alles.«

Einige Sekunden war es sehr still in der Stube. Alkibiades sah ihn starr an. Antisthenes hustete hinter der vorgehaltenen Hand, diesmal ganz natürlich. Von der Küchentür her, wo Xanthippe stand, kam ein schallendes Gelächter.

Dann sagte Antisthenes trocken:

»Und da konntest du natürlich nicht in den Areopag gehen und die Treppen hinaufhinken, um den Lorbeerkranz in Empfang zu nehmen. Das verstehe ich.«

Alkibiades legte sich in seinem Stuhl zurück und betrachtete mit zusammengekniffenen Augen den Philosophen auf dem Lager. Weder Sokrates noch Antisthenes sahen nach ihm hin.

Er beugte sich wieder vor und umschlang mit den Händen sein eines Knie. Sein schmales Knabengesicht zuckte ein wenig, aber es verriet nichts von seinen Gedanken oder Gefühlen.

»Warum hast du nicht gesagt, du hast irgendeine andere Wunde?« fragte er.

»Weil ich einen Dorn im Fuß habe«, sagte Sokrates grob.

»Oh, deshalb?« sagte Alkibiades. »Ich verstehe.«

Er stand schnell auf und trat an das Bett.

»Schade, daß ich meinen eigenen Kranz nicht mit hergebracht habe. Ich habe ihn meinem Mann zum Halten gegeben. Sonst würde ich ihn jetzt dir dalassen. Du kannst mir glauben, daß ich dich für tapfer genug halte. Ich kenne niemand, der unter diesen Umständen erzählt hätte, was du erzählt hast.«

Und er ging rasch hinaus.

Als dann Xanthippe den Fuß badete und den Dorn auszog, sagte sie übellaunig:

»Es hätte eine Blutvergiftung werden können.«

»Mindestens«, sagte der Philosoph.

Das Experiment

Die öffentliche Laufbahn des großen Francis Bacon endete wie eine billige Parabel über den trügerischen Spruch »Unrecht macht sich nicht bezahlt«. Als der höchste Richter des Reiches wurde er der Bestechlichkeit überführt und ins Gefängnis geworfen. Die Jahre seiner Lordkanzlerschaft rechnen mit all den Exekutionen, Vergebungen schädlicher Monopole, Verhängungen ungesetzlicher Verhaftungen und Fällungen diktierter Urteilssprüche zu den dunkelsten und schändlichsten der englischen Geschichte. Nach seiner Entlarvung und seinem Geständnis bewirkte sein Weltruf als Humanist und Philosoph, daß seine Vergehen weit über die Grenzen des Reiches hinaus bekannt wurden.

Er war ein alter Mann, als man ihm gestattete, aus dem Gefängnis auf sein Landgut zurückzukehren. Sein Körper war geschwächt durch die Anstrengungen, die es ihn gekostet hatte, andere zu Fall zu bringen, und die Leiden, die andere ihm zugefügt hatten, als sie ihn zu Fall brachten. Aber kaum zu Hause angekommen, stürzte er sich in das intensivste Studium der Naturwissenschaften. Über die Menschen zu herrschen, war ihm mißlungen. Nun widmete er die ihm verbliebenen Kräfte der Untersuchung, wie die Menschheit am besten die Herrschaft über die Naturkräfte gewinnen könnte.

Seine Forschungen, nützlichen Dingen gewidmet, führten ihn aus der Studierstube immer wieder auf die Felder, in die Gärten und zu den Stallungen des Gutes. Er unterhielt sich stundenlang mit den Gärtnern über die Möglichkeiten, die Obstbäume zu veredeln, oder gab den Mägden Anweisungen, wie sie die Milchmengen der einzelnen Kühe messen könnten. Dabei fiel ihm ein Stalljunge auf. Ein wertvolles Pferd war erkrankt, und der Junge erstattete zweimal am Tag dem Philosophen Bericht. Sein Eifer und seine Beobachtungsgabe entzückten den alten Mann.

Als er jedoch eines Abends in den Stall kam, sah er eine alte Frau bei dem Jungen stehen und hörte sie sagen: »Er ist ein schlechter Mensch, gib acht vor ihm. Und wenn er ein noch so großer Herr ist und Geld wie Heu hat, er ist doch schlecht. Er ist dein Brotgeber, also mach deine Arbeit pünktlich, aber wisse immer, er ist schlecht.«

Der Philosoph hörte die Antwort des Jungen nicht mehr, da er schnell umkehrte und ins Haus zurückging, aber er fand den Jungen ihm gegenüber am nächsten Morgen unverändert.

Als das Pferd wieder gesund war, ließ er sich von dem Jungen auf vielen seiner Gänge begleiten und vertraute ihm kleinere Aufgaben an. Nach und nach gewöhnte er sich daran, mit ihm über einige Experimente zu reden. Dabei wählte er keineswegs Wörter, die für gemeinhin Erwachsene dem Verständnis von Kindern angepaßt glauben, sondern redete zu ihm wie mit einem Gebildeten. Er hatte zeit seines Lebens mit den größten Geistern Umgang gepflogen und war selten verstanden worden, und nicht, weil er zu unklar, sondern weil er zu klar war. So kümmerte er sich nicht um die Mühen des Jungen; jedoch verbesserte er ihn geduldig, wenn er seinerseits sich mit den fremden Wörtern versuchte.

Die Hauptübung für den Jungen bestand darin, daß er die Dinge, die er sah, und die Prozesse, die er miterlebte, zu beschreiben hatte. Der Philosoph zeigte ihm, wie viele Wörter es gab und wie viele nötig waren, damit man das Verhalten eines Dinges so beschreiben konnte, daß es halbwegs erkennbar aus der Beschreibung war und, vor allem, daß es nach der Beschreibung behandelt werden konnte. Einige Wörter gab es auch, die man besser nicht verwendete, weil sie im Grund nichts besagten, Wörter wie »gut«, »schlecht«, »schön« und so weiter.

Der Junge sah bald ein, daß es wenig Sinn hatte, einen Käfer »häßlich« zu nennen. Selbst »schnell« war noch nicht genug, man mußte angeben, wie schnell er sich bewegte, im Vergleich mit andern Geschöpfen seiner Größe, und was ihm das ermöglichte. Man mußte ihn auf eine abschüssige Fläche setzen und auf eine glatte und Geräusche verursachen, damit er weglief, oder kleine Beutestücke für ihn aufstellen, auf die er sich zubewegen konnte. Hatte man sich lang genug mit ihm beschäftigt, verlor er »schnell« seine Häßlichkeit. Einmal mußte der Junge ein Stück Brot beschreiben, das er in der Hand hielt, als der Philosoph ihn traf.

»Hier kannst du das Wort ›gut‹ ruhig verwenden«, sagte der alte Mann, »denn das Brot ist zum Essen von Menschen gemacht und kann für ihn gut oder schlecht sein. Nur bei größeren Gegenständen, welche die Natur geschaffen hat und welche nicht ohne weiteres zu bestimmten Zwecken geschaffen sind und vor allem nicht nur zum Gebrauch durch die Menschen, ist es töricht, sich mit solchen Wörtern zu begnügen.«

Der Junge dachte an die Sätze seiner Großmutter über Mylord.

Er machte schnelle Fortschritte im Begreifen, da ja alles immer auf ganz Greifbares hinauslief, was begriffen werden sollte, daß das Pferd durch die angewendeten Mittel gesund wurde oder ein Baum durch die angewendeten Mittel einging. Er begriff auch, daß immer ein vernünftiger Zweifel zurückzubleiben hatte, ob an den Veränderungen, die man beobachtete, wirklich die Methoden schuld waren, die man anwendete. Die wissenschaftliche Bedeutung der Denkweise des großen Bacon erfaßte der Junge kaum, aber die offenbare Nützlichkeit aller dieser Unternehmungen begeisterte ihn.

Er verstand den Philosophen so: Eine neue Zeit war für die Welt angebrochen. Die Menschheit vermehrte ihr Wissen beinahe täglich. Und alles Wissen galt der Steigerung des Wohlbefindens und des irdischen Glücks. Die Führung hatte die Wissenschaft. Die Wissenschaft durchforschte das Universum, alles, was es auf Erden gab, Pflanzen, Tiere, Boden, Wasser, Luft, damit mehr Nutzen daraus gezogen werden konnte. Nicht was man glaubte, war wichtig, sondern was man wußte. Man glaubte viel zuviel und wußte viel zuwenig. Darum mußte man alles ausprobieren, selber, mit den Händen, und nur von dem sprechen, was man mit eigenen Augen sah und was irgendeinen Nutzen haben konnte.

Das war die neue Lehre, und immer mehr Leute wandten sich ihr zu, bereit und begeistert dafür, die neuen Arbeiten vorzunehmen.

Die Bücher spielten eine große Rolle dabei, wenn es auch viele schlechte gab. Der Junge war sich klar darüber, daß er zu den Büchern vordringen mußte, wenn er zu den Leuten gehören wollte, die die neuen Arbeiten vornahmen.

Natürlich kam er nie so weit wie in die Bibliothek des Hauses. Er hatte Mylord vor den Stallungen zu erwarten. Höchstens konnte er einmal, wenn der alte Mann mehrere Tage nicht gekommen war, sich von ihm im Park treffen lassen. Jedoch wurde seine Neugierde auf die Studierstube, in der allnächtlich so lange die Lampe brannte, immer größer. Von einer Hecke aus, die gegenüber dem Zimmer stand, konnte er einen Blick auf Bücherregale werfen.

Er beschloß, lesen zu lernen.

Das war freilich nicht einfach. Der Kurat, zu dem er mit seinem Anliegen ging, betrachtete ihn wie eine Spinne auf dem Frühstückstisch.

»Willst du den Kühen das Evangelium des Herrn vorlesen?« fragte er übellaunig. Und der Junge konnte froh sein, ohne Maulschelle wegzukommen.

So mußte er einen anderen Weg wählen.

In der Sakristei der Dorfkirche lag ein Meßbuch. Hineingelangen konnte man, indem man sich zum Ziehen des Glockenstrangs meldete. Wenn man nun in Erfahrung bringen konnte, welche Stelle der Kurat bei der Messe sang, mußte es möglich sein, zwischen den Wörtern und den Buchstaben einen Zusammenhang zu entdecken. Auf alle Fälle begann der Junge bei der Messe die lateinischen Wörter, die der Kurat sang, auswendig zu lernen, wenigstens einige von ihnen. Freilich sprach der Kurat die Wörter ungemein undeutlich aus, und allzuoft las er die Messe nicht.

Immerhin war der Junge nach einiger Zeit imstande, ein paar Anfänge dem Kuraten nachzusingen. Der Stallmeister überraschte ihn bei einer solchen Übung hinter der Scheune und verprügelte ihn, da er glaubte, der Junge wolle den Kuraten parodieren. So wurden die Maulschellen doch noch geliefert.

Die Stelle im Meßbuch festzustellen, wo die Wörter, die der Kurat sang, standen, war dem Jungen noch nicht gelungen, als eine große Katastrophe eintrat, die seinen Bemühungen, lesen zu lernen, zunächst ein Ende bereiten sollte. Mylord fiel in eine tödliche Krankheit.

Er hatte den ganzen Herbst lange gekränkelt und war im Winter nicht erholt, als er in einem offenen Schlitten eine Fahrt zu einem einige Meilen entfernten Gut machte. Der Junge durfte mitkommen. Er stand hinten auf der Kufe, neben dem Kutschbock.

Der Besuch war gemacht, der alte Mann stapfte, von seinem Gastgeber begleitet, zum Schlitten zurück, da sah er am Weg einen erfrorenen Spatzen liegen. Stehenbleibend drehte er ihn mit dem Stock um.

»Wie lange, denken Sie, liegt er schon hier?« hörte ihn der Junge, der mit einer Warmwasserbottel hinter ihm hertrottete, den Gastgeber fragen.

Die Antwort war: »Von einer Stunde bis zu einer Woche oder länger.«

Der kleine alte Mann ging sinnend weiter und nahm von seinem Gastgeber nur einen sehr zerstreuten Abschied.

»Das Fleisch ist noch ganz frisch, Dick«, sagte er, zu dem Jungen umgewendet, als der Schlitten angezogen hatte.

Sie fuhren eine Strecke Weges, ziemlich schnell, da der Abend schon über die Schneefelder herabdämmerte und die Kälte rasch zunahm. So kam es, daß beim Einbiegen in das Tor zum Gutshof ein anscheinend aus dem Stall entkommenes Huhn überfahren wurde. Der alte Mann folgte den Anstrengungen des Kutschers, dem steifflatternden Huhn auszuweichen, und gab das Zeichen zum Halten, als das Manöver mißglückt war.

Sich aus seinen Decken und Fellen herausarbeitend, stieg er vom Schlitten und, den Arm auf den Jungen gestützt, ging er, trotz der Warnungen des Kutschers vor der Kälte, zu der Stelle zurück, wo das Huhn lag.

Es war tot.

Der alte Mann hieß den Jungen es aufheben.

»Nimm die Eingeweide heraus«, befahl er.

»Kann man es nicht in der Küche machen?« fragte der Kutscher, seinen Herrn, wie er so gebrechlich im kalten Wind stand, betrachtend.

»Nein, es ist besser hier«, sagte dieser, »Dick hat sicher ein Messer bei sich, und wir brauchen den Schnee.«

Der Junge tat, was ihm befohlen war, und der alte Mann, der anscheinend seine Krankheit und die Kälte vergessen hatte, bückte sich selber und nahm mühevoll eine Hand voll Schnee auf. Sorgfältig stopfte er den Schnee in das Innere des Huhnes.

Der Junge begriff. Auch er hob Schnee auf und gab ihn seinem Lehrer, damit das Huhn vollends ausgefüllt werden konnte.

»Es muß sich so wochenlang frisch halten«, sagte der alte Mann lebhaft, »legt es auf kalte Steinfliesen im Keller!«

Er ging den kurzen Weg zur Tür zu Fuß zurück, ein wenig erschöpft und schwer auf den Jungen gestützt, der das mit Schnee ausgestopfte Huhn unter dem Arm trug.

Als er in die Halle trat, schüttelte ihn der Frost.

Am nächsten Morgen lag er in hohem Fieber.

Der Junge strich bekümmert herum und suchte überall etwas über das Befinden seines Lehrers aufzuschnappen. Er erfuhr wenig, das Leben auf dem großen Gut ging ungestört weiter. Erst am dritten Tag kam eine Wendung. Er wurde in das Arbeitszimmer gerufen.

Der alte Mann lag auf einem schmalen Holzbrett unter vielen Decken, aber die Fenster standen offen, so daß es kalt war. Der Kranke schien dennoch zu glühen. Mit schütterer Stimme erkundigte er sich nach dem Zustand des mit Schnee gefüllten Huhnes.

Der Junge berichtete, daß es unverändert frisch aussah.

»Das ist gut«, sagte der alte Mann befriedigt. »Gib mir in zwei Tagen wieder Bericht!«

Der Junge bedauerte, als er wegging, daß er das Huhn nicht mitgenommen hatte. Der alte Mann schien weniger krank zu sein, als man in der Dienerschaftsdiele behauptete.

Er wechselte zweimal am Tag den Schnee mit frischem aus, und das Huhn hatte nichts von seiner Unversehrtheit verloren, als er sich von neuem auf den Weg in das Krankenzimmer machte.

Er traf auf ganz ungewöhnliche Hindernisse.

Aus der Hauptstadt waren Ärzte gekommen. Der Korridor summte von wispernden, kommandierenden und untertänigen Stimmen, und überall gab es fremde Gesichter. Ein Diener, der eine mit einem großen Tuch zugedeckte Platte ins Krankenzimmer trug, wies ihn barsch fort.

Mehrmals, den ganzen Vormittag und Nachmittag über, machte er vergebliche Versuche, in das Krankenzimmer zu gelangen. Die fremden Ärzte schienen sich im Schloß niederlassen zu wollen. Sie kamen ihm wie riesige schwarze Vögel vor, die sich auf einem kranken Mann niederließen, der wehrlos geworden war. Gegen Abend versteckte er sich in einem Kabinett auf dem Korridor, in dem es sehr kalt war. Er zitterte beständig vor Frost, hielt dies aber für günstig, da ja das Huhn im Interesse des Experiments unbedingt kalt gehalten werden mußte.

Während des Abendessens ebbte die schwarze Flut etwas ab, und der Junge konnte in das Krankenzimmer schlüpfen.

Der Kranke lag allein, alles war beim Essen. Neben dem kleinen Bett stand eine Leselampe mit grünem Schirm. Der alte Mann hatte ein sonderbar zusammengeschrumpftes Gesicht, das eine wächserne Blässe aufwies. Die Augen waren geschlossen, aber die Hände bewegten sich unruhig auf der steifen Decke. Das Zimmer war sehr heiß, die Fenster hatte man geschlossen.

Der Junge ging ein paar Schritte auf das Bett zu, das Huhn krampfhaft vorhaltend, und sagte mit leiser Stimme mehrmals »Mylord«. Er bekam keine Antwort. Der Kranke schien aber nicht zu schlafen, denn seine Lippen bewegten sich mitunter, als spreche er.

Der Junge beschloß, seine Aufmerksamkeit zu erregen, überzeugt von der Wichtigkeit weiterer Anweisungen in betreff des Experiments. Jedoch fühlte er sich, bevor er noch an der Decke zupfen konnte – das Huhn mußte er mit der Kiste, in die es gebettet war, auf einen Sessel legen –, von hinten gefaßt und zurückgerissen. Ein dicker Mensch mit grauem Gesicht blickte ihn an wie einen Mörder. Er riß sich geistesgegenwärtig los und, mit einem Satz die Kiste an sich bringend, fuhr er zur Tür hinaus.

Auf dem Korridor schien es ihm, als hätte der Unterbutler, der die Treppe heraufkam, ihn gesehen. Das war schlimm. Wie sollte er beweisen, daß er auf Befehl Mylords gekommen war, in Vollführung eines wichtigen Experiments? Der alte Mann war völlig in der Macht der Ärzte, die geschlossenen Fenster in seinem Zimmer zeigten das.

Tatsächlich sah er einen Diener über den Hof auf den Stall zugehen. Er verzichtete daher auf sein Abendbrot und verkroch sich, nachdem er das Huhn in den Keller gebracht hatte, im Futterraum.

Die Untersuchung, die über ihm schwebte, machte seinen Schlaf unruhig. Nur mit Zagen trat er am nächsten Morgen aus seinem Versteck.

Niemand kümmerte sich um ihn. Ein schreckliches Hin und Her herrschte auf dem Hof. Mylord war gegen Morgen zu gestorben.

Der Junge ging den ganzen Tag herum, wie von einem Schlag auf den Kopf betäubt. Er hatte das Gefühl, daß er den Verlust seines Lehrers überhaupt nicht verschmerzen könnte. Als er am späten Nachmittag mit einer Schüssel voll Schnee in den Keller hinabstieg, verwandelte sich sein Kummer darüber in den Kummer um das nicht zu Ende geführte Experiment, und er vergoß Tränen über der Kiste. Was sollte aus der großen Entdeckung werden?

Auf den Hof zurückkehrend – seine Füße kamen ihm so schwer vor, daß er sich nach seinen Fußstapfen im Schnee umblickte, ob sie nicht tiefer als gewöhnlich seien –, stellte er fest, daß die Londoner Ärzte noch nicht abgefahren waren. Ihre Kutschen standen noch da.

Trotz seiner Abneigung beschloß er, ihnen die Entdeckung anzuvertrauen. Sie waren gelehrte Männer und mußten die Tragweite des Experiments erkennen. Er holte die kleine Kiste mit dem geeisten Huhn und stellte sich hinter dem Ziehbrunnen auf, sich verbergend, bis einer der Herren, ein kurzleibiger, nicht allzusehr Schrecken einflößender, vorbeikam. Hervortretend wies er ihm seine Kiste vor. Zunächst blieb ihm die Stimme im Hals stecken, aber dann gelang ihm doch in abgerissenen Sätzen sein Anliegen vorzubringen.

»Mylord hat es vor sechs Tagen tot gefunden, Exzellenz. Wir haben es mit Schnee ausgestopft. Mylord meinte, es könnte frisch bleiben. Sehen Sie selber! Es ist ganz frisch geblieben.«

Der Kurzleibige starrte verwundert in die Kiste.

»Und was weiter?« fragte er.

»Es ist nicht kaputt«, sagte der Junge.

»So«, sagte der Kurzleibige.

»Sehen Sie selber«, sagte der Junge dringlich.

»Ich sehe«, sagte der Kurzleibige und schüttelte den Kopf. Er ging kopfschüttelnd weiter.

Der Junge sah im entgeistert nach. Er konnte den Kurzleibigen nicht begreifen. Hatte nicht der alte Mann sich den Tod geholt dadurch, daß er in der Kälte ausgestiegen war und das Experiment vorgenommen hatte? Mit eigenen Händen hatte er den Schnee aufgenommen vom Boden. Das war eine Tatsache.

Er ging langsam zur Kellertür zurück, blieb aber kurz vor ihr stehen, wandte sich dann schnell um und lief in die Küche. Er fand den Koch sehr beschäftigt, denn es wurden zum Abendessen Trauergäste aus der Umgebung erwartet.

»Was willst du mit dem Vogel?« knurrte der Koch ärgerlich. »Er ist ja ganz erfroren!«

»Das macht nichts«, sagte der Junge, »Mylord sagte, das macht nichts.«

Der Koch starrte ihn einen Augenblick abwesend an, dann ging er gewichtig mit einer großen Pfanne in der Hand zur Tür, wohl um etwas wegzuwerfen.

Der Junge folgte ihm eifrig mit der Kiste.

»Kann man es nicht versuchen?« fragte er flehentlich.

Dem Koch riß die Geduld. Er griff mit seinen mächtigen Händen nach dem Huhn und schmiß es mit Schwung auf den Hof.

»Hast du nichts anderes im Kopf?« brüllte er außer sich. »Und Seine Lordschaft gestorben!«

Zornig hob der Junge das Huhn vom Boden auf und schlich damit weg.

Die beiden nächsten Tage waren mit den Begräbnisfeierlichkeiten angefüllt. Er hatte viel mit Ein- und Ausspannen der Pferde zu tun und schlief beinahe mit offenen Augen, wenn er nachts noch neuen Schnee in die Kiste tat. Es schien ihm alles hoffnungslos, das neue Zeitalter geendet.

Aber am dritten Tag, dem Tag des Begräbnisses, frisch gewaschen und in seinem besten Zeug, fühlte er seine Stimmung umgeschlagen. Es war schönes, heiteres Winterwetter, und vom Dorf her läuteten die Glocken.

Mit neuer Hoffnung erfüllt ging er in den Keller und betrachtete lang und sorgfältig das tote Huhn. Er konnte keine Spur von Fäulnis daran erblicken. Behutsam packte er das Tier in die Kiste, füllte sie mit reinem, weißem Schnee, nahm sie unter den Arm und machte sich auf den Weg ins Dorf.

Vergnügt pfeifend trat er in die niedere Küche seiner Großmutter. Sie hatte ihn aufgezogen, da seine Eltern früh gestorben waren, und besaß sein Vertrauen. Ohne zunächst den Inhalt der Kiste zu zeigen, berichtete er der alten Frau, die sich eben zum Begräbnis anzog, von Mylords Experiment.

Sie hörte ihn geduldig an.

»Aber das weiß man doch«, sagte sie dann. »Sie werden steif in der Kälte und halten sich eine Weile. Was soll da Besonderes daran sein?«

»Ich glaube, man kann es noch essen«, antwortete der Junge und bemühte sich, möglichst gleichgültig zu erscheinen.

»Ein seit einer Woche totes Huhn essen? Es ist doch giftig!«

»Warum? Wenn es sich nicht verändert hat, seit es gestorben ist? Und es ist von Mylords Schlitten getötet worden, war also gesund.«

»Aber inwendig, inwendig ist es verdorben!« sagte die Greisin, ein wenig ungeduldig werdend.

»Ich glaube nicht«, sagte der Junge fest, seine klaren Augen auf dem Huhn. »Inwendig war die ganze Zeit der Schnee. Ich glaube, ich koche es.«

Die Alte wurde ärgerlich.

»Du kommst mit zum Begräbnis«, sagte sie abschließend. »Seine Lordschaft hat genug für dich getan, denke ich, daß du ordentlich hinter seinem Sarg gehen kannst.«

Der Junge antwortete ihr nicht. Während sie sich das schwarze Wolltuch um den Kopf band, nahm er das Huhn aus dem Schnee, blies die letzten Spuren davon weg und legte es auf zwei Holzscheite vor dem Ofen. Es mußte auftauen.

Die Alte sah ihm nicht mehr zu. Als sie fertig war, nahm sie ihn bei der Hand und ging resolut mit ihm zur Tür hinaus.

Eine ziemliche Strecke ging er gehorsam mit. Es waren noch mehr Leute auf dem Weg zum Begräbnis, Männer und Frauen. Plötzlich stieß er einen Schmerzensruf aus. Sein einer Fuß steckte in einer Schneewehe. Er zog ihn mit verzerrtem Gesicht heraus, humpelte zu einem Feldstein und setzte sich nieder, sich den Fuß reibend.

»Ich habe ihn mir übertreten«, sagte er.

Die Alte sah ihn mißtrauisch an.

»Du kannst gut laufen«, sagte sie.

»Nein«, sagte er mürrisch. »Aber wenn du mir nicht glaubst, kannst du dich ja zu mir setzen, bis es besser ist.«

Die Alte setzte sich wortlos neben ihn.

Eine Viertelstunde verging. Immer noch kamen Dorfbewohner vorbei, freilich immer weniger. Die beiden hockten verstockt am Wegrain. Dann sagte die Alte ernsthaft:

»Hat er dir nicht beigebracht, daß man nicht lügt?«

Der Junge gab ihr keine Antwort. Die Alte stand seufzend auf. Es wurde ihr zu kalt.

»Wenn du nicht in zehn Minuten nach bist«, sagte sie, »sage ich es deinem Bruder, daß er dir den Hintern vollhaut.«

Und damit wackelte sie weiter, eilends, damit sie nicht die Grabrede versäume.

Der Junge wartete, bis sie weit genug weg war, und stand langsam auf. Er ging zurück, blickte sich aber noch oft um und hinkte auch noch eine Weile. Erst als ihn eine Hecke vor der Alten verbarg, ging er wieder wie gewöhnlich.

In der Hütte setzte er sich neben das Huhn, auf das er erwartungsvoll herabschaute. Er würde es in einem Topf mit Wasser kochen und einen Flügel essen. Dann würde er sehen, ob es giftig war oder nicht.

Er saß noch, als von fernher drei Kanonenschüsse hörbar wurden. Sie wurden abgefeuert zu Ehren von Francis Bacon, Baron von Verulam, Viscount St. Alban, ehemaliger Lordgroßkanzler von England, der nicht wenige seiner Zeitgenossen mit Abscheu erfüllt hatte, aber auch viele mit Begeisterung für die nützlichen Wissenschaften.

Der Mantel des Ketzers

Giordano Bruno, der Mann aus Nola, den die römischen Inquisitionsbehörden im Jahre 1600 auf dem Scheiterhaufen wegen Ketzerei verbrennen ließen, gilt allgemein als ein großer Mann, nicht nur wegen seiner kühnen und seitdem als wahr erwiesenen Hypothesen über die Bewegungen der Gestirne, sondern auch wegen seiner mutigen Haltung gegenüber der Inquisition, der er sagte: »Ihr verkündet das Urteil gegen mich mit vielleicht größerer Furcht, als ich es anhöre.« Wenn man seine Schriften liest und dazu noch einen Blick in die Berichte von seinem öffentlichen Auftreten wirft, so fehlt einem tatsächlich nichts dazu, ihn einen großen Mann zu nennen. Und doch gibt es eine Geschichte, die unsere Achtung vor ihm vielleicht noch steigern kann.

Es ist die Geschichte von seinem Mantel.

Man muß wissen, wie er in die Hände der Inquisition fiel.

Ein Venetianer Patrizier, ein gewisser Mocenigo, lud den Gelehrten in sein Haus ein, damit er ihn in der Physik und der Gedächtniskunst unterrichte. Er bewirtete ihn ein paar Monate lang und bekam als Entgelt den ausbedungenen Unterricht. Aber an Stelle einer Unterweisung in schwarzer Magie, die er sich erhofft hatte, erhielt er nur eine solche in der Physik. Er war darüber sehr unzufrieden, da ihm dies ja zu nichts nutzte. Die Kosten, die ihm sein Gast verursachte, reuten ihn. Mehrmals ermahnte er ihn ernstlich, ihm endlich die geheimen und lukrativen Kenntnisse auszuliefern, die ein so berühmter Mann doch wohl besitzen mußte, und als das nichts half, denunzierte er ihn brieflich der Inquisition. Er schrieb, dieser schlechte und undankbare Mensch habe in seiner Gegenwart übel von Christus gesprochen, von den Mönchen gesagt, sie seien Esel und verdummten das Volk, und außerdem behauptet, es gebe, im Gegensatz zu dem, was in der Bibel stehe, nicht nur eine Sonne, sondern unzählige usw. usw. Er, Mocenigo, habe ihn deshalb in seiner Bodenkammer eingeschlossen und bitte, ihn schnellstens von Beamten abholen zu lassen.

Die Beamten kamen auch mitten in der Nacht von einem Sonntag auf einen Montag und holten den Gelehrten in den Kerker der Inquisition.

Das geschah am Montag, dem 25. Mai 1592, früh 3 Uhr, und von diesem Tag bis zu dem Tag, an dem er den Scheiterhaufen bestieg, dem 17. Februar 1600, kam der Nolaner nicht mehr aus den Kerkern heraus.

Während der acht Jahre, die der schreckliche Prozeß dauerte, kämpfte er ohne Ermattung um sein Leben, jedoch war der Kampf, den er im ersten Jahr in Venedig gegen seine Auslieferung nach Rom führte, vielleicht der verzweifeltste.

In diese Zeit fällt die Geschichte mit seinem Mantel.

Im Winter 1592 hatte er sich, damals noch in einem Hotel wohnend, von einem Schneider namens Gabriele Zunto einen dicken Mantel anmessen lassen. Als er verhaftet wurde, war das Kleidungsstück noch nicht bezahlt.

Auf die Kunde von der Verhaftung stürzte der Schneider zum Haus des Herrn Mocenigo in der Gegend von Sankt Samuel, um seine Rechnung vorzulegen. Es war zu spät. Ein Bedienter des Herrn Mocenigo wies ihm die Tür. »Wir haben für diesen Betrüger genug bezahlt«, schrie er so laut auf der Schwelle, daß einige Passanten sich umwandten. »Vielleicht laufen Sie ins Tribunal des Heiligen Offiziums und sagen dort, daß Sie mit diesem Ketzer zu tun haben.«

Der Schneider stand erschrocken auf der Straße. Ein Haufen von Gassenjungen hatte alles mit angehört, und einer von ihnen, ein pustelnübersäter, zerlumpter Knirps, warf einen Stein nach ihm. Es kam zwar eine ärmlich gekleidete Frau aus einer Tür und gab ihm eine Ohrfeige, aber Zunto, ein alter Mann, fühlte deutlich, daß es gefährlich sei, einer zu sein, der »mit diesem Ketzer etwas zu tun hatte«. Er lief, sich scheu umschauend, um die Ecke und auf einem großen Umweg nach Hause. Seiner Frau erzählte er nichts von seinem Unglück, und sie wunderte sich eine Woche lang über sein niedergedrücktes Wesen.

Aber am 1. Juni entdeckte sie beim Ausschreiben der Rechnungen, daß da ein Mantel nicht bezahlt war von einem Mann, dessen Namen auf aller Lippen war, denn der Nolaner war das Stadtgespräch. Die fürchterlichsten Gerüchte über seine Schlechtigkeit liefen um. Er hatte nicht nur die Ehe in den Kot gezogen, sowohl in Büchern als auch in Gesprächen, sondern auch Christus selber einen Scharlatan geheißen und die verrücktesten Sachen über die Sonne gesagt. Es paßte sehr gut dazu, daß er seinen Mantel nicht bezahlt hatte. Die gute Frau hatte nicht die geringste Lust, diesen Verlust zu tragen. Nach einem heftigen Zank mit ihrem Mann ging die Siebzigjährige in ihren Sonntagskleidern in das Gebäude des

Heiligen Offiziums und verlangte mit bösem Gesicht die zweiunddreißig Skudi, die ihr der verhaftete Ketzer schuldete.

Der Beamte, mit dem sie sprach, schrieb ihre Forderung nieder und versprach, der Sache nachzugehen.

Zunto erhielt denn auch bald eine Vorladung, und zitternd und schlotternd meldete er sich in dem gefürchteten Gebäude. Zu seinem Erstaunen wurde er nicht ins Verhör genommen, sondern nur verständigt, daß bei der Regelung der finanziellen Angelegenheiten des Verhafteten seine Forderung berücksichtigt werden sollte. Allerdings deutete der Beamte an, viel werde dabei nicht herauskommen.

Der alte Mann war so froh, so billig wegzukommen, daß er sich untertänig bedankte. Aber seine Frau war nicht zufriedengestellt. Es genügte, den Verlust wiedergutzumachen, nicht, daß ihr Mann auf seinen abendlichen Schoppen verzichtete und bis in die Nacht hinein nähte. Da waren Schulden beim Stoffhändler, die bezahlt werden mußten. Sie schrie in der Küche und auf dem Hof herum, daß es eine Schande sei, einen Verbrecher in Gewahrsam zu nehmen, bevor er seine Schulden bezahlt habe. Sie werde, wenn nötig, bis zum Heiligen Vater nach Rom gehen, um ihre zweiunddreißig Skudi zu bekommen. »Er braucht keinen Mantel auf dem Scheiterhaufen«, schrie sie.

Sie erzählte, was ihnen passiert war, ihrem Beichtvater. Er riet ihr, zu verlangen, daß ihnen wenigstens der Mantel herausgegeben würde. Sie sah darin ein Eingeständnis von seiten einer kirchlichen Instanz, daß sie einen Anspruch hatte, und erklärte, mit dem Mantel, der sicher schon getragen und außerdem auf Maß gearbeitet sei, keineswegs zufrieden zu sein. Sie müsse das Geld bekommen. Da sie dabei ein wenig laut wurde in ihrem Eifer, warf der Pater sie hinaus.

Das brachte sie ein wenig zu Verstand, und einige Wochen verhielt sie sich ruhig. Aus dem Gebäude der Inquisition verlautete nichts mehr über den Fall des verhafteten Ketzers. Jedoch flüsterte man sich überall zu, daß die Verhöre ungeheuerliche Schandtaten zutage förderten. Die Alte horchte gierig herum nach all diesem Tratsch. Es war eine Tortur für sie, zu hören, daß die Sache des Ketzers so schlecht stand. Er würde nie mehr freikommen und seine Schulden bezahlen können. Sie schlief keine Nacht mehr, und im August, als die Hitze ihre Nerven vollends ruinierte, fing sie an, in den Geschäften, wo sie einkaufte, und Kunden gegenüber, die zum Anprobieren kamen, ihre Beschwerde mit großer Zungengeläufigkeit vorzubringen. Sie deutete an, daß die Patres eine Sünde begingen, wenn sie die berechtigten Forderungen eines kleinen Handwerkers so gleichgültig abtaten. Die Steuern waren drückend, und das Brot hatte erst kürzlich wieder aufgeschlagen.

Eines Vormittags holte ein Beamter sie in das Gebäude des Heiligen Offiziums, und dort verwarnte man sie eindringlich, ihr böses Geschwätz aufzugeben. Man fragte sie, ob sie sich nicht schäme, wegen einiger Skudi ein sehr ernstes geistliches Verfahren im Mund herumzuziehen. Man gab ihr zu verstehen, daß man gegen Leute ihres Schlages allerlei Mittel besäße. Eine Zeitlang half das, wenn ihr auch bei dem Gedanken an die Redensart »wegen einiger Skudi« im Maul eines herausgefressenen Bruders jedesmal die Zornröte ins Gesicht stieg. Aber im September hieß es, der Großinquisitor in Rom habe die Auslieferung des Nolaners verlangt. Man verhandle in der Signoria darüber.

Die Bürgerschaft besprach lebhaft dieses Auslieferungsgesuch, und die Stimmung war im allgemeinen dagegen. Die Zünfte wollten keine römischen Gerichte über sich wissen.

Die Alte war außer sich. Wollte man den Ketzer jetzt wirklich nach Rom gehen lassen, ohne daß er seine Schulden beglichen hatte? Das war der Gipfel. Sie hatte die unglaubliche Nachricht kaum gehört, als sie schon, ohne sich auch nur die Zeit zu nehmen, einen besseren Rock umzulegen, in das Gebäude des Heiligen Offiziums lief.

Sie wurde diesmal von einem höheren Beamten empfangen, und dieser war merkwürdigerweise weit entgegenkommender zu ihr, als die vorigen Beamten gewesen waren. Er war beinahe so alt wie sie selber und hörte ihre Klage ruhig und aufmerksam an. Als sie fertig war, fragte er sie nach einer kleinen Pause, ob sie den Bruno sprechen wolle.

Sie stimmte sofort zu. Man beraumte eine Zusammenkunft auf den nächsten Tag an.

An diesem Vormittag trat ihr in einem winzigen Zimmer mit vergitterten Fenstern ein kleiner, magerer Mann mit schwachem dunklem Bart entgegen und fragte sie höflich nach ihrem Begehren.

Sie hatte ihn seinerzeit beim Anmessen gesehen und all die Zeit über sein Gesicht gut in Erinnerung gehabt, erkannte ihn aber jetzt nicht sogleich. Die Aufregungen der Verhöre mußten ihn verändert haben.

Sie sagte hastig:

»Der Mantel. Sie haben ihn nicht bezahlt.«

Er sah sie einige Sekunden erstaunt an. Dann entsann er sich, und mit leiser Stimme fragte er: »Was bin ich Ihnen schuldig?«

»Zweiunddreißig Skudi«, sagte sie, »Sie haben doch die Rechnung bekommen.«

Er drehte sich zu dem großen, dicken Beamten um, der die Unterredung überwachte, und fragte ihn, ob er wisse, wieviel Geld zusammen mit seinen Habseligkeiten im Gebäude des Heiligen Offiziums abgegeben worden sei. Der Mann wußte es nicht, versprach jedoch, es festzustellen.

»Wie geht es Ihrem Mann?« fragte der Gefangene, sich wieder zu der Alten wendend, als sei damit die Angelegenheit in Fluß gebracht, so daß normale Beziehungen hergestellt und die Umstände eines gewöhnlichen Besuchs gegeben waren.

Und die Alte, von der Freundlichkeit des kleinen Mannes verwirrt, murmelte, es gehe ihm gut, und fügte sogar noch etwas von seinem Rheuma hinzu.

Sie ging auch erst zwei Tage später wieder in das Gebäude des Heiligen Offiziums, da es ihr schicklich erschien, dem Herrn Zeit zu seinen Erkundigungen zu lassen.

Tatsächlich erhielt sie die Erlaubnis, ihn noch einmal zu sprechen. Sie mußte in dem winzigen Zimmer mit dem vergitterten Fenster freilich mehr als eine Stunde warten, weil er beim Verhör war.

Er kam und schien sehr erschöpft. Da kein Stuhl vorhanden war, lehnte er sich ein wenig an der Wand an. Jedoch sprach er sofort zur Sache.

Er sagte ihr mit sehr schwacher Stimme, daß er leider nicht imstande sei, den Mantel zu bezahlen. Bei seinen Habseligkeiten habe sich kein Geld vorgefunden. Dennoch brauche sie noch nicht alle Hoffnung aufzugeben. Er habe nachgedacht und sich erinnert, daß für ihn bei einem Mann, der in der Stadt Frankfurt Bücher von ihm gedruckt habe, noch Geld liegen müsse. An den wolle er schreiben, wenn man es ihm gestatte. Um die Erlaubnis wolle er schon morgen nachkommen. Heute sei es ihm beim Verhör vorgekommen, als ob keine besonders gute Stimmung herrsche. Da habe er nicht fragen und womöglich alles verderben wollen.

Die Alte sah ihn mit ihren scharfen Augen durchdringend an, während er sprach. Sie kannte die Ausflüchte und Vertröstungen säumiger Schuldner. Sie kümmerten sich den Teufel um ihre Verpflichtungen, und wenn man ihnen auf den Leib rückte, taten sie, als setzten sie Himmel und Hölle in Bewegung.

»Wozu brauchten Sie einen Mantel, wenn Sie kein Geld hatten, ihn zu bezahlen?« fragte sie hart.

Der Gefangene nickte, um ihr zu zeigen, daß er ihrem Gedankengang folgte. Er antwortete:

»Ich habe immer verdient, mit Büchern und mit Lehren. So dachte ich, ich verdiene auch jetzt. Und den Mantel glaubte ich zu brauchen, weil ich glaubte, ich würde noch im Freien herumgehen.«

Das sagte er ohne jede Bitterkeit, sichtlich nur, um ihr die Antwort nicht schuldig zu bleiben.

Die Alte musterte ihn wieder von oben bis unten, voll Zorn, aber mit dem Gefühl, nicht an ihn heranzukommen, und ohne noch ein Wort zu sagen, wandte sie sich um und lief aus dem Zimmer.

»Wer wird einem Menschen, dem die Inquisition den Prozeß macht, noch Geld schicken?« äußerte sie böse zu ihrem Mann hin, als sie an diesem Abend im Bett lagen. Er war jetzt beruhigt über die Stellung der geistlichen Behörden zu ihm, mißbilligte aber doch die unermüdlichen Versuche seiner Frau, das Geld einzutreiben.

»Er hat wohl jetzt an anderes zu denken«, brummte er.

Sie sagte nichts mehr.

Die nächsten Monate gingen, ohne daß in der leidigen Angelegenheit irgend etwas Neues geschah. Anfangs Januar hieß es, die Signoria trage sich mit dem Gedanken, dem Wunsch des Papstes nachzukommen und den Ketzer auszuliefern. Und dann kam eine neue Vorladung für die Zuntos in das Gebäude des Heiligen Offiziums.

Es war keine bestimmte Stunde genannt, und Frau Zunto ging an einem Nachmittag hin. Sie kam ungelegen. Der Gefangene erwartete den Besuch des Prokurators der Republik, der von der Signoria aufgefordert worden war, ein Gutachten über die Frage der Auslieferung auszuarbeiten. Sie wurde von dem höheren Beamten empfangen, der ihr einmal die erste Unterredung mit dem Nolaner verschafft hatte, und der Greis sagte ihr, der Gefangene habe gewünscht, sie zu sprechen, sie solle aber überlegen, ob der Zeitpunkt günstig gewählt sei, da der Gefangene unmittelbar vor einer für ihn hochwichtigen Konferenz stehe.

Sie sagte kurz, man brauche ihn ja nur zu fragen.

Ein Beamter ging weg und kehrte mit dem Gefangenen zurück. Die Unterredung fand in Anwesenheit des höheren Beamten statt. Bevor der Nolaner, der sie schon unter der Tür anlächelte, etwas sagen konnte, stieß die Alte hervor:

»Warum führen Sie sich dann so auf, wenn Sie im Freien herumgehen wollen?«

Einen Augenblick schien der kleine Mann verdutzt. Er hatte dieses Vierteljahr sehr viele Fragen beantwortet und den Abschluß seiner letzten Unterredung mit der Frau des Schneiders kaum im Gedächtnis behalten.

»Es ist kein Geld für mich gekommen«, sagte er schließlich, »ich habe zweimal darum geschrieben, aber es ist nichts gekommen. Ich habe mir gedacht, ob ihr den Mantel zurücknehmen würdet.«

»Ich wußte ja, daß es dazu kommen würde«, sagte sie verächtlich. »Und er ist nach Maß gearbeitet und zu klein für die meisten.«

Der Nolaner sah gepeinigt auf die alte Frau.

»Das habe ich nicht bedacht«, sagte er und wandte sich an den Geistlichen.

»Könnte man nicht alle meine Habseligkeiten verkaufen und das Geld diesen Leuten aushändigen?«

»Das wird nicht möglich sein«, mischte sich der Beamte, der ihn geholt hatte, der große Dicke, in das Gespräch. »Darauf erhebt Herr Mocenigo Anspruch. Sie haben lange auf seine Kosten gelebt.«

»Er hat mich eingeladen«, erwiderte der Nolaner müde.

Der Greis hob seine Hand.

»Das gehört wirklich nicht hierher. Ich denke, daß der Mantel zurückgegeben werden soll.«

»Was sollen wir mit ihm anfangen?« sagte die Alte störrisch. Der Greis wurde ein wenig rot im Gesicht. Er sagte langsam: »Liebe Frau, ein wenig christliche Nachsicht würde Ihnen nicht schlecht anstehen. Der Angeklagte steht vor einer Unterredung, die für ihn Leben oder Tod bedeuten kann. Sie können kaum verlangen, daß er sich allzusehr für Ihren Mantel interessiert.«

Die Alte sah ihn unsicher an. Sie erinnerte sich plötzlich, wo sie stand. Sie erwog, ob sie nicht gehen sollte, da hörte sie hinter sich den Gefangenen mit leiser Stimme sagen:

»Ich meine, daß sie es verlangen kann.«

Und als sie sich zu ihm umwandte, sagte er noch: »Sie müssen das alles entschuldigen. Denken Sie auf keinen Fall, daß mir Ihr Verlust gleichgültig ist. Ich werde eine Eingabe in der Sache machen.«

Der große Dicke war auf einen Wink des Greises aus dem Zimmer gegangen. Jetzt kehrte er zurück, breitete die Arme aus und sagte: »Der Mantel ist überhaupt nicht mit eingeliefert worden. Der Mocenigo muß ihn zurückbehalten haben.«

Der Nolaner erschrak deutlich. Dann sagte er fest:

»Das ist nicht recht. Ich werde ihn verklagen.«

Der Greis schüttelte den Kopf.

»Beschäftigen Sie sich lieber mit dem Gespräch, das Sie in ein paar Minuten zu führen haben werden. Ich kann es nicht länger zulassen, daß hier wegen ein paar Skudi herumgestritten wird.«

Der Alten stieg das Blut in den Kopf. Sie hatte, während der Nolaner sprach, geschwiegen und maulend in eine Ecke des Zimmers geschaut. Aber jetzt riß ihr wieder die Geduld.

»Paar Skudi!« schrie sie. »Das ist ein Monatsverdienst! Sie können leicht Nachsicht üben. Sie trifft kein Verlust!«

In diesem Augenblick trat ein hochgewachsener Mönch in die Tür.

»Der Prokurator ist gekommen«, sagte er halblaut, verwundert auf die schreiende alte Frau schauend.

Der große Dicke faßte den Nolaner am Ärmel und führte ihn hinaus. Der Gefangene blickte über die schmale Schulter zurück auf die Frau, bis er über die Schwelle geführt war. Sein mageres Gesicht war sehr blaß.

Die Alte ging verstört die Steintreppe des Gebäudes hinunter. Sie wußte nicht, was sie denken sollte. Schließlich tat der Mann, was er konnte.

Sie ging nicht in die Werkstätte, als eine Woche später der große Dicke den Mantel brachte. Aber sie horchte an der Tür, und da hörte sie den Beamten sagen: »Er hat tatsächlich noch die ganzen letzten Tage sich um den Mantel gekümmert. Zweimal machte er eine Eingabe, zwischen den Verhören und den Unterredungen mit den Stadtbehörden, und mehrere Male verlangte er eine Unterredung in dieser Sache mit dem Nuntius. Er hat es durchgesetzt. Der Mocenigo mußte den Mantel herausgeben. Übrigens hätte er ihn jetzt gut brauchen können, denn er wird ausgeliefert und soll noch diese Woche nach Rom abgehen.«

Das stimmte. Es war Ende Januar.

Die unwürdige Greisin

Meine Großmutter war zweiundsiebzig Jahre alt, als mein Großvater starb. Er hatte eine kleine Lithographenanstalt in einem badischen Städtchen und arbeitete darin mit zwei, drei Gehilfen bis zu seinem Tod. Meine Großmutter besorgte ohne Magd den Haushalt, betreute das alte, wacklige Haus und kochte für die Mannsleute und Kinder.

Sie war eine kleine magere Frau mit lebhaften Eidechsenaugen, aber langsamer Sprechweise. Mit recht kärglichen Mitteln hatte sie fünf Kinder großgezogen – von den sieben, die sie geboren hatte. Davon war sie mit den Jahren kleiner geworden.

Von den Kindern gingen die zwei Mädchen nach Amerika, und zwei der Söhne zogen ebenfalls weg. Nur der Jüngste, der eine schwache Gesundheit hatte, blieb im Städtchen. Er wurde Buchdrucker und legte sich eine viel zu große Familie zu.

So war sie allein im Haus, als mein Großvater gestorben war.

Die Kinder schrieben sich Briefe über das Problem, was mit ihr zu geschehen hätte. Einer konnte ihr bei sich ein Heim anbieten, und der Buchdrucker wollte mit den Seinen zu ihr ins Haus ziehen. Aber die Greisin verhielt sich abweisend zu den Vorschlägen und wollte nur von jedem ihrer Kinder, das dazu imstande war, eine kleine geldliche Unterstützung annehmen. Die Lithographenanstalt, längst veraltet, brachte fast nichts beim Verkauf, und es waren auch Schulden da.

Die Kinder schrieben ihr, sie könne doch nicht ganz allein leben, aber als sie darauf nicht einging, gaben sie nach und schickten ihr monatlich ein bißchen Geld. Schließlich, dachten sie, war ja der Buchdrucker im Städtchen geblieben.

Der Buchdrucker übernahm es auch, seinen Geschwistern mitunter über die Mutter zu berichten. Seine Briefe an meinen Vater und was dieser bei einem Besuch und nach dem Begräbnis meiner Großmutter zwei Jahre später erfuhr, geben mir ein Bild von dem, was in diesen zwei Jahren geschah.

Es scheint, daß der Buchdrucker von Anfang an enttäuscht war, daß meine Großmutter sich weigerte, ihn in das ziemlich große und nun leerstehende Haus aufzunehmen. Er wohnte mit vier Kindern in drei Zimmern. Aber die Greisin hielt überhaupt nur eine sehr lose Verbindung mit ihm aufrecht. Sie lud die Kinder jeden Sonntagnachmittag zum Kaffee, das war eigentlich alles.

Sie besuchte ihren Sohn ein- oder zweimal in einem Vierteljahr und half der Schwiegertochter beim Beereneinkochen. Die junge Frau entnahm einigen ihrer Äußerungen, daß es ihr in der kleinen Wohnung des Buchdruckers zu eng war. Dieser konnte sich nicht enthalten, in seinem Bericht darüber ein Ausrufezeichen anzubringen.

Auf eine schriftliche Anfrage meines Vaters, was die alte Frau denn jetzt so mache, antwortete er ziemlich kurz, sie besuche das Kino.

Man muß verstehen, daß das nichts Gewöhnliches war, jedenfalls nicht in den Augen ihrer Kinder. Das Kino war vor dreißig Jahren noch nicht, was es heute ist. Es handelte sich um elende, schlecht gelüftete Lokale, oft in alten Kegelbahnen eingerichtet, mit schreienden Plakaten vor dem Eingang, auf denen Morde und Tragödien der Leidenschaft angezeigt waren. Eigentlich gingen nur Halbwüchsige hin oder, des Dunkels wegen, Liebespaare. Eine einzelne alte Frau mußte dort sicher auffallen.

Und so war noch eine andere Seite dieses Kinobesuches zu bedenken. Der Eintritt war gewiß billig, da aber das Vergnügen ungefähr unter den Schleckereien rangierte, bedeutete es »hinausgeworfenes Geld«. Und Geld hinauszuwerfen, war nicht respektabel.

Dazu kam, daß meine Großmutter nicht nur mit ihrem Sohn am Ort keinen regelmäßigen Verkehr pflegte, sondern auch sonst niemanden von ihren Bekannten besuchte oder einlud. Sie ging niemals zu den Kaffeegesellschaften des Städtchens. Dafür besuchte sie häufig die Werkstatt eines Flickschusters in einem armen und sogar etwas verrufenen Gäßchen, in der, besonders nachmittags, allerlei nicht besonders respektable Existenzen herumsaßen, stellungslose Kellnerinnen und Handwerksburschen. Der Flickschuster war ein Mann in mittleren Jahren, der in der ganzen Welt herumgekommen war, ohne es zu etwas gebracht zu haben. Es hieß auch, daß er trank. Er war jedenfalls kein Verkehr für meine Großmutter.

Der Buchdrucker deutete in einem Brief an, daß er seine Mutter darauf hingewiesen, aber einen recht kühlen Bescheid bekommen habe. »Er hat etwas gesehen«, war ihre Antwort, und das Gespräch war damit zu Ende. Es war nicht leicht, mit meiner Großmutter über Dinge zu reden, die sie nicht bereden wollte.

Etwa ein halbes Jahr nach dem Tod des Großvaters schrieb der Buchdrucker meinem Vater, daß die Mutter jetzt jeden zweiten Tag im Gasthof esse.

Was für eine Nachricht! Großmutter, die zeit ihres Lebens für ein Dutzend Menschen gekocht und immer nur die Reste aufgegessen hatte, aß jetzt im Gasthof! Was war in sie gefahren?

Bald darauf führte meinen Vater eine Geschäftsreise in die Nähe, und er besuchte seine Mutter.

Er traf sie im Begriffe, auszugehen. Sie nahm den Hut wieder ab und setzte ihm ein Glas Rotwein mit Zwieback vor. Sie schien ganz ausgeglichener Stimmung zu sein, weder besonders aufgekratzt noch besonders schweigsam. Sie erkundigte sich nach uns, allerdings nicht sehr eingehend, und wollte hauptsächlich wissen, ob es für die Kinder auch Kirschen gäbe. Da war sie ganz wie immer. Die Stube war natürlich peinlich sauber, und sie sah gesund aus.

Das einzige, was auf ihr neues Leben hindeutete, war, daß sie nicht mit meinem Vater auf den Gottesacker gehen wollte, das Grab ihres Mannes zu besuchen. »Du kannst allein hingehen«, sagte sie beiläufig, »es ist das dritte von links in der elften Reihe. Ich muß noch wohin.«

Der Buchdrucker erklärte nachher, daß sie wahrscheinlich zu ihrem Flickschuster mußte. Er klagte sehr.

»Ich sitze hier in diesen Löchern mit den Meinen und habe nur noch fünf Stunden Arbeit und schlecht bezahlte, dazu macht mir mein Asthma wieder zu schaffen, und das Haus in der Hauptstraße steht leer.«

Mein Vater hatte im Gasthof ein Zimmer genommen, aber erwartet, daß er zum Wohnen doch von seiner Mutter eingeladen werden würde, wenigstens pro forma, aber sie sprach nicht davon. Und sogar als das Haus voll gewesen war, hatte sie immer etwas dagegen gehabt, daß er nicht bei ihnen wohnte und dazu das Geld für das Hotel ausgab!

Aber sie schien mit ihrem Familienleben abgeschlossen zu haben und neue Wege zu gehen, jetzt, wo ihr Leben sich neigte. Mein Vater, der eine gute Portion Humor besaß, fand sie ›ganz munter‹ und sagte meinem Onkel, er solle die alte Frau machen lassen, was sie wolle.

Aber was wollte sie?

Das nächste, was berichtet wurde, war, daß sie eine Bregg bestellt hatte und nach einem Ausflugsort gefahren war, an einem gewöhnlichen Donnerstag. Eine Bregg war ein großes, hochrädriges Pferdegefährt mit Plätzen für ganze Familien. Einige wenige Male, wenn wir Enkelkinder zu Besuch gekommen waren, hatte Großvater die Bregg gemietet. Großmutter war immer zu Hause geblieben. Sie hatte es mit einer wegwerfenden Handbewegung abgelehnt, mitzukommen.

Und nach der Bregg kam die Reise nach K., einer größeren Stadt, etwa zwei Eisenbahnstunden entfernt. Dort war ein Pferderennen, und zu dem Pferderennen fuhr meine Großmutter.

Der Buchdrucker war jetzt durch und durch alarmiert. Er wollte einen Arzt hinzugezogen haben. Mein Vater schüttelte den Kopf, als er den Brief las, lehnte aber die Hinzuziehung eines Arztes ab.

Nach K. war meine Großmutter nicht allein gefahren. Sie hatte ein junges Mädchen mitgenommen, eine halb Schwachsinnige, wie der Buchdrucker schrieb, das Küchenmädchen des Gasthofs, in dem die Greisin jeden zweiten Tag speiste.

Dieser ›Krüppel‹ spielte von jetzt ab eine Rolle.

Meine Großmutter schien einen Narren an ihr gefressen zu haben. Sie nahm sie mit ins Kino und zum Flickschuster, der sich übrigens als Sozialdemokrat herausgestellt hatte, und es ging das Gerücht, daß die beiden Frauen bei einem Glas Rotwein in der Küche Karten spielten.

»Sie hat dem Krüppel jetzt einen Hut gekauft mit Rosen drauf«, schrieb der Buchdrucker verzweifelt. »Und unsere Anna hat kein Kommunionskleid!«

Die Briefe meines Onkels wurden ganz hysterisch, handelten nur von der ›unwürdigen Aufführung unserer lieben Mutter‹ und gaben sonst nichts mehr her. Das Weitere habe ich von meinem Vater.

Der Gastwirt hatte ihm mit Augenzwinkern zugeraunt: »Frau B. amüsiert sich ja jetzt, wie man hört.«

In Wirklichkeit lebte meine Großmutter auch diese letzten Jahre keinesfalls üppig. Wenn sie nicht im Gasthof aß, nahm sie meist nur ein wenig Eierspeise zu sich, etwas Kaffee und vor allem ihren geliebten Zwieback. Dafür leistete sie sich einen billigen Rotwein, von dem sie zu allen Mahlzeiten ein kleines Glas trank. Das Haus hielt sie sehr rein, und nicht nur die Schlafstube und die Küche, die sie benutzte. Jedoch nahm sie darauf ohne Wissen ihrer Kinder eine Hypothek auf. Es kam niemals heraus, was sie mit dem Geld machte. Sie scheint es dem Flickschuster gegeben zu haben. Er zog nach ihrem Tod in eine andere Stadt und soll dort ein größeres Geschäft für Maßschuhe eröffnet haben.

Genau betrachtet lebte sie hintereinander zwei Leben. Das eine, erste, als Tochter, als Frau und als Mutter, und das zweite einfach als Frau B., eine alleinstehende Person ohne Verpflichtungen und mit bescheidenen, aber ausreichenden Mitteln. Das erste Leben dauerte etwa sechs Jahrzehnte, das zweite nicht mehr als zwei Jahre.

Mein Vater brachte in Erfahrung, daß sie im letzten halben Jahr sich gewisse Freiheiten gestattete, die normale Leute gar nicht kennen. So konnte sie im Sommer früh um drei Uhr aufstehen und durch die leeren Straßen des Städtchens spazieren, das sie so für sich ganz allein hatte. Und den Pfarrer, der sie besuchen kam, um der alten Frau in ihrer Vereinsamung Gesellschaft zu leisten, lud sie, wie allgemein behauptet wurde, ins Kino ein!

Sie war keineswegs vereinsamt. Bei dem Flickschuster verkehrten anscheinend lauter lustige Leute, und es wurde viel erzählt. Sie hatte dort immer eine Flasche ihres eigenen Rotweins stehen, und daraus trank sie ihr Gläschen, während die anderen erzählten und über die würdigen Autoritäten der Stadt loszogen. Dieser Rotwein blieb für sie reserviert, jedoch brachte sie mitunter der Gesellschaft stärkere Getränke mit.

Sie starb ganz unvermittelt, an einem Herbstnachmittag in ihrem Schlafzimmer, aber nicht im Bett, sondern auf dem Holzstuhl am Fenster. Sie hatte den ›Krüppel‹ für den Abend ins Kino eingeladen, und so war das Mädchen bei ihr, als sie starb. Sie war vierundsiebzig Jahre alt.

Ich habe eine Fotografie von ihr gesehen, die sie auf dem Totenbett zeigt und die für die Kinder angefertigt worden war.

Man sieht ein winziges Gesichtchen mit vielen Falten und einen schmallippigen, aber breiten Mund. Viel Kleines, aber nichts Kleinliches. Sie hatte die langen Jahre der Knechtschaft und die kurzen Jahre der Freiheit ausgekostet und das Brot des Lebens aufgezehrt bis auf den letzten Brosamen.

Der Augsburger Kreidekreis

Zu der Zeit des Dreißigjährigen Krieges besaß ein Schweizer Protestant namens Zingli eine große Gerberei mit einer Lederhandlung in der freien Reichsstadt Augsburg am Lech. Er war mit einer Augsburgerin verheiratet und hatte ein Kind mit ihr. Als die Katholischen auf die Stadt zumarschierten, rieten ihm seine Freunde dringend zur Flucht, aber, sei es, daß die kleine Familie ihn hielt, sei es, daß er seine Gerberei nicht im Stich lassen wollte, er konnte sich jedenfalls nicht entschließen, beizeiten wegzureisen.

So war er noch in der Stadt, als die kaiserlichen Truppen sie stürmten, und als am Abend geplündert wurde, versteckte er sich in einer Grube im Hof, wo die Farben aufbewahrt wurden. Seine Frau sollte mit dem Kind zu ihren Verwandten in die Vorstadt ziehen, aber sie hielt sich zu lange damit auf, ihre Sachen, Kleider, Schmuck und Betten zu packen, und so sah sie plötzlich, von einem Fenster des ersten Stockes aus, eine Rotte kaiserlicher Soldaten in den Hof dringen. Außer sich vor Schrecken ließ sie alles stehen und liegen und rannte durch eine Hintertür aus dem Anwesen.

So blieb das Kind im Hause zurück. Es lag in der großen Diele in seiner Wiege und spielte mit einem Holzball, der an einer Schnur von der Decke hing.

Nur eine junge Magd war noch im Hause. Sie hantierte in der Küche mit dem Kupferzeug, als sie Lärm von der Gasse her hörte. Ans Fenster stürzend, sah sie, wie aus dem ersten Stock des Hauses gegenüber von Soldaten allerhand Beutestücke auf die Gasse geworfen wurden. Sie lief in die Diele und wollte eben das Kind aus der Wiege nehmen, als sie das Geräusch schwerer Schläge gegen die eichene Haustür hörte. Sie wurde von Panik ergriffen und rannte die Treppe hinauf.

Die Diele füllte sich mit betrunkenen Soldaten, die alles kurz und klein schlugen. Sie wußten, daß sie sich im Haus eines Protestanten befanden. Wie durch ein Wunder blieb bei der Durchsuchung und Plünderung Anna, die Magd, unentdeckt. Die Rotte verzog sich, und aus dem Schrank herauskletternd, in dem sie gestanden war, fand Anna auch das Kind in der Diele unversehrt. Sie nahm es hastig an sich und schlich mit ihm auf den Hof hinaus. Es war inzwischen Nacht geworden, aber der rote Schein eines in der

Nähe brennenden Hauses erhellte den Hof, und entsetzt erblickte sie die übel zugerichtete Leiche des Hausherrn. Die Soldaten hatten ihn aus seiner Grube gezogen und erschlagen.

Erst jetzt wurde der Magd klar, welche Gefahr sie lief, wenn sie mit dem Kind des Protestanten auf der Straße aufgegriffen wurde. Sie legte es schweren Herzens in die Wiege zurück, gab ihm etwas Milch zu trinken, wiegte es in Schlaf und machte sich auf den Weg in den Stadtteil, wo ihre verheiratete Schwester wohnte.

Gegen zehn Uhr nachts drängte sie sich, begleitet vom Mann ihrer Schwester, durch das Getümmel der ihren Sieg feiernden Soldaten, um in der Vorstadt Frau Zingli, die Mutter des Kindes, aufzusuchen. Sie klopften an die Tür eines mächtigen Hauses, die sich nach geraumer Zeit auch ein wenig öffnete. Ein kleiner alter Mann, Frau Zinglis Onkel, steckte den Kopf heraus. Anna berichtete atemlos, daß Herr Zingli tot, das Kind aber unversehrt im Haus sei. Der Alte sah sie kalt aus fischigen Augen an und sagte, seine Nichte sei nicht mehr da, und er selber habe mit dem Protestantenbankert nichts zu schaffen. Damit machte er die Tür wieder zu. Im Weggehen sah Annas Schwager, wie sich ein Vorhang in einem der Fenster bewegte, und er gewann die Überzeugung, daß Frau Zingli da war. Sie schämte sich anscheinend nicht, ihr Kind zu verleugnen.

Eine Zeitlang gingen Anna und ihr Schwager schweigend nebeneinander her. Dann erklärte sie ihm, daß sie in die Gerberei zurück und das Kind holen wolle. Der Schwager, ein ruhiger, ordentlicher Mann, hörte sie erschrocken an und suchte ihr die gefährliche Idee auszureden. Was hatte sie mit diesen Leuten zu tun? Sie war nicht einmal anständig behandelt worden.

Anna hörte ihm still zu und versprach ihm, nichts Unvernünftiges zu tun. Jedoch wollte sie unbedingt noch schnell in die Gerberei schauen, ob dem Kind nichts fehle. Und sie wollte allein gehen.

Sie setzte ihren Willen durch. Mitten in der zerstörten Halle lag das Kind ruhig in seiner Wiege und schlief. Anna setzte sich müde zu ihm und betrachtete es. Sie hatte nicht gewagt, ein Licht anzuzünden, aber das Haus in der Nähe brannte immer noch, und bei diesem Licht konnte sie das Kind ganz gut sehen. Es hatte einen winzigen Leberfleck am Hälschen.

Als die Magd einige Zeit, vielleicht eine Stunde, zugesehen hatte, wie das Kind atmete und an seiner kleinen Faust saugte, erkannte sie, daß sie zu lange gesessen und zu viel gesehen hatte, um noch ohne das Kind weggehen zu können. Sie stand schwerfällig auf, und mit langsamen Bewegungen hüllte sie es in die Leinendecke, hob es auf den Arm und verließ mit ihm den Hof, sich scheu umschauend, wie eine Person mit schlechtem Gewissen, eine Diebin.

Sie brachte das Kind, nach langen Beratungen mit Schwester und Schwager, zwei Wochen darauf aufs Land in das Dorf Großaitingen, wo ihr älterer Bruder Bauer war. Der Bauernhof gehörte der Frau, er hatte nur eingeheiratet. Es war ausgemacht worden, daß sie es vielleicht nur dem Bruder sagen sollte, wer das Kind war, denn sie hatten die junge Bäuerin nie zu Gesicht bekommen und wußten nicht, wie sie einen so gefährlichen kleinen Gast aufnehmen würde.

Anna kam gegen Mittag im Dorf an. Ihr Bruder, seine Frau und das Gesinde saßen beim Mittagessen. Sie wurde nicht schlecht empfangen, aber ein Blick auf ihre neue Schwägerin veranlaßte sie, das Kind sogleich als ihr eigenes vorzustellen. Erst nachdem sie erzählt hatte, daß ihr Mann in einem entfernten Dorf eine Stellung in einer Mühle habe und sie dort mit dem Kind in ein paar Wochen erwarte, taute die Bäuerin auf, und das Kind wurde gebührend bewundert.

Nachmittags begleitete sie ihren Bruder ins Gehölz, Holz sammeln. Sie setzten sich auf Baumstümpfe, und Anna schenkte ihm reinen Wein ein. Sie konnte sehen, daß ihm nicht wohl in seiner Haut war. Seine Stellung auf dem Hof war noch nicht gefestigt, und er lobte Anna sehr, daß sie seiner Frau gegenüber den Mund gehalten hatte. Es war klar, daß er seiner jungen Frau keine besonders großzügige Haltung gegenüber dem Protestantenkind zutraute. Er wollte, daß die Täuschung aufrechterhalten wurde.

Das war nun auf die Länge nicht leicht.

Anna arbeitete bei der Ernte mit und pflegte ›ihr‹ Kind zwischendurch, immer wieder vom Feld nach Hause laufend, wenn die andern ausruhten. Der Kleine gedieh und wurde sogar dick, lachte, so oft er Anna sah, und suchte kräftig den Kopf zu heben. Aber dann kam der Winter, und die Schwägerin begann sich nach Annas Mann zu erkundigen.

Es sprach nichts dagegen, daß Anna auf dem Hof blieb, sie konnte sich immer nützlich machen. Das schlimme war, daß die Nachbarn sich über den Vater von Annas Jungen wunderten, weil der nie kam, nach ihm zu sehen. Wenn sie keinen Vater für ihr Kind zeigen konnte, mußte der Hof bald ins Gerede kommen.

An einem Sonntagmorgen spannte der Bauer an und hieß Anna laut mitkommen, ein Kalb in einem Nachbardorf abzuholen. Auf dem ratternden Fahrzeug teilte er ihr mit, daß er für sie einen Mann gesucht und gefunden hätte. Es war ein todkranker Häusler, der kaum den ausgemergelten Kopf vom schmierigen Laken heben konnte, als die beiden in seiner niedrigen Hütte standen.

Er war willig, Anna zu ehelichen. Am Kopfende des Lagers stand eine gelbhäutige Alte, seine Mutter. Sie sollte ein Entgelt für den Dienst, der Anna erwiesen wurde, bekommen.

Das Geschäft war in zehn Minuten ausgehandelt, und Anna und ihr Bruder konnten weiterfahren und ihr Kalb erstehen. Die Verehelichung fand Ende derselben Woche statt. Während der Pfarrer die Trauungsformel murmelte, wandte der Kranke nicht ein einziges Mal den glasigen Blick auf Anna. Ihr Bruder zweifelte nicht, daß sie den Totenschein in wenigen Tagen haben würden. Dann war Annas Mann und Kindsvater auf dem Weg zu ihr in einem Dorf bei Augsburg irgendwie gestorben, und niemand würde sich wundern, wenn die Witwe im Haus ihres Bruders bleiben würde.

Anna kam froh von ihrer seltsamen Hochzeit zurück, auf der es weder Kirchenglocken noch Blechmusik, weder Jungfern noch Gäste gegeben hatte. Sie verzehrte als Hochzeitsschmaus ein Stück Brot mit einer Scheibe Speck in der Speisekammer und trat mit ihrem Bruder dann vor die Kiste, in der das Kind lag, das jetzt einen Namen hatte. Sie stopfte das Laken fester und lachte ihren Bruder an.

Der Totenschein ließ allerdings auf sich warten.

Es kam weder die nächste noch die übernächste Woche Bescheid von der Alten. Anna hatte auf dem Hof erzählt, daß ihr Mann jetzt auf dem Weg zu ihr sei. Sie sagte nunmehr, wenn man sie fragte, wo er bliebe, der tiefe Schnee mache wohl die Reise beschwerlich. Aber nachdem weitere drei Wochen vergangen waren, fuhr ihr Bruder doch, ernstlich beunruhigt, in das Dorf bei Augsburg.

Er kam spät in der Nacht zurück. Anna war noch auf und lief zur Tür, als sie das Fuhrwerk auf den Hof knarren hörte. Sie sah, wie langsam der Bauer ausspannte, und ihr Herz krampfte sich zusammen.

Er brachte üble Nachricht. In die Hütte tretend, hatte er den Todgeweihten beim Abendessen am Tisch sitzend vorgefunden, in Hemdsärmeln, mit beiden Backen kauend. Er war wieder völlig gesundet.

Der Bruder sah Anna nicht ins Gesicht, als er weiter berichtete. Der Häusler, er hieß übrigens Otterer, und seine Mutter schienen über die Wendung ebenfalls überrascht und waren wohl noch zu keinem Entschluß gekommen, was zu geschehen hätte. Otterer habe keinen unangenehmen Eindruck gemacht. Er hatte wenig gesprochen, jedoch einmal seine Mutter, als sie darüber jammern wollte, daß er nun ein ungewünschtes Weib und ein fremdes Kind auf dem Hals habe, zum Schweigen verwiesen. Er aß bedächtig seine Käsespeise weiter während der Unterhaltung und aß noch, als der Bauer wegging.

Die nächsten Tage war Anna natürlich sehr bekümmert. Zwischen ihrer Hausarbeit lehrte sie den Jungen gehen. Wenn er den Spinnrocken losließ und mit ausgestreckten Ärmchen auf sie zugewackelt kam, unterdrückte sie ein trockenes Schluchzen und umklammerte ihn fest, wenn sie ihn auffing.

Einmal fragte sie ihren Bruder: Was ist er für einer? Sie hatte ihn nur auf dem Sterbebett gesehen und nur abends, beim Schein einer schwachen Kerze. Jetzt erfuhr sie, daß ihr Mann ein abgearbeiteter Fünfziger sei, »halt so, wie ein Häusler ist«. Bald darauf sah sie ihn. Ein Hausierer hatte ihr mit einem großen Aufwand an Heimlichkeit ausgerichtet, daß ›ein gewisser Bekannter‹ sie an dem und dem Tag zu der und der Stunde bei dem und dem Dorf, da wo der Fußweg nach Landsberg abgeht, treffen wolle. So begegneten die Verehelichten sich zwischen ihren Dörfern wie die antiken Feldherren zwischen ihren Schlachtreihen, im offenen Gelände, das vom Schnee bedeckt war.

Der Mann gefiel Anna nicht.

Er hatte kleine graue Zähne, sah sie von oben bis unten an, obwohl sie in einem dicken Schafspelz steckte und nicht viel zu sehen war, und gebrauchte dann die Wörter ›Sakrament der Ehe‹. Sie sagte ihm kurz, sie müsse sich alles noch überlegen, bat ihn aber, er möchte ihr durch irgendeinen Händler oder Schlächter, der durch Großaitingen kam, vor ihrer Schwägerin ausrichten lassen, er werde jetzt bald kommen und sei nur auf dem Weg erkrankt.

Otterer nickte in seiner bedächtigen Weise. Er war über einen Kopf größer als sie und blickte immer auf ihre linke Halsseite beim Reden, was sie aufbrachte.

Die Botschaft kam aber nicht, und Anna ging mit dem Gedanken um, mit dem Kind einfach vom Hof zu gehen und weiter südwärts, etwa in Kempten oder Sonthofen, eine Stellung zu suchen.

Nur die Unsicherheit der Landstraßen, über die viel geredet wurde, und daß es mitten im Winter war, hielt sie zurück.

Der Aufenthalt auf dem Hof wurde nachgerade schwierig. Die Schwägerin stellte am Mittagstisch vor allem Gesinde mißtrauische Fragen nach ihrem Mann. Als sie einmal sogar, mit falschem Mitleid auf das Kind sehend, laut ›armes Wurm‹ sagte, beschloß Anna, doch zu gehen, aber da wurde das Kind krank.

Es lag unruhig mit hochrotem Kopf und trüben Augen in seiner Kiste, und Anna wachte ganze Nächte über ihm in Angst und Hoffnung. Als es sich wieder auf dem Wege zur Besserung befand und sein Lächeln zurückgefunden hatte, wurde eines Vormittags an die Tür geklopft, und herein trat Otterer.

Es war niemand außer Anna und dem Kind in der Stube, so daß sie sich nicht verstellen mußte, was ihr bei ihrem Schrecken auch wohl unmöglich gewesen wäre. Sie standen eine gute Weile wortlos, dann äußerte Otterer, er habe die Sache seinerseits überlegt und sei gekommen, sie zu holen. Er erwähnte wieder das Sakrament der Ehe.

Anna wurde böse. Mit fester, wenn auch unterdrückter Stimme sagte sie dem Mann, sie denke nicht daran, mit ihm zu leben, sie sei die Ehe nur eingegangen ihres Kindes wegen und wolle von ihm nichts, als daß er ihr und dem Kind seinen Namen gebe.

Otterer blickte, als sie von dem Kind sprach, flüchtig nach der Richtung der Kiste, in der es lag und brabbelte, trat aber nicht hinzu. Das nahm Anna noch mehr gegen ihn ein.

Er ließ ein paar Redensarten fallen: sie solle sich alles noch einmal überlegen, bei ihm sei Schmalhans Küchenmeister, und seine Mutter könne in der Küche schlafen. Dann kam die Bäuerin herein, begrüßte ihn neugierig und lud ihn zum Mittagessen. Den Bauern begrüßte er, schon am Teller sitzend, mit einem nachlässigen Kopfnicken, weder vortäuschend, er kenne ihn nicht, noch verratend, daß er ihn kannte. Auf die Fragen der Bäuerin antwortete er einsilbig und seine Blicke nicht vom Teller erhebend, er habe in Mering eine Stelle gefunden, und Anna könne zu ihm ziehen. Jedoch sagte er nichts mehr davon, daß dies gleich sein müsse.

Am Nachmittag vermied er die Gesellschaft des Bauern und hackte hinter dem Haus Holz, wozu ihn niemand aufgefordert hatte. Nach dem Abendessen, an dem er wieder schweigend teilnahm, trug die Bäuerin selber ein Deckbett in Annas Kammer, damit er dort übernachten konnte, aber da stand er merkwürdigerweise schwerfällig auf und murmelte, daß er noch am selben Abend zurück müsse. Bevor er ging, starrte er mit abwesendem Blick in die Kiste mit dem Kind, sagte aber nichts und rührte es nicht an.

In der Nacht wurde Anna krank und verfiel in ein Fieber, das wochenlang dauerte. Die meiste Zeit lag sie teilnahmslos, nur ein paarmal gegen Morgen, wenn das Fieber etwas nachließ, kroch sie zu der Kiste mit dem Kind und stopfte die Decke zurecht.

In der vierten Woche ihrer Krankheit fuhr Otterer mit einem Leiterwagen auf dem Hof vor und holte sie und das Kind ab. Sie ließ es wortlos geschehen.

Nur sehr langsam kam sie wieder zu Kräften, kein Wunder bei den dünnen Suppen in der Häuslerhütte. Aber eines Morgens sah sie, wie schmutzig das Kind gehalten war, und stand entschlossen auf.

Der Kleine empfing sie mit seinem freundlichen Lächeln, von dem ihr Bruder immer behauptet hatte, er habe es von ihr. Er war gewachsen und kroch mit unglaublicher Geschwindigkeit in der Kammer herum, mit den Händen aufpatschend und kleine Schreie ausstoßend, wenn er auf das Gesicht niederfiel. Sie wusch ihn in einem Holzzuber und gewann ihre Zuversicht zurück.

Schon nach wenigen Tagen freilich konnte sie das Leben mit Otterer nicht mehr aushalten. Sie wickelte den Kleinen in ein paar Decken, steckte ein Brot und etwas Käse ein und lief weg.

Sie hatte vor, nach Sonthofen zu kommen, kam aber nicht weit. Sie war noch recht schwach auf den Beinen, die Landstraße lag unter der Schneeschmelze, und die Leute in den Dörfern waren durch den Krieg sehr mißtrauisch und geizig geworden. Am dritten Tag ihrer Wanderung verstauchte sie sich den Fuß in einem Straßengraben und wurde nach vielen Stunden, in denen sie um das Kind bangte, auf einen Hof gebracht, wo sie im Stall liegen mußte. Der Kleine kroch zwischen den Beinen der Kühe herum und lachte nur, wenn sie ängstlich aufschrie. Am Ende mußte sie den Leuten des Hofs den Namen ihres Mannes sagen, und er holte sie wieder nach Mering.

Von nun an machte sie keinen Fluchtversuch mehr und nahm ihr Los hin. Sie arbeitete hart. Es war schwer, aus dem kleinen Acker etwas herauszuholen und die winzige Wirtschaft in Gang zu halten. Jedoch war der Mann nicht unfreundlich zu ihr, und der Kleine wurde satt. Auch kam ihr Bruder mitunter herüber und brachte dies und jenes als Präsent, und einmal konnte sie dem Kleinen sogar ein Röcklein rot einfärben lassen. Das, dachte sie, mußte dem Kind eines Färbers gut stehen.

Mit der Zeit wurde sie ganz zufrieden gestimmt und erlebte viele Freude bei der Erziehung des Kleinen. So verging das Jahr.

Aber eines Tages ging sie ins Dorf Sirup holen, und als sie zurückkehrte, war das Kind nicht in der Hütte, und ihr Mann berichtete ihr, daß eine feingekleidete Frau in einer Kutsche vorgefahren sei und das Kind geholt habe. Sie taumelte an die Wand vor Entsetzen, und am selben Abend noch machte sie sich, nur ein Bündel mit Eßbarem tragend, auf den Weg nach Augsburg.

Ihr erster Gang in der Reichsstadt war zur Gerberei. Sie wurde nicht vorgelassen und bekam das Kind nicht zu sehen.

Schwester und Schwager versuchten vergebens, ihr Trost zuzureden. Sie lief zu den Behörden und schrie außer sich, man habe ihr Kind gestohlen. Sie ging so weit, anzudeuten, daß Protestanten ihr Kind gestohlen hätten. Sie erfuhr daraufhin, daß jetzt andere Zeiten herrschten und zwischen Katholiken und Protestanten Friede geschlossen worden sei.

Sie hätte kaum etwas ausgerichtet, wenn ihr nicht ein besonderer Glücksumstand zu Hilfe gekommen wäre. Ihre Rechtssache wurde an einen Richter verwiesen, der ein ganz besonderer Mann war.

Es war das der Richter Ignaz Dollinger, in ganz Schwaben berühmt wegen seiner Grobheit und Gelehrsamkeit, vom Kurfürsten von Bayern, mit dem er einen Rechtsstreit der freien Reichsstadt ausgetragen hatte, ›dieser lateinische Mistbauer‹ getauft, vom niedrigen Volk aber in einer langen Moritat löblich besungen.

Von Schwester und Schwager begleitet kam Anna vor ihn. Der kurze, aber ungemein fleischige alte Mann saß in einer winzigen kahlen Stube zwischen Stößen von Pergamenten und hörte sie nur ganz kurz an. Dann schrieb er etwas auf ein Blatt, brummte: »Tritt dorthin, aber mach schnell!« und dirigierte sie mit seiner kleinen plumpen Hand an eine Stelle des Raums, auf die durch das schmale Fenster das Licht fiel. Für einige Minuten sah er genau ihr Gesicht an, dann winkte er sie mit einem Stoßseufzer weg.

Am nächsten Tag ließ er sie durch einen Gerichtsdiener holen und schrie sie, als sie noch auf der Schwelle stand, an: »Warum hast du keinen Ton davon gesagt, daß es um eine Gerberei mit einem pfundigen Anwesen geht?«

Anna sagte verstockt, daß es ihr um das Kind gehe.

»Bild dir nicht ein, daß du die Gerberei schnappen kannst«, schrie der Richter. »Wenn der Bankert wirklich deiner ist, fällt das Anwesen an die Verwandten von dem Zingli.«

Anna nickte, ohne ihn anzuschauen. Dann sagte sie: »Er braucht die Gerberei nicht.«

»Ist er deiner?« bellte der Richter.

»Ja«, sagte sie leise. »Wenn ich ihn nur so lange behalten dürfte, bis er alle Wörter kann. Er weiß erst sieben.«

Der Richter hustete und ordnete die Pergamente auf seinem Tisch. Dann sagte er ruhiger, aber immer noch in ärgerlichem Ton:

»Du willst den Knirps, und die Ziege da mit ihren fünf Seidenröcken will ihn. Aber er braucht die rechte Mutter.«

»Ja«, sagte Anna und sah den Richter an.

»Verschwind«, brummte er. »Am Samstag halt ich Gericht.«

An diesem Samstag war die Hauptstadt und der Platz vor dem Rathaus am Perlachturm schwarz von Menschen, die dem Prozeß um das ›Protestantenkind‹ beiwohnen wollten. Der sonderbare Fall hatte von Anfang an viel Aufsehen erregt, und in Wohnungen und Wirtshäusern wurde darüber gestritten, wer die echte und wer die falsche Mutter war. Auch war der alte Dollinger weit und breit berühmt wegen seiner volkstümlichen Prozesse mit ihren bissigen Redensarten und Weisheitssprüchen. Seine Verhandlungen waren beliebter als Plärrer und Kirchweih.

So stauten sich vor dem Rathaus nicht nur viele Augsburger; auch nicht wenige Bauersleute der Umgegend waren da. Freitag war Markttag, und sie hatten in Erwartung des Prozesses in der Stadt übernachtet.

Der Saal, in dem der Richter Dollinger verhandelte, war der sogenannte Goldene Saal. Er war berühmt als einziger Saal von dieser Größe in ganz Deutschland, der keine Säulen hatte; die Decke war an Ketten im Dachfirst aufgehängt.

Der Richter Dollinger saß, ein kleiner runder Fleischberg, vor dem geschlossenen Erztor der einen Längswand. Ein gewöhnliches Seil trennte die Zuhörer ab. Aber der Richter saß auf ebenem Boden und hatte keinen Tisch vor sich. Er hatte selber vor Jahren diese Anordnung getroffen; er hielt viel von Aufmachung.

Anwesend innerhalb des abgeseilten Raums waren Frau Zingli mit ihrem Onkel, die zugereisten Schweizer Verwandten des verstorbenen Herrn Zingli, zwei gutgekleidete würdige Männer, aussehend wie wohlbestallte Kaufleute, und Anna Otterer mit ihrer Schwester. Neben Frau Zingli sah man eine Amme mit dem Kind.

Alle, Parteien und Zeugen, standen. Der Richter Dollinger pflegte zu sagen, daß die Verhandlungen kürzer ausfielen, wenn die Beteiligten stehen müßten. Aber vielleicht ließ er sie auch nur stehen, damit sie ihn vor dem Publikum verdeckten, so daß man den Richter höchstens sah, wenn man sich auf die Fußzehen stellte und den Hals ausrenkte.

Zu Beginn der Verhandlung kam es zu einem Zwischenfall. Als Anna das Kind erblickte, stieß sie einen Schrei aus und trat vor, und das Kind wollte zu ihr, strampelte heftig in den Armen der Amme und fing an zu brüllen. Der Richter ließ es aus dem Saal bringen.

Dann rief er Frau Zingli auf.

Sie kam vorgerauscht und schilderte, ab und zu ein Sacktüchlein an die Augen lüftend, wie bei der Plünderung die kaiserlichen Soldaten ihr das Kind entrissen hätten. Noch in derselben Nacht war die Magd in das Haus ihres Onkels gekommen und hatte berichtet, das Kind sei noch im Haus, wahrscheinlich in Erwartung eines Trinkgelds. Eine Köchin ihres Onkels habe jedoch, in die Gerberei geschickt, das Kind nicht vorgefunden, und sie nehme an, die Person (sie deutete auf Anna) habe sich seiner bemächtigt, um irgendwie Geld erpressen zu können. Sie wäre wohl auch über kurz oder lang mit solchen Forderungen hervorgekommen, wenn man ihr nicht zuvor das Kind abgenommen hätte.

Der Richter Dollinger rief die beiden Verwandten des Herrn Zingli auf und fragte sie, ob sie sich damals nach Herrn Zingli erkundigt hätten und was ihnen von Frau Zingli erzählt worden sei.

Sie sagten aus, Frau Zingli habe sie wissen lassen, ihr Mann sei erschlagen worden, und das Kind habe sie einer Magd anvertraut, bei der es in guter Hut sei. Sie sprachen sehr unfreundlich von ihr, was allerdings kein Wunder war, denn das Anwesen fiel an sie, wenn der Prozeß für Frau Zingli verlorenging.

Nach ihrer Aussage wandte sich der Richter wieder an Frau Zingli und wollte von ihr wissen, ob sie nicht einfach bei dem Überfall damals den Kopf verloren und das Kind im Stich gelassen habe.

Frau Zingli sah ihn mit ihren blassen blauen Augen wie verwundert an und sagte gekränkt, sie habe ihr Kind nicht im Stich gelassen.

Der Richter Dollinger räusperte sich und fragte sie interessiert, ob sie glaube, daß keine Mutter ihr Kind im Stich lassen könnte.

Ja, das glaube sie, sagte sie fest.

Ob sie denn glaube, fragte der Richter weiter, daß einer Mutter, die es doch tue, der Hintern verhauen werden müßte, gleichgültig, wie viele Röcke sie darüber trage?

Frau Zingli gab keine Antwort, und der Richter rief die frühere Magd Anna auf. Sie trat schnell vor und wiederholte mit leiser Stimme, was sie schon bei der Voruntersuchung gesagt hatte. Sie redete aber, als ob sie zugleich horchte, und ab und zu blickte sie nach der großen Tür, hinter die man das Kind gebracht hatte, als fürchtete sie, daß es immer noch schreie.

Sie sagte aus, sie sei zwar in jener Nacht zum Haus von Frau Zinglis Onkel gegangen, dann aber nicht in die Gerberei zurückgekehrt, aus Furcht vor den Kaiserlichen und weil sie Sorgen um ihr eigenes, lediges Kind gehabt habe, das bei guten Leuten im Nachbarort Lechhausen untergebracht gewesen sei.

Der alte Dollinger unterbrach sie grob und schnappte, es habe also zumindest eine Person in der Stadt gegeben, die so etwas wie Furcht verspürt habe. Er freue sich, das feststellen zu können, denn es beweise, daß eben zumindest eine Person damals einige Vernunft besessen habe. Schön sei es allerdings von der Zeugin nicht gewesen, daß sie sich nur um ihr eigenes Kind gekümmert habe, andererseits aber heiße es ja im Volksmund, Blut sei dicker als Wasser, und was eine rechte Mutter sei, die gehe auch stehlen für ihr Kind, das sei aber vom Gesetz streng verboten, denn Eigentum sei Eigentum, und wer stehle, der lüge auch, und lügen sei ebenfalls vom Gesetz verboten. Und dann hielt er eine seiner weisen und derben Lektionen über die Abgefeimtheit der Menschen, die das Gericht anschwindelten, bis sie blau im Gesicht seien, und nach einem kleinen Abstecher über die Bauern, die die Milch unschuldiger Kühe mit Wasser verpanschten, und den Magistrat der Stadt, der zu hohe Marktsteuern von den Bauern nehme, der überhaupt nichts mit dem Prozeß zu tun hatte, verkündigte er, daß die Zeugenaussage geschlossen sei und nichts ergeben habe.

Dann machte er eine lange Pause und zeigte alle Anzeichen der Ratlosigkeit, sich umblickend, als erwarte er von irgendeiner Seite her einen Vorschlag, wie man zu einem Schluß kommen könnte.

Die Leute sahen sich verblüfft an, und einige reckten die Hälse, um einen Blick auf den hilflosen Richter zu erwischen. Es blieb aber sehr still im Saal, nur von der Straße herauf konnte man die Menge hören.

Dann ergriff der Richter wieder seufzend das Wort.

»Es ist nicht festgestellt worden, wer die rechte Mutter ist«, sagte er. »Das Kind ist zu bedauern. Man hat schon gehört, daß die Väter sich oft drücken und nicht die Väter sein wollen, die Schufte, aber hier melden sich gleich zwei Mütter. Der Gerichtshof hat ihnen so lange zugehört, wie sie es verdienen, nämlich einer jeden geschlagene fünf Minuten, und der Gerichtshof ist zu der Überzeugung gelangt, daß beide wie gedruckt lügen. Nun ist aber, wie gesagt, auch noch das Kind zu bedenken, das eine Mutter haben muß. Man muß also, ohne auf bloßes Geschwätz einzugehen, feststellen, wer die rechte Mutter des Kindes ist.«

Und mit ärgerlicher Stimme rief er den Gerichtsdiener und befahl ihm, eine Kreide zu holen.

Der Gerichtsdiener ging und brachte ein Stück Kreide.

»Zieh mit der Kreide da auf dem Fußboden einen Kreis, in dem drei Personen stehen können«, wies ihn der Richter an.

Der Gerichtsdiener kniete nieder und zog mit der Kreide den gewünschten Kreis.

»Jetzt bring das Kind«, befahl der Richter.

Das Kind wurde hereingebracht. Es fing wieder an zu heulen und wollte zu Anna. Der alte Dollinger kümmerte sich nicht um das Geplärr und hielt seine Ansprache nur in etwas lauterem Ton.

»Diese Probe, die jetzt vorgenommen werden wird«, verkündete er, »habe ich in einem alten Buch gefunden, und sie gilt als recht gut. Der einfache Grundgedanke der Probe mit dem Kreidekreis ist, daß die rechte Mutter an ihrer Liebe zum Kind erkannt wird. Also muß die Stärke dieser Liebe erprobt werden. Gerichtsdiener, stell das Kind in diesen Kreidekreis!«

Der Gerichtsdiener nahm das plärrende Kind von der Hand der Amme und führte es in den Kreis. Der Richter fuhr fort, sich an Frau Zingli und Anna wendend:

»Stellt auch ihr euch in den Kreidekreis, faßt jede eine Hand des Kindes, und wenn ich ›los‹ sage, dann bemüht euch, das Kind aus dem Kreis zu ziehen. Die von euch die stärkere Liebe hat, wird auch mit der größeren Kraft ziehen und so das Kind auf ihre Seite bringen.«

Im Saal war es unruhig geworden. Die Zuschauer stellten sich auf die Fußspitzen und stritten sich mit den vor ihnen Stehenden.

Es wurde aber wieder totenstill, als die beiden Frauen in den Kreis traten und jede eine Hand des Kindes faßte. Auch das Kind war verstummt, als ahnte es, um was es ging. Es hielt sein tränenüberströmtes Gesichtchen zu Anna emporgewendet. Dann kommandierte der Richter »los«.

Und mit einem einzigen heftigen Ruck riß Frau Zingli das Kind aus dem Kreidekreis. Verstört und ungläubig sah Anna ihm nach. Aus Furcht, es könne Schaden erleiden, wenn es an beiden Ärmchen zugleich in zwei Richtungen gezogen würde, hatte sie es sogleich losgelassen.

Der alte Dollinger stand auf.

»Und somit wissen wir«, sagte er laut, »wer die rechte Mutter ist. Nehmt der Schlampe das Kind weg. Sie würde es kalten Herzens in Stücke reißen.« Und er nickte Anna zu und ging schnell aus dem Saal, zu seinem Frühstück.

Und in den nächsten Wochen erzählten sich die Bauern der Umgebung, die nicht auf den Kopf gefallen waren, daß der Richter, als er der Frau aus Mering das Kind zusprach, mit den Augen gezwinkert habe.

Die zwei Söhne

Eine Bäuerin im Thüringischen träumte im Januar 1945, als der Hitlerkrieg zu Ende ging, daß ihr Sohn im Feld sie rief, und schlaftrunken auf den Hof hinausgehend, glaubte sie ihren Sohn an der Pumpe zu sehen, trinkend. Als sie ihn ansprach, erkannte sie, daß es einer der jungen russischen Kriegsgefangenen war, die auf dem Hof Zwangsarbeit verrichteten. Einige Tage darauf hatte sie ein merkwürdiges Erlebnis. Sie brachte den Gefangenen ihr Essen in ein nahes Gehölz, wo sie Baumstümpfe auszugraben hatten. Im Weggehen sah sie über die Schulter zurück denselben jungen Kriegsgefangenen, übrigens einen kränklichen Menschen, das Gesicht nach dem Blechtopf wenden, den ihm jemand mit der Suppe reichte, und zwar in einer enttäuschten Weise, und plötzlich verwandelte sich dieses Gesicht in das ihres Sohnes. Schnelle und schnell verschwimmende Verwandlungen des Gesichts eben dieses jungen Menschen in das ihres Sohnes passierten ihr in den nächsten Tagen öfter. Dann wurde der Kriegsgefangene krank; er blieb ohne Pflege in der Scheuer liegen. Die Bäuerin spürte einen zunehmenden Drang, ihm etwas Kräftigendes zu bringen, jedoch wurde sie daran gehindert durch ihren Bruder, einen Kriegsinvaliden, der den Hof führte und die Gefangenen roh behandelte, besonders nun, wo alles anfing, drunter und drüber zu gehen, und das Dorf die Gefangenen zu fürchten begann. Die Bäuerin selbst konnte sich seinen Argumenten nicht verschließen; sie hielt es keineswegs für recht, diesen Untermenschen zu helfen, über die sie schreckliche Dinge gehört hatte. Sie lebte in Furcht, was die Feinde ihrem Sohn antun mochten, der im Osten stand. So hatte sie ihren halben Vorsatz, *diesem* Gefangenen zu helfen in seiner Verlassenheit, noch nicht ausgeführt, als sie eines Abends im verschneiten Obstgärtchen eine Gruppe der Gefangenen bei einer eifrig geführten Unterredung überraschte, die wohl, um im geheimen vorgehen zu können, in der Kälte stattfand. Der junge Mensch stand dabei, fieberzitternd, und wahrscheinlich seines besonders geschwächten Zustands wegen erschrak er am tiefsten vor ihr. Mitten im Schrekken nun geschah wieder die sonderbare Verwandlung seines Gesichts, so daß sie in das Gesicht ihres Sohnes schaute, und es war sehr erschrocken. Das beschäftigte sie tief, und wiewohl sie pflichtgemäß ihrem Bruder von der Unterredung im Obstgärtchen berichtete, beschloß sie doch, dem jungen Menschen die bereitgestellte Schinkenschwarte nunmehr zuzustecken. Dies stellte sich, wie manche gute Tat im Dritten Reich, als äußerst schwierig und gefahrvoll heraus. Sie hatte bei diesem Unternehmen ihren eigenen Bruder zum Feind, und sie konnte auch der Kriegsgefangenen nicht sicher sein. Dennoch gelang es ihr. Allerdings entdeckte sie dabei, daß die Gefangenen wirklich vorhatten, auszubrechen, da die Gefahr für sie täglich wuchs, daß sie vor den anrückenden Roten Armeen nach Westen verschleppt oder einfach niedergemacht werden würden. Die Bäuerin konnte gewisse, ihr pantomimisch und mit wenigen Brocken Deutsch klargemachte Wünsche des jungen Gefangenen, an den sie ihr merkwürdiges Erlebnis band, nicht abschlagen und ließ sich so in die Fluchtpläne der Gefangenen verwickeln. Sie besorgte eine Jacke und eine große Blechschere. Eigentümlicherweise fand die Verwandlung von da ab nicht mehr statt; die Bäuerin half jetzt lediglich dem fremden jungen Menschen. So war es ein Schock für sie, als eines Morgens Ende Februar ans Fenster geklopft wurde und sie durch das Glas im Dämmer das Gesicht ihres Sohnes erblickte. Diesmal war es ihr Sohn. Er trug dic zerfetzte Uniform der Waffen-SS, sein Truppenteil war aufgerieben, und er berichtete aufgeregt, daß die Russen nur noch wenige Kilometer vom Dorf entfernt seien. Seine Heimkunft mußte unbedingt geheimgehalten werden. Bei einer Art Kriegsrat, den die Bäuerin, ihr Bruder und ihr Sohn in einem Winkel des Dachbodens abhielten, wurde vor allem beschlossen, sich der Kriegsgefangenen zu entledigen, da sie möglicherweise den SS-Mann gesehen hatten und überhaupt voraussichtlich über ihre Behandlung Aussage machen würden. In der Nähe war ein Steinbruch. Der SS-Mann bestand darauf, daß er in der kommenden Nacht sie einzeln aus der Scheuer locken und niedermachen müßte. Dann konnte man die Leichen in den Steinbruch schaffen. Am Abend sollten sie noch einige Rationen Branntwein bekommen; das konnte ihnen nicht allzusehr auffallen, meinte der Bruder, weil dieser zusammen mit dem Gesinde in der letzten Zeit schon ausgemacht freundlich zu den Russen gewesen war, um sie im letzten Augenblick noch günstig zu stimmen. Als der junge SS-Mann den Plan entwickelte, sah er plötzlich seine Mutter zittern. Die Männer beschlossen, sie auf keinen Fall mehr in die Nähe der Scheuer zu lassen. So erwartete sie voller Entsetzen die Nacht. Die Russen nahmen den Branntwein anscheinend dankend an, und die

Bäuerin hörte sie betrunken ihre melancholischen Lieder singen. Aber als ihr Sohn gegen elf Uhr in die Scheuer ging, waren die Gefangenen weg. Sie hatten die Trunkenheit vorgetäuscht. Gerade die neue unnatürliche Freundlichkeit des Hofs hatte sie überzeugt, daß die Rote Armee sehr nahe sein mußte. – Die Russen kamen in der zweiten Hälfe der Nacht. Der Sohn lag betrunken auf dem Dachboden, während die Bäuerin, von Panik erfaßt, seine SS-Uniform zu verbrennen versuchte. Auch ihr Bruder hatte sich betrunken; sie selbst mußte die russischen Soldaten empfangen und verköstigen. Sie tat es mit versteinertem Gesicht. Die Russen zogen am Morgen ab, die Rote Armee setzte ihren Vormarsch fort. Der Sohn, übernächtig, verlangte von neuem Branntwein und äußerte die feste Absicht, sich zu den rückflutenden deutschen Heeresteilen durchzuschlagen, um weiterzukämpfen. Die Bäuerin versuchte nicht, ihm klarzumachen, daß Weiterkämpfen nun sicheren Untergang bedeutete. Verzweifelt warf sie sich ihm in den Weg und versuchte, ihn körperlich zurückzuhalten. Er schleuderte sie auf das Stroh zurück. Sich wieder aufrichtend, fühlte sie ein Deichselscheit in der Hand, und weit ausholend schlug sie den Rasenden nieder.

Am selben Vormittag fuhr mit einem Leiterwagen eine Bäuerin in dem nächstgelegenen Marktflecken bei der russischen Kommandantur vor und lieferte, mit Ochsenstricken gebunden, ihren Sohn als Kriegsgefangenen ab, damit er, wie sie einem Dolmetscher klarzumachen suchte, sein Leben behalte.

Weise am Weisen ist die Haltung

Zu Herrn K. kam ein Philosophieprofessor und erzählte ihm von seiner Weisheit. Nach einer Weile sagte Herr K. zu ihm: »Du sitzt unbequem, du redest unbequem, du denkst unbequem.« Der Philosophieprofessor wurde zornig und sagte: »Nicht über mich wollte ich etwas wissen, sondern über den Inhalt dessen, was ich sagte.« »Es hat keinen Inhalt«, sagte Herr K. »Ich sehe dich täppisch gehen, und es ist kein Ziel, das du, während ich dich gehen sehe, erreichst. Du redest dunkel, und es ist keine Helle, die du während des Redens schaffst. Sehend deine Haltung, interessiert mich dein Ziel nicht.«

Mühsal der Besten

»Woran arbeiten Sie?« wurde Herr K. gefragt. Herr K. antwortete: »Ich habe viel Mühe, ich bereite meinen nächsten Irrtum vor.«

Vaterlandsliebe, der Hass gegen Vaterländer

Herr K. hielt es nicht für nötig, in einem bestimmten Lande zu leben. Er sagte: »Ich kann überall hungern.« Eines Tages aber ging er durch eine Stadt, die vom Feind des Landes besetzt war, in dem er lebte. Da kam ihm entgegen ein Offizier dieses Feindes und zwang ihn, vom Bürgersteig herunterzugehen. Herr K. ging herunter und nahm an sich wahr, daß er gegen diesen Mann empört war, und zwar nicht nur gegen diesen Mann, sondern besonders gegen das Land, dem der Mann angehörte, also daß er wünschte, es möchte vom Erdboden vertilgt werden. »Wodurch«, fragte Herr K., »bin ich für diese Minute ein Nationalist geworden? Dadurch, daß ich einem Nationalisten begegnete. Aber darum muß man die Dummheit ja ausrotten, weil sie dumm macht, die ihr begegnen.«

Originalität

»Heute«, beklagte sich Herr K., »gibt es Unzählige, die sich öffentlich rühmen, ganz allein große Bücher verfassen zu können, und dies wird allgemein gebilligt. Der chinesische Philosoph Dschuang Dsi verfaßte noch im Mannesalter ein Buch von hunderttausend Wörtern, das zu neun Zehnteln aus Zitaten bestand. Solche Bücher können bei uns nicht mehr geschrieben werden, da der Geist fehlt. Infolgedessen werden Gedanken nur in eigner Werkstatt hergestellt, indem sich der faul vorkommt, der nicht genug davon fertigbringt. Freilich gibt es dann auch keinen Gedanken, der übernommen werden, und auch keine Formulierung eines Gedankens, die zitiert werden könnte. Wie wenig brauchen diese alle zu ihrer Tätigkeit! Ein Federhalter und etwas Papier ist das einzige, was sie vorzeigen können! Und ohne jede Hilfe, nur mit dem kümmerlichen Material, das ein einzelner auf seinen Armen herbeischaffen kann, errichten sie ihre Hütten! Größere Gebäude kennen sie nicht als solche, die ein einziger zu bauen imstande ist!«

Die Frage, ob es einen Gott gibt

Einer fragte Herrn K., ob es einen Gott gäbe. Herr K. sagte: »Ich rate dir, nachzudenken, ob dein Verhalten je nach der Antwort auf diese Frage sich ändern würde. Würde es sich nicht ändern, dann können wir die Frage fallenlassen. Würde es sich ändern, dann kann ich dir wenigstens noch so weit behilflich sein, daß ich dir sage, du hast dich schon entschieden: Du brauchst einen Gott.«

Das Wiedersehen

Ein Mann, der Herrn K. lange nicht gesehen hatte, begrüßte ihn mit den Worten: »Sie haben sich gar nicht verändert.« »Oh!« sagte Herr K. und erbleichte.

Form und Stoff

Herr K. betrachtete ein Gemälde, das einigen Gegenständen eine sehr eigenwillige Form verlieh. Er sagte: »Einigen Künstlern geht es, wenn sie die Welt betrachten, wie vielen Philosophen. Bei der Bemühung um die Form geht der Stoff verloren. Ich arbeitete einmal bei einem Gärtner. Er händigte mir eine Gartenschere aus und hieß mich einen Lorbeerbaum beschneiden. Der Baum stand in einem Topf und wurde zu Festlichkeiten ausgeliehen. Dazu mußte er die Form einer Kugel haben. Ich begann sogleich mit dem Abschneiden der wilden Triebe, aber wie sehr ich mich auch mühte, die Kugelform zu erreichen, es wollte mir lange nicht gelingen. Einmal hatte ich auf der einen, einmal auf der andern Seite zu viel weggestutzt. Als es endlich eine Kugel geworden war, war die Kugel sehr klein. Der Gärtner sagte enttäuscht: ›Gut, das ist die Kugel, aber wo ist der Lorbeer?‹«

Herrn K.s Lieblingstier

Als Herr K. gefragt wurde, welches Tier er vor allen schätze, nannte er den Elefanten und begründete dies so: Der Elefant vereint List mit Stärke. Das ist nicht die kümmerliche List, die ausreicht, einer Nachstellung zu entgehen oder ein Essen zu ergattern, indem man nicht auffällt, sondern die List, welcher die Stärke für große Unternehmungen zur Verfügung steht. Wo dieses Tier war, führt eine breite Spur. Dennoch ist es gutmütig, es versteht Spaß. Es ist ein guter Freund, wie es ein guter Feind ist. Sehr groß und schwer, ist es doch auch sehr schnell. Sein Rüssel führt einem enormen Körper auch die kleinsten Speisen zu, auch Nüsse. Seine Ohren sind verstellbar: Er hört nur, was ihm paßt. Er wird auch sehr alt. Er ist auch gesellig, und dies nicht nur zu Elefanten. Überall ist er sowohl beliebt als auch gefürchtet. Eine gewisse Komik macht es möglich, daß er sogar verehrt werden kann. Er hat eine dicke Haut, darin zerbrechen die Messer; aber sein Gemüt ist zart. Er kann traurig werden. Er kann zornig werden. Er tanzt gern. Er stirbt im Dickicht. Er liebt Kinder und andere kleine Tiere. Er ist grau und fällt nur durch seine Masse auf. Er ist nicht eßbar. Er kann gut arbeiten. Er trinkt gern und wird fröhlich. Er tut etwas für die Kunst: Er liefert Elfenbein.

Das Lob

Als Herr K. hörte, daß er von früheren Schülern gelobt wurde, sagte er: »Nachdem die Schüler schon längst die Fehler des Meisters vergessen haben, erinnert er selbst sich noch immer daran.«

Sokrates

Nach der Lektüre eines Buches über die Geschichte der Philosophie äußerte sich Herr K. abfällig über die Versuche der Philosophen, die Dinge als grundsätzlich unerkennbar hinzustellen. »Als die Sophisten vieles zu wissen behaupteten, ohne etwas studiert zu haben«, sagte er, »trat der Sophist Sokrates hervor mit der arroganten Behauptung, er wisse, daß er nichts wisse. Man hätte erwartet, daß er seinem Satz anfügen würde: denn auch ich habe nichts studiert. (Um etwas zu wissen, müssen wir studieren.) Aber er scheint nicht weitergesprochen zu haben, und vielleicht hätte auch der unermeßliche Beifall, der nach seinem ersten Satz losbrach und der zweitausend Jahre dauerte, jeden weiteren Satz verschluckt.«

Wenn die Haifische Menschen wären

»Wenn die Haifische Menschen wären«, fragte Herrn K. die kleine Tochter seiner Wirtin, »wären sie dann netter zu den kleinen Fischen?« »Sicher«, sagte er. »Wenn die Haifische Menschen wären, würden sie im Meer für die kleinen Fische gewaltige Kästen bauen lassen, mit allerhand Nahrung drin, sowohl Pflanzen als auch Tierzeug. Sie würden sorgen, daß die Kästen immer frisches Wasser hätten, und sie würden überhaupt allerhand sanitäre Maßnahmen treffen. Wenn zum Beispiel ein Fischlein sich die Flosse verletzen würde, dann würde ihm sogleich ein Verband gemacht, damit es den Haifischen nicht wegstürbe vor der Zeit. Damit die Fischlein nicht trübsinnig würden, gäbe es ab und zu große Wasserfeste; denn lustige Fischlein schmecken besser als trübsinnige. Es gäbe natürlich auch Schulen in den großen Kästen. In diesen Schulen würden die Fischlein lernen, wie man in den Rachen der Haifische schwimmt. Sie würden zum Beispiel Geographie brauchen, damit sie die großen Haifische, die faul irgendwo liegen, finden könnten. Die Hauptsache wäre natürlich die moralische Ausbildung der Fischlein. Sie würden unterrichtet werden, daß es das Größte und Schönste sei, wenn ein Fischlein sich freudig aufopfert, und daß sie alle an die Haifische glauben müßten, vor allem, wenn sie sagten, sie würden für eine schöne Zukunft sorgen. Man würde den Fischlein beibringen, daß diese Zukunft nur gesichert sei, wenn sie Gehorsam lernten. Vor allen niedrigen, materialistischen, egoistischen und marxistischen Neigungen müßten sich die Fischlein hüten und es sofort den Haifischen melden, wenn eines von ihnen solche Neigungen verriete. Wenn die Haifische Menschen wären, würden sie natürlich auch untereinander Kriege führen, um fremde Fischkästen und fremde Fischlein zu erobern. Die Kriege würden sie von ihren eigenen Fischlein führen lassen. Sie würden die Fischlein lehren, daß zwischen ihnen und den Fischlein der anderen Haifische ein riesiger Unterschied bestehe. Die Fischlein, würden sie verkünden, sind bekanntlich stumm, aber sie schweigen in ganz verschiedenen Sprachen und können einander daher unmöglich verstehen. Jedem Fischlein, das im Krieg ein paar andere Fischlein, feindliche, in anderer Sprache schweigende Fischlein tötete, würden sie einen kleinen Orden aus Seetang anheften und den Titel Held verleihen. Wenn die Haifische Menschen wären, gäbe es bei ihnen natürlich auch eine Kunst. Es gäbe schöne Bilder, auf denen die Zähne der Haifische in prächtigen Farben, ihre Rachen als reine Lustgärten, in denen es sich prächtig tummeln läßt, dargestellt wären. Die Theater auf dem Meeresgrund würden zeigen, wie heldenmütige Fischlein begeistert in die Haifischrachen schwimmen, und die Musik wäre so schön, daß die Fischlein unter ihren Klängen, die Kapelle voran, träumerisch, und in allerangenehmste Gedanken eingelullt, in die Haifischrachen strömten. Auch eine Religion gäbe es da, wenn die Haifische Menschen wären. Sie würde lehren, daß die Fischlein erst im Bauch der Haifische richtig zu leben begännen. Übrigens würde es auch aufhören, wenn die Haifische Menschen wären, daß alle Fischlein, wie es jetzt ist, gleich sind. Einige von ihnen würden Ämter bekommen und über die anderen gesetzt werden. Die ein wenig größeren dürften sogar die kleineren auffressen. Das wäre für die Haifische nur angenehm, da sie dann selber öfter größere Brocken zu fressen bekämen. Und die größeren, Posten habenden Fischlein würden für die Ordnung unter den Fischlein sorgen,

Lehrer, Offiziere, Ingenieure im Kastenbau usw. werden. Kurz, es gäbe überhaupt erst eine Kultur im Meer, wenn die Haifische Menschen wären.«

Über Freundlichkeit

Herr K. schätzte Freundlichkeit sehr. Er sagte: »Jemanden unterhalten, wenn auch freundlich, jemanden nicht nach seinen Möglichkeiten beurteilen, zu jemandem nur freundlich sein, wenn auch er zu einem freundlich ist, jemanden kalt betrachten, wenn er heiß, heiß betrachten, wenn er kalt ist, das ist nicht freundlich.«

V.
Aus Flüchtlingsgesprächen

ZIFFEL Ich kann nicht sagen, daß ich das Phänomen Nationalsozialismus begriffen hätt. Ich versteh noch zur Not den Karl May, wo der deutsche Übermensch als Old Shurehand den Amerikanern hilft, mit den Indianern fertig zu werden, und den Arabern, gewisse übelwollende Scheichs in ihre Schranken zurückzuweisen. Das ist diese echt jüdische Idee vom auserwählten Volk und schon bei den Juden nicht originell. Solche Listen, wie daß man in einem Teich, unter Wasser sitzend und durch ein Schilfrohr Luft schöpfend, den Feind täuscht, werden merkwürdig erst, wenn eine motorisierte Division, verkleidet als gesalzene Fische, in Transportdampfern nach Bergen geschmuggelt wird oder wenn aus dem Wunderpferd Rih ein Supertank und aus der Wunderreifel Soundso ein Stuka wird. Plötzlich ist die ganze moderne Wissenschaft für diese Ziele eingespannt und was Kindisches und Unheimliches hat sie alle ergriffen, merkwürdig.

I
Über Pässe/Über die Ebenbürtigkeit von Bier und Zigarre/Über die Ordnungsliebe

Die Kriegsfurie hatte Europa halb abgegrast, aber sie war noch jung und hübsch und überlegte es sich, wie sie noch einen Sprung nach Amerika hinüber machen könnte, als im Bahnhofsrestaurant von Helsingfors zwei Männer saßen und, sich ab und zu vorsichtig umblickend, über Politik redeten. Der eine war groß und dick und hatte weiße Hände, der andere von untersetzter Statur mit den Händen eines Metallarbeiters. Der Große hielt sein Bierglas hoch und durchschaute es.

DER GROSSE Das Bier ist kein Bier, was dadurch ausgeglichen wird, daß die Zigarren keine Zigarren sind, aber der Paß muß ein Paß sein, damit sie einen in das Land hereinlassen.

DER UNTERSETZTE Der Paß ist der edelste Teil von einem Menschen. Er kommt auch nicht auf so einfache Weise zustand wie ein Mensch. Ein Mensch kann überall zustandkommen, auf die leichtsinnigste Art und ohne gescheiten Grund, aber ein Paß niemals. Dafür wird er auch anerkannt, wenn er gut ist, während ein Mensch noch so gut sein kann und doch nicht anerkannt wird.

DER GROSSE Man kann sagen, der Mensch ist nur der mechanische Halter eines Passes. Der Paß wird ihm in die Brusttasche gesteckt wie die Aktienpakete in das Safe gesteckt werden, das an und für sich keinen Wert hat, aber Wertgegenstände enthält.

DER UNTERSETZTE Und doch könnt man behaupten, daß der Mensch in gewisser Hinsicht für den Paß notwendig ist. Der Paß ist die Hauptsach, Hut ab vor ihm, aber ohne dazugehörigen Menschen wär er nicht möglich oder mindestens nicht ganz voll. Es ist wie mit dem Chirurg, er braucht den Kranken, damit er operieren kann, insofern ist er unselbständig, eine halbe Sach mit seiner ganzen Studiertheit, und in einem modernen Staat ist es ebenso; die Hauptsach ist der Führer oder Duce, aber sie brauchen auch Leut zum Führen. Sie sind groß, aber irgend jemand muß dafür aufkommen, sonst gehts nicht.

DER GROSSE Die beiden Namen, die Sie erwähnt haben, erinnern mich an das Bier und die Zigarren hier. Ich möcht sie als führende Marken ansehen, das Beste was hier zu haben ist, und ich seh einen glücklichen Umstand darin, daß das Bier kein Bier ist *und* die Zigarre keine Zigarre, denn wenn da zufällig keine Übereinstimmung bestände, wär das Restaurant kaum zu führen. Ich nehm an, daß der Kaffee auch kein Kaffee ist.

DER UNTERSETZTE Wie meinen Sie das, glücklicher Umstand?

DER GROSSE Ich mein, das Gleichgewicht ist wieder hergestellt. Sie brauchen den Vergleich miteinander nicht zu scheun und können Seit an Seit die ganze Welt herausfordern, keiner von ihnen find einen bessern Freund, und ihre Zusammenkünfte verlaufen harmonisch. Anders, wenn der Kaffee z. B. ein Kaffee und nur das Bier kein Bier wär, möchte die Welt leicht das Bier minderwertig schimpfen, und was dann? Aber ich halt Sie von Ihrem Thema ab, dem Paß.

DER UNTERSETZTE Das ist kein so glückliches Thema, daß ich mich nicht von ihm abhalten lassen möcht. Ich wunder mich nur, daß sie grad jetzt so aufs Zählen und Einregistrieren der Leut aus sind, als ob ihnen einer verloren gehen könnt, sonst sind sie jetzt doch nicht so. Aber sie müssen ganz genau wissen, daß man der und kein anderer ist, als obs nicht völlig gleich wär, wens verhungern lassen.

Der Große, Dicke stand auf verbeugte sich und sagte:

Mein Name ist Ziffel, Physiker.

Der Untersetzte schien zu überlegen, ob er ebenfalls aufstehen sollte, ermannte sich jedoch dann und blieb sitzen. Er brummte:

Nennen Sie mich Kalle, das genügt.

Der Große setzte sich wieder und nahm einen übelnehmerischen Zug aus seiner Zigarre, über die er sich schon mehrere Male beschwert hatte, bevor er wieder sprach.

ZIFFEL Die Sorge für den Menschen hat in den letzten Jahren sehr zugenommen, besonders in den neuen Staatengebilden. Es ist nicht wie früher, sondern der Staat kümmert sich. Die großen Männer, die an mehreren Orten Europas aufgetaucht sind, zeigen ein großes Interesse an Menschen und können nicht genug davon kriegen. Sie brauchen viele. Am Anfang hat man sich die Köpfe darüber zerbrochen, warum der Führer überall in den

Randgebieten Menschen aufgesammelt und nach dem Inneren Deutschlands transportiert hat. Erst jetzt im Krieg ists klar geworden. Er hat einen ziemlichen Verschleiß und braucht einen Haufen. Aber die Pässe gibts hauptsächlich wegen der Ordnung. Sie ist in solchen Zeiten absolut notwendig. Nehmen wir an, Sie und ich liefen herum ohne Bescheinigung, wer wir sind, so daß man uns nicht finden kann, wenn wir abgeschoben werden sollen, das wär keine Ordnung. Sie haben vorhin von einem Chirurgen gesprochen. Die Chirurgie geht nur, weil der Chirurg weiß, wo z. B. der Blinddarm sich aufhält im Körper. Wenn er ohne Wissen des Chirurgen wegziehn könnte, in den Kopf oder das Knie, würd die Entfernung Schwierigkeiten bereiten. Das wird Ihnen jeder Ordnungsfreund bestätigen.

KALLE Der ordentlichste Mensch, den ich im Leben kennengelernt hab, war einer namens Schiefinger im Lager Dachau, ein SS-Mann. Man hat von ihm erzählt, daß er seiner Geliebten nicht gestattet hat, an einem andern Tag als am Samstag und bei einer andern Tageszeit als am Abend mit dem Hintern zu schwenken, auch nicht aus Versehen. Sie hat die Limonadenflasche im Wirtshaus nicht mit feuchtem Boden aufn Tisch stellen dürfen. Wenn er uns mit der Lederpeitsch geprügelt hat, ist er so gewissenhaft vorgegangen, daß die Striemen, die er verursacht hat, ein Muster ergeben haben, das jeder Untersuchung mitm Millimetermaß hätt standhalten können. Der Ordnungssinn ist so in ihm dringesteckt, daß er lieber nicht geprügelt hätt, als unordentlich.

ZIFFEL Das ist ein sehr wichtiger Punkt. Nirgends sieht man mehr auf Ordnung als im Gefängnis oder beim Militär. Das ist seit alters sprichwörtlich. Der französische General, der dem Kaiser Napoleon, als der Siebziger Krieg begonnen hat, meldete, daß die Armee bereit ist bis auf den letzten Knopf, hätte nicht zu wenig versprochen, wenns wahr gewesen wär. Auf den letzten Knopf kommts nämlich an. Es müssen alle Knöpfe sein. Mit dem letzten Knopf gewinnt man den Krieg. Auch der letzte Blutstropfen ist wichtig, aber nicht so wie der letzte Knopf. Es ist nämlich die Ordnung, durch die der Krieg gewonnen wird. In das Blut kann man niemals die Ordnung bringen wie in die Knöpfe. Der Stab weiß nie so genau, ob der letzte Blutstropfen schon vergossen ist, wie er über die Knöpfe Bescheid weiß.

KALLE Das Letzte ist eins von den Lieblingswörtern von ihnen.

Aufm Moor hat der SS-Mann immer gesagt, wir müssen mit der letzten Kraft zustechen. Ich hab mich oft gewundert, warum wirs nicht mit der ersten haben machen dürfen. Es hat aber die letzte sein müssen, sonst hätts ihm keinen Spaß gemacht. Auch den Krieg wollens mit der letzten Kraft gewinnen, darauf bestehens.

ZIFFEL Es liegt ihnen daran, daß es Ernst ist.

KALLE Blutiger Ernst. Ein Ernst, der nicht blutig ist, ist keiner.

ZIFFEL Das bringt uns auf die Knöpfe zurück. Nicht einmal im Geschäftsleben spielt die Ordnung eine solche Rolle wie beim Militär, obgleich im Geschäftsleben mit peinlicher Ordnung doch Gewinste gemacht werden, während im Krieg nur Verluste entstehen. Man könnte denken, daß es im Geschäftsleben viel eher auf jeden Pfennig ankommt, als im Krieg auf jeden Knopf.

KALLE An und für sich kommts nicht auf die Knöpf an im Krieg, nirgends wird so geaast mitm Material, das weiß jeder. Da gehts ausm Vollen. Hat man eine Militärverwaltung erlebt, die gespart hätt? Die Ordnung ist nicht, daß gespart wird.

ZIFFEL Natürlich nicht. Sie besteht darin, daß planmäßig verschwendet wird. Alles was weggeschmissen wird ober verdirbt oder zerstört wird, muß aufm Papier stehen und numeriert sein, das ist die Ordnung. Aber der Hauptgrund, daß auf Ordnung gesehn wird, ist ein erzieherischer. Der Mensch kann bestimmte Verrichtungen überhaupt nicht ausführen, wenn er sie nicht ordentlich ausführt. Nämlich die sinnlosen. Laß einen Gefangenen einen Graben ausheben und dann wieder zuschütten und wieder ausheben und laß ihn das so schlampig machen wie er grad Lust hat, und er wird wahnsinnig oder rebellisch, was dasselbe ist. Wenn er dagegen angehalten wird, daß er den Spaten so und so anfaßt und nicht einen Zentimeter tiefer, und wenn eine Schnur gezogen ist, wo er einstechen muß, daß der Graben schnurgerad ist, und wenn beim Wiederzuschütten darauf gesehn wird, daß der Hof wieder so flach ist, als ob überhaupt kein Graben ausgehoben worden wär, dann kann die Arbeit ausgeführt werden und alles geht wie am Schnürchen, wie der bezeichnende Ausdruck heißt. Andrerseits ist Menschlichkeit in unsern Zeitläuften kaum zu erhalten ohne Bestechlichkeit, auch eine Art Unordnung. Sie werden Menschlichkeit finden, wenn Sie einen Beamten finden, der nimmt. Mit etwas Bestechung können Sie sogar gelegentlich Gerechtigkeit erlangen. Damit ich in Österreich auf dem Paßamt an der Reih drangekommen bin, hab ich ein Trinkgeld gegeben. Ich hab einem Beamten am Gesicht angesehen, daß er gütig war und was genommen hat. Die faschistischen Regime schreiten ein gegen die Bestechlichkeit, grad weil sie eben unhuman sind.

KALLE Einer hat einmal behauptet, Dreck sei überhaupt nur Materie am falschen Ort. In einem Blumentopf können Sie Dreck eigentlich nicht Dreck nennen. Ich bin im Grund für Ordnung. Aber ich hab einmal einen Film gesehen mit Charlie Chaplin. Er hat seine Kleider usw. in einen Handkoffer gepackt, d.h. hineingeschmissen und den Deckel zugeklappt, und dann war es ihm zu unordentlich, weil zu viel herausgeschaut hat, und da hat er eine Schere genommen und die Ärmel und Hosenbeine, kurz alles, was herausgehängt ist, einfach abgeschnitten. Das hat mich in Erstaunen gesetzt. Ich seh, Sie setzen die Ordnungsliebe auch nicht hoch an.

ZIFFEL Ich erkenne bloß die ungeheuren Vorteile der Schlamperei. Die Schlamperei hat schon Tausenden von Menschen das Leben gerettet. Im Krieg hat oft die kleinste Abweichung von einem Befehl genügt, daß der Mann mit dem Leben davongekommen ist.

KALLE Das ist wahr. Mein Onkel war in die Argonnen. Sie sind in einem Graben gelegen und haben durchs Telefon den Befehl erhalten, sie sollen zurückgehn und sofort. Aber sie haben nicht aufs Wort gehorcht und haben erst noch die Kartoffeln aufessen wollen, dies gebraten haben, und so sinds in Gefangenschaft geraten und waren gerettet.

ZIFFEL Oder nehmen Sie einen Flieger. Er ist müd und liest die Meßinstrumente ungenau ab. Seine Bombenlast fällt neben ein großes Wohnhaus, statt drauf. Ein halbes Hundert Menschen sind gerettet. Was ich meine, daß die Menschen für eine Tugend wie die Ordnungsliebe nicht reif sind. Ihr Verstand ist nicht genügend ausgebildet für diese Tugend. Ihre Unternehmungen sind idiotisch, und nur eine schlampige und unordentliche Ausführung ihrer Pläne kann sie vor größerem Schaden bewahren.

KALLE Ich hab einen Laboratoriumsdiener gehabt, Herrn Zeisig, der alles in Ordnung gehalten hat, es ist ihm schwer gefallen. Er hat fortgesetzt aufgeräumt. Wenn man sich ein paar Apparate zu einem Versuch zurechtgestellt hatte und ans Telefon gerufen wurde, hat er schnell aufgeräumt bis man zurückgekommen ist und jeden Morgen waren die Tische blitzblank, d.h. die Zettel mit den Notizen waren für immer im Kehrichteimer verschwunden. Aber er hat sich Mühe gegeben, und so hat man nichts sagen können. Natürlich hat man doch was gesagt, aber dadurch hat man sich ins Unrecht gesetzt. Wenn wieder einmal was verschwunden war, d.h. aufgeräumt, hat er einen mit seinen durchsichtigen Augen angeblickt, in denen kein Stäubchen Intelligenz war und er hat einem leid getan. Ich hätt mir nie vorstellen können, daß Herr Zeisig ein Privatleben haben könnte, aber er hat eines gehabt. Wie der Hitler an die Macht gekommen ist, hat sich herausgestellt, daß der Herr Zeisig die ganze Zeit ein alter Kämpfer gewesen war. Am Morgen, wo Hitler Reichskanzler wurde, sagte er, meinen Mantel sorgsam an den Nagel hängend: Herr Doktor, jetzt wird in Deutschland Ordnung geschafft. Nun, der Herr Zeisig hat Wort gehalten.

ZIFFEL In einem Land, wo eine besondere Ordnung herrscht, würd ich nicht gern bleiben. Da herrscht Knappheit. Man könnts natürlich auch Ordnung heißen, wenn aus dem Vollen gewirtschaftet wird, wie bei uns, wie gesagt, nur im Krieg. Aber so weit sind wir nicht.

KALLE Sie könnens so ausdrücken: Wo nichts am rechten Platz liegt, da ist Unordnung. Wo am rechten Platz nichts liegt, ist Ordnung.

ZIFFEL Ordnung ist heutzutage meistens dort, wo nichts ist. Es ist eine Mangelerscheinung.

Der Untersetzte nickte, war aber abgestoßen durch die Spur von Ernst, die er, ein diesbezüglich sehr empfindlicher Mensch, in den letzten Sätzen spürte oder zu spüren glaubte, und trank mit langsamen Schlücken seinen Kaffee aus.

Kurz darauf schieden sie voneinander und entfernten sich, jeder an seine Statt.

VIII
Über den Begriff des Guten/Die deutschen Greuel/Konfutse über die Proleten/Über den Ernst

KALLE Das Wort »gut« hat einen häßlichen Beigeschmack.

ZIFFEL Die Amerikaner haben ein Wort für einen guten Menschen, das heißt »sucker«, ausgesprochen sagger, am besten ausgespuckt aus einem Mundwinkel. Es bedeutet ein auf den Leim Gegangener, Hereinfaller, das was ein Bauernfänger sucht, wenn er Hunger hat.

KALLE Am besten man denkt an einen »gütigen Bäckergehilfen«. Arm in Arm mit einem »leutseligen Metallarbeiter«, dann fallen einem die Schuppen von den Augen. Gut sind nur diejenigen im großen Maßstab, die man nicht die besseren Leute nennt. Die Textilarbeiter kleiden uns, die Bauernknecht nähren uns, die Maurer und Metallarbeiter hausen uns, die Brauer tränken uns, die Setzer bilden uns – alles gegen ein bekannt schäbiges Entgelt, so was von Selbstlosigkeit kennt nicht einmal die Bergpredigt.

ZIFFEL Wer sagt, daß die gut sind? Zum Gutsein fehlt ihnen, daß sie damit einverstanden sind, wenn das Entgelt schäbig ist, und erfreut, daß wir angenehm leben. Das sind sie aber *nicht*.

KALLE Stellen Sie sich nicht dumm. Ich brauch Sie nur zu fragen: auf Herz und Gewissen, würden Sie ihnen raten, daß sie über den schäbigen Lohn erfreut sein sollen?

ZIFFEL Nein.

KALLE Sie wollen also nicht, daß sie gut sind? Oder nur außerhalb ihrer Haupttätigkeit, am Feierabend, vielleicht zu einer Katz, die von einem Baum nicht mehr herunterkommt, und in einer Weise, daß es überhaupt nicht ausgibt!

ZIFFEL Ich würd keinem anraten, daß er sich ohne die allergrößte Vorsicht menschlich benimmt. Das Risiko ist zu gewaltig. In Deutschland, nach dem ersten Weltkrieg, ist ein Buch erschienen mit dem sensationellen Titel »Der Mensch ist gut!«, und ich habe mich sofort unruhig gefühlt und aufgeatmet, wie ein Kritiker geschrieben hat »der Mensch ist gut, das Kalb schmackhaft«. Andrerseits habe ich ein Gedicht von einem Stückeschreiber gefunden, mit dem ich auf dem Gymnasium war, das das Gutsein nicht als etwas Heroisches hinstellt. Es geht so:

An meiner Wand hängt ein japanisches Holzwerk
Maske eines bösen Dämons, bemalt mit Goldlack.
Mitfühlend sehe ich
Die geschwollenen Stirnadern, andeutend
Wie anstrengend es ist, böse zu sein.

Das führt mich zu einer Frage: Wie stehn Sie zu den deutschen Greueln? Nebenbei: Ich hab was gegen das Wort »deutsch«. »Deutsch sein heißt gründlich sein« beim Bodenwachsen und beim Judenvertilgen. »Der deutsche Mensch hat einen Hang zu einem Lehrstuhl für Philosophie.« Wenns nur benutzt würd zum Unterscheiden, aber es wird mit diesem seelenvollen blutrünstigen Ausdruck gesprochen. Ich könnt mir vorstellen, daß der deutsche Mensch, nachdem er sich in Paris und vor Stalingrad und in Lidice hat blicken lassen, jetzt endlich den Drang verspürte, daß er seinen Namen ablegt. Wie soll er sonst ein neues Leben anfangen, wenn jeder ihn kennt? Wir könnten uns, zur Unterscheidung, das, sagen wir, neunte Land nennen, die Neuner, mit einer neunigen Seele oder so. Und man müßte die Ziffer ab und zu abändern, daß sie nicht wieder den seelenvollen Klang abkriegt. Es ist widerwärtig, wenn man jeden Holzkopf sich so stolz aufführen sieht, als ob er die »Matthäuspassion« oder »Die lustige Witwe« geschrieben hätt. Ich bin abgeschweift. Ich wollte Sie nur fragen: Glauben Sie an die deutschen Greuel?

KALLE Ja.

ZIFFEL Und nicht, daß es Propaganda ist?

KALLE Von den Alliierten?

ZIFFEL Oder von den Nazis.

KALLE Ich glaub ohne weiteres, daß in der deutschen Armee eine starke Grausamkeit herrscht. Wenn sie unterwerfen und rauben wollen, müssens zuschlagen bis der Arm weh tut. Mitm Überreden und Tätscheln können keinen dazubringen, daß er Ihnen sein Hab und Gut abliefert; er machts nicht und wenn Sie mit Engelszungen reden.

ZIFFEL »In der deutschen Armee herrscht eine starke Grausamkeit«, das ist zweideutig ausgedrückt, das wissens.

KALLE Über, was herrschen ist, besteht eine verkehrte Meinung bei einigen. Die meisten Leut wissen zeit ihres Lebens nicht, daß sie beherrscht werden, das ist eine Tatsache. Sie meinen, sie tun, was sie auch täten, wenns überhaupt keine Obrigkeit oder sonstwas, was herrscht, gäb. Wenn sie was merken, werden sie manchmal ganz wild. Man denkt, wenn der Hitler Deutschland beherrscht, das bedeutet, er herrscht, aber viele Leut haben eine andre Meinung; nur, weil er eben herrscht, können sie die ihrige nicht immer durchdrücken, oder nie. Es is aber anders. Natürlich gibts solche Leut, aber entscheidend is, daß sehr bald nicht nur er herrscht, sondern auch seine Meinungen. Er hat auch die Mittel, ihren Verstand zu besiegen. Z. B. er gibt ihnen die Information, was vorgeht. Wenn sie schon denken, daß die Information falsch is, so haben sie immer noch keine richtige, d. h. sie sind ohne. Außerdem kann er sich, wenn er die Leute zu einem dreckigen Raubzug kriegen will, ohne weiteres auch an das »Schönste und Edelste« in ihnen wenden. Ich hab mir ein Gedicht abgeschrieben, das in Stockholm kursiert is, das is nicht schlecht.

Der Untersetzte kramte in seiner Brieftasche, die bis zum Platzen voll von abgegriffenen Dokumenten und Ausschnitten mit Eselsohren war, und zog einen Zettel heraus, der mit Bleistift beschrieben war.

KALLE *liest das Gedicht »Appell der Laster und Tugenden« aus der »Steffinischen Sammlung« vor:*

»Appell der Laster und Tugenden

Bei der Soiree der Unterdrückung, die neulich stattfand, traten unter Posaunentuschen gewisse Prominente auf und bezeugten ihre Verbundenheit mit den Machthabern.

Die *Rachsucht*, aufgemacht und frisiert wie das Gewissen, gab Proben ihres nie versagenden Gedächtnisses. Die kleine und verkrüppelte Person erntete gewaltigen Beifall.

Die *Roheit*, hilflos um sich blickend, hatte einen unglücklichen Auftritt. Sie glitt auf der Plattform aus, aber sie machte alles gut dadurch, daß sie im Zorn so auf den Boden stampfte, daß ein Loch entstand.

Nach ihr trat der *Bildungshaß* auf und beschwor die Unwissenden mit Schaum vor dem Maul, die Last der Erkenntnis abzuwerfen. »Gegen die Besserwisser!« hieß seine Parole, und die Nichtswisser trugen ihn auf den abgearbeiteten Schultern aus dem Lokal.

Auch die *Unterwürfigkeit* erschien und produzierte sich als große Hungerkünstlerin. Bevor sie abtrat, verneigte sie sich noch vor ein paar feisten Gaunern, denen sie hohe Stellungen verschafft hatte.

Als beliebte Komikerin machte die *Schadenfreude* Stimmung im Saal. Sie erlitt allerdings einen kleinen Unfall, indem sie sich einen Leistenbruch anlachte.
Im zweiten Teil der Werbevorstellung trat als erster der *Ehrgeiz* auf, der große Sportsmann. Er sprang so hoch in die Luft, daß er sich den kleinen Kopf an einem Dachbalken verletzte. Aber weder dabei, noch als ihm ein Festleiter einen Orden mit einer langen Nadel direkt ins Fleisch heftete, zuckte er mit der Wimper.
Ein wenig bleich, vielleicht vom Lampenfieber, stellte sich die *Gerechtigkeit* vor. Sie sprach von Kleinigkeiten und sagte für die nächste Zukunft einen umfassenden Vortrag zu.
Der *Wissensdurst*, ein junger kräftiger Kerl, berichtete, wie das Regime ihm die Augen geöffnet habe und über die Schuld krummer Nasen an den öffentlichen Mißständen.
Heraus trat der *Opfersinn*, ein langer, magerer Bursche mit ehrlichem Gesicht, einen großen Teller mit gefälschtem Zinn in der schwieligen Hand. Er sammelte die Pfennige der Arbeiter und sagte leise, mit erschöpfter Stimme: Denkt an eure Kinder!
Auch die *Ordnung* trat auf die Plattform, die mit dem kahlen Kopf unter der sauberen Haube. Sie verteilte Doktordiplome an die Lügner und Chirurgenlizenzen an die Mörder. An ihrem grauen Kleid war kein Stäubchen, obwohl sie in der Nacht auf den Hinterhöfen aus den Kehrichttonnen stehlen gegangen war. In langen, unabsehbaren Zügen gingen die Beraubten an ihrem Tisch vorbei, und mit Krampfadern an den Händen schrieb sie für alle Quittungen aus. Ihre Schwester, die *Sparsamkeit*, wies einen Korb vor mit Brotkrusten, die sie den Kranken in den Spitälern vom Mund gerissen hatte.
Der *Fleiß*, nach Luft schnappend wie ein zu Tode Gehetzter, mit Peitschenstriemen am Hals gab eine Gratisvorstellung. Er drehte in weniger Zeit als man braucht, die Nase zu schneuzen, eine Granate. Und als Dreingabe kochte er, bevor man Ah! sagen konnte, Giftgas für zweitausend Familien.
All diese Berühmtheiten, diese Kinder und Kindeskinder der *Kälte* und des *Hungers*, traten auf unter dem Volk und bekannten sich rückhaltlos als Diener der *Unterdrückung*.«

ZIFFEL Nach Ihrer Meinung hätt der Hitler aus den 12 Aposteln eine ganz schöne Schutzstaffel bilden können.

KALLE Einen Profit kriegens nur heraus, wenns mit allen Mitteln vorgehn.

ZIFFEL An allem ist der Kapitalismus schuld – das ist eine Platitüde.

KALLE Leider ist es keine.

ZIFFEL Ich stimm Ihnen zu, daß es nicht bekannt genug ist, und ich würd sogar außerdem zugeben, daß ich selber einen gefährlichen Hang hab, Platitüden zu unterdrücken, auch wenn es nützliche Wahrheiten sind. In der Chemie wär eine solche Gewohnheit nicht aufrechtzuerhalten. Wissen Sie, daß Ihr Konfutse, der Karl Marx, die moralischen Qualitäten des Proletariats recht kühl eingeschätzt hat? Er hat ihm auch Komplimente gemacht, geb ich zu, aber daß die Proleten Untermenschen sind, hat der Goebbels von Karl Marx persönlich. Nur daß der letztere der Meinung war, sie haben es satt.

KALLE Wie können Sie behaupten, daß der Marx die Arbeiter beschimpft haben soll? Sind Sie nicht so originell, bitte.

ZIFFEL Lassens mich originell sein, sonst bin ich stupid und was haben Sie davon? Der Marx hat die Arbeiter nicht beschimpft, er hat festgestellt, daß ihnen von der Bourgeoisie ein Schimpf angetan wird. Meine Kenntnis vom Marxismus ist unvollkommen, so seiens lieber vorsichtig. Eine halbwegs komplette Kenntnis des Marxismus kostet heut, wie mir ein Kollege versichert hat, zwanzigtausend bis fünfundzwanzigtausend Goldmark und das ist dann ohne die Schikanen. Drunter kriegen Sie nichts Richtiges, höchstens so einen minderwertigen Marxismus ohne Hegel oder einen, wo der Ricardo fehlt usw. Mein Kollege rechnet übrigens nur die Kosten für die Bücher, die Hochschulgebühren und die Arbeitsstunden und nicht was Ihnen entgeht durch Schwierigkeiten in Ihrer Karriere oder gelegentliche Inhaftierung, und er läßt weg, daß die Leistungen in bürgerlichen Berufen bedenklich sinken nach einer gründlichen Marxlektüre; in bestimmten Fächern wie Geschichte oder Philosophie werdens nie wieder wirklich gut sein, wenns den Marx durchgegangen sind.

KALLE Und was ist mit dem Untermenschentum von den Arbeitern?

ZIFFEL Die Meinung scheint zu sein, wie gesagt ohne Gewähr, daß dem Proleten die Menschlichkeit, d.h. seine eigene, verweigert wird, so daß er was unternehmen muß, entmenscht wie er ist in einer Welt, wos für ihn auf Menschlichkeit besonders ankommt. Der homo sapiens tut nach Marx nur was, wenn er dem absoluten Ruin in die Pupille starrt. Die höheren Züge läßt er sich nur erpressen. Das Richtige macht er nur im Notfall, so ist er für Menschlichkeit nur, wenns gar nicht mehr anders geht. So kommt der Prolet zu seiner Mission, die Menschheit auf eine höhere Stufe zu heben.

KALLE Gegen diese Mission bin ich immer gewesen, sozusagen instinktiv. Es klingt schmeichelhaft, aber den Schmeichlern mißtrau ich immer, Sie nicht? Ich wär neugierig, was das Wort Mission heißt, ich mein wörtlich.

ZIFFEL Es kommt vom lateinischen mittere, schicken.

KALLE Ich hab mirs gedacht. Der Prolet soll wieder der Gehherda sein. Sie denken sich einen Idealstaat aus, und wir sollen ihn schaffen. Wir sind die Ausführenden, Sie bleiben die Führenden, wie? Wir sollen die Menschheit retten, aber wer ist das? Das sind Sie. In Stockholm hab ich einen jüdischen Emigranten getroffen, einen Bankier mit dem Titel Kommerzienrat, der mir ernstlich Vorhaltungen gemacht hat, daß wir Sozialisten nicht Revolution gemacht haben, sondern den Hitler haben die Macht ergreifen lassen. Er hätt sich scheints eine Art Kommerzienrätedeutschland gewünscht. Die Russen habens auch von dem Gesichtspunkt aus beurteilt. In der Frankfurter Zeitung ist immer wieder gestanden, daß es dort kein echter Kommunismus ist, und so hat die Sowjetunion eine schlechte Kritik bekommen. Sie haben geschrieben, es ist ein interessantes Experiment und in einem objektiven Ton, als ob sie ihr Endurteil nur davon abhängig machen wollten, obs technisch durchführbar war. Aber vielleicht haben die französischen Adligen auch so über die Guillotine geredet.

ZIFFEL Versteh ich Sie recht: Sie weigern sich, die Menschheit zu befreien?

KALLE Jedenfalls zahl ich ihr nicht den Kaffee. – Manchmal, nehmen Sies mir nicht übel, geh ich mir selber auf die Nerven, daß ich in einer solchen Zeit sitz und herumwitzel.

ZIFFEL Erstens könnt ich Ihnen antworten, daß wir beide zum wirklichen Ernst nicht satt genug sind, besonders mit 2 motorisierten deutschen Divisionen im Land und keinem Visum. Zweitens ist der Ernst als Lebenshaltung ein bissel diskreditiert im Augenblick; denn das Ernsteste, was es je gegeben hat, ist der Hitler und die Seinen. Er gehört zu den ernsten Mördern, Mord ist was sehr Ernstes. Keine oberflächliche Natur, die Polen werdens Ihnen bestätigen. Dagegen war der Buddha ein Humorist. Und drittens brauchen wir uns nicht würdig zu verhalten, wir sind keine Metzger. Eine gute Sache könnens immer auch lustig ausdrücken.

KALLE Wie ein Festredner von den Feuerbestattern gesagt hat: die Bourgeoisie hat nichts zu verlieren außer ihr Geld.

Kurz darauf schieden sie voneinander und entfernten sich, jeder an seine Statt.

X
Frankreich oder der Patriotismus/Über Verwurzelung

Ziffel mußte Kalle die traurige Eröffnung machen, daß er keine Möglichkeit sehe, seine Memoiren fortzusetzen, da er zu wenig erlebt habe.

KALLE Sie müssen doch was erlebt haben. Wenns keine großen Erlebnisse gehabt haben, dann habens kleine gehabt. Beschreibens die kleinen!

ZIFFEL Das ist die Theorie, daß jeder ein Leben hat, aber sie ist eine Erschleichung, denn das gilt nur logisch, indem man siebzig Jahre Vegetieren eben Leben nennen kann, aber auch drei Jahre. Ich kenn die Redeweise, nach der man sich an einem Kieselstein am Ufer des Bächleins ebenso erfreuen kann, wie an einem Matterhorn. Man kann sozusagen Gottes Schöpfung dabei ebenso bewundern, aber ich bewunder sie lieber beim Matterhorn, das sind Geschmacksfragen. Natürlich kann man von allem interessant reden, aber nicht alles verdient Interesse. Jedenfalls bin ich schon fertig mit meinen Memoiren, das ist traurig genug.

KALLE Sie können ja mündlich vorbringen, wo Sie überall waren und warum Sie wieder weggegangen sind, kurz, wie Sie gelebt haben.

ZIFFEL Dann kämen wir zu Frankreich. La patrie. Ich bin froh, daß ich kein Franzose bin. Sie müssen zu patriotisch sein für meinen Geschmack.

KALLE Ja, sagens ruhig, was Sie da dagegen haben.

ZIFFEL Das ist ein Land, wo der Patriotismus betrieben werden muß wie ein Laster, nicht nur wie eine Tugend. Sie sind nicht verheiratet mit ihrem Land, sondern es ist ihre Geliebte. Und wie sie eifersüchtig ist!

KALLE Ich hab eine Freundin gehabt, die hat mich alle Viertelstunden gefragt, ob ich sie noch lieb. Wenn ich ins Bett mit ihr gegangen bin, hat sie gesagt, ich lieb sie nur wegen dem Bett, und wenn ich ihr zugehört hab, hat sie gesagt, wenn sie stumm wär, würd ich sie nicht mehr mögen. Es war anstrengend.

ZIFFEL In Frankreich ist einmal ein Dichter als Original berühmt worden, weil er ins Ausland gefahren ist. Sie haben Bücher über ihn geschrieben, obs krankhaft war oder echte Originalität.

KALLE Die Liebe zum Vaterland soll dort so geschätzt sein, daß sie sofort nach der Liebe zum Essen kommt. Und die ist dort höher entwickelt als sonstwo, hör ich. Aber das schlimmste ist, daß sie die Leute nur ganz selten Patrioten sein lassen.

ZIFFEL Wieso?

KALLE Nehmen Sie diesen Krieg. Es hat damit angefangen, daß der gemeine Mann links gewählt und den Siebenstundentag verlangt hat. Das Gold hat nichts machen können, aber es war verschnupft und ist verreist nach Amerika. So hat man nicht aufrüsten können. Gegen den Faschismus ist der gemeine Mann gewesen aus demselben Grund, warum er für den Siebenstundentag war, und so hats Krieg gegeben. Die Generäle haben gesagt, sie können nichts machen, wenn nicht aufgerüstet ist, und haben den Krieg abgebrochen, auch weil sie sich gedacht haben, daß der gemeine Mann nichts machen kann, wenn die fremden Truppen im Land sind und auf Ordnung schaun. Die Patrioten, die haben weiterkämpfen wollen, sind verhaftet worden und werden zu fühlen bekommen, was es heißt, gegen den Staat sein. In der Tschechoslowakei ists ganz ähnlich gewesen. Man muß ein kolossaler Patriot sein, damit man in so einem Land ein Patriot bleibt, das werden Sie zugeben, wie ich Sie kenne.

ZIFFEL Es ist mir immer merkwürdig vorgekommen, daß man gerade das Land besonders lieben soll, wo man die Steuern zahlt. Die Grundlage der Vaterlandsliebe ist die Genügsamkeit, eine sehr gute Eigenschaft, wenn nichts da ist.

KALLE Die Vaterlandsliebe wird schon dadurch beeinträchtigt, daß man überhaupt keine richtige Auswahl hat. Das ist so, als wenn man die lieben soll, die man heiratet, und nicht die heiratet, die man liebt. Warum, ich möcht zuerst eine Auswahl haben. Sagen wir, man zeigt mir ein Stückel Frankreich und einen Fetzen gutes England und ein, zwei Schweizer Berge und was Norwegisches am Meer und dann deut ich drauf und sag: das nehm ich als Vaterland; dann würd ichs auch schätzen. Aber jetzt ists, wie wenn einer nichts so sehr schätzt wie den Fensterstock, aus dem er einmal heruntergefallen ist.

ZIFFEL Das ist ein zynischer, wurzelloser Standpunkt, der gefällt mir.

KALLE Sonst hör ich immer, man soll verwurzelt sein. Ich bin überzeugt, die einzigen Geschöpfe, die Wurzeln haben, die

Bäum, hätten lieber keine, dann könntens auch in einem Flugzeug fliegen.

ZIFFEL Es heißt, man liebt das, für das man Schweiß vergossen hat. Das wäre eine Erklärung für eine Erscheinung wie die Vaterlandsliebe.

KALLE Ich nicht. Ich lieb nicht das, wofür ich Schweiß vergossen hab, nicht einmal alles, wofür ich meinen Samen vergossen hab. Ich hab es einmal mit einer Person zu tun gehabt, mit der bin ich bis nach Wannsee hinausgefahren, weil mir ihre Figur gefallen hat, sie hat allerhand hübsche Sachen gehabt; aber dann hat sie zu Mittag gegessen und dann hat sie rudern wollen und dann hat sie Kaffee haben müssen, und am End war ich soweit, daß ich sie glatt hätt im Gebüsch sitzen lassen, wenn sie auch nur noch eine halbe Minut über die Zeit mit dem Schlüpferausziehn gebraucht hätt. Und ich sag noch einmal, sie hat eine erstklassige Figur gehabt.

ZIFFEL Ja, Sie sagten, mit hübschen Sachen. Wenn ich mir vorstell, in was für einem Land ich leben wollte, wähl ich eins, wo einer schon, wenn er einmal in einem gedankenlosen Augenblick so was murmelt wie »ganz hübsch hier die Gegend«, sofort ein Denkmal als Patriot kriegt. Deshalb, weil es in diesem Land ganz und gar unerwartet kommt, so daß es eine Sensation ist und wirklich geschätzt wird. Natürlich, einer der nichts murmelt, muß ebenfalls ein Denkmal kriegen, und zwar, weil er nichts Überflüssiges gesagt hat.

KALLE Sie haben sich Ihr Land von den Patrioten verekeln lassen, dies besitzen. Ich denk manchmal: was für ein hübsches Land hätten wir, wenn wir es hätten! Ich erinner mich an ein Gedicht, das ein paar Vorzüg aufzählt. Sie müssen nicht glauben, ich habs mit Gedichten, das betreffende hab ich nur aus Zufall wo gesehn, und ich kanns auch nicht mehr vollständig, vor allem weiß ich nicht, was über die Provinzen gesagt wird. Sie kommen so vor, mit Lücken:

»Ihr freundlichen bayrischen Wälder, ihr Mainstädte
Fichtenbestandene Rhön, du, schattiger Schwarzwald!«

Dann kommt was, das ich vergessen hab, irgendwas damit in Zusammenhang, und dann gehts weiter:

»Thüringens rötliche Halde, sparsamer Strauch der Mark und ihr
Schwarzen Städte der Ruhr, von Eisenkähnen durchzogen.«

Lücke, irgendwas dazwischen, dann:
»Auch du, vielstädtiges Berlin
Unter und über dem Asphalt geschäftig, ihr
Hanseatischen Häfen und Sachsens
Wimmelnde Städte und Schlesiens rauchüberzogene, nach
Osten blickende!«
Der Sinn ist, man sollte es erobern, es würd sich lohnen!
Ziffel blickte Kalle verwundert an, konnte aber nichts von dem Schafsmäßigen an ihm entdecken, das alle haben, die etwas Patriotisches äußern, und leerte kopfschüttelnd sein Glas.

VI.
Dichter sollen die Wahrheit schreiben

Über die deutsche Literatur

Wir Deutschen bilden uns auf unsern Ernst viel ein, wir haben die Auffassung, daß das Gegenteil von Ernst Leichtfertigkeit ist und daß Leichtfertigkeit verdammt werden muß. Andere Völker haben andere Auffassungen.

Wir finden, daß der Humor eine schlechte und bequeme Methode ist, den Dingen beizukommen. Wir setzen voraus, daß die Dinge allemal zu Sorgen Anlaß geben, daß unsere Auffassung von ihnen richtig ist, und wir hoffen, man nimmt uns ernster, wenn wir selbst ernst sind. Wir haben ein tiefes Mißtrauen gegen alles, was leicht geht, wir vermuten sofort, daß der Leicht-Fertige den Nachdruck auf das »Leicht« setzt und daß nicht etwa der Mann besser ist, sondern seine Arbeit schlechter.

Es gibt nun Völker, die mit uns darin übereinstimmen, daß die Dinge Ernst beanspruchen können, ja, die es sogar für nötig halten, Dinge ernst zu nehmen, die wir für komisch halten (denn wir haben dicke Vorstellungen von Komik, bei uns repräsentieren die Clowns den Humor), und ich möchte glauben, sie tun das kraft ihres Humors.

Humor ist Distanzgefühl.

Ich habe gelesen, es falle einem Engländer nicht ein, seine Ansichten prinzipiell durchzudrücken, wenn es nicht zum Geschäft gehört. Wir sind es gewohnt, gewisse Gesichtswinkel sofort zu annektieren und uns dann fröhlich oder vielmehr: ernst auf das Material zu werfen. Wir verschlingen die Wursthaut mit, wir schalten die Nase aus, wenn es sich um Geschäfte des Magens handelt. Bei Vergiftungserscheinungen ist Gott schuld, der die Würste und die Mägen macht.

Unsere Literatur ist überraschend standpunktlos. Wenn man Kipling liest und Hamsun, dann ist das Material ein grundverschiedenes, ebenso der Gesichtswinkel, aber hinter dem Material steht der Mann auf einem Punkt, den man genau sieht, und der Mann ist die Hauptsache. Er sagt seine Ansicht, falsch oder richtig, d.h. nach unserm Geschmack oder nicht nach unserm Geschmack, es ist ein Mann, der uns erlaubt, uns über ihn zu stellen und ihn beim Schreiben zu betrachten.

Es scheint, der Mann nimmt sich nicht so ernst, wie er die Dinge nimmt.

Weiß Gott: es ist nichts so komisch als der Totenernst, den etwa der rasende Kasimir sich selbst verleiht. Auch die Komik jener Leser, die ihn wiederum ernst nehmen, ihn und sein bedrucktes Papier, reicht nicht ganz an seine eigene Komik heran. Dieser Spießer sitzt da und zweifelt nicht an der Göttlichkeit seiner In- und Transpiration und knallt jeden mit der linken Hand nieder, der es wagt, leicht zu grinsen über das, was seine rechte Hand schreibt, über die Ehrfurcht, die der tolle Schmidt vor seinem Papier hat. Darum ist es, als ob man beim Lesen eines so echtdeutschen Buches statt des Leims immer Schweiß röche, Schafsschweiß.

Und das kommt, weil wir beschlossen haben, daß der Humor in die Hölle gehört, während wir doch nicht daran zweifeln dürfen, daß er den Himmel regiert.

Mehr guten Sport

Unsere Hoffnung gründet sich auf das Sportpublikum.

Unser Auge schielt, verbergen wir es nicht, nach diesen ungeheuren Zementtöpfen, gefüllt mit 15000 Menschen aller Klassen und Gesichtsschnitte, dem klügsten und fairsten Publikum der Welt. Hier finden Sie die 15000 Leute, die die großen Preise bezahlen und auf ihre Rechnung kommen, auf Grund einer gesunden Regelung von Angebot und Nachfrage. Sie können kein faires Verhalten erwarten auf absteigenden Ästen. Die Verderbtheit unseres Theaterpublikums rührt daher, daß weder Theater noch Publikum eine Vorstellung davon haben, was hier vor sich gehen soll. In den Sportpalästen wissen die Leute, wenn sie ihre Billette einkaufen, genau, was sich begeben wird; und genau das begibt sich dann, wenn sie auf ihren Plätzen sitzen: nämlich, daß trainierte Leute mit feinstem Verantwortungsgefühl, aber doch so, daß man glauben muß, sie machten es hauptsächlich zu ihrem eigenen Spaß, in der ihnen angenehmsten Weise ihre besonderen Kräfte entfalten. *Das alte Theater hingegen hat heute kein Gesicht mehr.*

Es ist nicht einzusehen, warum das Theater nicht auch seinen »guten Sport« haben sollte. Wenn man die für Theaterzwecke gebauten Häuser, die ja nun einmal stehen und Zinsen fressen, nur einfach als mehr oder minder leerstehende Räume ansehen würde, in denen man »guten Sport« machen kann, würde man zweifellos auch aus ihnen etwas herausholen können, was einem Publikum, das wirklich heute heutiges Geld verdient und heute heutiges Rindfleisch ißt, etwas geben kann.

Man könnte natürlich sagen, daß es auch noch Publikum gäbe, das im Theater was anderes als »Sport« wolle. Wir haben aber einfach in keinem einzigen Falle bemerkt, daß das Publikum, das heute die Theater füllt, *irgend etwas will*. Das sanfte Widerstreben des Publikums, seine alten, vom Großvater vererbten Theatersitze aufzugeben, sollte man nicht zu einer frischen Willenskundgebung umschminken wollen.

Man ist gewohnt, von uns zu verlangen, daß wir nicht ausschließlich nach der Nachfrage produzieren. Aber ich glaube doch, daß ein Künstler, selbst wenn er in der berüchtigten Dachkammer unter Ausschluß der Öffentlichkeit für kommende Geschlechter arbeitet, ohne daß er Wind in seinen Segeln hat, nichts zustande bringen kann. Und dieser Wind muß eben derjenige sein, der zu seiner Zeit gerade weht, also kein zukünftiger Wind. Es ist keineswegs ausgemacht, zu welcher Fahrtrichtung man diesen Wind benutzt (wenn man Wind hat, kann man bekanntlich auch gegen den Wind segeln, nur ohne Wind oder mit dem Wind von morgen kann man niemals segeln), und es ist durchaus wahrscheinlich, daß ein Künstler noch lange nicht seine Maximalwirkung heute erzielt, wenn er mit heutigem Wind segelt. Es wäre ganz falsch, wenn man etwa aus der heutigen Wirkung irgendeines Theaterstückes seinen Kontakt oder Nichtkontakt beweisen wollte. Ganz etwas anderes ist es mit den Theatern.

Ein Theater ohne Kontakt mit dem Publikum ist ein Nonsens. Unser Theater ist also ein Nonsens. Daß das Theater heute noch keinen Kontakt mit dem Publikum hat, das kommt daher, daß es nicht weiß, was man von ihm will. Das, was es einmal gekonnt hat, kann es nicht mehr, und wenn es das noch könnte, würde man es nicht mehr wollen. Aber das Theater macht immer noch unentwegt, was es nicht mehr kann und was man nicht mehr will. In den ganzen gut heizbaren, hübsch beleuchteten, eine Menge Geld verschlingenden, imposant aussehenden Häusern und in dem ganzen Zeug, das drinnen angestellt wird, ist nicht mehr für fünf Pfennige *Spaß*. Kein Theater heute könnte einige Leute, die im Geruch stehen, Spaß darin zu finden, Stücke anzufertigen, einladen, eine seiner Vorstellungen anzusehen in der Erwartung, daß diese Leute dann ein Verlangen spürten, für dieses Theater ein Stück zu schreiben. Sie sehen gleich: es ist hier auf keine Weise *Spaß* herauszuholen. Es geht hier kein Wind, in kein Segel. Es gibt hier keinen »guten Sport«.

Nehmen Sie zum Beispiel den Schauspieler. Ich will nicht sagen, daß wir weniger Talente hätten, als andere Zeiten wohl gehabt haben, aber ich glaube nicht, daß es jemals eine so abgehetzte, mißbrauchte, von Angst getriebene, künstlich aufgepeitschte Truppe von Schauspielern gab wie die unsere. *Und kein Mann, dem seine Sache nicht Spaß macht, darf erwarten, daß sie irgend sonst jemandem Spaß macht.*

Natürlich, die Leute oben schieben es auf die Leute unten, und am liebsten wird gegen die harmlosen Dachkammern vorgegangen. Die Volkswut richtet sich gegen die Dachkammern: Die Stücke sind nichts. Dazu ist zu erwähnen, daß sie, falls sie zum Beispiel nur einfach mit Spaß geschrieben wurden, schon besser sein müssen als das Theater, das sie aufführt, und das Publikum, das sie betrachtet. Sie können einfach kein Theaterstück mehr erkennen, wenn es durch diese Fleischmühle gegangen ist. Wenn wir kommen und sagen: »Das haben sowohl wir als das Publikum uns anders gedacht, wir sind zum Beispiel für Eleganz, Leichtigkeit, Trockenheit, Gegenständlichkeit«, dann sagt das Theater naiv: »Die von Ihnen bevorzugten Leidenschaften, lieber Herr, wohnen in keines Smokings Brust.« Als ob man nicht auch einen »Vatermord« elegant, sachlich, sozusagen in klassisch vollendeter Weise begehen könnte!

Aber statt wirklichen Könnens wird unter der Vortäuschung von Intensität einfacher Krampf geboten. Sie können keine besonderen, also sehenswerte Angelegenheiten mehr auf die Bühne bringen. Der Schauspieler ist von Anfang an, in dem dunklen Drang, sein Publikum nicht weglaufen zu lassen, in einem solchen unnatürlichen Schwung, daß es aussieht, als sei es die gewöhnlichste Sache von der Welt, seinem Vater nahezutreten. Gleichzeitig sieht man aber, daß ihn das Theaterspielen ungeheuer mitnimmt. *Und ein Mann, der sich auf der Bühne anstrengt, strengt, wenn er nur einigermaßen gut ist, auch alle Leute im Parkett an.*

Ich teile nicht die Ansicht jener Leute, die klagen, den rapiden Untergang des Abendlandes fast nicht mehr aufhalten zu können. Ich glaube, daß es eine solche Menge von Stoffen, die sehenswert, Typen, die der Bewunderung würdig sind, und Erkenntnissen, die zu erfahren sich lohnt, gibt, daß man, wenn nur ein guter Sportgeist anhebt, Theater bauen müßte, wenn nicht welche da wären. Aber das Hoffnungsvollste, was es an den heutigen Theatern gibt, sind die Leute, die das Theater vorn und hinten nach der Vorstellung verlassen: sie sind mißvergnügt.

[Wie soll man heute Klassiker spielen?]

Wenn in einer nicht allzu faulen Zeit irgendeine, einstmals nicht allzu faule Sache anfängt, faul zu werden, dann wird man alle lebendigen Leute, die dabeistehen, darauf versessen sehen, die Sache möglichst noch fauler zu machen, um sie möglichst rasch unter die Erde zu bringen. Tatsächlich sind heute die lebendigeren Leute, die mit dem Theater zu tun haben, in ihrer Tätigkeit beinahe ausschließlich darauf beschränkt, das Theater schlecht zu machen. Ich denke, wenn man nach den Leuten fahnden würde, die außer dem Zahn der Zeit schuld am (unaufhaltsamen!) Untergang dieses Theaters sind, so würden sich doch nur sehr wenige freiwillig stellen – außer uns. Wir halten uns für an diesem Untergang in prominenter Weise beteiligt. Allein durch die Aufführung unserer paar Stücke wurde viel geleistet. Ganze Stoffkomplexe des vorrevolutionären Theaters, dazu eine ganze fertige Psychologie und beinahe alles Weltanschauliche wurden einem großen Teil der Schauspieler und einem kleineren des Publikums einfach ungenießbar gemacht. (Nach seiner »Räuber«-Inszenierung sagte mir Piscator, er habe erreichen wollen, daß die Leute, die das Theater verließen, gemerkt hätten, daß 150 Jahre keine Kleinigkeit seien.) Ganz abgesehen von ihrer durch die faulen Verhältnisse sabotierten produktiven Tätigkeit, durch die eine das alte Theater empfindlich treffende gefährliche Lust an neueren und abenteuerlicheren Gedankengängen geweckt wurde, wirkte schon die bloße Anwesenheit einiger jüngerer Leute im Zuschauerraum einfach irritierend auf das alte Theater. Angesichts dieser unsympathischen und unzufriedenen Gesichter, die den Widerwillen eines ganzen Geschlechtes gegen veraltetes Denken ausdrückten, geriet das Theater bei der Darstellung seines gewohnten erfolgsicheren Repertoires in eine unsäglich erfreuliche Unsicherheit, die sich in einem ganz sinnlosen Experimentieren Luft machte, in einer bei älteren Institutionen ganz unziemlichen Waghalsigkeit. Es wurden Erfindungen gemacht, und ich denke, sie werden noch weiter Erfindungen machen. Aber es ist eine interessante Sache um die Erfindungen, die auf absteigenden Ästen gemacht werden. Leute auf absteigenden Ästen erfinden nämlich nur mehr Sägen. Sie mögen sich ausdenken, was sie wollen, am Schluß ist es doch immer eine Säge geworden, und sie mögen sich beherrschen, wie sie wollen, ihre geheime Lust ist zu übermächtig: plötzlich merken sie, sie haben wieder an ihrem Ast herumgesägt. Jede Aufführung eines doch ganz alten und also schon seit endloser Zeit, nämlich seit es noch nicht alt war, nie mehr durchgefallenen Stückes war ein unter atemloser Spannung des Publikums inszenierter Todessprung. Bei alledem hat sich das alte klassische Repertoire, abgesehen von dem, was man mit ihm trieb, um es ein wenig aufzufrischen, wodurch man es vollends verdarb, doch als hinreichend brüchig und vermottet herausgestellt. Man konnte es tatsächlich nicht mehr wagen, es in seiner alten Form erwachsenen Zeitungslesern anzubieten. Wirklich brauchen davon konnte man nur mehr den Stoff. (Gewisse klassische Stücke, deren reiner Materialwert nicht ausreicht, sind für unsere Epoche ungenießbar.) Was man zur Anordnung und zum Wirksammachen dieses Stoffes dann aber brauchte, das waren neue Gesichtspunkte. Und die konnte man nur aus der zeitgenössischen Produktion beziehen. Durch Anwendung eines politischen Gesichtspunktes konnte man irgendein klassisches Stück zu mehr machen als einem Schwelgen in Erinnerungen. Es gibt noch andere Gesichtspunkte: sie sind in der zeitgenössischen Produktion zu finden. Ganz unumwunden: ich meine, daß es nicht den geringsten Sinn hat, ein Stück von Shakespeare aufzuführen, bevor das Theater imstande ist, die zeitgenössische Produktion zur Wirkung zu bringen. Hier nützen keine Umgehungsversuche. Man darf sich auch nichts davon versprechen, aus den neueren Stücken schlicht die Gesichtspunkte herauszuklauben, um sie auf ältere anzuwenden, man wird sie so nicht finden. Ich sehe die Zukunft jener in trübem Lichte, die den harten Forderungen einer ungeduldigen Zeit ausweichen wollen.

Die Sucht nach Neuem

Das Publikum gewährt keine Kontrolle. Es ist, soziologisch gesehen, völlig amorph, ästhetisch aber erstaunlich einhellig. D. h. im Theater etwa kommen die natürlichen Gegensätze überhaupt nicht zu Wort, sie sind ausgeschaltet. Der neue Zuschauertyp, den die neue Dramatik erfordert, ist natürlich kein utopischer, er ist vorhanden, wenn auch bisher nicht im Theater. Im Theater wird, mit anderen Worten, der Mensch von heute zum Fossil, ein Dummkopf und abergläubischer Bursche, der seine eigenen Interessen nicht von denen seiner Gegner unterscheiden kann und darin einwilligt, in einem ihm fremden und keinem wirklichen Menschen mehr eigenen Jargon zu fühlen, das Theater einigt die Klassen, Generationen und Geister dadurch, daß es jeden Ernst einfach opfert und nichts mehr berührt, was an wahrhaftigen Interessen vorhanden ist. Es ist nichts Befremdendes in der Forderung der neuen Dramatik nach einem neuen Zuschauer, wenn anders man nicht eben unsere ganze Situation befremdend finden will des Umstandes wegen, daß sie eine Ursituation ist: Die Grundfragen müssen neu gestellt werden. Saßen jemals etwa sechs Troglodyten auf einem Ast und fragten: »Wo bleibt das Kunstwerk?« Eher doch war es einer von ihnen, der eines Tages sagte: »Hier ist es«, und sich Zuschauer suchte. Die Frage unserer Mitmenschen nach Neuem ist eine trügerische Sache. Hier bittet das Radio um Stoff, die Oper möchte bei der Belieferung nicht vergessen werden, der Film brüllt um Berücksichtigung: höchstens Beweise, daß das Alte nicht mehr sättigt, nicht einmal mehr die alten Leute, die korrumpierten, durch Enttäuschungen verstummten, künstlich an Unterernährung gewöhnten Gewohnheitsabnehmer. In Wirklichkeit liegt da ein ungeheurer Haufen von Produktionsmitteln, der Abnehmer organisiert, aber keine Lieferanten mehr hat. Diese Haufen darf man nicht beliefern, man darf, soll der Kunst noch eine Chance bleiben, nicht einmal mehr an sie denken. Ihre Frage nach etwas Neuem ist nicht zu beantworten, sie wollen nichts Neues, sondern lediglich das Alte von neuem. Sie führen mit ihren Bestellungen völlig irre, sie sind nicht die Künder neuer Appetite, sondern alter Übersättigung.

Theorie der Pädagogien

Die bürgerlichen Philosophen machen einen großen Unterschied zwischen den Tätigen und den Betrachtenden. Diesen Unterschied macht der Denkende nicht. Wenn man diesen Unterschied macht, dann überläßt man die Politik dem Tätigen und die Philosophie dem Betrachtenden, während doch in Wirklichkeit die Politiker Philosophen und die Philosophen Politiker sein müssen. Zwischen der wahren Philosophie und der wahren Politik ist kein Unterschied. Auf diese Erkenntnis folgt der Vorschlag des Denkenden, die jungen Leute durch Theaterspielen zu erziehen, d.h., sie zugleich zu Tätigen und Betrachtenden zu machen, wie es in den

Vorschriften für die Pädagogien vorgeschlagen ist. Die Lust am Betrachten allein ist für den Staat schädlich; ebenso aber die Lust an der Tat allein. Indem die jungen Leute im Spiele Taten vollbringen, die ihrer eigenen Betrachtung unterworfen sind, werden sie für den Staat erzogen. Diese Spiele müssen so erfunden und so ausgeführt werden, daß der Staat einen Nutzen hat. Über den Wert eines Satzes oder einer Geste oder einer Handlung entscheidet also nicht die Schönheit, sondern: ob der Staat Nutzen davon hat, wenn die Spielenden den Satz sprechen, die Geste ausführen und sich in die Handlung begeben. Der Nutzen, den der Staat haben soll, könnte allerdings von platten Köpfen sehr verkleinert werden, wenn sie z. B. die Spielenden nur solche Handlungen vollführen lassen würden, die ihnen sozial erscheinen. Aber gerade die Darstellung des Asozialen durch den werdenden Bürger des Staates ist dem Staate sehr nützlich, besonders wenn sie nach genauen und großartigen Mustern ausgeführt wird. Der Staat kann die asozialen Triebe der Menschen am besten dadurch verbessern, daß er sie, die von der Furcht und der Unkenntnis kommen, in einer möglichst vollendeten und dem einzelnen selbständig beinah unerreichbaren Form von jedem erzwingt. Dies ist die Grundlage des Gedankens, das Theaterspielen in Pädagogien zu verwenden.

[Richtiges Denken]

Wenngleich das Denken auf vielen Gebieten große Ergebnisse gezeitigt hat und immerfort zeitigt, wenngleich unsere Berechnungen uns den Magen füllen, die Kälte abhalten, die Nächte erhellen, uns von einem Ort zum andern mit großer Schnelligkeit bringen usw., so ist doch unser Handeln in wichtigsten und gefährlichsten Angelegenheiten weniger von Berechnungen als von ziemlich trüben, ungenauen, ja widerspruchsvollen Beweggründen geleitet. Es ist uns nicht schwer, wenn wir gehandelt haben, triftige Beweggründe in beliebiger Menge zu nennen, aber vorher, wenn wir uns zum Handeln anschicken, haben wir keineswegs diese schöne Übersicht. In den meisten Fällen berechnen wir nicht, sondern raten.

Es wird mir nicht einfallen, zu behaupten, der Mensch sei dazu da, zu denken. Natürlich soll das Denken einfach seine Existenz ermöglichen. Ich kann mir Zustände menschlichen Zusammenlebens vorstellen, wo nicht allzu gewaltige Denkakte nötig sind, damit der Mensch sein Leben fristen kann. Es spricht entschieden sehr gegen unsere Zustände, daß kaum die gewaltigsten denkerischen Leistungen die überwiegende Mehrzahl der Menschen vor dem Elend bewahren können. Wie viele Zufälle waren nötig, damit selbst ein so praktischer und entschlossener Mensch wie Lenin halbwegs ein Alter erreichte, das ihm gestattete, etwas für die Menschheit zu tun. Und er starb sehr früh. Wieviel List brauchte er, um an einen Teil jener Bücher heranzukommen, in denen die Menschheit einige ihrer Erfahrungen aufgespeichert hatte, ich meine z.B. den Platz im Britischen Museum. Er war schlecht genährt, und auch diese Nahrung war nur schwer aufzutreiben. Welche Mühe hatte er, an jene Leute heranzukommen, die er unterstützen wollte und deren Unterstützung er benötigte! Man verjagte ihn und legte zwischen ihn und sie viele Länder, halb Europa.

Er dachte in andern Köpfen, und auch in seinem Kopf dachten andere. Das ist das richtige Denken.

Dialektik

Es ist psychologisch erklärlich, daß die Sozialisten erlebnismäßig einen sehr schneidigen Fortschrittsbegriff haben. Der Fortschritt besteht im Sozialismus, und ohne Fortschritt ist Sozialismus nicht möglich. Dieser Begriff Fortschritt hat große Annehmlichkeiten politischer Art, aber für den Begriff Dialektik hat er nachteilige Folgen gehabt. Dialektik ist, unter dem Gesichtswinkel des Fortschritts gesehen, etwas, was die Natur hat (immer gehabt hat), eine Eigenschaft, die aber erst Hegel und Marx entdeckt haben. Vor dieser Entdeckung war die Welt nicht erklärlich, wo etwas von ihr doch erklärt wurde, war man eben, ohne es zu wissen und ohne es sich zu merken, auf ihre Dialektik gestoßen. In den Köpfen der Dialektiker nämlich spiegelt sich nur dieses Ding Dialektik, das die Eigenschaft der Natur ist, wider. So in Kenntnis gesetzt von den Eigentümlichkeiten irdischer Erscheinungen, sind die Dialektiker, in gewaltigem Vorsprung zu andern Menschen, imstand, ihre Vorkehrungen zu treffen. Die Anhänger dieser einfachen, aber begeisternden Auffassung verfallen, wenn man sie auf die Ähnlichkeit ihrer Auffassung mit der einiger Handleser, sie könnten die in der Handfläche gelesenen bevorstehenden Ereignisse jetzt nach ihrer

Feststellung natürlich vereiteln, hinweist, in mürrisches und übelnehmerisches Gemurmel. In Wirklichkeit ist die Dialektik eine Denkmethode oder vielmehr eine zusammenhängende Folge intelligibler Methoden, welche es gestattet, gewisse starre Vorstellungen aufzulösen und gegen herrschende Ideologien die Praxis geltend zu machen. Man mag mit gewissem Erfolg in Form gewagter Deduktionen das Verhalten der Natur als dialektisch beweisen können, aber viel leichter ist es, auf die schon erreichten handgreiflichen und unentbehrlichen Erfolge dialektischen Verhaltens, d.h. der Anwendung dialektischer Methoden in bezug auf gesellschaftliche Zustände und Vorkommnisse, also die Natur der Gesellschaft, und zwar unserer Gesellschaft, hinzuweisen. Ich kann mir denken, daß eins gleich eins ist, und ich kann mir denken, daß eins nicht gleich eins ist. Genügt nicht, zu sagen, daß das letztere zu denken günstiger ist, nämlich, wenn ich in bestimmter Weise handeln muß?

Was ist schön?

Schön ist es, wenn man die Schwierigkeiten löst.

Schön ist also ein Tun. Wenn wir sagen wollen, warum eine Musik schön ist, dann müssen wir fragen, welch ein Tun hier schön ist. Wir sprechen also dann vom Musizieren. Schönes Musizieren ist ein Musizieren, in dem Schwierigkeiten gelöst werden. Die Musik, welche auf diese Weise entsteht, ist unter Umständen noch längere Zeit schön, weil immer wieder die Empfindungen auftreten, welche die Lösung der Schwierigkeiten bewirkt haben.

Solch ein Schönheitsbegriff ist vergänglich und hat Grade. Es gibt Schwierigkeiten tiefer und weniger tiefer Art, lang und kurz dauernde, Schwierigkeiten großer und kleiner oder wichtiger und unwichtiger Gruppen. Sie zu lösen, ist ganz verschieden schön und nicht ewig schön.

Über die Freiheit

1

Der Wunsch nach Freiheit ist die Folge von Unterdrückung. Die Freiheit ist die Folge der Befreiung. Das erscheint ein Spiel mit

Wörtern. Aber viele haben für die Befreiung nichts geleistet, weil sie die Freiheit vor oder zugleich mit der Befreiung haben wollten.

2
Die Unterdrückung ist meist etwas Besonderes, da sie eine Tätigkeit ist und somit beschränkt; der Wunsch nach Freiheit dagegen ist etwas Allgemeineres – so, daß es oft schwierig ist, gerade die Bedrückung ausfindig zu machen, die den eben allgemeinen Wunsch nach Freiheit erzeugt, nämlich die eben besondere Bedrückung, durch deren Beseitigung der allgemeine Wunsch nach Freiheit verschwindet und eine besondere Freiheit eintritt.

3
Das Beispiel hierfür ist: Ein zu enger Schuh erzeugt oft eine Stimmung ziemlich unbegrenzter Gereiztheit. Kann sich der Gereizte des Schuhes nicht entledigen, dann ist er oft bereit, gegen allerlei Zustände oder Menschen zu kämpfen, die ihn ebenfalls (außer seinem Schuh) noch bedrücken. An seinem Kampf teilzunehmen ist aber gefährlich; denn wenn er sich seines Schuhes entledigt, bevor er sich in die weiteren Kämpfe genug verwickelt hat, wird man nur zu oft allein weiterkämpfen müssen.

4
Entsteht der allgemeine Wunsch nach Freiheit durch wirtschaftliche Bedrückung (Fall des wirklichen Wunsches in unserer Zeit), dann muß man wissen, daß nur durch wirtschaftliche Befreiung die Freiheit eintritt, aber der Wunsch geht nach vielen Dingen, und manches davon ist der wirtschaftlichen Befreiung nicht günstig.

Dichter sollen die Wahrheit schreiben

Was ist die Mission des Dichters in der heutigen Zeit?

Auf diese Frage habe ich nur die Antwort: der Dichter soll die Wahrheit schreiben. Aber wenn ich diesen Satz ausspreche, sehe ich Leute die Köpfe von gewissen Büchern heben, ein flüchtiges Ja nicken und dann weiterlesen, und diese Bücher stammen keineswegs von Dichtern, welche die Wahrheit schreiben. Daß diese Leute mit meinem Satz einverstanden sind, kommt daher, daß man schwer etwas dagegen sagen kann; daß sie dann die schlechten Bücher weiterlesen, daher, daß sie den Satz nicht verstanden haben. Der Satz stellt die Dichter, wie ich glaube, vor drei große Schwierigkeiten. Sie sind miteinander verbunden, aber ich will sie getrennt behandeln. Am selbstverständlichsten erscheint es, daß der Dichter die Wahrheit schreiben soll in dem Sinn, daß er sie nicht unterdrücken oder verschweigen und daß er nichts Unwahres schreiben soll. Er soll sich nicht den Mächtigen beugen, er soll die Schwachen nicht betrügen. Natürlich ist es sehr schwer, sich den Mächtigen nicht zu beugen, und sehr vorteilhaft, die Schwachen zu betrügen. Auf die Bezahlung für geleistete Arbeit verzichten heißt unter Umständen, auf das Arbeiten verzichten, und die Achtung der Mächtigen ausschlagen heißt oft überhaupt Achtung ausschlagen. Dennoch, wenn man sagt, der Dichter sollte dies, dann nicken die Hörer, als habe man eine Selbstverständlichkeit gesagt! Weniger selbstverständlich ist merkwürdigerweise die zweite Schwierigkeit. Sie wird von der ersten sozusagen ganz zugedeckt. Das ist die Schwierigkeit der Wahrheitsfindung. Zunächst einmal ist es nicht leicht, ausfindig zu machen, welche Wahrheit zu sagen sich lohnt. So versinkt z.B. jetzt, sichtbar vor aller Welt, einer der großen zivilisierten Staaten nach dem andern in die äußerste Barbarei. Zudem weiß jeder, daß der innere Krieg, der mit den furchtbarsten Mitteln geführt wird, jeden Tag in den äußeren sich verwandeln kann, der unseren Weltteil vielleicht als einen Trümmerhaufen hinterlassen wird. Das ist zweifellos eine Wahrheit, aber es gibt natürlich noch mehr Wahrheiten. So ist es z.B. nicht unwahr, daß Stühle Sitzflächen haben und der Regen von oben nach unten fällt. Viele Dichter schreiben Wahrheiten dieser Art. Sie gleichen Malern, die die Wände untergehender Schiffe mit Stillleben bedecken. Unsere erste Schwierigkeit besteht nicht für sie, und doch haben sie ein gutes Gewissen. Unbeirrbar durch die Mächtigen, aber auch durch die Schreie der Vergewaltigten nicht beirrt, pinseln sie ihre Bilder. Das Unsinnige ihrer Handlungsweise erzeugt in ihnen selber einen »tiefen« Pessimismus, den sie zu guten Preisen verkaufen und der eigentlich eher bei andern angesichts dieser Meister und dieser Verkäufe berechtigt wäre. Dabei ist es nicht einmal leicht zu erkennen, daß ihre Wahrheiten solche über Stühle oder den Regen sind, sie klingen für gewöhnlich ganz anders, viel aktueller. Erst bei genauem Hinsehen erkennt man, daß sie nur sagen: ein Stuhl ist ein Stuhl und: niemand kann etwas dagegen machen, daß der Regen nach unten fällt.

Diese Leute finden nicht die Wahrheit, die zu schreiben sich lohnt. Andere wiederum beschäftigen sich wirklich mit den dringendsten Aufgaben, fürchten die Machthaber und die Armut nicht, können aber dennoch die Wahrheit nicht finden. Sie sind nicht imstande, die Dinge so zu beschreiben, daß sie handhabbar werden. Ihre Wahrheit ist nicht praktikabel. Auch sie sind also dem Satz, der Dichter soll die Wahrheit schreiben, nicht gewachsen.

Gibt es nun Leute, die ihm gewachsen sind? Die Antwort muß wohl sein: Jedesmal, bei jeder Arbeit und in größerem oder geringerem Grad, muß sich das zeigen. Nötig sind, außer der Gesinnung, erwerbbare Kenntnisse und erlernbare Methoden. Um nicht zu allgemein zu bleiben, scheint mir selber nötig für alle Schreibenden eine Kenntnis der materialistischen Dialektik und der Ökonomie und Geschichte. Sie ist aus Büchern und durch praktische Anleitung erwerbbar, wenn der nötige Fleiß vorhanden ist. Sollte sie jemand durch Inspiration »haben« – nichts gegen ihn! Ich habe die höchste und umfassende Methode genannt, aber man kann viele Wahrheiten aufdecken auf einfachere Weise, Teile der Wahrheit, oder Sachbestände, die zum Finden der Wahrheit führen. Wenn man suchen will, ist eine Methode gut, aber man kann auch finden ohne Methode, ja sogar ohne zu suchen.

Wenn jemand bereit ist, die Wahrheit zu schreiben, und fähig, sie zu erkennen, bleibt die dritte Schwierigkeit über.

Durch die jahrhundertelangen Gepflogenheiten des Handels mit Geschriebenem auf dem Markte der Meinungen und Schilderungen, dadurch, daß dem Schreibenden die Sorge um das Geschriebene abgenommen wurde, bekam der Schreibende den Eindruck, sein Kunde oder Besteller, der Mittelsmann, gebe das Geschriebene an alle weiter. Er dachte: ich spreche und die hören wollen, hören mich. In Wirklichkeit sprach er und die zahlen konnten, hörten ihn. Sein Sprechen wurde nicht von allen gehört, und die es hörten, wollten nicht alles hören. Darüber ist viel, wenn auch noch zu wenig gesagt worden; ich will hier nur hervorheben, daß aus dem »jemandem Schreiben« ein »Schreiben« geworden ist. Die Wahrheit aber kann man nicht eben schreiben, man muß sie durchaus jemandem schreiben. Man muß sie dem schreiben, der damit etwas anfangen kann. Die Erkenntnis der Wahrheit ist ein den Schreibern und Lesern gemeinsamer Prozeß. Um Gutes zu sagen, muß man gut hören können und Gutes hören. Die Wahrheit muß mit List gesagt und mit List gehört werden. Und es ist für uns Schreibende wichtig, wem wir sie sagen und wer sie uns sagt.

Die große Wahrheit unseres Zeitalters (mit deren Erkenntnis noch nicht gedient ist, ohne deren Erkenntnis aber keine andere Wahrheit von Belang gefunden werden kann) ist es, daß unser Erdteil in Barbarei versinkt, weil die Eigentumsverhältnisse an den Produktionsmitteln mit Gewalt festgehalten werden. Diese Wahrheit zu schreiben ist schwierig, sie zu erkennen ist schwierig, die zu finden und zu erreichen, die etwas mit ihr anfangen können, ist schwierig. Was nützt es, etwas zu schreiben, aus dem hervorgeht, daß der Zustand, in den wir versinken, ein barbarischer ist (was wahr ist), wenn nicht klar ist, warum wir in diesen Zustand geraten? Wir müssen sagen, daß gefoltert wird, weil die Eigentumsverhältnisse bleiben sollen. Freilich, wenn wir dies sagen, verlieren wir viele Freunde, die gegen das Foltern sind, weil sie glauben, die Eigentumsverhältnisse könnten auch ohne Foltern aufrechterhalten bleiben (was unwahr ist). Wir müssen es ferner denen sagen, die unter den Eigentumsverhältnissen am meisten leiden, an ihrer Abänderung das meiste Interesse haben, den Arbeitern und denen, die wir ihnen als Bundesgenossen zuführen können, weil sie eigentlich auch kein Eigentum an Produktionsmitteln besitzen, wenn sie auch an den Gewinnen beteiligt sind.

Soviel wird verlangt, wenn verlangt wird, der Schriftsteller soll die Wahrheit schreiben.

Kunst oder Politik?

Ich verstehe Ihre Frage. Sie sehen mich hier sitzen und auf den Sund hinausschauen, der nichts Kriegerisches hat. Wie komme ich also dazu, mich mit dem Kampf des spanischen Volkes gegen seine Generäle zu beschäftigen? Aber bedenken Sie, warum ich hier sitze. Wie soll ich aus meinem Schreiben heraushalten, was mein Leben so beeinflußt hat? Und auch mein Schreiben? Denn ich sitze hier doch als Verbannter, und man hat mir vor allem andern meine Leser und Zuhörer weggenommen, deren Sprache ich schreibe, und das sind nicht nur Menschen, denen ich Dichtungen ablieferte, sondern Menschen, denen mein tiefstes Interesse gilt. Ich kann nur an Menschen schreiben, für die ich mich interessiere; da sind Dichtungen genau was Briefe sind. Und jetzt werden diese

Menschen unsagbaren Leiden unterworfen. Wie soll ich das aus meinem Schreiben heraushalten? Und wohin ich sehe, wenn ich etwas weiter sehe als bis dorthin, wo dieser Sund aufhört, sehe ich Menschen solchen Leiden unterworfen. Aber wenn die Menschlichkeit zerstört wird, gibt es keine Kunst mehr. Schöne Wörter zusammenzusetzen, das ist keine Kunst. Wie soll Kunst die Menschen bewegen, wenn sie selber nicht von den Schicksalen der Menschen bewegt wird? Wenn ich selbst mich verhärte gegen die Leiden der Menschen, wie soll ihnen das Herz aufgehen über meinem Schreiben? Und wenn ich mich nicht bemühe, einen Weg für sie zu finden aus ihren Leiden, wie sollen sie den Weg zu meinem Schreiben finden? Das kleine Stück, von dem wir sprechen, handelt von dem Kampf einer andalusischen Fischersfrau gegen die Generäle. Ich versuche, zu zeigen, wie schwer sie sich zu diesem Kampf entschließt, wie sie nur in der äußersten Not zum Gewehr greift. Es ist ein Appell an die Unterdrückten, aufzustehen gegen ihre Unterdrücker, im Namen der Menschlichkeit. Denn die Menschlichkeit muß kriegerisch werden in solchen Zeitläuften, um nicht ausgerottet zu werden. Und zugleich ist es ein Brief an die Fischersfrau, in dem ihr versichert wird, daß nicht alle, die deutsche Sprache sprechen, es mit den Generälen halten und Bomben und Tanks in ihr Land schicken. Und diesen Brief schreibe ich im Namen vieler Deutschen innerhalb und außerhalb der deutschen Grenzen, der meisten Deutschen. Des bin ich sicher.

Über gestische Musik

1
Definition
Unter Gestus soll nicht Gestikulieren verstanden sein; es handelt sich nicht um unterstreichende oder erläuternde Handbewegungen. Es handelt sich um Gesamthaltungen. Gestisch ist eine Sprache, wenn sie auf dem Gestus beruht, bestimmte Haltungen des Sprechenden anzeigt, die dieser andern Menschen gegenüber einnimmt. Der Satz »Reiße das Auge, das dich ärgert, aus« ist gestisch ärmer als der Satz »Wenn dich dein Auge ärgert, reiß es aus«. Im letzteren wird zunächst das Auge gezeigt, dann enthält der erste Halbsatz den deutlichen Gestus des etwas Annehmens, und zuletzt kommt, wie ein Überfall, ein befreiender Rat, der zweite Halbsatz.

2

Ein artistisches Prinzip?

Für den Musiker ist das zunächst ein artistisches Prinzip und als solches nicht allzu interessant. Es mag ihm dazu verhelfen, seine Texte besonders lebendig und leicht aufnehmbar zu gestalten. Wichtig hingegen ist, daß dieses Prinzip des auf den Gestus Achtens, ihm ermöglichen kann, musizierend eine politische Haltung einzunehmen. Dazu ist nötig, daß er einen gesellschaftlichen Gestus gestaltet.

3

Was ist ein gesellschaftlicher Gestus?

Nicht jeder Gestus ist ein gesellschaftlicher Gestus. Die Abwehrhaltung gegen eine Fliege ist zunächst noch kein gesellschaftlicher Gestus, die Abwehrhaltung gegen einen Hund kann einer sein, wenn z.B. durch ihn der Kampf, den ein schlechtgekleideter Mensch gegen Wachthunde zu führen hat, zum Ausdruck kommt. Versuche, auf einer glatten Ebene nicht auszurutschen, ergeben erst dann einen gesellschaftlichen Gestus, wenn jemand durch ein Ausrutschen »sein Gesicht verlöre«, d.h. eine Geltungseinbuße erlitte. Der Arbeitsgestus ist zweifellos ein gesellschaftlicher Gestus, da die auf die Bewältigung der Natur gerichtete menschliche Tätigkeit eine Angelegenheit der Gesellschaft, eine Angelegenheit zwischen Menschen ist. Solange andrerseits ein Schmerzgestus so abstrakt und allgemein bleibt, daß er den rein tierischen Bezirk nicht überschreitet, ist er noch kein gesellschaftlicher Gestus. Aber gerade dahin, den Gestus zu entgesellschaften, neigt die Kunst häufig. Der Künstler gibt nicht Ruhe, bis er »den Blick des gejagten Hundes hat«. Der Mensch ist dann nur mehr »der« Mensch, sein Gestus ist jeder Besonderheit gesellschaftlicher Art entkleidet, er ist leer, d.h. keine Angelegenheit oder Maßnahme des besonderen Menschen unter den Menschen. Der »Blick des gejagten Hundes« kann zum gesellschaftlichen Gestus werden, wenn gezeigt wird, wie durch besondere Machenschaften der Menschen der einzelne Mensch auf die tierische Stufe heruntergedrückt wird, der gesellschaftliche Gestus ist der für die Gesellschaft relevante Gestus, der Gestus, der auf die gesellschaftlichen Zustände Schlüsse zuläßt.

4
Wie kann der Komponist in seiner Haltung zum Text seine Haltung im Klassenkampf wiedergeben?
Angenommen, in einer Kantate über den Tod Lenins soll der Musiker seine Haltung im Klassenkampf wiedergeben. Der Bericht über den Tod Lenins kann, was den Gestus betrifft, natürlich sehr verschieden gebracht werden. Ein gewisses feierliches Auftreten besagt noch wenig, da dies auch gegenüber dem Feind im Falle des Todes für schicklich gelten kann. Zorn über die »blind wütende Natur«, die den Besten der Gemeinschaft zur ungünstigen Zeit entreißt, wäre kein kommunistischer Gestus, auch weise Ergebenheit in dieses »Walten des Fatums« wäre keiner. Der Gestus der kommunistischen Trauer um einen Kommunisten ist ein ganz besonderer Gestus. Das Verhalten des Musikers zu seinem Text, des Referenten zu seinem Referat zeigt den Grad seiner politischen und damit menschlichen Reife an. Worüber ein Mensch in Trauer verfällt und in was für eine Trauer, das zeigt seine Größe. Die Trauer z. B. auf eine große Stufe zu heben, sie zu einer die Gesellschaft fördernden Sache zu machen, ist eine künstlerische Aufgabe.

5
Unmenschlichkeit der Stoffe an sich
In einer Weise haben die Stoffe an und für sich etwas Naives, Qualitätsloses, Leeres und Selbstgenügsames, wie das jeder Künstler weiß. Erst der gesellschaftliche Gestus, die Kritik, die List, die Ironie, die Propaganda usw. bringen das Menschliche hinein. Der Pomp der Faschisten, einfach als Pomp genommen, hat z. B. einen leeren Gestus, den Gestus des Pompes schlechthin, einer qualitätslosen Erscheinung, da gibt es statt gehender schreitende Menschen, einige Steifheit, viel Farbe, selbstbewußtes Sich-in-die-Brust-Werfen usw.; all dies könnte noch der Gestus einer Volksbelustigung sein, etwas Harmloses, rein Faktisches, dadurch Gegebenes. Erst wenn das Schreiten über Leichen erfolgt, ist der gesellschaftliche Gestus des Faschismus da. D. h. der Künstler muß dem Fakt des Pompes gegenüber eine Haltung einnehmen, er darf ihn nicht nur für sich sprechen lassen, einfach ausdrücken, wie es ihm, dem Fakt, beliebt.

6
Kriterium
Es ist ein vorzügliches Kriterium gegenüber einem Musikstück mit Text, vorzuführen, in welcher Haltung, mit welchem Gestus der Vortragende die einzelnen Partien bringen muß, höflich oder zornig, demütig oder verächtlich, zustimmend oder ablehnend, listig oder ohne Berechnung. Dabei sind die allergewöhnlichsten, vulgärsten, banalsten Gesten zu bevorzugen. So kann der politische Wert des Musikstücks abgeschätzt werden.

Kleines Privatissimum für meinen Freund Max Gorelik

1 Der moderne Stückschreiber (oder Bühnenbauer) steht in einem weit komplizierteren Verhältnis zu seinem Publikum als der Händler zu seiner Kundschaft. Aber selbst der Kunde hat dem Händler gegenüber nicht immer recht, indem er keineswegs eine unveränderliche, völlig erforschte, endgültige Erscheinung darstellt. Gewisse Appetite und Gewohnheiten können beim Kunden künstlich erzeugt werden – mitunter müssen sie auch nur entdeckt werden. Der Farmer wußte nicht seit jeher, daß er einen Fordwagen brauchte oder brauchen konnte. Die schnelle ökonomische und soziale Entwicklung dieses Zeitalters verändert den Zuschauer rapid und gründlich, fordert von ihm und ermöglicht ihm immerfort neue Arten des Denkens, Fühlens und Benehmens. Außerdem steht, Hannibal ante portas, eine neue Klasse vor den Toren des Theaters.

2 Der verschärfte Klassenkampf erzeugt in unserm Publikum solche Interessengegensätze, daß es ganz außerstande ist, einheitlich und spontan auf Kunst zu reagieren. Deshalb kann der Künstler nicht den spontanen Erfolg als gültiges Kriterium seines Werkes benutzen. Auch die unterdrückte Klasse kann er nicht blind als schnellen Richter anerkennen, denn ihr Geschmack und ihr Instinkt ist eben unterdrückt.

3 In einer solchen Zeit ist der Künstler darauf angewiesen, das zu machen, was ihm selber gefällt; in der Hoffnung, er selber stelle den idealen Zuschauer dar. Das bringt ihn noch nicht in einen Elfenbeinturm, solang er angestrengt bemüht ist, die Kämpfe der Unterdrückten mitzukämpfen, ihre Interessen zu entdecken und

zu vertreten und seine Kunst für sie zu entwickeln. Aber selbst in einem Elfenbeinturm sitzt er heute besser als in einer Hollywoodvilla.

4 Viel Verwirrung stiftet der Wunsch, gewisse Wahrheiten in Form verzuckerter Pillen einzuschmuggeln. Das heißt, den Rauschgifthandel dadurch auf eine moralisch höhere Stufe heben zu wollen, daß man Berauschten die Wahrheit beibringt: sie können sie nicht erkennen, bestimmt aber, wieder nüchtern geworden, nicht erinnern.

5 Die Art und Weise, wie am Broadway oder in Hollywood gewisse Spannungen und Emotionen erzeugt werden, mag kunstvoll sein, jedoch dient sie nur dazu, die entsetzliche Langeweile zu bekämpfen, welche eine ewige Wiederholung der Unwahrheit und Dummheit in jedem Publikum erzeugt. Diese »Technik« wird dazu verwendet und ist dazu entwickelt, an Dingen und Ideen Interesse zu erwecken, die nicht im Interesse des Publikums sind.

6 Das Theater der parasitären Bourgeoisie erzeugt eine ganz bestimmte Nervenwirkung, die keineswegs dem Kunsterlebnis vitaler Epochen gleichzustellen ist. Es »zaubert« die Illusion hervor, Vorgänge des wirklichen Lebens widerzuspiegeln, um mehr oder weniger primitive Schocks oder sentimentale Stimmungen vager Art zu erzielen, die als Surrogate für die fehlenden seelischen Erlebnisse eines ohnmächtigen und verkrüppelten Publikums in der Wirklichkeit konsumiert werden sollen. Selbst ein flüchtiger Blick genügt zu der Feststellung, daß all diese Wirkungen auch erzielt werden können mit völlig verzerrten Widerspiegelungen des wirklichen Lebens. Viele Künstler haben sogar die Überzeugung gewonnen, daß dieses zeitgemäße »Kunsterlebnis« *nur* durch solche verzerrten Widerspiegelungen hergestellt werden kann.

7 Demgegenüber muß festgehalten werden, daß es ein natürliches Interesse an bestimmten Vorgängen zwischen Menschen gibt, ganz jenseits der Sphäre der Kunst. Dieses natürliche Interesse kann von der Kunst benutzt werden. Es gibt auch ein spontanes Interesse an der Kunst selber, d.h. an dem Vermögen, wirkliches Leben widerzuspiegeln, und zwar in einer phantastischen, eigenwilligen, persönlichen Weise, eben der des jeweiligen Künstlers. Hier ist autonome, nicht erst zu erzeugende Spannung, was in der Wirklichkeit passiert und wie der Künstler es ausdrückt.

8 Die Verteidigung des konventionellen Theaters kann nur erfolgen, wenn man den sichtbar reaktionären Satz »Theater ist

Theater« oder »Drama ist Drama« benutzt. Auf diese Weise beschränkt man den Begriff des Dramas auf das verkommene Drama der parasitären Bourgeoisie. Jupiters Blitz in den Händen *L. B. Mayers*. Sieh den »Konflikt« der elisabethanischen Dramatik, kompliziert, wechselnd, großenteils unpersönlich, immer unlösbar, und sieh, was heute draus geworden ist, ob im zeitgemäßen Drama oder in der zeitgemäßen Reproduktion der elisabethanischen Dramen. Sieh die Rolle der Einfühlung damals und jetzt! Welch ein widerspruchsvoller, unterbrochener, komplizierter Akt im Shakespearischen Theater! Was wir heute als »ewige Gesetze des Dramas« vorgesetzt bekommen, sind die sehr heutigen Gesetze, erlassen von *L. B. Mayer* und der »Theatre Guild«.

9 Verwirrung über das nichtaristotelische Drama wurde gestiftet durch die Verwechslung von einem »wissenschaftlichen Drama« mit dem »Drama des wissenschaftlichen Zeitalters«. Die Grenzpfähle zwischen Kunst und Wissenschaft stehen nicht immer auf dem gleichen Fleck, die Aufgaben der Kunst können von der Wissenschaft, die der Wissenschaft von der Kunst übernommen werden, jedoch bleibt das epische Theater ein Theater, d.h. das Theater bleibt Theater, indem es episch wird.

10 Nur die Gegner des modernen Dramas, die Verfechter der »ewigen Gesetze des Dramas« werden behaupten, das moderne Theater verzichte auf Emotionen, wenn es auf den Einfühlungsakt verzichtet. In Wirklichkeit liquidiert das moderne Theater nur eine ramponierte, überalterte subjektivistische Gefühlswelt und bricht Bahn den neuen, vielfachen, sozial produktiven Emotionen eines neuen Zeitalters.

11 Das moderne Theater muß nicht danach beurteilt werden, wie weit es die Gewohnheiten des Publikums befriedigt, sondern danach, wie weit es sie verändert. Es muß nicht gefragt werden, ob es sich an die »ewigen Gesetze des Dramas« hält, sondern ob es die Gesetze künstlerisch bewältigen kann, nach denen sich die großen sozialen Prozesse unseres Zeitalters vollziehen. Nicht ob es den Zuschauer am Billettkauf, also am Theater interessiert, sondern ob es ihn an der Welt interessiert.

Verrat des Galilei

Viele, welche die Unzulänglichkeiten des Kapitalismus sehen oder zumindest ahnen, sind bereit, sie zu dulden der persönlichen Freiheit wegen, die er ihnen zu bieten scheint. Sie glauben an diese Freiheit hauptsächlich deswegen, weil sie kaum je Gebrauch von ihr machen. Unter der Hitlerfuchtel sahen sie diese Freiheit allerdings mehr oder minder kassiert; sie war vergleichbar einem kleinen Kapital auf der Sparkasse, das in normalen Zeiten jederzeit greifbar, freilich besser nicht anzugreifen war, jetzt sozusagen eingefroren, d.h. zwar nicht mehr greifbar, aber doch noch vorhanden war. Sie betrachteten die Hitlerzeit als anormal; es handelte sich da für sie um Auswüchse des Kapitalismus oder gar um eine antikapitalistische Bewegung. Um das letztere zu glauben, mußte man allerdings die Definition benutzen, welche die Nationalsozialisten dem Kapitalismus gaben, und was die Theorie der Auswüchse betrifft, hatte man immerhin im Kapitalismus ein System vor sich, das Auswüchse hervorbrachte, die sicherlich nicht von den Intellektuellen verhindert oder zum Verschwinden gebracht werden konnten. In jedem Fall konnte nur die Katastrophe die Freiheit wiederherstellen. Als die Katastrophe eintrat, stellte sie, nicht einmal sie, die Freiheit nicht wieder her.

Anrede an den Kongressausschuss für unamerikanische Betätigungen in Washington, 1947

Ich bin geboren in Augsburg (Deutschland), als Sohn eines Fabrikdirektors, und studierte Naturwissenschaften und Philosophie an den Universitäten von München und Berlin. Zwanzigjährig, als Sanitätssoldat im ersten Weltkrieg, schrieb ich eine Ballade, die das Hitlerregime fünfzehn Jahre später als Grund meiner Ausbürgerung angab. Das Gedicht bekriegte den Krieg und jene, die ihn zu verlängern wünschten.

Ich wurde Stückeschreiber. Deutschland schien eine Zeitlang auf dem Weg zur Demokratie. Es gab Freiheit der Rede und des künstlerischen Ausdrucks.

In der zweiten Hälfte der zwanziger Jahre jedoch gewannen die alten reaktionären militaristischen Kräfte wieder Boden. Ich war damals auf der Höhe meiner Laufbahn als Stückeschreiber, mein

Stück »Die Dreigroschenoper« wurde über ganz Europa hin aufgeführt. Aber in Deutschland wurden schon Stimmen gehört, welche die Freiheit des künstlerischen Ausdrucks und der Rede beseitigt haben wollten. Humanistische, sozialistische, selbst christliche Ideen wurden »undeutsch« genannt, welches Wort ich ohne die wölfische Intonation Hitlers kaum noch denken kann. Zur gleichen Zeit wurden die kulturellen und politischen Institutionen des Volks wütend angegriffen.

Die Weimarer Republik hatte, bei all ihren Schwächen, einen kräftigen Wahlspruch, anerkannt von den besten Schriftstellern und Künstlern aller Art: *Die Kunst dem Volke.* Die deutschen Arbeiter, deren Interesse für Kunst und Literatur in der Tat groß war, bildeten einen besonders wichtigen Teil des allgemeinen Publikums, der Leser und der Theaterbesucher. Ihre Leiden in einer katastrophalen wirtschaftlichen Krise, die ihren kulturellen Standard mehr und mehr bedrohte, und die wachsende Macht des alten militaristischen feudalen, imperialistischen Abhubs alarmierten uns. Ich begann Gedichte, Lieder und Stücke zu schreiben, welche wiedergaben, was das Volk fühlte, und seine Feinde angriffen, die nun offen unter dem Hakenkreuz Adolf Hitlers marschierten.*

Die Verfolgungen auf dem Gebiet der Kultur nahmen gradweise zu. Bekannte Maler, Verleger und Zeitschriftenherausgeber wurden gerichtlich verfolgt. An den Universitäten wurden politische Hexenverfolgungen inszeniert, gegen Filme wie »Im Westen nichts Neues« Kesseltreiben veranstaltet. Dies waren natürlich nur Vorbereitungen zu drastischeren Maßnahmen. Als Hitler die Macht ergriff, verbot man Malern das Malen, Schriftstellern das Schreiben, und die Nazipartei riß die Verlage und Filmstudios an sich. Aber selbst diese Anschläge auf das kulturelle Leben des deutschen Volkes waren nur ein Beginn. Sie wurden ersonnen und ausgeführt als geistige Vorbereitung des totalen Kriegs, welcher der totale Feind der Kultur ist. Der folgende Krieg machte mit all dem ein Ende. Das deutsche Volk lebt jetzt ohne ein Dach über dem Kopf, ohne zureichende Nahrung, ohne Seife, ohne die baren Grundlagen der Kultur.

Zu Beginn waren nur sehr wenige Leute imstande, die Verbindung zwischen den reaktionären Einschränkungen auf dem kultu-

* Übersetzungen solcher Dichtungen lagen dem Ausschuß als Belastungsmaterial gegen Brecht vor.

rellen Gebiet und dem endgültigen Anschlag auf das physische Leben des Volkes selbst zu sehen. Die Anstrengungen der demokratischen, antimilitaristischen Kräfte erwiesen sich als viel zu schwach.

Ich mußte Deutschland im Februar 1933, am Tag nach dem Reichstagsbrand, verlassen. Ein Exodus von Schriftstellern und Künstlern begann, wie ihn die Welt noch nicht gesehen hatte. Ich ließ mich in Dänemark nieder und widmete von nun an meine gesamte literarische Arbeit dem Kampf gegen Nazismus, Stücke und Gedichte schreibend.

Einige Gedichte wurden in das Dritte Reich eingeschmuggelt, und die dänischen Nazis, unterstützt von Hitlers Gesandtschaft, begannen bald meine Deportation zu verlangen. Die dänische Regierung lehnte dies ab. Aber im Jahr 1939, als der Krieg bevorzustehen schien, zog ich mit meiner Familie nach Schweden. Ich konnte nur ein Jahr lang bleiben. Hitler fiel in Dänemark und Norwegen ein.

Wir setzten unsere Flucht nach Norden fort und gelangten nach Finnland. Hitlers Truppen folgten. Finnland war schon voll von Nazidivisionen, als wir 1941 nach Amerika ausreisten. Wir durchquerten die USSR im Sibirischen Expreß, der deutsche, österreichische, tschechische Flüchtlinge trug. Zehn Tage, nachdem wir Wladiwostok auf einem schwedischen Schiff verlassen hatten, fiel Hitler in der USSR ein. Das Schiff lud Kopra in Manila. Einige Monate danach fielen Hitlers Verbündete in dieser Insel ein.

Ich vermute, daß einige meiner Stücke und Gedichte, geschrieben in der Periode des Kampfs gegen Hitler, den Ausschuß des Kongresses veranlaßt haben, mich hierher zu zitieren.

Meine Betätigungen, selbst die gegen Hitler, waren immer rein literarische, und sie waren von niemandem abhängig. Als Gast der Vereinigten Staaten betätigte ich mich in keiner Weise, dieses Land betreffend, auch nicht literarisch. Nebenbei erwähnt, bin ich kein Filmschreiber. Ich bin mir keines Einflusses bewußt, den ich auf die Filmindustrie ausgeübt haben könnte, weder eines politischen noch eines künstlerischen.

Jedoch fühle ich mich, berufen vor den Kongreßausschuß gegen unamerikanische Betätigungen, zum ersten Mal versucht, ein paar Worte über amerikanische Angelegenheiten zu äußern. Zurückschauend auf meine Erfahrungen als Stückeschreiber und Dichter in dem Europa der beiden letzten Jahrzehnte, möchte ich sagen, daß das große amerikanische Volk viel verlieren und viel riskieren würde, wenn es irgend jemandem erlaubte, den freien Wettbewerb der Ideen auf kulturellem Gebiet einzuschränken oder gegen die Kunst einzuschreiten, die frei sein muß, um Kunst zu sein.

Wir verbringen unser Leben in einer gefährlichen Welt. Der Stand unserer Zivilisation ist ein solcher, daß die Menschheit schon alle Mittel besäße, überaus reich zu sein, aber in der Gänze noch immer mit Armut geschlagen ist. Große Kriege sind erlitten worden, größere stehen, wie wir hören, bevor. Einer von ihnen mag sehr wohl die Menschheit in ihrer Gänze verschlingen. Wir mögen das letzte Geschlecht der Spezies Mensch auf dieser Erde sein. Die Ideen darüber, wie man die neuen Produktionsmöglichkeiten benutzen könnte, sind nicht sehr entwickelt worden seit den Tagen, als das Pferd tun mußte, was der Mensch nicht konnte. Denken Sie nicht, daß in so mißlicher Lage jede neue Idee sorgfältig und frei untersucht werden sollte? Die Kunst kann solche Ideen klarer und sogar edler machen.

Offener Brief an die deutschen Künstler und Schriftsteller

Mit Entsetzen habe ich, wie viele andere, der Rede Otto Grotewohls, in der er eine gesamtdeutsche Beratung zur Vorbereitung allgemeiner freier Wahlen fordert, entnommen, wie ernst die Regierung der Deutschen Demokratischen Republik die Lage in Deutschland beurteilt.

Werden wir Krieg haben? Die Antwort: Wenn wir zum Krieg rüsten, werden wir Krieg haben. Werden Deutsche auf Deutsche schießen? Die Antwort: Wenn sie nicht miteinander sprechen, werden sie aufeinander schießen.

In einem Land, das lange Zeit seine Geschäfte einheitlich geführt hat und das plötzlich gewaltsam zerrissen wird, gibt es allerorten und allezeit viele Konflikte, die geschlichtet werden müssen. Dies kann auf viele Weisen geschehen. Wenn es Heere gibt, wird es auf kriegerische Weise geschehen. Spätestens wenn die Gefahr auftaucht, daß solche Heere entstehen, muß unter allen Umständen eine neue Anstrengung gemacht werden, die Wiedervereinigung auf friedlichem Wege herbeizuführen, welche, abgesehen von den ungeheuren Vorteilen solcher Einheit, die Konflikte beseitigt. Die Menschen aller Berufe, alle gleich bedroht, müssen dazu beitragen, die Spannungen zu beseitigen, die entstanden sind. Als Schriftsteller wende ich mich an die deutschen Schriftsteller und Künstler, ihre Volksvertretungen zu ersuchen, in einem frühen Stadium der erhofften Verhandlungen folgende Vorschläge zu besprechen:

1. Völlige Freiheit des Buches, mit einer Einschränkung.
2. Völlige Freiheit des Theaters, mit einer Einschränkung.
3. Völlige Freiheit der bildenden Kunst, mit einer Einschränkung.
4. Völlige Freiheit der Musik, mit einer Einschränkung.
5. Völlige Freiheit des Films, mit einer Einschränkung.

Die Einschränkung: Keine Freiheit für Schriften und Kunstwerke, welche den Krieg verherrlichen oder als unvermeidbar hinstellen, und für solche, welche den Völkerhaß fördern.

Das große Carthago führte drei Kriege. Es war noch mächtig nach dem ersten, noch bewohnbar nach dem zweiten. Es war nicht mehr auffindbar nach dem dritten.

Formalismus und neue Formen

Der Leerlauf in der Literatur der spätkapitalistischen Epoche zeigt sich bekanntlich darin, daß ihre Dichter unablässig versuchen, den alten bürgerlichen Inhalten durch verzweifeltes Umformen neue Reize abzugewinnen. So tritt eine eigentümliche Verfallserscheinung auf, nämlich die Trennung von Form und Inhalt beim Kunstwerk, indem die Form, welche neu, sich vom Inhalt, welcher alt ist, absetzt. Mit andern Worten: nur die neuen Inhalte vertragen neue Formen. Sie fordern sie sogar. Zwänge man nämlich die neuen Inhalte in alte Formen, träte sofort wieder die verhängnisvolle Scheidung von Inhalt und Form ein, indem nunmehr die Form, welche alt, sich vom Inhalt, welcher neu wäre, absetzte. Das Leben, das sich allenthalben bei uns, wo die Grundlagen der Gesellschaft umgewälzt werden, in neuen Formen abspielt, kann durch eine Literatur in der alten Form nicht gestaltet oder beeinflußt werden.

[Politisches Bewusstsein und Kunstgenuss]

Die Gesellschaft muß einen sehr hohen Stand erreicht haben, d.h. sehr viel mit wenig Mühe produzieren können, daß Kunstwerke ausweglose Verzweiflung ausdrücken dürfen und damit kleinere Verstimmungen einzelner beseitigen.

Wir wissen, daß große Meisterschaft schon viel Unfug angestiftet hat. Es gibt aber einen sehr hohen Stand der Kunstkennerschaft, bei der noch unschädlicher Genuß aus Werken leichtsinniger oder törichter Meisterschaft gezogen werden kann. Und selbst ein wenig schädlicher Genuß mag sich lohnen. Bei hohem politischen Bewußtsein können sogar asoziale Kunstwerke genossen werden. Jede Epoche muß wenigstens so viel historischen Sinn aufbringen, daß sie auf weitere Entwicklung gefaßt ist und Werke, die rein technische Merkmale der Kunstfertigkeit aufweisen, aufhebt.

Keine Regierung darf sich durch den Kunstwert eines Werks einschüchtern lassen, sein Gift freizusetzen. Wehe ihr allerdings, wenn sie Medizin für Gift hält!

Einige Bemerkungen über mein Fach

Als wir nach Beendigung des Hitlerkriegs wieder darangingen, Theater zu machen, bestand die größte Schwierigkeit vielleicht darin, daß der Umfang der Zerstörung, die stattgefunden hatte, weder den Künstlern noch dem Publikum bekannt zu sein schien. Bei den Fabriken, die in Schutt lagen, bei den Wohnhäusern ohne Dächer war es offenbar, daß eine besondere Anstrengung verlangt wurde, aber was das Theater betraf, bei dem doch mehr zerstört war, als Bauarbeit allein wieder aufrichten konnte, schien niemand viel mehr zu verlangen oder viel mehr zu bieten als ein Weitermachen, etwas erschwert durch das Fehlen von Brot und Kulissen. Dabei war der Niedergang ungeheuerlich. Die Roheit und die Dummheit triumphierten, sichtlich eisern entschlossen, ihre Blütezeit zu überleben.

Und sie machten sich besonders breit bei der Wiedergabe unserer edelsten Kunstwerke. Der Niedergang wurde aber nicht gesehen, weil mit ihm zusammen ein ebenso ungeheuerlicher Niedergang der Beurteilung gegangen war.

Der schnelle Verfall der Kunstmittel unter dem Naziregime ging anscheinend nahezu unmerklich vor sich. Daß die Beschädigung an den Theatergebäuden so viel sichtbarer war als die an der Spielweise, hängt wohl damit zusammen, daß die erstere beim Zusammenbruch des Naziregimes, die letztere aber bei seinem Aufbau erfolgt. So wird tatsächlich noch heute von der »glänzenden Technik« der Göringtheater gesprochen, als wäre solch eine Technik übernehmbar, gleichgültig, auf was da ihr Glanz nun gefallen war. Als ob eine Technik, die der Verhüllung der gesellschaftlichen Kausalität dient, zu ihrer Aufdeckung verwendet werden könnte!

Als wir nach Beendigung des Hitlerkriegs wieder darangingen, Theater zu machen, Theater im Geist des Fortschritts und der Versuche, gerichtet auf die Veränderung der Gesellschaft, die so sehr dringend war, waren die Kunstmittel des Theaters, welche so lange Zeit zu ihrer Ausbildung brauchen, so gut wie zerstört durch den Geist des Rückschritts und der Abenteuer. Das Poetische war ins Deklamatorische entartet, das Artistische ins Künstliche. Trumpf war Äußerlichkeit und falsche Innigkeit. Anstatt des Beispielhaften gab es das Repräsentative, anstatt der Leidenschaft das Temperament. Eine ganze Generation von Schauspielern war ausgewählt nach falschen Gesichtspunkten, ausgebildet nach falschen Doktrinen.

Wie sollte man mit so depraviertem, geistig wie technisch ruiniertem Theater die neuen Aufführungen für die neuen Zuschauer veranstalten? Wie sollte damit der neue Mensch konstituiert werden, der diesem Erdteil so sehr vonnöten ist? Wie die große Fabel, aufzeigend die Drehpunkte der so nötigen gesellschaftlichen Veränderung? Wie die Umwelt gestaltet werden, neuerdings aus einer fixierten Größe eine variable geworden? Wie eine Dramatik der Widersprüche und dialektischen Prozesse aufgestellt werden, eine Dramatik nicht objektiv? Wie sollte die neue positiv kritische Haltung des neuen Publikums der Produzierenden hergestellt werden?

Die Frage enthält schon die Antwort. Nicht durch besonders leichte Aufgaben konnte das verkommende Theater wieder gekräftigt werden, sondern nur durch die allerschwersten. Kaum mehr imstande, seichteste Unterhaltung herzustellen, hatte es noch eine letzte Aussicht, wenn es sich Aufgaben zuwandte, die ihm nie gestellt worden waren. Unzulänglich in sich selbst, als Theater, mußte es sich anstrengen, auch noch seine Umwelt zu verändern. Es konnte hinfort seine Abbildungen der Welt nur noch zu gestalten hoffen, wenn es mithalf, die Welt selbst zu gestalten.

In dem Teil Deutschlands, in dem die einen von Ihnen zu Hause und die andern zu Gaste sind, werden große Anstrengungen auf dem Gebiet des Theaters unternommen. Lassen Sie mich Ihnen versichern, daß sie nicht nur für diesen Teil Deutschlands unternommen werden. Und lassen Sie mich Ihnen versichern, daß wir, die sie unternehmen, wissen, *wie* fruchtlos sie letzten Endes bleiben müßten ohne die Anstrengungen der andern Teile Deutschlands. Die Losung der Klassik gilt noch immer: wir werden ein nationales Theater haben oder keines. Und ich habe noch vom Frieden zu sprechen, wie wir alle und unaufhörlich. Mein Fach, das Theater, ist nur *ein* Gebiet der Kultur, nicht das wichtigste. Was wird mit *allen* geschehen? Sollten wir es zulassen, daß in einem koreanisierten Deutschland, über das der Krieg hin und zurück und wieder hin und wieder zurück geht, alle *vollends* verheert werden?

Zum Kongress der Völker für den Frieden

Das Gedächtnis der Menschheit für erduldete Leiden ist erstaunlich kurz. Ihre Vorstellungsgabe für kommende Leiden ist fast noch geringer. Die Beschreibungen, die der New Yorker von den Greueln der Atombombe erhielt, schreckten ihn anscheinend nur wenig. Der Hamburger ist noch umringt von Ruinen, und doch zögert er, die Hand gegen einen neuen Krieg zu erheben. Die weltweiten Schrecken der vierziger Jahre scheinen vergessen. Der Regen von gestern macht uns nicht naß, sagen viele.

Diese Abgestumpftheit ist es, die wir zu bekämpfen haben, ihr äußerster Grad ist der Tod. Allzu viele kommen uns schon heute vor wie Tote, wie Leute, die schon hinter sich haben, was sie vor sich haben, so wenig tun sie dagegen.

Und doch wird nichts mich davon überzeugen, daß es aussichtslos ist, der Vernunft gegen ihre Feinde beizustehen. Laßt uns das tausendmal Gesagte immer wieder sagen, damit es nicht einmal zuwenig gesagt wurde! Laßt uns die Warnungen erneuern, und wenn sie schon wie Asche in unserem Mund sind! Denn der Menschheit drohen Kriege, gegen welche die vergangenen wie armselige Versuche sind, und sie werden kommen ohne jeden Zweifel, wenn denen, die sie in aller Öffentlichkeit vorbereiten, nicht die Hände zerschlagen werden.

[Wo ich gelernt habe]

1
Den Künstlern wird jetzt, an der Schwelle der neuen Zeit, ein großes Lernen vorgeschlagen, und das nicht nur den jungen, die ihre Kunst erst neu zu erlernen haben, nachdem sie mehr oder minder fern von den Künsten gehalten aufgewachsen sind, sondern auch den Meistern. Als lehrreich werden genannt: die Volkskunst und die Kunst der nationalen Klassiker sowie die Kunst der am meisten fortgeschrittenen Gesellschaftsordnung unserer Zeit, der der S. U.

2
Natürlich ist nicht gemeint, daß nirgendwo sonst zu lernen wäre. Den Klassikern des fortschrittlichen Bürgertums, auf die zunächst verwiesen wird, kann man bei uns Deutschen sogleich noch Klassiker wie Grimmelshausen in der Erzählung und Luther in der Lyrik und im Pamphlet hinzufügen, und dazu kommen Klassiker anderer Völker, die allerdings, schon aus sprachlichen, aber auch aus anderen Gründen, besser verstanden werden können, wenn man die deutschen studiert hat.

3
Im folgenden werde ich aufzählen, wo ich selber gelernt habe, wenigstens, soweit ich mich erinnere. Und ich werde es aufschreiben nicht nur, damit andere davon etwas haben, sondern auch, damit ich selber zu einem Überblick komme. Man lernt noch einmal, wenn man ausfindet, was man gelernt hat.

4
Volkslieder habe ich verhältnismäßig spät kennengelernt, wenn ich von einigen Goethe- und Heineliedern absehe, die da und dort gesungen wurden, von denen ich aber nicht recht weiß, ob man sie zu den Volksliedern rechnen soll, da die Bevölkerung an ihnen auch nicht durch die kleinste Veränderung mitdichtete. Es ist beinahe, als hätten die großen Dichter und Musiker des fortschrittli-

chen Bürgertums, indem sie das edelste Volksgut in neuen Prägungen aufnahmen, die Bevölkerung selbst der Sprache beraubt. Was ich in meiner Kindheit singen hörte, waren lange Lieder von edlen Räubern und billige Schlager. Hierbei freilich klang noch, verwischt und depraviert, Altes mit, und es wurde auch noch mitgedichtet. Die Arbeiterinnen der nahen Papierfabrik erinnerten sich nicht immer aller Verse eines Liedes und improvisierten Übergänge, wovon viel zu lernen war. Ihre Haltung gegenüber den Liedern war ebenfalls lehrreich. Sie gaben sich ihnen keineswegs naiv hin. Sie sangen ganze Lieder oder einzelne Verse mit einiger Ironie und versahen manches Kitschige, Übertriebene, Unreale sozusagen mit Krähenfüßen. Allzuweit waren sie nicht von jenen hochgebildeten Kompilatoren der Homerischen Epen entfernt, die von Naivität angetan waren, ohne selber naiv zu sein.

5

In meiner Kindheit hörte ich oft »Das Seemannslos«. Es ist ein unbedeutender Schlager, aber er enthält einen Vierzeiler von großer Schönheit. Nach einer Strophe, die den Untergang eines Schiffes im Sturm schildert, heißt es:

Als nun die stürmische Nacht vorbei
ruht, ach so tief, das Schiff.
Nur die Delphine und gierige Hai'
sind um das einsame Riff.

Das Stillewerden der Naturgewalten kann kaum besser gestaltet werden. Hier stößt man unvermittelt auf einen wunderbaren Vierzeiler des alten Volkslieds »Die Königskinder«. Nach der Beschreibung der wilden Nacht, in der die Wasser den Königssohn verschlungen haben, heißt es:

Es war an einem Sonntagmorgen.
Die Leute waren alle so froh.
Nicht so des Königs Tochter
Die Augen fielen ihr zu.

Dies ist viel edlerer Stoff, man vergleiche die beiden letzten Verse der Vierzeiler, die billige Romantik des ersteren und die ergreifende Nüchternheit in der Beschreibung der durchwachten Nacht des letzteren. Aber da ist doch auch der große Kunstgriff der Abblendung und des Frischanfangens, der den beiden ersten Versen gemeinsam ist. Wiederaufnahme und Verschlechterung kann man auch an einem minderen Gedicht studieren, dem »Trompeter an der Katzbach«, der in keinem Lesebuch meiner Jugend fehlte:

Von Wunden ganz bedecket
Der Trompeter sterbend ruht
An der Katzbach hingestrecket
Aus der Wunde fließt das Blut.

Der erste Vers erinnert durch Rhythmus und Inhalt an Paul Gerhardts

O Haupt voll Blut und Wunden

und er nimmt von diesem Anklang glücklich den Ausrufcharakter, glücklich, denn ohne diesen wäre er eine Partizipkonstruktion und der zweite Vers könnte kaum wie ein Anfang lauten und verlöre an Monumentalität. Und doch gewinnt der zweite Vers für das Partizip *sterbend* noch von dem Partizip *bedecket* den Fortgang. Der Akzent liegt so um so schwerer auf dem *ruht*, auf das es ankommt, weil der Verwundete nachher diese Ruhe aufgibt, um in die Siegesfanfaren einzustimmen. Das *hingestrecket* des dritten Verses dient ebenfalls der Etablierung des Ruhezustands; es ist ziemlich kühn, denn wenn man es so liest wie das Partizip des ersten Verses, als *er ruht hingestrecket* und nicht *er wurde hingestrecket*, wird der Trompeter so lange wie ein ganzes Dorf.

6

Was die Zeitgenossen angeht, gibt es bei Becher gut aus dem Volkslied Geschöpftes, ferner bei Lorca, und von Simonow habe ich ein Lied, in dem ein Mädchen einem fern kämpfenden Rotarmisten verspricht, auf ihn zu warten, für eine Szene im »Kaukasischen Kreidekreis« umgeformt, in der nur die Elemente eines Volksliedes möglich waren.*

7

Aus mindestens zwei Gründen, die miteinander verbunden sind, lohnt es sich, die zwei großen Lehrgedichte der Römer zu studieren, die »Georgica« des Virgil und »Von der Natur der Dinge« des Lukrez. Einmal sind es Vorbilder dafür, wie man die Bearbeitung der Natur und eine Weltauffassung in Versen beschreiben kann,

* Viele der Becherschen »Neuen Volkslieder« sind übrigens meiner Ansicht nach nicht so sehr von altem Volksgut beeinflußt. Sie stellen einen Versuch dar, zu neuen und neuartigen Liedern zu kommen, die von der Bevölkerung gesungen werden können.

und des andern haben wir in den schönen Übersetzungen von Voß und Knebel Arbeiten vor uns, die wunderbare Aufschlüsse über unsere Sprache geben. Der Hexameter ist ein Versmaß, das die deutsche Sprache zu den fruchtbarsten Anstrengungen zwingt. Sie erscheint deutlich »gehandhabt«, was das Lernen sehr erleichtert.* Wie Virgil hat auch der Übersetzer den Versbau zusammen mit dem Landbau zu lehren und der »geschmackvolle und kunstreiche Gebrauch, den der alte Dichter von dem ganzen poetischen Apparat zu machen weiß«, kurz, der große Kunstverstand der Alten entwickelt sich an großen Inhalten.

8
Die bürgerlichen Klassiker gewannen viel aus der Beschäftigung mit den Alten, nicht nur neue Werke, die wie »Hermann und Dorothea«, »Reineke Fuchs« und die »Achilleis« als Kopien entstanden, sondern auch ihr Wissen von den Gattungen der Dichtung. (Was ist die Form für diesen oder jenen poetischen Gedanken, Ballade, Epos, Lied usw.?) Dieses Wissen von den Gattungen ist heute so gut wie verfallen, und nicht einmal, was ein poetischer Gedanke ist und was noch keiner, wird halbwegs gewußt. Unsere Gedichte sind vielfach mehr oder minder mühsame Versifizierungen von Artikeln oder Feuilletons oder eine Verkopplung halber Empfindungen, die noch zu keinem Gedanken geworden sind.

Einschüchterung durch die Klassizität

Der lebendigen Aufführung unserer klassischen Werke steht viel im Wege. Das Schlimmste ist die Denk- und Fühlfaulheit der Routiniers. Es gibt eine Tradition der Aufführung, die gedankenlos zum kulturellen Erbe gezählt wird, obwohl sie das Werk, das eigentliche Erbe, nur schädigt; das ist eigentlich eine Tradition der Schädigung der klassischen Werke. Es fällt sozusagen durch Vernachlässigung mehr und mehr Staub auf die großen alten Bilder, und die Kopisten kopieren mehr oder minder fleißig diese Staubflecken mit. Hauptsächlich verloren geht dabei die ursprüngliche Frische der klassischen Werke, ihr damalig Überraschendes,

* »Gehandhabt« erscheint die Sprache auch in den Versifizierungen, die Goethe von den Prosaentwürfen der »Iphigenie« und Schiller vom »Don Carlos« machten.

Neues, Produktives, das ein Hauptmerkmal dieser Werke ist. Die traditionelle Aufführungsart dient der Bequemlichkeit der Regisseure und Schauspieler und des Publikums zugleich. Die Leidenschaftlichkeit des großen Werks wird ersetzt durch das Bühnentemperament, und der Bildungsprozeß, der dem Publikum gemacht wird, ist, dem kämpferischen Geist der Klassiker entgegen, ein lauer, gemächlicher und wenig ergreifender. Natürlich entsteht dadurch mit der Zeit eine schreckliche Langeweile, die den Klassikern ebenfalls ganz fremd ist. Dagegen nun richten sich die Bestrebungen oft talentierter Regisseure oder Schauspieler, neue, bisher nicht gesehene, sensationelle Effekte auszudenken, die jedoch rein formalistischer Art sind, d.h. dem Werk, seinem Inhalt und seiner Tendenz aufgesetzt und aufgedrängt werden, so daß es zu sogar noch schlimmeren Schädigungen kommt als bei den traditionsgebundenen Aufführungen; denn hierbei wird Inhalt und Tendenz des klassischen Werks nicht nur verdunkelt oder verflacht, sondern direkt verfälscht. Die formalistische »Erneuerung« der klassischen Werke ist die Antwort auf die traditionsgebundene, und es ist die falsche Antwort. Das schlecht konservierte Fleisch wird sozusagen nur durch scharfe Gewürze und Saucen wieder schmackhaft gemacht.

Wenn wir an die Aufführung eines klassischen Werks herangehen, müssen wir all das wissen. Wir müssen das Werk neu sehen, wir dürfen uns nicht an die verkommene, gewohnheitsdiktierte Art halten, in der wir es auf dem Theater einer verkommenden Bourgeoisie gesehen haben. Und wir dürfen nicht rein formale, äußerliche, dem Werk fremde »Neuerungen« anstreben. Wir müssen den ursprünglichen Ideengehalt des Werks herausbringen und seine nationale und damit seine internationale Bedeutung fassen und zu diesem Zweck die geschichtliche Situation zur Entstehungszeit des Werks sowie die Stellungnahme und besondere Eigenart des klassischen Autors studieren. Dieses Studium hat seine eigenen Schwierigkeiten, über die oft gesprochen wurde und noch lange gesprochen werden wird. Ich will darauf im Augenblick nicht eingehen, da ich noch auf ein Hindernis zu sprechen kommen will, das ich die Einschüchterung durch die Klassizität nenne.

Diese Einschüchterung kommt zustande durch eine falsche, äußerliche Auffassung von der Klassizität eines Werkes. Die Größe der klassischen Werke besteht in ihrer menschlichen Größe, nicht in einer äußerlichen Größe in Anführungszeichen. Die Tradition der Aufführungen, lange Zeit an den Hoftheatern »gepflegt«, hat sich auf den Theatern des niedergehenden und verkommenden Bürgertums immer mehr von dieser menschlichen Größe entfernt, und die Experimente der Formalisten haben da nur noch nachgeholfen. An Stelle des echten Pathos der großen bürgerlichen Humanisten trat das falsche Pathos der Hohenzollern, an Stelle des Ideals trat die Idealisierung, an Stelle des Schwungs, der eine Beschwingtheit war, das Reißerische, an Stelle der Feierlichkeit das Salbungsvolle usw. usw. Es entstand eine falsche Größe, die nur öde war. Der wunderbare Humor Goethes in seinem »Urfaust« paßte nicht zu dem würdevollen olympischen Schreiten, das man den Klassikern zuschrieb, als ob Humor und echte Würde Gegensätze wären! Die herrlich erfundenen Handlungen wurden nur dazu benutzt, zu effektvollen Deklamationen zu kommen, d.h. sie wurden völlig vernachlässigt. Die Verfälschung und Entleerung ging so weit, daß – um wieder am »Urfaust« zu demonstrieren – so wichtige Vorgänge der Dichtung wie der Pakt des großen Humanisten mit dem Teufel, der doch für die Gretchentragödie Bedeutung hat – ohne den Pakt würde sie anders verlaufen oder nicht geschehen –, einfach »weggespielt« wurden, da man anscheinend der Ansicht war, daß ein Held nur Heldisches tun kann in einem klassischen Werk. Selbstverständlich kann der »Faust«, auch der »Urfaust«, nur gestaltet werden mit dem gewandelten und geläuterten Faust am Ende des zweiten Teils im Auge, dem Faust, der den Teufel besiegt und vom unproduktiven, durch den Teufel bereiteten Lebensgenuß zum produktiven übergeht, aber wo bleibt diese großartige Wandlung, wenn die Stadien des Anfangs übersprungen werden? Wenn wir uns einschüchtern lassen durch eine falsche, oberflächliche, dekadente, spießige Auffassung von der Klassizität, werden wir niemals zu lebendigen, menschlichen Darstellungen der großen Werke kommen. Der echte Respekt, den diese Werke verlangen können, fordert es, daß wir den scheinheiligen, lippedienerischen, falschen Respekt entlarven.

Kunst und Moral

Immer wieder wird versucht, zur Definition der Kunst moralische Kriterien zuzuziehen. Das ist unpraktisch. Besser, man spricht von moralischer und unmoralischer Kunst. Denn sonst kommt man allzuleicht dazu, am Ende künstlerisch schwache Werke wegen ihrer moralischen Absichten (die bei künstlerischer Schwäche gar nicht verwirklicht werden können) zu loben. Und die Gesellschaft ist im ganzen potent genug, aus allem Kunstvollen irgend etwas zu machen, sie hat tausend Hände. Einige Jahre abgewartet, einige dringende aktuale Bedürfnisse befriedigt, und das Unmoralische, in zeitlichem Abstand historisch gesehen, ergibt wieder Nährstoff.

VII.

»… die ganze Existenz verfremdet.« – Der 17. Juni 1953

[Zum 17. Juni 1953]

Die Demonstrationen des 17. Juni zeigten die Unzufriedenheit eines beträchtlichen Teils der Berliner Arbeiterschaft mit einer Reihe verfehlter wirtschaftlicher Maßnahmen.

Organisierte faschistische Elemente versuchten, diese Unzufriedenheit für ihre blutigen Zwecke zu mißbrauchen.

Mehrere Stunden lang stand Berlin am Rande eines dritten Weltkrieges.

Nur dem schnellen und sicheren Eingreifen sowjetischer Truppen ist es zu verdanken, daß diese Versuche vereitelt wurden.

Es war offensichtlich, daß das Eingreifen der sowjetischen Truppen sich keineswegs gegen die Demonstrationen der Arbeiter richtete. Es richtete sich ganz augenscheinlich ausschließlich gegen die Versuche, einen neuen Weltbrand zu entfachen.

Es liegt jetzt an jedem einzelnen, der Regierung bei dem Ausmerzen der Fehler zu helfen, welche die Unzufriedenheit hervorgerufen haben und unsere unzweifelhaft großen sozialen Errungenschaften gefährden.

Berlin, 17. Juni 1953

Werter Genosse Ulbricht,

die Geschichte wird der revolutionären Ungeduld der Sozialistischen Einheitspartei Deutschlands ihren Respekt zollen.

Die große Aussprache mit den Massen über das Tempo des sozialistischen Aufbaus wird zu einer Sichtung und zu einer Sicherung der sozialistischen Errungenschaften führen.

Es ist mir ein Bedürfnis, Ihnen in diesem Augenblick meine Verbundenheit mit der Sozialistischen Einheitspartei Deutschlands auszudrücken.

Ihr Bertolt Brecht

Lieber Genosse Grotewohl,

was können wir von der Akademie der Künste und vom Berliner Ensemble aus tun?

Werden Sie im Rundfunk sprechen? Es wäre gut. Wir würden

gern als Einleitung und Abschluß Lieder und Rezitationen von Ernst Busch und anderen Künstlern bringen.

In steter Verbundenheit mit der Sozialistischen Einheitspartei Deutschlands

Ihr Bertolt Brecht

Berlin, 17. Juni 1953

[Notwendigkeit einer grossen Aussprache]

Ich habe am Morgen des 17. Juni, als es klar wurde, daß die Demonstrationen der Arbeiter zu kriegerischen Zwecken mißbraucht wurden, meine Verbundenheit mit der Sozialistischen Einheitspartei Deutschlands ausgedrückt. Ich hoffe jetzt, daß die Provokateure isoliert und ihre Verbindungsnetze zerstört werden, die Arbeiter aber, die in berechtigter Unzufriedenheit demonstriert haben, nicht mit den Provokateuren auf eine Stufe gestellt werden, damit nicht die so nötige große Aussprache über die allseitig gemachten Fehler von vornherein gestört wird.

Erklärung der Deutschen Akademie der Künste

Vorschläge an die Regierung übergeben

In dem Bestreben, die Regierung der Deutschen Demokratischen Republik bei ihrer Aufgabe zu unterstützen, die nationale Einheit Deutschlands herzustellen und den Frieden zu sichern, erklärt die Deutsche Akademie der Künste:

1. Die Verantwortung des Künstlers vor der Öffentlichkeit muß wiederhergestellt werden. Für den Spielplan muß der Intendant des Theaters, für Konzerte der künstlerische Veranstalter bzw. Leiter, für schriftstellerische Arbeiten der Autor und der Verleger, für Ausstellungen die aus Künstlern gebildete Jury verantwortlich sein. Die staatlichen Organe sollen die Kunst in jeder nur denkbaren Weise fördern, sich aber jeder administrativen Maßnahme in Fragen der künstlerischen Produktion und des Stils enthalten. Die Kritik muß der Öffentlichkeit überlassen bleiben.

2. Es ist notwendig, daß auf allen Gebieten der Kunst differenzierte und die verschiedenen Schichten der Bevölkerung anspre-

chende Themen und Gestaltungsarten entwickelt und gefördert werden.

3. Die Deutsche Akademie der Künste schlägt der Regierung der Deutschen Demokratischen Republik vor, sie bei allen die Kunst betreffenden Verordnungen und Gesetzen als Gutachter und Berater hinzuzuziehen. Sie hält es für notwendig, bei der Auswahl der leitenden Personen, die für künstlerische Fragen verantwortlich sind, mitzuwirken, damit deren fachliche Qualifikation gewährleistet ist.

Bei Vergebung von öffentlichen Aufträgen, Denkmalentwürfen, Veranstaltung von Kunstausstellungen, Preisverleihungen, Preisausschreiben usw. soll grundsätzlich die Deutsche Akademie der Künste als Berater und Gutachter gehört werden. Das gleiche gilt für die Entwicklung von Lehrplänen, Prüfungsordnungen und alle anderen den künstlerischen Nachwuchs betreffenden Fragen. Gleichzeitig schlägt die Akademie der Regierung vor, die jeweiligen Fachverbände zu den Fragen der Kunst zu hören.

4. Die Sprache unserer Tageszeitungen muß den vielfältigen Bedürfnissen und der Aufnahmefähigkeit der Bevölkerung gemäß sein. Eine bürokratische, schablonenhafte Sprache lähmt das Interesse der Bevölkerung an den öffentlichen Angelegenheiten. Zugleich erschwert diese Sprache die Verständigung der beiden Teile Deutschlands.

5. Der Rundfunk hat als ein entscheidendes Instrument der öffentlichen Meinungsbildung versagt. Er hat die Information und Beeinflussung der Bevölkerung den irreführenden gegnerischen Sendern überlassen. Nur eine grundlegende Reorganisation – auch auf künstlerischem Gebiet – kann den Rundfunk in die Lage versetzen, das Interesse und das Vertrauen der Hörer wiederzugewinnen und den Einfluß der gegnerischen Sender zurückzudrängen.

6. Im Gegensatz zu den ersten Jahren nach 1945, als unsere Filmproduktion breite Teile der Bevölkerung ansprach, wird in den letzten Jahren durch eine immer stärkere Verengung des Themenplanes nur ein kleiner Kreis von Menschen interessiert. Die Akademie schlägt vor, zur Steigerung der Produktion und der thematischen Vielfalt im Spielfilmstudio der DEFA künstlerisch selbständige Produktionsgruppen zu bilden. Sie schlägt ferner der DEFA vor, mehr Filme gesamtdeutschen Gepräges herzustellen. Für die Wochenschau gilt dasselbe, was über Tagespresse und Rundfunk gesagt wurde.

7. Die Deutsche Akademie der Künste schlägt der Regierung vor, Nationalpreise auch Künstlern zu verleihen, die nicht in der Deutschen Demokratischen Republik wohnen, ungeachtet ob diese sie gegenwärtig annehmen können oder nicht.

8. Die Redaktion von Kunst- und Kulturzeitschriften sollte verantwortlich bei den jeweiligen Verbänden und Organisationen oder bei einzelnen Persönlichkeiten bzw. Gruppen von Künstlern liegen.

9. Die Akademie schlägt vor zu überprüfen, ob es zweckmäßig war, die »Genossenschaft Deutscher Bühnenangehöriger« aufzulösen. Die Auflösung der Volksbühne als breitester Theaterbesucher-Organisation scheint ihr übereilt und unzweckmäßig.

10. Die Ereignisse des 17. Juni haben bewiesen, daß der Kampf gegen den Faschismus in allen seinen Erscheinungen auch von den Künsten mit gesteigerter Kraft wieder aufgenommen werden muß.

Nicht feststellbare Fehler der Kunstkommission

Geladen zu einer Sitzung der Akademie der Künste
Zollten die höchsten Beamten der Kunstkommission
Dem schönen Brauch, sich einiger Fehler zu zeihen
Ihren Tribut und murmelten, auch sie
Zeihten sich einiger Fehler. Befragt
Welcher Fehler, freilich konnten sie sich
An bestimmte Fehler durchaus nicht erinnern. Alles, was
Ihnen das Gremium vorwarf, war
Gerade nicht ein Fehler gewesen, denn unterdrückt
Hatte die Kunstkommission nur Wertloses, eigentlich auch
Dies nicht unterdrückt, sondern nur nicht gefördert.
Trotz eifrigsten Nachdenkens
Konnten sie sich nicht bestimmter Fehler erinnern, jedoch
Bestanden sie heftig darauf
Fehler gemacht zu haben – wie es der Brauch ist.

Berlin-Weißensee, 1. Juli 1953
Berliner Allee 190

Lieber Suhrkamp,

Sie fragen nach meiner Stellungnahme zu den Vorkommnissen des 16. und 17. Juni. Handelte es sich um einen Volksaufstand, um den Versuch, »die Freiheit zu erlangen«, wie der überwältigende Teil der westdeutschen Presse behauptet? Bin ich einem Volksaufstand gleichgültig oder gar feindlich gegenübergestanden, habe ich mich gegen die Freiheit gestellt, als ich am 17. Juni in einem Brief an die Sozialistische Einheitspartei Deutschlands, von dem der Schlußsatz veröffentlicht wurde, [mich] bereit erklärte, bei der unbedingt nötigen großen Aussprache zwischen Arbeiterschaft und Regierung in meiner Weise (in künstlerischer Form) mitzuwirken? – Ich habe drei Jahrzehnte lang in meinen Schriften die Sache der Arbeiter zu vertreten versucht. Aber ich habe in der Nacht des 16. und am Vormittag des 17. Juni die erschütternden Demonstrationen der Arbeiter übergehen sehen in etwas sehr anderes als den Versuch, für sich die Freiheit zu erlangen. Sie waren zu Recht erbittert. Die unglücklichen und unklugen Maßnahmen der Regierung, die bezwecken sollten, überstürzt auf dem Gebiet der DDR eine Schwerindustrie aufzubauen, brachten zu gleicher Zeit Bauern, Handwerker, Gewerbetreibende, Arbeiter und Intellektuelle gegen sie auf. Eine Mißernte im vorigen Jahr, verursacht durch eine große Trockenheit und die Landflucht von Hunderttausenden von Bauern dieses Jahr, bedrohten die Ernährung aller Schichten der Bevölkerung zugleich. Maßnahmen wie der Entzug der Lebensmittelkarten für Kleingewerbetreibende stellten ihre nackte Existenz in Frage. Andere Maßnahmen, wie die Anrechnung des Krankenurlaubs auf den Erholungsurlaub, Streichungen der Vergünstigungen für Arbeiterfahrkarten und die generelle Erhöhung der Normen bei gleichbleibenden oder sich sogar erhöhenden Lebenskosten trieben die Arbeiterschaft, deren Gewerkschaften nur schwächlich arbeiteten und ihrer Position nach nur schwächlich arbeiten konnten, schließlich auf die Straße und ließen sie die unzweifelhaft großen Vorteile vergessen, welche die Vertreibung der Junker, die Vergesellschaftung der Hitlerschen Kriegsindustrie, die Planung der Produktion und die Zerschmetterung des bürgerlichen Bildungsmonopols ihnen verschafft hatten. Die Straße freilich mischte die Züge der Arbeiter und Arbeiterinnen schon in den frühen Morgenstunden des 17. Juni auf groteske Art mit allerlei deklassierten Jugendlichen, die durch das Brandenburger Tor, über den Potsdamer Platz, auf der Warschauer Brücke kolonnenweise eingeschleust wurden, aber auch mit den scharfen, brutalen Gestalten der Nazizeit, den hiesigen, die man seit Jahren nicht mehr in Haufen hatte auftreten sehen *und die doch immer dagewesen waren*. Die Parolen verwandelten sich rapide. Aus »Weg mit der Regierung!« wurde »Hängt sie!«, und der Bürgersteig übernahm die Regie. Gegen Mittag, als auch in der DDR, in Leipzig, Halle, Dresden, sich Demonstrationen in Unruhen verwandelt hatten, begann *das Feuer* seine alte Rolle wieder aufzunehmen. Von den Linden aus konnte man die Rauchwolke des Columbushauses, an der Sektorengrenze des Potsdamer Platzes liegend, sehen, wie an einem vergangenen Unglückstag einmal die Rauchwolke des Reichstagsgebäudes. Heute wie damals hatten nicht Arbeiter das Feuer gelegt: es ist nicht die Waffe derer, die bauen. Dann wurden – hier wie in anderen Städten – Buchhandlungen gestürmt und Bücher herausgeworfen und verbrannt, und die Marx- und Engels-Bände, die in Flammen aufgingen, waren sowenig arbeiterfeindlich wie die roten Fahnen, die öffentlich zerrissen wurden. (Auf den Fotos, die in der westdeutschen Presse veröffentlicht wurden, können Sie ohne Vergrößerungsglas sehen, wer da die Fahnen zerriß.) In der Provinz wurde »befreit«. Aber als die Gefängnisse gestürmt wurden, kamen merkwürdige Gefangene aus diesen »Bastillen«, in Halle die ehemalige Kommandeuse des Ravensbrücker Konzentrationslagers, Erna Dorn. Sie hielt anfeuernde Reden auf dem Marktplatz. An manchen Orten gab es Überfälle auf Juden, nicht viele, da es nicht mehr viele Juden gibt. Und den ganzen Tag kamen über den RIAS, der sein Programm kassiert hatte, anfeuernde Reden, das Wort Freiheit von eleganten Stimmen gesprochen. Überall waren die »Kräfte« am Werk, die Tag und Nacht an das Wohlergehen der Arbeiter und der »kleinen Leute« denken und jenen hohen Lebensstandard versprechen, der am Ende dann immer zu einem hohen Todesstandard führt. Da schien es große Leute zu geben, die bereit waren, die Arbeiter von der Straße direkt in die Freiheit der Munitionsfabriken zu führen. Mehrere Stunden lang, bis zum Eingreifen der Besatzungsmacht, stand Berlin am Rand eines dritten Weltkriegs.

Lieber Suhrkamp, machen wir uns nichts vor: Nicht nur im Westen, auch hier im Osten Deutschlands sind »die Kräfte« wieder am Werk. Ich habe an diesem tragischen 17. Juni beobachtet, wie der Bürgersteig auf die Straße das »Deutschlandlied« warf und die Arbeiter es mit der »Internationale« niederstimmten. Aber sie kamen, verwirrt und hilflos, nicht durch damit.

Die Sozialistische Einheitspartei Deutschlands hat Fehler begangen, die für eine sozialistische Partei sehr schwerwiegend sind und Arbeiter, darunter auch alte Sozialisten, gegen sie aufbrachten. Ich gehöre ihr nicht an. Aber ich respektiere viele ihrer historischen Errungenschaften, und ich fühlte mich ihr verbunden, als sie – nicht ihrer Fehler, sondern ihrer Vorzüge wegen – von faschistischem und kriegstreiberischem Gesindel angegriffen wurde. Im Kampf gegen Krieg und Faschismus stand und stehe ich an ihrer Seite.

Vorwort zu »Turandot«

Zu Beginn des Sommers, in dem ich das vorliegende Stück schrieb, hatte ein schreckliches Ereignis jeden denkenden Menschen in der Republik tief erschreckt. Seit dem Ende des Hitlerkriegs, das zur Besetzung dieses Teils Deutschland durch die Sowjets geführt hatte, hatten sozialistische Maßnahmen wie die Vertreibung der kriegerischen Junker, die Übernahme vieler Fabriken in die öffentliche Hand und die Zulassung der Arbeiter- und Bauernkinder zum Studium eine gewaltige Veränderung der Lebensweise bewirkt. Eine ebenso große Veränderung der Denkweise zu bewirken, war freilich nicht gelungen. Dies hatte viele Ursachen. Erstens einmal mußte die Veränderung der Wirtschaftsweise an einer durch den Krieg geschwächten Wirtschaft vorgenommen werden. Das Hitlerregime hatte die letzten Reserven des nationalen Wohlstands erschöpft, und die Wiederherstellung der Wirtschaft, von den Arbeitern und Bauern sogleich fleißig und erfinderisch in Angriff genommen, litt zunächst auch noch unter der Notwendigkeit, wenigstens einige der ungeheuerlichen Zerstörungen wiedergutzumachen, die das deutsche Volk unter dem Hitlerregime in der überfallenen Sowjetunion verübt hatte: Auch dieses Land war an das Ende seiner Reserven gelangt.

Zum andren waren die sozialistischen Maßnahmen neu; die sie ins Werk setzten, hatten keine oder wenig Erfahrung in derlei, jeder Schritt war ein Versuch auf unbegangenem Gelände, auch wenn die Russen ihn unterstützten. Überall wurden Fehler gemacht, Menschen geschädigt oder gekränkt, kostspielige Umwege oder kostspielige kürzeste Wege begangen, immer wieder wurde verordnet anstatt überzeugt.

Eine Revolution hatte nicht stattgefunden; nicht einmal in den letzten Tagen der Kämpfe hatte die Bevölkerung sich gegen ein Regime erhoben, das sie in Elend und Verbrechen gestürzt hatte. Das deutsche Proletariat, uneinig, geschwächt durch Arbeitslosigkeit, von einem militarisierten Kleinbürgertum terrorisiert, stellte unterirdische Kampftruppen, die Übermenschliches leisteten, kam aber über passive Resistenz nicht hinaus. Viele seiner besten Führer wurden ermordet. Gegen Ende des Hitlerkriegs zu vernichteten noch die Bombenangriffe auf die Städte neue Organisationen, die beim Zusammenbruch die Macht vielleicht hätten übernehmen können. Was nun an Maßnahmen des Wiederaufbaus ins Werk gesetzt wurde, wurde es für den Großteil der Bevölkerung, aber nicht durch ihn.

Es ist, zumal im Chaos eines verlorenen Krieges, in einem hochzivilisierten Gemeinwesen mit hochgradiger Arbeitsteilung unmöglich, auf einen Staatsapparat zu verzichten, aber schwierig, einen völlig neuen aufzubauen. Unter neuen Befehlshabern setzte sich also der Naziapparat wieder in Bewegung. Ein solcher Apparat kann durch Kontrolle von oben nicht mit neuem Geist erfüllt werden; er benötigte Kontrolle von unten. Unüberzeugt, aber feige, feindlich, aber sich duckend, begannen verknöcherte Beamte wieder gegen die Bevölkerung zu regieren.

Lieber Genosse Wandel,

ich schicke Dir ein Gedicht, das ich nicht veröffentlichen will, sozusagen zu innerem Gebrauch. Die Wahrheit, die wir unserer Arbeiterschaft sagen sollten, ist meiner Meinung nach: daß sie in tödlicher Gefahr ist, von einem neu erstarkenden Faschismus in einen neuen Krieg geworfen zu werden; daß sie alles tun muß, die kleinbürgerlichen Schichten unter ihre Führung zu bringen. (Wir haben unsern eigenen Westen bei uns!) Kurz, wir dürfen nicht wieder den Kopf in den märkischen Sand stecken!

Dein brecht

Buckow, Mitte August 1953

Die Wahrheit einigt

Freunde, ich wünschte, ihr wüßtet die Wahrheit und sagtet sie!
Nicht wie fliehende müde Cäsaren: »Morgen kommt Mehl!«
So wie Lenin: Morgen abend
Sind wir verloren, wenn nicht...
So wie es im Liedlein heißt:
  »Brüder, mit dieser Frage
  Will ich gleich beginnen:
  Hier aus unsrer schweren Lage
  Gibt es kein Entrinnen.«
Freunde, ein kräftiges Eingeständnis
Und ein kräftiges WENN NICHT!

20. August 1953
buckow. TURANDOT. daneben die BUCKOWER ELEGIEN. der 17. juni hat die ganze existenz verfremdet. in aller ihrer richtungslosigkeit und jämmerlicher hilflosigkeit zeigen die demonstrationen der arbeiterschaft immer noch, daß hier die aufsteigende klasse ist. nicht die kleinbürger handeln, sondern die arbeiter. ihre losungen sind verworren und kraftlos, eingeschleust durch den klassenfeind, und es zeigt sich keinerlei kraft der organisation, es entstehen keine räte, es formt sich kein plan. und doch hatten wir hier die klasse vor uns, in ihrem depraviertesten zustand, aber die klasse. alles kam darauf an, diese erste begegnung voll auszuwerten. das war der kontakt. er kam nicht in der form der umarmung, sondern in der form des faustschlags, aber es war doch der kontakt. – die partei hatte zu erschrecken, aber sie brauchte nicht zu verzweifeln. nach der ganzen geschichtlichen entwicklung konnte sie sowieso nicht auf die spontane zustimmung der arbeiterklasse hoffen. es gab aufgaben, die sie unter umständen, unter den gegebenen umständen, ohne zustimmung, ja gegen den widerstand der arbeiter durchführen mußte. aber nun, als große ungelegenheit, kam die große gelegenheit, die arbeiter zu gewinnen. deshalb empfand ich den schrecklichen 17. juni als nicht einfach negativ. in dem augenblick, wo ich das proletariat – nichts kann mich bewegen, da schlaue, beruhigende abstriche zu machen – wiederum ausgeliefert dem klassenfeind sah, dem wieder erstarkenden kapitalismus der faschistischen ära, sah ich die einzige kraft, die mit ihr fertig werden konnte.

Buckower Elegien

Ginge da ein Wind
Könnte ich ein Segel stellen.
Wäre da kein Segel
Machte ich eines aus Stecken und Plane.

Der Blumengarten

Am See, tief zwischen Tann und Silberpappel
Beschirmt von Mauer und Gesträuch ein Garten
So weise angelegt mit monatlichen Blumen
Daß er vom März bis zum Oktober blüht.

Hier, in der Früh, nicht allzu häufig, sitz ich
Und wünsche mir, auch ich mög allezeit
In den verschiedenen Wettern, guten, schlechten
Dies oder jenes Angenehme zeigen.

Gewohnheiten, noch immer

Die Teller werden hart hingestellt
Daß die Suppe überschwappt.
Mit schriller Stimme
Ertönt das Kommando: Zum Essen!

Der preußische Adler
Den Jungen hackt er
Das Futter in die Mäulchen.

Rudern, Gespräche

Es ist Abend. Vorbei gleiten
Zwei Faltboote, darinnen
Zwei nackte junge Männer. Nebeneinander rudernd
Sprechen sie. Sprechend
Rudern sie nebeneinander.

Der Rauch

Das kleine Haus unter Bäumen am See
Vom Dach steigt Rauch
Fehlte er
Wie trostlos dann wären
Haus, Bäume und See.

Heisser Tag

Heißer Tag. Auf den Knien die Schreibmappe
Sitze ich im Pavillon. Ein grüner Kahn
Kommt durch die Weide in Sicht. Im Heck
Eine dicke Nonne, dick gekleidet. Vor ihr
Ein ältlicher Mensch im Schwimmanzug, wahrscheinlich ein
Priester.
An der Ruderbank, aus vollen Kräften rudernd
Ein Kind. Wie in alten Zeiten! denke ich
Wie in alten Zeiten!

Bei der Lektüre eines sowjetischen Buches

Die Wolga, lese ich, zu bezwingen
Wird keine leichte Aufgabe sein. Sie wird
Ihre Töchter zu Hilfe rufen, die Oka, Kama, Unsha, Wetluga
Und ihre Enkelinnen, die Tschussowaja, die Wjatka.
Alle ihre Kräfte wird sie sammeln, mit den Wassern aus
siebentausend Nebenflüssen
Wird sie sich zornerfüllt auf den Stalingrader Staudamm stürzen.
Dieses erfinderische Genie, mit dem teuflischen Spürsinn
Des Griechen Odysseus, wird alle Erdspalten ausnützen
Rechts ausbiegen, links vorbeigehn, unterm Boden
Sich verkriechen – aber, lese ich, die Sowjetmenschen
Die sie lieben, die sie besingen, haben sie
Neuerdings studiert und werden sie
Noch vor dem Jahre 1958
Bezwingen.
Und die schwarzen Gefilde der Kaspischen Niederung

Die dürren, die Stiefkinder
Werden es ihnen mit Brot vergüten.

Der Radwechsel

Ich sitze am Straßenhang.
Der Fahrer wechselt das Rad.
Ich bin nicht gern, wo ich herkomme.
Ich bin nicht gern, wo ich hinfahre.
Warum sehe ich den Radwechsel
Mit Ungeduld?

Die Lösung

Nach dem Aufstand des 17. Juni
Ließ der Sekretär des Schriftstellerverbands
In der Stalinallee Flugblätter verteilen
Auf denen zu lesen war, daß das Volk
Das Vertrauen der Regierung verscherzt habe
Und es nur durch verdoppelte Arbeit
Zurückerobern könne. Wäre es da
Nicht doch einfacher, die Regierung
Löste das Volk auf und
Wählte ein anderes?

VIII.
Ausblicke – das Harte unterliegt

Terzinen über die Liebe

Sieh jene Kraniche in großem Bogen!
Die Wolken, welche ihnen beigegeben
Zogen mit ihnen schon, als sie entflogen

Aus einem Leben in ein andres Leben.
In gleicher Höhe und mit gleicher Eile
Scheinen sie alle beide nur daneben.

Daß also keines länger hier verweile
Daß so der Kranich mit der Wolke teile
Den schönen Himmel, den sie kurz befliegen

Und keines andres sehe als das Wiegen
Des andern in dem Wind, den beide spüren
Die jetzt im Fluge beieinander liegen.

So mag der Wind sie in das Nichts entführen;
Wenn sie nur nicht vergehen und sich bleiben
So lange kann sie beide nichts berühren

So lange kann man sie von jedem Ort vertreiben
Wo Regen drohen oder Schüsse schallen.
So unter Sonn und Monds wenig verschiedenen Scheiben

Fliegen sie hin, einander ganz verfallen.

Wohin, ihr?
            Nirgendhin.

Von wem entfernt?
                    Von allen.

Ihr fragt, wie lange sind sie schon beisammen?
Seit kurzem.
            Und wann werden sie sich trennen?
                                        Bald.
So scheint die Liebe Liebenden ein Halt.

Legende von der Entstehung des Buches Taoteking auf dem Weg des Laotse in die Emigration

1
Als er siebzig war und war gebrechlich
Drängte es den Lehrer doch nach Ruh
Denn die Güte war im Lande wieder einmal schwächlich
Und die Bosheit nahm an Kräften wieder einmal zu.
Und er gürtete den Schuh.

2
Und er packte ein, was er so brauchte:
Wenig. Doch es wurde dies und das.
So die Pfeife, die er immer abends rauchte
Und das Büchlein, das er immer las.
Weißbrot nach dem Augenmaß.

3
Freute sich des Tals noch einmal und vergaß es
Als er ins Gebirg den Weg einschlug.
Und sein Ochse freute sich des frischen Grases
Kauend, während er den Alten trug.
Denn dem ging es schnell genug.

4
Doch am vierten Tag im Felsgesteine
Hat ein Zöllner ihm den Weg verwehrt:
»Kostbarkeiten zu verzollen?« – »Keine.«
Und der Knabe, der den Ochsen führte, sprach: »Er hat gelehrt.«
Und so war auch das erklärt.

5
Doch der Mann in einer heitren Regung
Fragte noch: »Hat er was rausgekriegt?«
Sprach der Knabe: »Daß das weiche Wasser in Bewegung
Mit der Zeit den mächtigen Stein besiegt.
Du verstehst, das Harte unterliegt.«

6
Daß er nicht das letzte Tageslicht verlöre
Trieb der Knabe nun den Ochsen an.
Und die drei verschwanden schon um eine schwarze Föhre
Da kam plötzlich Fahrt in unsern Mann
Und er schrie: »He, du! Halt an!

7
Was ist das mit diesem Wasser, Alter?«
Hielt der Alte: »Intressiert es dich?«
Sprach der Mann: »Ich bin nur Zollverwalter
Doch wer wen besiegt, das intressiert auch mich.
Wenn du's weißt, dann sprich!

8
Schreib mir's auf! Diktier es diesem Kinde!
So was nimmt man doch nicht mit sich fort.
Da gibt's doch Papier bei uns und Tinte
Und ein Nachtmahl gibt es auch: ich wohne dort.
Nun, ist das ein Wort?«

9
Über seine Schulter sah der Alte
Auf den Mann: Flickjoppe. Keine Schuh.
Und die Stirne eine einzige Falte.
Ach, kein Sieger trat da auf ihn zu.
Und er murmelte: »Auch du?«

10
Eine höfliche Bitte abzuschlagen
War der Alte, wie es schien, zu alt.
Denn er sagte laut: »Die etwas fragen
Die verdienen Antwort.« Sprach der Knabe: »Es wird auch schon kalt.«
»Gut, ein kleiner Aufenthalt.«

11
Und von seinem Ochsen stieg der Weise
Sieben Tage schrieben sie zu zweit.
Und der Zöllner brachte Essen (und er fluchte nur noch leise

Mit den Schmugglern in der ganzen Zeit).
Und dann war's soweit.

12
Und dem Zöllner händigte der Knabe
Eines Morgens einundachtzig Sprüche ein
Und mit Dank für eine kleine Reisegabe
Bogen sie um jene Föhre ins Gestein.
Sagt jetzt: kann man höflicher sein?

13
Aber rühmen wir nicht nur den Weisen
Dessen Name auf dem Buche prangt!
Denn man muß dem Weisen seine Weisheit erst entreißen.
Darum sei der Zöllner auch bedankt:
Er hat sie ihm abverlangt.

Beim Lesen des Horaz

Selbst die Sintflut
Dauerte nicht ewig.
Einmal verrannen
Die schwarzen Gewässer.
Freilich, wie wenige
Dauerten länger!

Vergnügungen

Der erste Blick aus dem Fenster am Morgen
Das wiedergefundene alte Buch
Begeisterte Gesichter
Schnee, der Wechsel der Jahreszeiten
Die Zeitung
Der Hund
Die Dialektik
Duschen, Schwimmen
Alte Musik
Bequeme Schuhe

Begreifen
Neue Musik
Schreiben, Pflanzen
Reisen
Singen
Freundlich sein

Kann die heutige Welt durch Theater wiedergegeben werden?

Mit Interesse höre ich, daß Friedrich Dürrenmatt in einem Gespräch über das Theater die Frage gestellt hat, ob die heutige Welt durch Theater überhaupt noch wiedergegeben werden kann.

Diese Frage, scheint mir, muß zugelassen werden, sobald sie einmal gestellt ist. Die Zeit ist vorüber, wo die Wiedergabe der Welt durch das Theater lediglich erlebbar sein mußte. Um ein Erlebnis zu werden, muß sie stimmen.

Es gibt viele Leute, die konstatieren, daß das Erlebnis im Theater schwächer wird, aber es gibt nicht so viele, die eine Wiedergabe der heutigen Welt als zunehmend schwierig erkennen. Es war diese Erkenntnis, die einige von uns Stückeschreibern und Spielleitern veranlaßt hat, auf die Suche nach neuen Kunstmitteln zu gehen.

Ich selbst habe, wie Ihnen als Leuten vom Bau bekannt ist, nicht wenige Versuche unternommen, die heutige Welt, das heutige Zusammenleben der Menschen, in das Blickfeld des Theaters zu bekommen.

Dies schreibend, sitze ich nur wenige hundert Meter von einem großen, mit guten Schauspielern und aller nötigen Maschinerie ausgestatteten Theater, an dem ich mit zahlreichen, meist jungen Mitarbeitern manches ausprobieren kann, auf den Tischen um mich Modellbücher mit Tausenden von Photos unserer Aufführungen und vielen mehr oder minder genauen Beschreibungen der verschiedenartigsten Probleme und ihrer vorläufigen Lösungen. Ich habe also alle Möglichkeiten, aber ich kann nicht sagen, daß die Dramaturgien, die ich aus bestimmten Gründen nichtaristotelische nenne, und die dazu gehörende epische Spielweise *die* Lösung darstellen. Jedoch ist eines klargeworden: Die heutige Welt ist den heutigen Menschen nur beschreibbar, wenn sie als eine veränderbare Welt beschrieben wird.

Für heutige Menschen sind Fragen wertvoll der Antworten wegen. Heutige Menschen interessieren sich für Zustände und Vorkommnisse, denen gegenüber sie etwas tun können.

Vor Jahren sah ich ein Photo in einer Zeitung, das zu Reklamezwecken die Zerstörung von Tokio durch ein Erdbeben zeigte. Die meisten Häuser waren eingefallen, aber einige moderne Gebäude waren verschont geblieben. Die Unterschrift lautete: Steel stood – Stahl blieb stehen. Vergleichen Sie diese Beschreibung mit der klassischen Beschreibung des Ätnaausbruchs durch den älteren Plinius, und Sie finden bei ihm einen Typus der Beschreibung, den die Stückeschreiber dieses Jahrhunderts überwinden müssen.

In einem Zeitalter, dessen Wissenschaft die Natur derart zu verändern weiß, daß die Welt schon nahezu bewohnbar erscheint, kann der Mensch dem Menschen nicht mehr lange als Opfer beschrieben werden, als Objekt einer unbekannten, aber fixierten Umwelt. Vom Standpunkt eines Spielballs aus sind die Bewegungsgesetze kaum konzipierbar.

Weil nämlich – im Gegensatz zur Natur im allgemeinen – die Natur der menschlichen Gesellschaft im Dunkeln gehalten wurde, stehen wir jetzt, wie die betroffenen Wissenschaftler uns versichern, vor der totalen Vernichtbarkeit des kaum bewohnbar gemachten Planeten.

Es wird Sie nicht verwundern, von mir zu hören, daß die Frage der Beschreibbarkeit der Welt eine gesellschaftliche Frage ist. Ich habe dies viele Jahre lang aufrechterhalten und lebe jetzt in einem Staat, wo eine ungeheure Anstrengung gemacht wird, die Gesellschaft zu verändern. Sie mögen die Mittel und Wege verurteilen – ich hoffe übrigens, Sie kennen sie wirklich, nicht aus den Zeitungen –, Sie mögen dieses besondere Ideal einer neuen Welt nicht akzeptieren – ich hoffe, Sie kennen auch dieses –, aber Sie werden kaum bezweifeln, daß an der Änderung der Welt, des Zusammenlebens der Menschen in dem Staat, in dem ich lebe, gearbeitet wird. Und Sie werden mir vielleicht darin zustimmen, daß die heutige Welt eine Änderung braucht.

Für diesen kleinen Aufsatz, den ich als einen freundschaftlichen Beitrag zu Ihrer Diskussion zu betrachten bitte, genügt es vielleicht, wenn ich jedenfalls meine Meinung berichte, daß die heutige Welt auch auf dem Theater wiedergegeben werden kann, aber nur wenn sie als veränderbar aufgefaßt wird.

[Perspektive für Deutschland]

Wenn Deutschland einmal vereint sein wird, jeder weiß, das wird kommen, niemand weiß, wann – wird es nicht sein durch Krieg.

Orges Wunschliste

Von den Freuden, die nicht abgewogenen.
Von den Häuten, die nicht abgezogenen.

Von den Geschichten, die unverständlichen.
Von den Ratschlägen, die unverwendlichen.

Von den Mädchen, die neuen.
Von den Weibern, die ungetreuen.

Von den Orgasmen, die ungleichzeitigen.
Von den Feindschaften, die beiderseitigen.

Von den Aufenthalten, die vergänglichen.
Von den Abschieden, die unterschwänglichen.

Von den Künsten, die unverwertlichen.
Von den Lehrern, die beerdlichen.

Von den Genüssen, die aussprechlichen.
Von den Zielen, die nebensächlichen.

Von den Feinden, die empfindlichen.
Von den Freunden, die kindlichen.

Von den Farben, die rote.
Von den Botschaften, der Bote.

Von den Elementen, das Feuer.
Von den Göttern, das Ungeheuer.

Von den Untergehenden, die Lober.
Von den Jahreszeiten, der Oktober.

Von den Leben, die hellen.
Von den Toden, die schnellen.

DAUERTEN WIR UNENDLICH
So wandelte sich alles
Da wir aber endlich sind
Bleibt vieles beim alten

Nachwort

Als Bertolt Brecht 1956 starb, hinterließ er ein an Umfang und Größe bedeutendes Werk: 50 Stücke, über 2000 Gedichte, Prosa und seine auf der ganzen Welt wirksam gewordenen theatertheoretischen Schriften. Er hat auf allen Gebieten des Epischen, Lyrischen und Dramatischen Bedeutsames geleistet. Wir übersehen heute erst seinen sicheren Umgang mit *allen* nur denkbaren literarischen Formen. – Brechts Prosa ist Roman, Novelle, Erzählung, sie verbirgt sich im Märchen, in Legenden oder Sagen, rezipiert sicher traditionelle Formen in der Idylle, im Epos, in Fabel, Parabel, Gleichnis oder ist ganz einfach Kalendergeschichte, Kurz- und Kürzestgeschichte, Anekdote und Aphorismus. Der Lyriker Brecht beherrscht die großen poetischen Formen: Ballade, Choral, Elegie, Epigramm, Glosse, auch Heldenlied, Hohes Lied, Hymne, Canzone, Lied, Ode, Psalm, Romanze, Sonett, Terzine. Karl Kraus, der Brecht für den »einzigen deutschen Autor« hielt, »der heute in Betracht zu kommen hat«, schrieb: »Für die Verse von *Kranich und Wolke* gebe ich die Literatur sämtlicher Literaten hin, die sich irrtümlich für seine Zeitgenossen halten.«

Mit seiner Verstechnik beherrscht er den Trimeter, den Blankvers, den Pentameter und den Hexameter. Souverän handhabt er die Metrik, die Hebung und Senkung, Reim und Assonanz, den gebundenen wie den freien Rhythmus; Formen werden gehalten, Formen werden zerbrochen. Die von Kraus so gepriesenen und von ihm häufig vorgetragenen *Terzinen über die Liebe* hat Brecht nach einer Mitteilung von Ernst Bloch nach der Lektüre Shakespeares, um »hohe Kunst« zu machen – gleichzeitig um die Aufführung der »Mahagonny«-Oper dem drohenden Verbot zu entziehen –, in einer Nacht geschrieben.

Brecht ist der Dichter des Zweifels, des Widerspruchs und der fragenden Einwürfe: seine Texte sind nicht selten unbequem. Sie sperren sich gegen unbekümmerte Vereinnahmung. Er sah seine Aufgabe als Schriftsteller stets auch darin, Vorschläge zu machen, um dadurch seinen Lesern nützlich zu sein.

Die vorliegende Auswahl sammelt solche Vorschläge; sie ist konzentriert auf die »Wunde Deutschland«. Peter Suhrkamp hat als erster festgestellt, daß Brecht, sowohl in seinen Gedichten wie in seinen Dramen, »die Historie unseres Volkes seit 1918« geschrieben hat.

Die Vorgänge in der ehemaligen DDR nach 1989 geben dem Werk Brechts, seinen Aussagen und Einsichten, neue Aktualität. Bei allem Zweifel, bei allem Widerspruch – er war auch der Dichter der Zuversicht; einer der wenigen, der trotz ständigen Aufweises »deutscher Greuel« doch an der »Unteilbarkeit der deutschen Kultur« festhielt und der an ein zu verbesserndes Deutschland glaubte: »Und weil wir dieses Land verbessern / Lieben und beschirmen wir's / Und das Liebste mag's uns scheinen / So wie andern Völkern ihrs«, der an eine deutsche Einheit glaubte und dessen Keuner-Geschichten von seiner Moral, seiner Lehre, seiner Weisheit sprechen: das Schicksal des Menschen ist der Mensch.

Das hier Gesammelte geschieht nicht aus der Überzeugung, das »Bleibende« zu bieten, wohl aber das, was für unsere Gegenwart wichtig scheint. Brecht selber hat ja seine Zweifel und seine Skepsis über die Dauer der Werke in einem Gedicht und einer besonderen Form festgehalten. Die Paraphrase des späten Brecht auf das Horazische »Exegi monumentum aere perennius« ist sein Gedicht *Beim Lesen des Horaz*; seine Skepsis ist hier ausgedrückt durch die Form des verkürzten, fraglich gemachten Hexameters. Den besten Kommentar hierzu hat Brecht selbst geschrieben: »Aber der den großen Sprung machen will, muß einige Schritte zurückgehen. Das Heute geht gespeist durch das Gestern in das Morgen. Die Geschichte macht vielleicht einen reinen Tisch, aber sie scheut den leeren.«

Juli 1993 *Siegfried Unseld*

Editorische Notiz

Vorschläge

Ich benötige keinen Grabstein – Das Gedicht entsteht um 1933.
An die Nachgeborenen – Erste Entwürfe zu diesem Gedicht stammen aus dem Jahr 1934. Mehrfach erweitert und überarbeitet wird es 1939 in der Pariser Exilzeitschrift *Die neue Weltbühne* gedruckt und im selben Jahr von Brecht in seine Sammlung der *Svendborger Gedichte* aufgenommen.
Der Zweifler – Brecht besitzt ein chinesisches Rollbild, wie er es in seinem Gedicht von 1937 beschreibt. Brecht verwahrt es über die ganze Dauer des Exils; es hängt heute in seiner letzten Wohnung in Berlin.
Auf einen chinesischen Teewurzellöwen – Im amerikanischen Exil hat Brecht einen kleinen geschnitzten Teewurzellöwen erworben, der in China als Glücksbringer gilt. Die 1951 zusammengestellte Sammlung der *Hundert Gedichte* hat vorn auf dem Schutzumschlag (Entwurf: John Heartfield) einen Teewurzellöwen und hinten das Epigramm, das Brecht dafür schreibt.

Die Wunde Deutschland

Hans Lody – Hans Lody wird als deutscher Spion in England festgenommen und im November 1914 erschossen. Brechts Gedicht erscheint in der literarischen Beilage der *Augsburger Neuesten Nachrichten* am 9. Dezember 1914 und ist mit seinen beiden Vornamen »Berthold Eugen« gezeichnet.
Deutsches Frühlingsgebet – Brecht reagiert mit diesem Gedicht auf den ersten Hungerwinter in Deutschland 1914/15. Es wird in den *Augsburger Neuesten Nachrichten* am 12. April 1915 gedruckt.
Das Lied vom Geierbaum – Der Baum ist ein zentrales Motiv in den Gedichten und Liedern des jungen Brecht; dieses entsteht im Frühjahr 1917.
Der Himmel der Enttäuschten – Es ist eines der Lieder, die Brecht – wie seine Freunde sich später erinnern – bei nächtlichen Streifzügen durch Augsburg zur Klampfe gesungen hat. Es stammt aus dem Jahr 1917.
Deutschland, du Blondes, Bleiches – Brecht schreibt sein bekanntestes Deutschlandgedicht Mitte 1920 ins Notizbuch. Es markiert deutlich, zusammen mit den nachfolgenden Tagebuchnotizen, den Beginn eines neuen Lebensabschnitts. Am 1. Mai 1920 stirbt Brechts Mutter nach langer und schwerer Krankheit, und mit ihr geht seine Bindung zu Augsburg, bald darauf auch zu München verloren.
Den Nachgeborenen – Auch dieses Gedicht stammt aus dem Jahr 1920; es

gilt als deutlichster Beleg von Brechts »nihilistischer« Weltsicht der frühen Jahre.

Deutscher Ausverkauf – Das Gedicht stammt vermutlich von 1923.

Der Führer hat gesagt – Brecht schreibt das Gedicht nach den Reichstagswahlen Ende 1932 für eine Matinee mit Ernst Busch und Hanns Eisler, der das Lied unter dem Titel *Der Marsch ins Dritte Reich* vertont hat.

Deutschland – Das Gedicht stammt aus dem Jahr 1933 und bildet ein Jahr später den Abschluß der Sammlung *Lieder Gedichte Chöre*, die mit Noten von Hanns Eisler in der Editions du Carrefour in Paris herauskommt.

Rapport von Deutschland – Das Gedicht geht auf *Rapport fra Tyskland* des dänischen Lyrikers Otto Gelsted zurück. Brecht schreibt es 1934. Quelle ist F.C. Weiskopfs Prosaskizze *Der rote Fetzen* von 1933. – Zusammen mit seiner Familie lebt Brecht in Svendborg, auf der dänischen Insel Fünen. Hier lernt er auch Ruth Berlau kennen, die ihn mit Otto Gelsted zusammenbringt.

Der deutsche Tiger und *Der deutsche Zapfenstreich* – Die Gedichtentwürfe stammen von 1934/35.

Der Krieg, der kommen wird – Das Gedicht gehört zu einer Sammlung von 22 Kriegsgedichten, von denen Brecht bereits im April/Mai 1937 einige unter dem Titel *Deutsche Kriegsfibel 1937* in der Moskauer Exilzeitschrift *Das Wort* veröffentlicht. Die *Deutsche Kriegsfibel* bildet 1939 das Eingangskapitel der *Svendborger Gedichte*.

Deutsches Lied – Das Gedicht geht ebenfalls in die *Svendborger Gedichte* ein.

Die deutsche Heerschau – Das Gedicht entsteht im Frühjahr 1938 im Zusammenhang mit der Szenenfolge *Furcht und Elend des III. Reiches*, an der Brecht von Juli 1937 bis Juni 1938 arbeitet. Vorbild ist das Gedicht von Percy Bysshe Shelley *The Masque of Anarchy* (1819).

An einen befreundeten Dichter, seiner Deutschlandgedichte wegen – Das Sonett von Ende 1938 bezieht sich auf Johannes R. Becher und seinen Gedichtband *Der Glücksucher und Die sieben Lasten. Ein Hohes Lied*, der 1938 in Moskau und London erscheint.

Über Deutschland – Brecht schreibt das Gedicht vermutlich unmittelbar nach Kriegsbeginn 1939. Teile daraus verwendet er in seinen *Flüchtlingsgesprächen* (vgl. S. 305 f.).

Wir sind jetzt Flüchtlinge – Ende April 1940 flieht die Familie von Schweden nach Finnland. Das Gedicht entsteht im Kontext der *Steffinschen Sammlung*. – James Boswells Biographie *The Life of Samuel Johnson* (Zuerst 1791) liest Brecht in deutscher Übersetzung.

Deutschland – Als Quelle und Vorbild dieses Gedichts von 1942 verwendet Brecht Heinrich Heines *Nachtgedanken* (»Denk ich an Deutschland in der Nacht/Dann bin ich um den Schlaf gebracht«; 1843).

Lied einer Deutschen Mutter – Das Gedicht entsteht 1942. Es wird in den Folgejahren mehrfach überarbeitet und ergänzt, u. a. für die amerikanische

Fassung von *Furcht und Elend des III. Reiches (The private life of the master race).*
Deutsches Miserere – Das Anfang 1943 geschriebene Gedicht geht später in Brechts Stück *Schweyk* ein.
Deutschland – Brecht schreibt das Gedicht 1945 im USA-Exil.
Freiheit und Democracy – Das Gedicht heißt 1947 zunächst *Der anachronistische Zug*. Es wird von Brecht als Reaktion auf die Wiedererrichtung der Demokratie nach westlichem Muster geschrieben, die er als Restauration der kapitalistischen Prinzipien in den damaligen Westzonen Deutschlands (»Democracy«) angesehen hat; im November geht Brecht in die Schweiz.
Deutsches Lied – Das Gedicht stammt aus dem Jahr 1949.
An meine Landsleute – Das Gedicht entsteht als Widmungsgedicht nach dem Amtsantritt von Wilhelm Pieck als dem ersten Staatspräsidenten der neugegründeten DDR (7. Oktober 1949). Der Titel spielt auf Piecks Gewohnheit an, seine Reden mit »Meine Landsleute« zu beginnen.
Bonner Bundeshymne – Brecht schreibt das Lied – eine Parodie auf *Das Lied der Deutschen* (1841) von Heinrich Hoffmann von Fallersleben (zu der Musik von Joseph Haydn; 1797) – für die aktualisierte Fassung des Clownsspiels aus *Das Badener Lehrstück vom Einverständnis* (1929), die 1949 vom Berliner Ensemble gespielt wird.
Kinderhymne – Als Reaktion auf die Einführung des *Lieds der Deutschen* als offizielle Nationalhymne in der Bundesrepublik Deutschland am 18. April 1950 geschrieben. Es ist Teil einer Sammlung von *Kinderliedern*. – Hanns Eisler vertont das Gedicht; von ihm stammt auch die Musik zur Nationalhymne der DDR *Auferstanden aus Ruinen* nach einem Gedicht von Johannes R. Becher.
Herrnburger Bericht – Brecht und Paul Dessau planen, für die »3. Weltfestspiele der Jugend und Studenten für den Frieden«, die vom 5. bis 19. August 1951 in Berlin/DDR stattfinden, ein Chorwerk für Kinder und Jugendliche zu verfassen. Thema für Brechts Gedichte sind die Ereignisse, die sich 1950 nach dem Berliner Pfingsttreffen der Freien Deutschen Jugend (FDJ) am Grenzübergang bei Herrnburg, einem Ort in der DDR an der Grenze zur Bundesrepublik in der Nähe von Lübeck, abgespielt haben.
Deutschland 1952 – Brecht schreibt das Gedicht vermutlich aus Anlaß des »Deutschlandvertrags«, der die Bundesrepublik Deutschland ins westliche Bündnis integriert (Mai 1952).
Schwierige Zeiten – Das Gedicht schreibt Brecht 1955.

Leben des Galilei

Diese – sogenannte dänische – Fassung von *Leben des Galilei* entwirft Brecht ab 1938, die erste Ausarbeitung stammt von November und trägt in den USA – nachweislich im Jahre 1944 – arbeitet er an dem Projekt weiter.

Dichter sollen die Wahrheit schreiben

Über die deutsche Literatur – Brecht notiert diese Gedanken Anfang 1920 ins Notizbuch. Am Ende spielt er auf den expressionistischen Dichter Kasimir Edschmid (d.i. Eduard Schmid) und sein Buch *Das rasende Leben* (1916) an.

Mehr guten Sport – Brecht schreibt den Text Anfang 1926 für den *Berliner Börsen-Courier.* Die direkte Anregung dafür gibt Alfred Flechtheims Bericht *Gladiatoren*, der kurz zuvor in Flechtheims populärem »Magazin für Kunst, Literatur und Boxsport« *Der Querschnitt* (ab 1921) erschienen war. Es existieren zahlreiche weitere Schriften Brechts aus dieser Zeit, die die Popularität von Sportveranstaltungen einer für die Zuschauer immer unattraktiver werdenden Schaubühne entgegenhalten.

Wie soll man heute Klassiker spielen? – Der Text entsteht als Antwort auf eine Umfrage des *Berliner Börsen-Couriers* zu Weihnachten 1926: »Wie erscheint Ihnen die Darstellung des klassischen Repertoires auf dem gegenwärtigen Theater möglich? Auf welcher Grundlage dürfen ältere Werke geändert werden? Wo beginnt die Willkür? Welche Rolle spielt die Umschichtung des Publikums bei der Durchführung oder Umgestaltung des Repertoires?«

Die Sucht nach Neuem – Dieser Text stammt ebenfalls aus dem Jahr 1926.

Theorie der Pädagogien – Vermutlich ist der Text im Umfeld der Arbeit an dem Stück *Untergang des Egoisten Johann Fatzer* um 1930 entstanden. Die Figur des Denkenden weist auf das Lehrstückfragment *Aus nichts wird nichts*, an dem Brecht in dieser Zeit ebenfalls arbeitet.

Richtiges Denken – 1902/03 leben Lenin und seine Frau Nadeshda Krupskaja als »Mr. und Mrs. Jacob Richter« in London. Lenin rühmt die Arbeitsbedingungen in der National- und Universalbibliothek des Britischen Museums sehr. Brechts Text stammt aus dem Jahre 1930.

Dialektik und *Was ist schön?* – Brecht schreibt die beiden Texte um 1931 in Berlin.

Über die Freiheit – Entsteht um 1932.

Dichter sollen die Wahrheit schreiben – Die deutschsprachige Exilzeitung *Pariser Tageblatt* wendet sich mit einer Rundfrage im Herbst 1934 an im Exil lebende deutsche Dichter. Brecht antwortet mit diesem Beitrag. – Von Johannes R. Becher aufgefordert, überarbeitet und erweitert Brecht im darauffolgenden Jahr den Text zu den bekannteren *Fünf Schwierigkeiten beim Schreiben der Wahrheit.*

Kunst oder Politik? – Der Text, vermutlich nach einem Gespräch mit dem

dänischen Schriftsteller Martin Andersen-Nexö geschrieben, bezieht sich auf Brechts Einakter *Die Gewehre der Frau Carrar*. Nexö rezensiert eine dänische Aufführung mit Helene Weigel in der Titelrolle.
Über gestische Musik – Hanns Eisler vertont Brechts *Kantate zu Lenins Todestag* (in der Sammlung *Svendborger Gedichte*) bei seinem Aufenthalt in Dänemark im August 1937. Vermutlich hat ihm Brecht mit diesem Text dazu Anregungen gegeben.
Kleines Privatissimum für meinen Freund Max Gorelik – Der amerikanische Bühnenbildner Mordecai Gorelik, den Brecht seit seiner ersten USA-Reise 1935 kennt, veröffentlicht 1940 in New York ein Buch mit dem Titel *New Theatres for Old*; 1944 reagiert Brecht mit diesem Text. – Louis B. Mayer ist amerikanischer Filmproduzent und seit 1924 Teilhaber der Metro-Goldwyn-Mayer Produktionsgesellschaft.
Verrat des Galilei – Brecht überarbeitet zusammen mit dem amerikanischen Schauspieler Charles Laughton von 1944 bis 1947 *Leben des Galilei* in englischer Sprache unter dem Titel *Galileo*. Vermutlich ist dies der Entwurf für ein Vorwort.
Anrede an den Kongreßausschuß für unamerikanische Betätigung in Washington, 1947 – Durch eine Verfügung des Reichsministers des Innern vom 8. Juni 1935 wird Brecht als »marxistischer Schriftsteller…, [der] unter anderem den deutschen Frontsoldaten beschimpft«, ausgebürgert. Brecht lebt bereits zwei Jahre in Dänemark. – 1947 wird er vor das Committee of Unamerican Activities nach Washington zu einem Verhör geladen, das am 30. Oktober stattfindet. Seine in amerikanischer Übersetzung vorbereitete *Anrede* darf er dort nicht verlesen. Brecht verläßt die USA am darauffolgenden Tag mit einem Flugzeug von New York nach Paris.
Offener Brief an die deutschen Künstler und Schriftsteller – Brecht appelliert gleichzeitig an die Volkskammer der DDR und den Deutschen Bundestag Ende September 1951, für gesamtdeutsche Wahlen einer Nationalversammlung sowie gegen eine sich abzeichnende Wiederbewaffnung der Bundesrepublik einzutreten. Anlaß ist eine Regierungserklärung des Ministerpräsidenten der DDR Otto Grotewohl am 15. September 1951.
Formalismus und neue Formen – Brecht schreibt den Text um 1951.
Politisches Bewußtsein und Kunstgenuß – Entstanden um 1951.
Einige Bemerkungen über mein Fach – Brecht schreibt die Rede für den I. Deutschen Kongreß »Über die Unteilbarkeit der deutschen Kultur«, der vom 16. bis 18. Mai 1951 in Leipzig stattfindet.
Zum Kongreß der Völker für den Frieden – Der Völkerkongreß zum Schutze des Friedens findet vom 12. bis 20. Dezember 1952 in Wien statt. Brecht schreibt dafür den vorliegenden Text, kann aber aus gesundheitlichen Gründen nicht selbst am Kongreß teilnehmen. Helene Weigel verliest die Adresse.
Wo ich gelernt habe – Dieser Rückblick Brechts stammt aus dem Jahre 1953.

Zeittafel

1898	Eugen Berthold Friedrich Brecht am 10. Februar geboren in Augsburg
1912	Konfirmation
1913	Erste Publikationen in der Schülerzeitschrift *Die Ernte*
1918-1919	Sanitätssoldat in Augsburg
	Baal. Dramatische Biographie
1919	*Trommeln in der Nacht*. Komödie
1920	Erste Reise nach Berlin. Die Mutter stirbt am 1. Mai
1921	*Im Dickicht*. Stück
1922	Dramaturg an den Münchener Kammerspielen
	Kleistpreis für *Trommeln in der Nacht*
1923	*Leben Eduards des Zweiten von England*
	Historie (nach Marlowe, gemeinsam mit Lion Feuchtwanger)
1924-1926	Übersiedelung nach Berlin
	Regisseur an Max Reinhardts Deutschem Theater, Berlin
	Mann ist Mann. Lustspiel
1927	*Bertolt Brechts Hauspostille*. Gedichte
1928-1929	*Aufstieg und Fall der Stadt Mahagonny*. Oper
	Die Dreigroschenoper
	Der Flug der Lindberghs. Radiolehrstück für Knaben und Mädchen
1929	*Das Badener Lehrstück vom Einverständnis*
1929-1930	*Der Jasager und Der Neinsager*. Schulopern
	Die heilige Johanna der Schlachthöfe. Stück
1930	Beginn der Publikationsreihe *Versuche*, u.a. mit einem Teil des *Fatzer*-Fragments
	Die Ausnahme und die Regel. Lehrstück
	Die Maßnahme. Lehrstück
1932	*Die Mutter*. Stück (nach Gorki)
	Die drei Soldaten. Ein Kinderbuch
1932-1934	*Die Rundköpfe und die Spitzköpfe*. Stück
1933	Emigration nach Svendborg in Dänemark, später Schweden und Finnland
1933-1934	*Die Horatier und die Kuriatier*. Lehrstück für Kinder
1934	*Dreigroschenroman*
1936-1937	*Die Gewehre der Frau Carrar*. Stück